不断裂的文明史

对中国国家认同的五千年考古学解读

刘庆柱 著

四川人民出版社

图书在版编目（CIP）数据

不断裂的文明史：对中国国家认同的五千年考古学解读 / 刘庆柱著. —— 成都：四川人民出版社，2020.1（2021.5重印）
ISBN 978-7-220-11551-6

Ⅰ.①不… Ⅱ.①刘… Ⅲ.①文化史—研究—中国 Ⅳ.①K203

中国版本图书馆CIP数据核字（2019）第222676号

BU DUANLIE DE WENMINGSHI

不断裂的文明史

对中国国家认同的五千年考古学解读

刘庆柱◎著

出 版 人	黄立新
策划统筹	章 涛
特约审稿	蒲其元
责任编辑	邹 近　陈 欣
特约编辑	樊文龙
推广统筹	杨 立　谢春燕
封面设计	张 科
内文设计	戴雨虹
责任校对	申婷婷
责任印制	李 剑
出版发行	四川人民出版社（成都市槐树街2号）
网　　址	http://www.scpph.com
E-mail	scrmcbs@sina.com
新浪微博	@四川人民出版社
微信公众号	四川人民出版社
发行部业务电话	（028）86259624　86259453
防盗版举报电话	（028）86259624
照　　排	四川胜翔数码印务设计有限公司
印　　刷	四川华龙印务有限公司
成品尺寸	170mm×240mm
印　　张	27.25
字　　数	380千
版　　次	2020年1月第1版
印　　次	2021年5月第5次印刷
书　　号	ISBN 978-7-220-11551-6
定　　价	128.00元

■版权所有·侵权必究

本书若出现印装质量问题，请与我社发行部联系调换
电话：（028）86259453

序

《不断裂的文明史：对中国国家认同的五千年考古学解读》付梓之际，我想谈一谈我撰写此书的缘起，以及这部书撰写的资料遴选与研究方法问题，作为本书的序言，以便与读者更好地沟通。

关于中华五千年不断裂文明史问题的研究缘起，我回忆起2003年初，当时我在美国斯坦福大学学术访问，在学术座谈会上有美国学者问我："20世纪90年代中期开始的'夏商周断代工程'是不是要把中国古代文明时间上溯至更为遥远的时代？"我当时对美国学者讲：20世纪90年代中后期进行的"夏商周断代工程"，我认为这是历史科学研究的一个常识问题，即"年代学"是历史学的基础，为了使中国上古史（先秦史）的年代学更科学、更细化，鉴于几十年来中国考古的众多发现，新的科学技术在考古学的广泛应用，中国考古学家、科技考古专家、历史学家能够在此基础之上，开展"夏商周"的年代学研究，通过多学科、跨学科的全方位科学研究方法，使中国古代历史进一步科学化，这是中国历史学研究发展之必须。绝不是像有些人所说的，中国学者想把自己的历史"推"得更为遥远。

他们又提出："为什么中国学者说'中国有着世界上最悠久的历史文明'？"我说，"中国学者"不像你们所说的那样。至于有的人从不少历史书看到"西亚两河流域、埃及、中国与南亚次大陆有着悠久的历史，被誉为世界四大文明古国"，我想，这些人谈到中国古代文明的时候，把

"四大文明古国之一"说成"唯一",我认为这是不准确的。然而必须指出,虽然中国古代文明形成时代与西亚两河流域、北非的古埃及文明形成时代相比要晚一些,但是中国古代文明有着"五千年不断裂"的发展历史,这在"四大文明古国"乃至世界史上是独一无二的,而西亚两河流域、北非古埃及和南亚次大陆古代文明在公元6世纪前后,均被伊斯兰文明所取代。在场的外国学者没有提出不同学术看法,也有的学者明确表态认同这种说法。

从"夏商周断代工程"到新世纪之初的"中华文明探源工程",直至当今的中国古代"五千年不断裂文明史"的研究,正是中国学者不忘历史、尊重历史的科学精神使然。

本书关于"五千年不断裂文明史"研究采取的是以考古学为基础,多学科、跨学科结合的历史研究方法,首先是考古学与文献史学相结合的研究。如"二十四史"记载了中国五千年不断裂文明史,"二十四史"又以司马迁的《史记》及其首篇《五帝本纪》开启了五千年的中华文明。19世纪末20世纪初,近代考古学传入中国,考古学被视作历史科学"两翼"(考古学与文献史学)的"另一翼"。近百年的中国考古,殷墟及甲骨文的发现与研究,郑州商城与偃师商城遗址、二里头夏都遗址、河南龙山文化王城岗城址("禹都阳城")、新砦城址、晋南陶寺城址("尧都平阳")与郑州、豫东北地区新石器时代晚期城址的考古发现与研究,它们先后佐证了《史记》之《五帝本纪》《夏本纪》与《殷本纪》的相关文献记载基本可信,从而极大"改写"了中国古代历史,尤其是所谓"传说时代"的历史。考古学、历史学研究找到五千年不断裂文明史的"起点",这为相关学术研究奠定了重要科学条件。

考古发现的对象主要是地下遗存,其中一些与文明相关的遗存至关重要。国家的物化载体主要是代表国家的都城(包括都城之中的宫城、宫殿、宗庙、礼制建筑、城门等)、"若都邑"的陵墓,以及国家基本要素国家政体、国土与国民之遗存等,它们成为探索中华五千年不断裂文明的文化基因之物证。

以往的"历史"文章、书籍的时间顺序往往是"从早到晚"，比如我们的通史及各种各样的专门史、断代史等基本都是这样的写作模式，现在社会上的"中国通史""世界历史"莫不如此，其时代顺序均为从原始社会到奴隶社会，再到封建社会等。而本书则是与此不同，甚至恰恰相反。我认为，人类认知客体世界科学的规律是从已知到未知、由近及远，同样，撰写"历史"文章、书籍，我也在本书中尝试"反其道而行之"。作为国家文化，五千年来中国历史上不同王朝的都城、宫城、宫殿、礼制建筑、城门等的形制，我从现在基本保存完整的，大家可以看得见、说得清的明清北京城故宫为出发点，上溯到元大都，金中都，宋东京城，汉唐两京长安与洛阳，周秦丰镐与咸阳，夏商都邑之殷墟、郑州商城、偃师商城与二里头遗址等。"陵墓若都邑"，写帝王陵墓也是从清代的盛京三陵、清东陵、清西陵上溯到明代帝陵与辽、金、西夏帝陵，直至宋陵、唐陵、汉陵、秦始皇陵、周代王陵、殷墟王陵的形制变化。通过这些由近及远的变化，究其"晚期"如何承袭与发展"早期"历史，形成其一脉相承的历史文化，究明其如何一代又一代地发展而"不断裂"。

就世界史范围而言，中华民族是唯一有着"五千年不断裂文明史"的民族。不同时期、不同族属建立的不同王朝有着共同的"国家认同"。经考古发现的国家都城、帝王陵墓、礼器、文字等就是最具代表性的物化载体，它们构成中国历史上不同族群统治的"历朝历代"和延续不断的"国家文化"，维系着多民族统一国家的历史发展进程。

解决了中华五千年不断裂文明的问题，我认为本书更需要回答的是，"不断裂"的历史原因是什么？

我认为只有究明中华五千年文明"不断裂"的原因，中华民族才能使这一优秀历史文化传统得以永续继承，才可以一代一代"不断裂"地发展下去，这应该是我研究、撰写中华五千年不断裂文明史的主要目的。

本书从多维度提出的中华文明的核心理念之"中"与"和"至"中

和"思想,由此形成国家认同的"政治文化",是中华五千年不断裂文明的思想基础,也就是古今中国人的文化基因。这种文化基因之所以有着五千多年的生生不息的旺盛生命力,与其植根于不同地区、不同人群、不同时代的所有国民心灵之中的家国情怀有着极为密切的关系。可以说,"家国情怀""家国一体"的理念,是中华民族国家文化之"不断裂"的思想、精神基础。

从本书的书名《不断裂的文明史:对中国国家认同的五千年考古学解读》来说,这应该是一本学术性、理论性"很强"的图书,但是我想把它写成一本大家都能读懂的介绍中华五千年不断裂文明的考古书籍,因此在撰写中,我首先考虑的是,要用大众都能读懂、深入浅出的语言去写,因为我想本书就是写给社会大众的。

值此书的出版之际,我还要特别感谢四川人民出版社领导与编辑团队章涛(策划统筹)、陈欣和邹近(责任编辑)同志,以及他们在此书的选题、立项、编辑工作中的巨大付出与辛勤工作!

刘庆柱

2020年1月

于北京西坝河太阳宫社区

目录

第一章 解读"中华五千年不断裂文明"

（一）"文明"解读 ……………………………………… 〇〇三

（二）"起点"解读 ……………………………………… 〇〇五

　　历史文献记载 …………………………………… 〇〇五

　　考古发现 ………………………………………… 〇〇七

（三）"不断裂"解读 …………………………………… 〇一〇

　　遗传基因 ………………………………………… 〇一〇

　　中华姓氏发展 …………………………………… 〇一一

　　黄帝祭祀 ………………………………………… 〇一二

　　社会主导文化与国家文化 ……………………… 〇一五

　　文字延续 ………………………………………… 〇一五

（四）"物化载体"解读 ………………………………… 〇一六

　　都　城 …………………………………………… 〇一七

　　陵　墓 …………………………………………… 〇一八

　　礼制建筑与礼器 ………………………………… 〇一九

　　文字——汉字 …………………………………… 〇二〇

（五）核心理念："中和"思想 ………………………… 〇二一

第二章　都城考古发现与研究

一 概　述 ... ○二五
- 都城与文明相伴而行 ... ○二五
- 都城构成要素 ... ○二九
- 古代都城发展的基本脉络 ... ○四一

二 从北京故宫上溯至五帝时代的都邑 ... ○四一
- 明清北京城 ... ○四二
- 元代都城 ... ○五四
- 辽、金都城 ... ○六○
- 宋东京城 ... ○六七
- 隋唐洛阳城 ... ○七二
- 隋大兴城 ... ○七七
- 唐长安城 ... ○七八
- 邺城、建康城 ... ○九九
- 汉魏洛阳城 ... 一○五
- 汉长安城 ... 一一六
- 秦咸阳城 ... 一五二
- 东周列国都城 ... 一六四
- 西周都城 ... 一七九
- 商代都城 ... 一八三
- 夏代都城 ... 一九六
- "五帝时代"都邑 ... 二○五

三 核心理念："中"与"和"的物化表现 ... 二一二
- "中"之理念 ... 二一二
- "和"之理念 ... 二二二

第三章　帝王陵寝考古发现与研究

（一）概　述...二二七
　　古代陵寝视域之下的文明.................................二二七
　　陵墓选址与陵墓的分布、排列.............................二二八
　　帝王陵墓构成要素.......................................二三二

（二）帝王陵寝的考古发现...................................二六一
　　清代帝陵...二六二
　　明代帝陵...二七四
　　辽、金、西夏帝陵.......................................二八七
　　宋　陵...二九四
　　唐代帝陵、五代帝陵.....................................二九八
　　魏晋南北朝帝陵...三二一
　　东汉帝陵...三三三
　　西汉帝陵...三三七
　　秦始皇陵...三四七
　　东周（春秋战国时代）王陵...............................三五四
　　西周王陵...三六四
　　殷墟王陵...三六四

（三）"陵墓若都邑"解......................................三六七

第四章　礼制建筑、礼器与文字

（一）礼制建筑的发展与延续.................................三七一
　　宗庙与社稷：从"右宫左庙"到"左祖右社"的
　　沿袭与发展...三七一

明堂、辟雍、灵台、太学（国子学、国子监）............三七六
　　　天坛、地坛............三七九
　　　帝王庙............三八四
㈡ 礼　器............三八八
　　　青铜礼器............三八九
　　　玉礼器............三九九
㈢ 文　字............四〇五
　　　文字与文明形成............四〇五
　　　五千年一脉相承的"汉字"............四〇六
　　　汉字历史文献的一脉相承............四〇九
　　　汉字维系着多民族统一国家与中华五千年不断裂文明
　　　的永续发展............四一一

第五章　"中和"理念与国家认同

㈠ "中和"理念之物化载体：都城与陵墓............四一六
㈡ 家国一体与国家认同............四一九
　　　家国一体............四一九
　　　国家认同............四二二

后　记............四二四

第一章

解读"中华五千年不断裂文明"

不断裂的文明史

对中国国家认同的五千年考古学解读

（一）"文明"解读

现在我们经常说的中华五千年不断裂文明之"文明"是什么？

它不是我们几乎到处可以遇到、听到、看到的文明行为、文明旅游、精神文明、物质文明等关于"文明"的内容。

"文明"一词在中国古代文献中很早就有了，先秦时代的《易经》《尚书》已经有关于"文明"的字句，如《周易·文言》有"'见龙在田'，天下文明"的记载，《尚书·舜典》有"濬哲文明"字句等。上述中国古代文献所记载的"文明"，与中华五千年不断裂文明的"文明"不同。

学术界目前使用的"文明"一词，是从西方引进来的。17世纪以来，欧洲人类学家在探索人类社会发展状态时，使用了"文明"一词。18世纪德国人类学家约翰·戈特弗里德·冯·赫德尔提出人类的原始社会、野蛮社会与文明社会三个阶段。1877年美国人类学家路易斯·亨利·摩尔根的《古代社会》出版，提出了人类社会发展的三个时代，即蒙昧时代、野蛮时代与文明时代。考古学家戈登·柴尔德在《城市革命》中提出：蒙昧时代即旧石器时代，野蛮时代为新石器时代，文明时代则指人类进入国家时代。

文明的本质是什么？恩格斯1884年撰写、出版的《家庭、私有制和国家的起源》指出：

> 文明时代乃是社会发展的一个阶段，在这个阶段上，分工，由分工而产生的个人之间的交换，以及把这两个过程结合起来的商品生产，得到了充分的发展，完全改变了先前的整个社会。

恩格斯准确界定："国家是文明社会的概括。"当代学者易建平认为："从词源角度来看，文明即国家。研究文明起源，也就是研究国家起源。文明社会，也即国家社会。"①

本书所讲的中华五千年不断裂文明之"文明"，是"国家"的同义语，是民族学、人类学、考古学的专用学术术语，文明时代是相对蒙昧时代、野蛮时代的不同社会形态而言的。从人类社会历史发展来说，蒙昧时代、野蛮时代是原始社会，文明时代中人类社会已经进入阶级社会。从考古学来说，蒙昧时代、野蛮时代与文明时代相当于考古学上的旧石器时代、新石器时代与青铜时代、铁器时代……蒙昧、野蛮与文明社会是完全不同的社会形态，是人类社会从无"国家"到有"国家"的进程。文明时代与野蛮时代的根本区别在于，文明时代以国家出现为标志。我们进行的"中华文明探源工程"，实际上就是探索研究中国的国家起源之工程。

---

① 易建平：《文明与国家起源新解——与范毓周、王震中等学者商榷》，《中国社会科学报》2011年8月11日。

"起点"解读

中华先民在东亚大地活动有着十分久远的历史,而按照学术界关于人类文明社会形成的一般标准来说,人类最早进入文明时代的地区在西亚底格里斯河与幼发拉底河两河流域之间的美索不达米亚的南部平原。公元前3500年苏美尔人在那里开启了人类最早的文明社会,数十城邦于此时此地出现;他们有了人类最早的图形文字,以后又由此发展至距今六千多年的楔形文字;金属铜的冶金术也已经出现。公元前3500年至前3200年,北非的古埃及进入前王朝时期,出现了最早的埃及象形文字,考古发现了这里最早的铜器;公元前3200年埃及进入第一王朝时期。

继西亚两河流域与北非埃及古代文明之后,公元前3000年左右,中国、印度相继进入文明社会。关于中华文明的历史起点,一般说距今约五千年,这可以从历史文献记载与考古发现研究两个方面得到证实。

历史文献记载

中国古代历史文献记载资料的科学性、系统性,在世界历史上是非常重要的。两千多年前,中国的历史学家就开始编撰"国家历史",一代又一代的历史学家编著了具有五千年历史之长的中国历史——"二十四史"。20世纪初,中国学术界曾经对中国古代历史文献有过"疑古""信古"与"释古"的十分热烈的讨论。

"疑古派"领袖顾颉刚先生当时提出，历史随着时代的推进，也就形成"层累"的发展。因此对历史，尤其是上古时代历史的真实性提出"疑古"的观点。其实这不只是中国古代历史文献的特点，对于全世界的各国古代历史而言，莫不如此。但是，顾颉刚先生认为，人们可以通过考古发现，使古代历史进一步接近真实的历史，使上古史的研究求助于刚刚从西方传入中国的考古学，近百年的中国考古学实践与历史学研究结合取得的学术成果，充分证明了顾颉刚先生的科学预见。可以说，近百年来的中国考古发现，证实了中国古代历史文献是中国乃至世界历史学科研究的宝贵科学资料。中国一系列重大考古发现，佐证了中国古代历史文献的科学性。

　　基于此，结合人类历史研究成果、对"文明"的科学界定，我们从中国古代历史文献中可以发现，两千多年前我们的先哲就关注到城市（都城）、金属、文字与国家的密切关系。西汉历史学家司马迁撰写的中国历史上第一部"中国通史"——《史记》，是人类历史上一部伟大的科学巨著，而其第一篇《五帝本纪》，按现在学术界一般所说的，就是中国的文明形成历史。古代历史学家裴松之认为"天子称本纪，诸侯曰世家"，"二十四史"中，"本纪"记载帝王的历史，帝王是基于国家而存在。《史记》开篇为《五帝本纪》，说明《史记》是一部"国家历史"。

　　《史记·五帝本纪》中的"第一帝"就是黄帝，根据先秦文献记载，他多年各地征战，统一了各个部落，建立了最早的"中国"——有熊国，并在他的出生地营建了都城。中国人称黄帝为"人文始祖"，这是因为黄帝从国家地缘政治的角度来说，是中国的"第一国父"；①从血缘政治方面来

黄帝像·清·无款

---

① 刘庆柱：《国祭也是祭国》，《光明日报》2015年9月7日。

看，他是华人的共同祖先，因此说《史记·五帝本纪》的"五帝时代"是夏商周之前的中国的第一个国家政治实体，这是不容置疑的"中国人"历史。

当代著名历史学家翦伯赞主编的《中外历史年表（公元前4500年—公元1918年）》，将中国历史分为"传说时代"与"历史时代"，而将黄帝之前的中国历史归于"传说时代"。距今4550多年，黄帝开启了文明时代，中国走上世界历史的舞台。

根据文献记载：黄帝时代的仓颉发明了文字；那时人们已经能够冶铸青铜器，为此《史记·孝武本纪》记载"黄帝采首山铜，铸鼎于荆山下"；黄帝有熊国的都城就在今河南新郑。这些关于文字发明、金属冶铸、城市出现的记载，恰恰与世界上学术界衡量人类社会是否进入文明的"三要素"（城市、金属器、文字）不谋而合，因此全世界华人公认黄帝是中国的人文始祖，黄帝成为中华文明的缔造者。中华文明的起点也就可追溯到黄帝，其时代距今约五千年，这应该是人们常说的"中华五千年文明"的依据。

考古发现

考古学作为与文献史学相对应的历史学另一车轮，通过遗物与遗存研究人类历史。自20世纪初考古学传入中国，近百年来中国考古发现引起世界重视，尤其是20世纪50年代以来中国一系列的重大考古发现，极大地丰富了人们对中华五千年文明历史的认识。

1899年，古文字学家王懿荣，从中药的"龙骨"上发现了甲骨文。其后，刘鹗、王襄、孟定生、罗振玉等也收集了不少甲骨文资料，他们又据此编辑了一些甲骨著录图书。1917年王国维依据当时可以见到的甲骨资料，撰写了《殷卜辞中所见先公先王考》及《续考》，考证了卜辞中的先公先王之名，证明了"有商一代先公、先王之名不见于卜辞者殆鲜"，进而他得出结论"《世本》《史记》之为实录，且得于今日证之"。

20世纪30年代以来，殷墟甲骨出土地考古发现的宫庙建筑遗址、安阳

父辛觥·商

祭祀涂朱牛骨刻辞·商

西北岗商王陵及其出土的青铜器、玉器、数以十几万计的甲骨，再现了3300年前中国历史上的高度文明。这些考古发现、研究成果，进一步佐证了司马迁《史记·殷本纪》应该是可信的。

20世纪50年代以来先后考古发现的郑州商城遗址、偃师二里头遗址、登封王城岗城址、偃师商城遗址、新密新砦城址、安阳洹北商城遗址等，被考古学界、历史学界认为是夏代与商代早中期都城遗址。这使人们有理由相信，早于《史记·殷本纪》的《史记·夏本纪》的历史记载也应该是基本可信的。"夏商周断代工程"通过多学科与跨学科结合研究，认为登封王城岗城址、新密新砦城址、偃师二里头遗址，分别为夏代早、中、晚期都邑城址，并提出夏王朝始于公元前2070年，这也就是说五帝时代结束于此。

20世纪末21世纪初考古发现的距今4300年至3900年的山西襄汾陶寺城址，一般认为属于历史文献记载的"尧都平阳"。该城址发现的文字、青铜齿轮器与铜铃、"观天授时"遗址等至关重要。唐尧之后、夏禹之前的虞舜，历史文献记载也以"平阳"或晋南地区及河南濮阳、鲁西南菏泽一带为都邑。五帝时代的唐尧、虞舜之前为黄帝、颛顼、帝喾，据此来看《中外历史年表（公元前4500年—公元1918年）》记载的黄帝时代与这一时间是相近的。

新密新砦城址考古发掘现场

近年来，在历史文献记载的黄帝有熊国故地——郑州地区除了以上所说的商代早期的郑州商城、夏代早中期的王城岗城址等考古发现之外，还发现了一些河南龙山文化城址，如新密古城寨城址，面积17.6万平方米，城内发现大型夯土建筑基址。古城寨城址周围还分布有十多个龙山文化遗址，如新砦、五虎庙、人和寨与金钟寨遗址等。古城寨应是一处中心聚落。它们与黄帝时代在时间上前后基本吻合。

在黄帝有熊国所在中原地区的河南龙山文化遗址中，考古发现了一些青铜器遗物与冶铜遗迹，如郑州牛寨遗址发现的熔铜炉壁及青铜块，淮阳平粮台城址灰坑发现的铜渣，登封王城岗城址灰坑出土的青铜器残片，临汝煤山遗址出土的铜坩埚、熔铜炉残壁，鹿邑栾台遗址发现的青铜器等。

上述历史文献记载与考古发现，互证了中华文明形成（即最早中国出现起点）基本在黄河流域中游地区，时间距今约五千年。

三 "不断裂"解读

在世界历史上，具有五千年文明历史的国家或地区并不少见，甚至有些地区还有更为久远的文明历史，如西亚的两河流域文明、北非的古埃及文明、南亚次大陆文明等。但是有着"五千年不断裂文明"的国家或地区，应该只有中国。这"不断裂"是指作为同一个国家而言，其国民的人类遗传基因与国家文化基因两个方面的历史一直延续不断、世代传承。

 遗传基因

根据最新的中国遗传学研究成果，五千年来（或者可以说更为遥远的远古时代以来），东亚地区的古代中国国民的遗传基因延续不断，目前中国境内的绝大部分人的基因与五六千年前的黄河流域中游地区人群基因相近。复旦大学人类学实验室研究发现：

有着共同的文化和语言的汉族，人口超过了十一亿六千万（2000年人口统计），无疑是全世界最大的民族。因此汉文化的扩散过程广受各领域研究者的关注。通过系统地对汉族群体的Y染色体和线粒体DNA多态性进行分析，我们发现汉文化向南扩散的格局符合人口扩张模式，而且在扩张过程中男性占主导地位。[1]

这就是说，在东亚的现代中国的先民，从血缘系统来看，他们数万年来一直未变，尤其是最近五千年来的人群基因，更是集中在黄河流域中游，李辉、金力教授的《Y染色体与东亚族群演化》一书指出："在距今5000—6000年，华夏族从汉藏语系群体中分化出来集聚在黄河中上游盆地，这就是汉族前身。"[2]这里的远古时代男人，对现代中国人，特别是对中国南方人的基因贡献尤为突出。也就是说，中华五千年不断裂文明的缔造者主要是来自黄河流域中游的古人。考古学、遗传学与体质人类学显示，至于古代北方与东北地区少数族群中的鲜卑人（北魏）、契丹人（辽）、蒙古人（元）与女真人（金、清）也与黄河流域有着密切关系。

中华姓氏发展

姓氏学是通过人们之间的姓氏研究彼此血缘关系。利用姓氏学研究文明与人群、族群、国民的彼此关系，中国有着得天独厚的条件。袁义达、张诚研究认为：中国是世界上最早出现姓氏的国家，大约在新石器时代晚期"姓"已产生。公元5世纪晚期日本开始产生姓，但是直至明治维新时期，1875年日本政府才颁布法令，实施户籍登记，要求每一个人必须有姓，日本人才急匆匆地为自己找姓。欧洲大陆普遍使用姓的历史只有400年。欧亚交会地的土耳其有着古老的历史，但是直到1935年，人们才以法律形式规定使用姓。[3]

---

[1] 金力、李辉、文波等：《遗传学证实汉文化的扩散源于人口扩张》，《自然》第431卷，2004年，第302-304页。
[2] 李辉、金力编著：《Y染色体与东亚族群演化》，上海：上海科学技术出版社，2015年，第120页。
[3] 袁义达、张诚：《中国姓氏：群体遗传和人口分布》，上海：华东师范大学出版社，2002年，第1页。

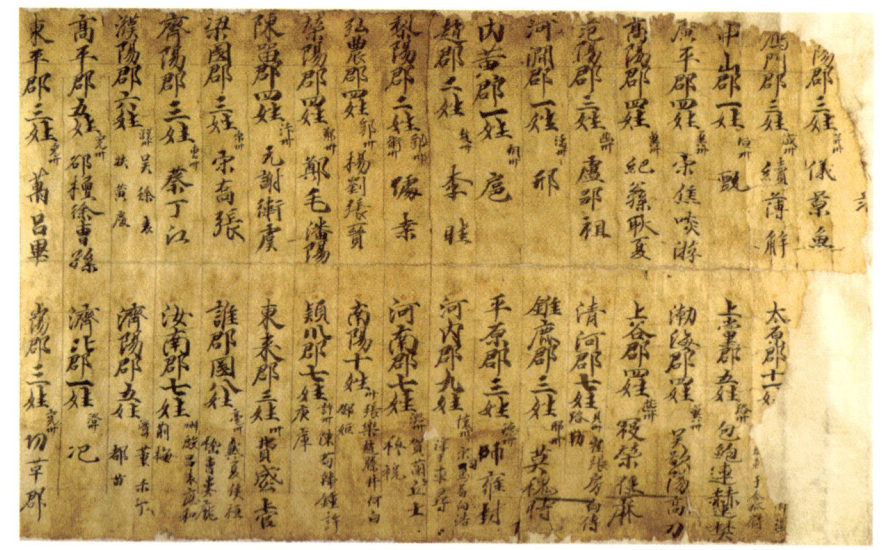

敦煌写本《贞观姓氏录》（局部）·唐

中国国家图书馆藏。自汉魏六朝至唐代，世重豪门，人轻寒微，崇尚姓望，遂有多种姓氏谱录流行，传世文献现存6件，此为其中之一。

中国人的姓之出现不但有着久远历史，而且姓氏十分集中。据统计，在"当今中国流行的前200个姓氏中，出自炎帝姜姓系统的姓氏约占10%，出自黄帝姬姓系统的姓氏约占89%"，也就是说当今中国人应有99%为炎黄子孙。[1] 上述中国国民姓氏情况充分说明，中华儿女自新石器时代晚期以来，一代又一代传承、缔造了五千年不断裂的文明历史。

黄帝祭祀

中国历史上的"国之大事，在祀与戎"（《左传·成公十三年》），

---

[1] 刘文学：《建设华人寻根圣地 传承华夏历史文明》，张新斌、刘五一主编《黄帝与中华姓氏》，郑州：河南人民出版社，2013年，第230—231页。

"祀"即祭祀，可见祭祀是国家"大事"。祭祀属于礼制活动，是中华文明的重要组成部分。据文献记载，黄帝建立了有熊国，成为"天子"，中国历史上的帝王自认为是"上帝"（即"天帝"）的儿子，所以帝王以"天子"自称。黄帝建造了礼制建筑，开启了国家统治者祭祀"上帝"的礼制活动。宋代文献《路史》记载："黄帝开国于有熊，作合宫，建銮殿，以祀上帝，接万灵，以采民言。"黄帝的继承者，颛顼、帝喾、唐尧、虞舜继承了祭祀"上帝"的礼制活动，不过他们不只是祭祀"上帝"，同时祭祀黄帝。《竹书纪年》记载："黄帝仙去，其臣有左彻者，削木作黄帝之像，帅诸侯奉之。"这一祭祀传统被五帝时代之后的夏商周三代继承下来，《国语·鲁语》把三代祭祀黄帝视为"国之典祀"，也就是国家祭祀。以后各个时代的不同王朝均通过不同祭祀形式，认同黄帝及尧、舜、禹是中华人文始祖。

五千年来对中华人文始祖的祭祀，反映了中国人对中国、华夏的国家认同，这些认同者不限于中原地区，历史上的"东夷""西戎""南蛮""北狄"的"四夷"人群亦然。

如属于"东夷"的少昊族群，《世本》记载："少昊，黄帝之子。"

起家于西戎之地的秦人，自称"帝颛顼之苗裔"。"西戎"的后人苻洪自称其祖先为"有扈之苗裔，世为西戎酋长"（《晋书·苻洪传》）。

"南蛮"的楚人，《史记·楚世家》记载其先祖"出自帝颛顼高阳"，而颛顼为黄帝之孙；"南蛮"的百越，《史记·越王勾践世家》记载其先祖属于"禹之苗裔，而夏后帝少康之庶子也"，而夏禹出自黄帝，可见百越与黄帝一脉相承。

至于北方的匈奴则自称"其先祖夏后氏之苗裔也，曰淳维"（《史记·匈奴列传》）。《山海经》则明确指出："黄帝之孙曰始均，始均生北狄。"《世本》亦记载，翟氏"黄帝之后，代居翟地（'翟'与'狄'通假）"。来自大兴安岭地区的北魏鲜卑人，自称为黄帝后代，《北史·魏本纪》记载："魏之先出自黄帝轩辕氏，黄帝子曰昌意，昌意之少

黄帝陵公祭活动

黄帝陵公祭活动,据《史记》记载可以追溯到春秋时期,此后史籍中关于黄帝陵公祭的记载从未间断。中华人民共和国自1980年恢复公祭以来,黄帝陵公祭就成为一个文化盛典。图片反映的是2009年清明节黄帝陵公祭的盛况。

子受封北国,有大鲜卑山,因以为号。"

高凯军《论中华民族——从地域特点和长城的兴废看中华民族的起源、形成与发展》认为辽、元王朝的契丹、蒙古均源于汉代的鲜卑。因此,汉唐与中古时代以后的历代王朝及其地方政权的少数民族统治者,他们均认同自己为黄帝后裔,如十六国时代的不少少数民族建立的王朝,其少数民族政治家自认源于黄帝。

如北魏时期,神瑞二年(415)明元帝在桥山派使者"以太牢祠黄帝、唐尧庙。……己卯,登广宁之历山,以太牢祠舜庙,帝亲加礼焉"(《北史·魏本纪》)。太和十六年(492)孝文帝则在多地祭祀尧、舜、禹。

元代的泰定帝颁发过保护黄帝陵庙的诏令;元代每年派侍臣对尧、舜、禹进行祭祀。

金朝女真贵族完颜海奴认为其族属为"黄帝之后",而《清史稿·太祖纪》记载其祖先为"金遗部",也就是说金朝"黑水女真"与清朝"满族女真"同属一族,同属"黄帝之后"。

清代对黄帝的崇祀有增无减,除京城历代帝王庙的祭祀外,皇帝还派专员到黄帝陵致祭,一般是每三年一次,也有临时祭告。清代对黄帝陵庙的祭祀,仪式隆重,规模宏大,次数较多。清世祖自沈阳迁都北京,顺治八年(1651)特遣使赴黄帝陵致祭。此后,康熙、雍正、乾隆、嘉庆、道光等皇帝先后近三十次祭祀黄帝陵。除常规之祭外,在皇帝登基、平息叛乱、水旱灾害、五谷丰登等重大事件时,都会祭祀黄帝。康熙皇帝先后十六次遣使,祭祀作为"祖宗"的炎帝陵与黄帝陵。明、清两代都城的帝王庙祭祀,则把中华历史祭祀所表现的中华五千年不断裂文明推向顶峰。

社会主导文化与国家文化

从五帝时代、夏商周,到秦汉魏晋南北朝、隋唐宋辽金元明清,其间有数十个政权代表的王朝政体,它们与国家政治息息相关的文化,在五千年国家历史发展中一直延续,成为中华文明的国家文化基因。而国家文化基因应该主要体现在国家文化上,或者说社会主导文化上。

其物化载体表现形式如国家"择中建都"、都城"择中建宫"、宫城"择中建庙(宫庙)",都城、宫城"辟四门",都城城门与宫城正门均为"一门三道"等。上述所有"形而下"的物化载体,折射出的是"形而上"的中国人的"中""中和"核心理念与"家国一体""国家至上"思想。

文字延续

学术界大多认为距今五千年左右,中国的汉字已经出现,中国各地考古发现的新石器时代晚期与末期遗存中的不少符号已经具有文字特点,如山东考古发现的丁公陶文等,有的学者称之为早期文字。再晚一些的,如距今约4300年至3900年的山西襄汾陶寺城址中,在考古发现的陶器之上书写的汉字,而且其一直延续到现在。殷墟甲骨文,可以说是已经成熟的汉字。继之,考古发现的西周青铜器铭文、东周陶文与盟书、简牍、帛书上的文字等,是在商周甲骨文基础之上进一步发展而成的大篆、小篆及"六国文字"。

秦始皇建立了多民族统一的中央集权国家后,采取了统一文字的国策,为维护中国的统一、增加中华民族的凝聚力,做出了永载史册的巨大贡献。正是秦始皇统一文字于小篆,经汉唐时代由小篆至汉隶、楷书,至今使汉字成为中华五千年不断裂文明的突出代表。其可贵之处在于,中华文明之文字延续五千年而现在继续作为国家文字使用,在古今世界各地其他国家、民族的文字使用历史上,类似情况是极为罕见的,甚至可以说是绝无仅有的。

由中国文字所书写的中国古代文献,在世界史上更是极具特色,其中的"二十四史"更是独一无二的,是全世界唯一的、有着五千年不断裂历史的国家主导编撰的完整历史文献,是中华五千年不断裂文明的科学佐证。

"物化载体"解读

就中华文化来说,文明社会形成的物化载体集中体现在城市、金属器、文字、礼制与礼器上。城市(都城)是国家"平台"载体,金属工具使用是生产力发展与剩余价值、私有制、社会分工产生的物质基础,文字是复杂社会与国家活动不可或缺的条件,礼制与礼器是国家及社会等级的标识,尤其后者更是中华文明的历史特色。

都　城

国家是文明的集中体现，而都城与国家是相伴而存的，都城是国家的政治统治中心、经济管理中心、军事指挥中心、文化礼仪活动中心，是国家的缩影，因此都城成为文明的最重要的物化载体。恩格斯在《家庭、私有制和国家的起源》中指出：

在新的设防城市的周围屹立着高峻的墙壁并非无故：它们的壕沟深陷为氏族制度的墓穴，而它们的城楼已经耸入文明时代了。

这个比喻形象地说明，城市的出现意味着国家的出现与原始社会被送进了"历史博物馆"。英国著名考古学家科林·伦福儒在其大作《考古学：理论、方法与实践》中更为明确地提出：

早期国家社会一般表现为特有的都市聚落形态，其中城市是最重要的部分。城市是典型的大型人口聚居中心（常常拥有超过5000人的居民），伴有重要的公共建筑，包括庙宇和行政中心。常见明显的聚落等级，其中都城是主要的中心，下面有从属或区域性中心以及当地的村落。

中国古代文献关于古代都城多有记载，如《礼记·礼运》记载，文明形成伊始"大道既隐，天下为家，各亲其亲，各子其子，货力为己，大人世及以为礼，城郭沟池以为固"。《汉书·郊祀志》说"黄帝时为五城十二楼"。《世本》张澍补注转引《吴越春秋》："鲧筑城以卫君，造郭以守民，此城郭之始也。"

而自中华五千年前"文明"形成以来，同一文化特质的都城（都邑）延续不断，从黄帝时代的城址，到夏商周三代都城，再至秦汉魏晋南北朝、隋唐宋辽金元明清都城，其都城选址、布局形制等规划理念一脉相

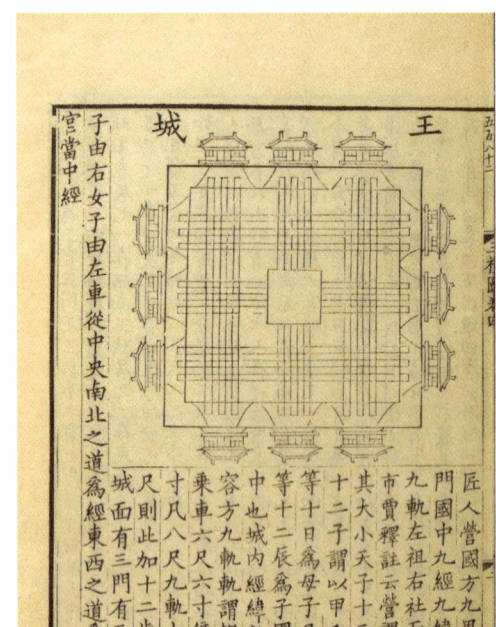

《新定三礼图》之"王城图"
清康熙十二年通志堂刊本

《新定三礼图》中摘录《考工记》的文字对"王城"的解释为:"匠人营国,方九里,旁三门。国中九经九纬,经涂九轨,左祖右社,面朝后市。"此图根据唐代贾公彦注:"营谓丈尺,其大小,天子十二门,通十二子。谓以甲乙丙丁等十日为母,子丑寅卯等十二辰为子。国中,地中也。城内经纬之途,皆容方九轨,轨谓辙广也。乘车六尺六寸,傍加七寸,凡八尺,九轨七十二尺,则此加十二步矣。王城面有三门,门有三途,男子由右,女子由左,车从中央。南北之道为经,东西之道为纬,王宫当中经。"

承,并被视为国家统治者政治合法性的指示物,这在古代世界历史上是极为罕见的,它突显了中华五千年不断裂文明的特点。

陵　墓

中国古代社会存在着二元社会文化,所谓二元社会文化,即活人的"阳间社会文化"与逝者的"阴间社会文化"。阴间社会文化的物化载体是墓葬及其相关遗存。帝王墓葬称为"陵墓",先秦文献《吕氏春秋》记载说陵墓若都邑,也就是说古代帝王陵墓是仿照都城修建的,可以说帝王陵墓是都城的缩影。

目前考古发现最早的帝王陵墓是安阳西北岗的殷墟商王陵,其后周秦汉唐宋元明清等帝王陵墓的文化内涵,大多基本清楚。尽管这些帝王陵墓的主人出生于不同地区、不同族群，但是他们作为中华民族不同王朝的国家最高统治者，传承着属于国家文化性质的帝王陵墓文化，这种帝王陵墓文化成为中华五千年不断裂文明的物化载体。

礼制建筑与礼器

礼制建筑与礼器是极具中华历史文化特色的物化载体。礼制建筑是基于中华文明的祖先崇拜及"天地人"哲学观（即"人"的存在是基于"天"与"地"）的。礼制建筑主要是宗庙、社稷、明堂、辟雍、灵台、天坛（圜丘）、地坛等，用于礼制活动的礼器主要有鼎、圭、璧等。

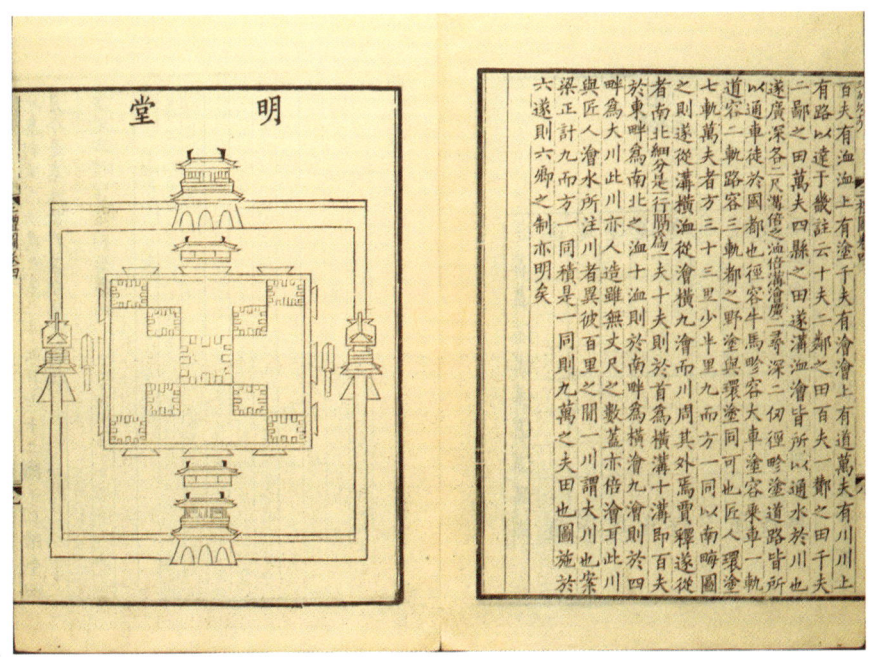

《新定三礼图》之"明堂图"·清康熙十二年通志堂刊本

关于明堂形制的记载，在《周礼·考工记》《大戴礼记·明堂》、东汉蔡邕《明堂月令论》中都有。《新定三礼图》中所描绘的明堂则是以《考工记》的表述为准。

遹方鼎·商

大英博物馆藏。又称"尹光方鼎"。长方体,窄沿方唇,口沿上一对立耳,四隅各有一道扉棱,平底四柱足。四壁的上部饰云雷纹填地的一头双身龙纹,龙身屈曲处填以圆涡纹,四壁的左右和下部各饰三排乳钉纹,足上部饰浮雕兽面。

文字——汉字

文字作为一种形而上文化,不同于其他精神文化,是看得见、摸得着的文化。中华文明的文字,始于新石器时代晚期陶器之上的刻画符号,此后有甲骨文、大篆、小篆、隶书等,不论是刻、书于什么质地的载体之上,就文字本体而言,五千年来的文字是一脉相承的。诚如有的学者所说:

古巴比伦的楔形文字,古埃及的象形文字,古印度的哈拉本文字,虽

秦代小篆《峄山碑》拓本

《峄山碑》是秦始皇二十八年(前219)东巡时所刻,是秦刻石中最早的一块,内容是歌颂秦始皇统一天下、废分封、立郡县的功绩。此碑是用标准的秦始皇统一六国之后的小篆书写。

然我们今天从博物馆和遗址中能够欣赏到这些古老文字的残片遗迹，但它们都是已经死去了的文字。而汉字作为人类四大文明中唯一延续下来、不曾中断的文字，至今仍在使用……腓尼基人发明的22个字母，经东罗马帝国发展为拉丁语，再经西罗马帝国发展为希腊语，然后经过漫长的中世纪直至文艺复兴，在欧洲遍地开花，形成各自国家不同的语言文字。[1]

中国古代文字经秦始皇统一而使中华民族的大一统生生不息。

(五) 核心理念："中和"思想

"中和"的思想与精神有着久远历史，应该说它与中华五千年文明几乎是同步的。"中和"包括两个方面，一是"中"，二是"和"：

中国的核心基因是"中"，"中"是东南西北的汇聚，"中"就是根。中国是从"中"来的，建国要立"中"，建都要立"中"，都立在哪里，就立在中原了，最后国家也叫"中"，这时中国的国家是指天下，要东西南北中，因此皇宫要建在都城正中间，皇宫里象征国家的大朝正殿要建在宫里的正中间。[2]

"中"与"和"是辩证统一关系。从文化上来说"多元一体"的"一

---

[1] 王能宪：《汉字与汉字文化圈》，《光明日报》2011年1月17日。
[2] 刘庆柱：《国祭也是祭国》，《光明日报》2015年9月7日。

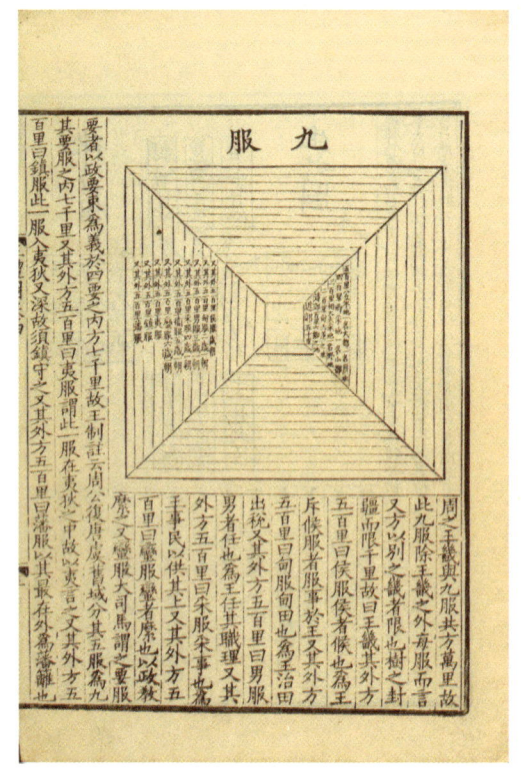

《新定三礼图》之"九服图"·清康熙十二年通志堂刊本

体"为"中","多元"为"和","一体"是核心；就政治文化而言，"一体"是国家认同、中华民族认同、中国历史文化认同。"中和"之"中"在政治上的大一统，与"和"之有容乃大，成为中华五千年不断裂文明的核心文化基因。

"中和"对中国历史文化产生了深刻影响，从百姓的"家和万事兴"，到各民族政权的和亲政策：汉高祖、汉惠帝、汉文帝、汉景帝之宗女嫁匈奴单于，汉武帝宗女细君公主嫁乌孙昆莫（国王），王昭君与呼韩邪单于成婚，唐太宗侄女弘化公主嫁吐谷浑首领，唐太宗宗女文成公主嫁吐蕃松赞干布，唐德宗之女咸安公主嫁回纥武义成功可汗等。而宗教及思想的儒道释"三教合一"也体现出中华文明的"和为贵"。

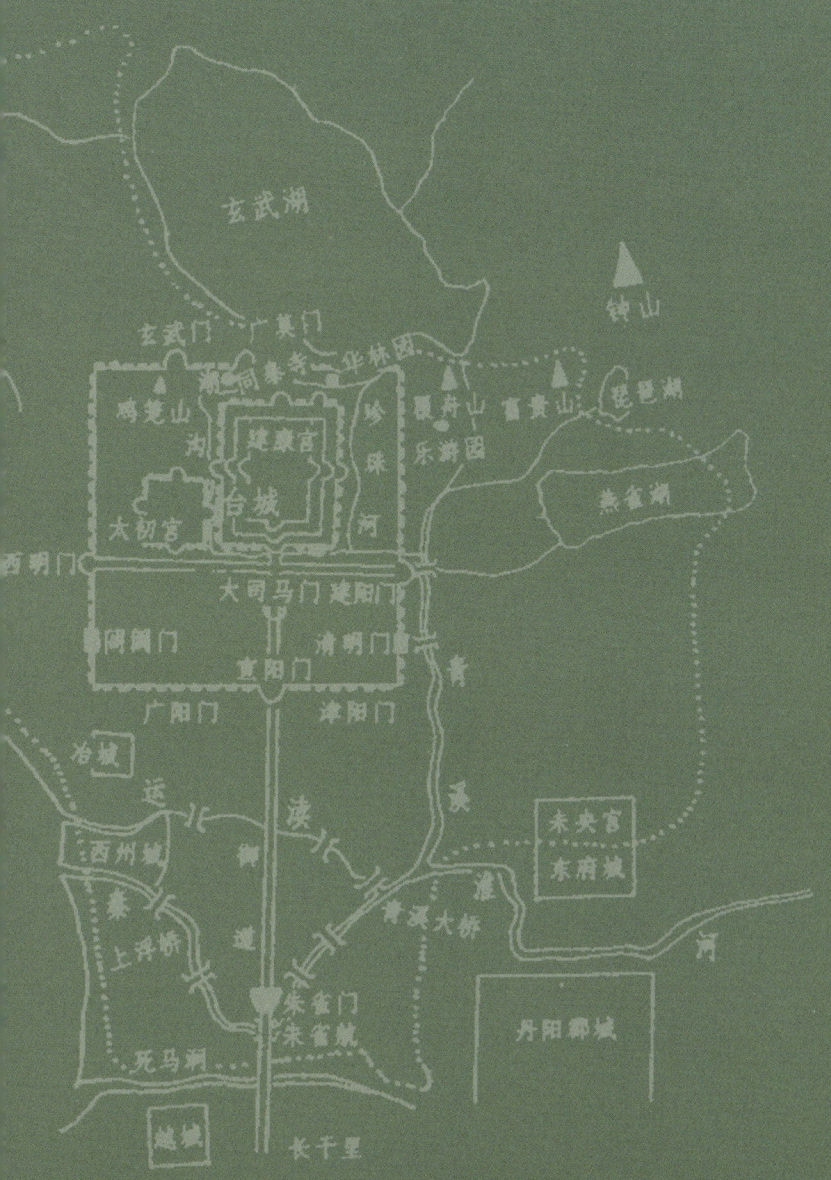

第二章

都城考古发现与研究

不断裂的文明史

——对中国国家认同的五千年考古学解读

一　概　述

🔖 都城与文明相伴而行

国家是文明社会的概括，"文明形成"作为"国家出现"的同义语，二者本质上是一致的，而国家又是与都城密不可分的，都城成为文明形成的主要标志与重要物化载体，因此我们说都城与文明相伴而行。

都城是国家的"政府平台"，古今概莫能外。世界不同地区、不同文明，有其共性，也有其特性，都城与文明共存就是其共性。通过对文明的主要物化载体——都城的研究，人们可以看到不同文明各自的特点。一个地方在上古时代是否进入文明，历史学家要记载其都城，考古学家要寻找其具有都邑性质的城址。

世界各地的古代文明有着各自的发展历史，它们影响着人类历史发展进程，但是这些文明几乎毫无例外地通过其都城文化呈现于世。因此，世界各国大多将其保存较好的古代都城遗址申报为"世界文化遗产"，如古希腊雅典卫城，古罗马城，古代日本奈良时代的平城京、平安时代的古京都遗迹，古代埃及底比斯城等，再如中国的安阳殷墟、汉长安城未央宫、北魏洛阳城宫城、唐长安城大明宫、元上都、北京明清宫城（北京故宫）等，以及极具中国古代历史文化特色的"陵墓若都邑"之帝王陵墓中的秦始皇陵、明清帝陵等均已成为"世界文化遗产"。

中华五千年不断裂文明之不同时期的都城，随着国家历史（即"文明史"）发展，作为国家缩影，在政治、文化、国际交流、科学技术等方面也发生着或多或少的变化，同时还有一些更为重要的不变或基本不变的因素，后者就是我们所称的"文化基因"，这种文化基因奠定了中华文明"不断裂"的基础。

比如，中国古代都城形制是变化的，一般而言，都城由最早的五帝时代"单城制"，发展为夏商周时代都邑与都城的"双城制"（宫城与郭城），这种"双城制"都城一直延续至魏晋洛阳城；其后的北魏洛阳城开创了"三城制"（宫城、内城与郭城），并至明清北京城。

但是都城的"择中建都""择中建宫"理念，则是越来越突出，"中"之理念越来越达于极致：都城由择国家空间之"中"而建，到宫城建于都城之"中"，大朝正殿又建于宫城之"中"。作为都城与宫城代表性建筑的都城城门与宫门，形成"一门三道"规制，都城之中的道路实施"一道三途"制度，这些应该是把"中"的理念进一步扩大与深化，从而使"中"成为中华文明中生命力最强的文化基因。

尽管从空间科学角度来说，都城选址"择中"并不是那么"科学"，但是作为理念却是一直被坚守。因此，具有八百年建都历史的古都北京，在其始建者海陵王定都燕京（即北京）之始，就被赋予"燕京乃天下之中"的内涵，从而确立了金朝继承中华文化基因的合法地位。

若从考古发现来说，"择中建都"与都城"求中"理念，应该在中华五千年文明形成之前已经萌生，除了清华简《保训篇》记载的五帝时代虞舜的"求中"之外，河南濮阳1987年考古发现的西水坡第45号墓中，墓主人左右两侧分置蚌壳堆塑的青龙、白虎，足下置北斗，再现了6400年前中华先民"求中"的生动场面，而这一文化传统一直与中华古代历史文化相始终。

都城之于国家的重要性，从都城选址、营建活动等均作为"国家大事"，并由国家领导人直接负责，国家主要领导（如丞相等）总领其事，中央政府设立专门官署与官员具体负责都城（以及"陵墓若都邑"的帝王陵墓）营建中可见一斑，如西周灭商之后，其国王亲自决定在洛阳定都，即1963年陕西宝鸡出土的三千年前西周青铜器"何尊"铭文所记载的"宅兹中国"。

都城营建，中央政府设立"大司空"专司其职，商周时已设此官，青铜器铭文如《免觯》《扬簋》《散盘》《司空簋》《叔山父簠》等中已有"司空"，《周礼》亦载有"司空"之官。古代中央政府有"三公""三司"之官，《汉书·百官公卿表上》记载："司马主天，司徒主人，司空主土，是为三公。""三司"即司马、司徒、司空。秦置"少府"主管都城宫室建设。西汉时代改为"将作大匠"，"掌修作宗庙、路寝、宫室、陵园木土之功"。汉成帝改御史大夫为大司空。

扬簋·西周

故宫博物院藏。簋敛口，圆鼓腹，圈足下有三屈折状短足，二附耳各衔套环，器盖已失。器腹饰瓦棱纹，颈上与圈足各有一道窃曲纹，圈足上与短足对应处各铸一浮雕兽头。簋内底铸有铭文10行107字。这篇铭文记述了"司工"一官的具体职掌，"司工"同"司空"，记录了司工有权主持审判诉讼之事，是研究西周官制及司法制度的重要资料。

《阿房宫图卷》（局部）·清·无款

美国弗利尔美术馆藏。此图根据唐代杜牧的《阿房宫赋》描绘的内容绘制，以青绿山水和界画结合的方式，再现了阿房宫"覆压三百余里，隔离天日。骊山北构而西折，直走咸阳。二川溶溶，流入宫墙。五步一楼，十步一阁；廊腰缦回，檐牙高啄；各抱地势，钩心斗角。盘盘焉，囷囷焉，蜂房水涡，矗不知其几千万落！长桥卧波，未云何龙？复道行空，不霁何虹？高低冥迷，不知西东"的壮观气象。

秦阿房宫营建就是秦始皇晚年亲自决定的，《史记·秦始皇本纪》记载，秦始皇因秦咸阳城的宫廷规模小，不能满足国家政府活动的需要，决定在渭河之南、风景宜人之地的秦上林苑中营建新的国家都城，首先动工的就是"前殿阿房"。

汉高祖刘邦建立汉王朝，始以洛阳为都。其后针对都城选址问题，朝廷之内展开激烈讨论，最后汉高祖还是征求了"运筹策帷幄中，决胜千里外"的张良的意见，决定定都长安，并提拔动议者戍卒娄敬为奉春君，赐姓刘氏。

北魏孝文帝徙都洛阳，诏司空穆亮营造宫室。

隋炀帝决定营建东都洛阳城，并派尚书令杨素、将作大匠宇文恺具体负责营建工程。

即使是古代都城中的一些具体重要建设项目，也要委派重要官员负责，如贞观二十年（646），唐长安城营建"北阙"（北宫门），皇帝派司空房玄龄及将作大匠阎立德主持。

《大金国志》记载，金中都的建设，海陵炀王"遣左右丞相张浩、张通古，左丞蔡松年，调诸路夫匠，筑燕京宫室"。

元大都的规划营建，皇帝派刘秉忠以相臣总领其事。刘是元初政治家、忽必烈的重要谋士，位居太保参预中书省事。

③ 都城构成要素

都城之"都"即国家首都，"城"即城市。中华历史上，"城"因政治需要应运而生，中国古代最早的城是相对广大聚落（或称村庄）而言的。古人所说的"城以卫君"，城就是构筑城墙与城外分开，"卫君"就是保卫君（即国家统治者）的安全。为了加强安全保卫，在城附近取土夯筑城墙时，将城墙外边的取土之处开凿成壕沟，成为继城墙之外的第二道安全屏障，这就是我们所说的"城壕"。

都城是统治、管理国家的空间平台，为了保持都城与外界的联系，都城根据需要与相关都城规制修建城门，在与城门相对的城外城壕之上要构建桥梁，在与城门相对的城内要修建连接城内外的道路。一般而言，都城城门与城内道路构成都城交通网。

这些都城之内的交通网格，对了解都城功能分区十分重要。都城根据其功能需要，有作为统治者政治活动平台的宫殿区、作为国家行政管理平台的官署建筑区、维持社会理念的礼制建筑区、维护都城安全的武库与相关军事设施区、保障都城基本生活需要的仓储区，以及服务于都城职能的市民居住区、市场及手工业作坊区等。以上的城墙、城壕、城门、道路、宫殿、官署、礼制建筑、武库、贵族与市民居住区、市场、手工业作坊区等，成为都城的要素。

城墙与城壕

对于都城而言，城墙既是防卫设施，也是国家政治平台空间与其他区域的分界标志。恩格斯曾经指出："只要村一旦变作城市，也就是说，只要它用壕沟和墙壁防守起来，村制度也就变成了城市制度。"

城作为文明时代的标识物是有等级的，王国时代的王城与分封诸侯王的城，以及进入帝国时代以后的都城一般来说其下有"府""州"

西安城墙东北角和护城河

西安城墙又称西安明城墙，是中国现存规模最大、保存最完整的古代城垣。始建于明太祖洪武三年（1370），洪武十一年（1378）竣工。西安城墙完全按"防御"战略体系修筑，城墙的厚度大于高度，稳固如山，墙顶可以跑车和操练。墙高12米，顶宽12—14米，底宽15—18米，周长13.74千米。城门有四：东长乐门，西安定门，南永宁门，北安远门。

南京中华门瓮城俯瞰

南京中华门城门设置有三道瓮城、四道券门，呈"目"字形结构，每道瓮城都有一门一闸，主体建筑内瓮城由中华门主楼城门和二至四道辅助城门构成，各城门原有双扇包铁门和可上下启动的千斤闸，内设有栓槽，用来供木栓紧闭大门所用，整个城共有二十七个藏兵洞，可以藏兵三千余人。

"郡""县"之城，其城墙与城壕的规模不一样，因为城墙、城壕是根据城的不同等级而营建的。

人类历史发展，都城制度也在发生变化，城墙作为都城的必要组成部分，随着时代不同，会不断增加一些附属设施，如为了加强防卫而在城墙外面增筑马面，扩大防卫视域；在城门之外又附加瓮城等。就绝大多数中国古代都城而言，都城应该具备城墙，从考古学、历史学、建筑学等学科知识来看，中国古代都城城墙（指明代之前的以土为建筑材料修建的城墙）应该是夯筑的，有的学者认为是堆筑的，需要相关科学实验证明。

城　门

城门对于城与都城而言，是极为重要的标志性建筑。中国的老百姓看

雄伟壮观的天安门城楼

一个家庭，其住宅建筑被认为是最直观反映其家庭经济状况、家人社会地位的，而住宅之中又以宅院的门楼最具特点。老百姓所说的"门面"就反映门在中国人心目中的地位，即建筑物的门犹如人的脸面。

都城的代表性建筑是城门与宫门，尤其是都城与宫城正门，这是国家的象征，也是中华文明的历史传统，古今同理。有一首家喻户晓的歌曲《我爱北京天安门》，实际上这首歌所说的天安门，就象征着中国。

有鉴于此，都城城门、宫城宫门的方位安排，门道多少，与都城、宫城主体建筑的空间关系，成为传达国家核心价值观的物化载体。而这样的

历史可以上溯至约四千年前的王国时代初期，并为以后历代所延续。

道路与分区

道路是人们日常生活中常见的事物，城市、农村各地都有道路，道路是交通的保障条件，又被称为城市的骨架。然而中国古代都城的道路，不同于一般城市的道路，这种不同是由都城作为特定空间形式而决定的。都城的道路当然也是交通的载体，但是它有着严格的社会等级内涵。因此，中国古代都城道路又有着特定的政治特点。

都城道路的等级观念不是"天生"的，而是随着社会的发展、国家政治的强化而出现的。比如汉长安城内与城门相连接的道路"一道三途"，也就是一条路分成三股，中间为代表国家的皇帝专用的驰道（或称"御道"），驰道两侧是官吏与一般人行走的道路，这样的道路突出的是"中"的理念，体现的是国家至上思想。

都城主要干道还是都城功能分区的分界线，因此中国古代都城之内的道路形成《周礼·考工记》所说的"九经九纬"。中国古代都城发展史表明，都城道路系统与都城功能分区的复杂化进程同步发展。

以都城道路形式表现出来的都城"中轴线"，是中国古代都城精髓。中国古代都城中轴线有着近四千年的历史，由早期王国时代的都城"双轴线"，发展到帝国时代的"单轴线"（即中轴线）。都城中轴线是体现国家"中和"理念的集大成者。

宫 殿

宫殿是都城的国家政治活动最重要空间平台，是地缘政治的集中体现。著名建筑考古学家杨鸿勋先生认为：

> 宫殿建筑是王（皇）权的象征。不论对哪个国家来说，宫殿都是一种特殊的建筑。它的建造，集中了民间建筑的经验，同时赋予宫廷化的严谨格律。在中国，它集中体现了古代宗法观念、礼制秩序及文化传统的大成，没有任何一种建筑可以比它更能说明当时社会的主导思想、历史和传统。外国有一句名言："建

《京师生春诗意图》·清·徐扬

《京师生春诗意图》是清乾隆时期宫廷画家徐扬在乾隆三十二年（1767）根据乾隆皇帝御制的二十首《生春诗》的内容绘制的。在画幅中这二十首诗全文著录，在画幅的右下角徐扬写下了绘制这幅作品的缘起。此画采用鸟瞰式构图，将中国传统散点透视画法与欧洲焦点透视画法相结合，描绘了京师的全貌。画家从正阳门大街画起，紫禁城、景山、西苑、琼岛，乃至天坛祈年殿，莫不一一收入画幅之中，数百年前的北京城如现眼前，给后人留下了宝贵的形象资料。这幅作品是研究清代北京城的重要资料。

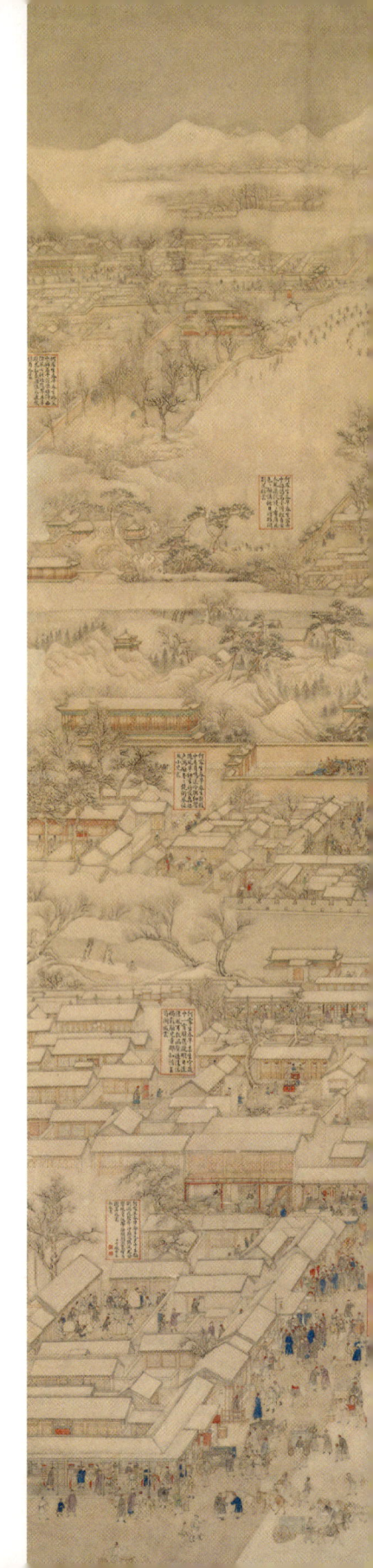

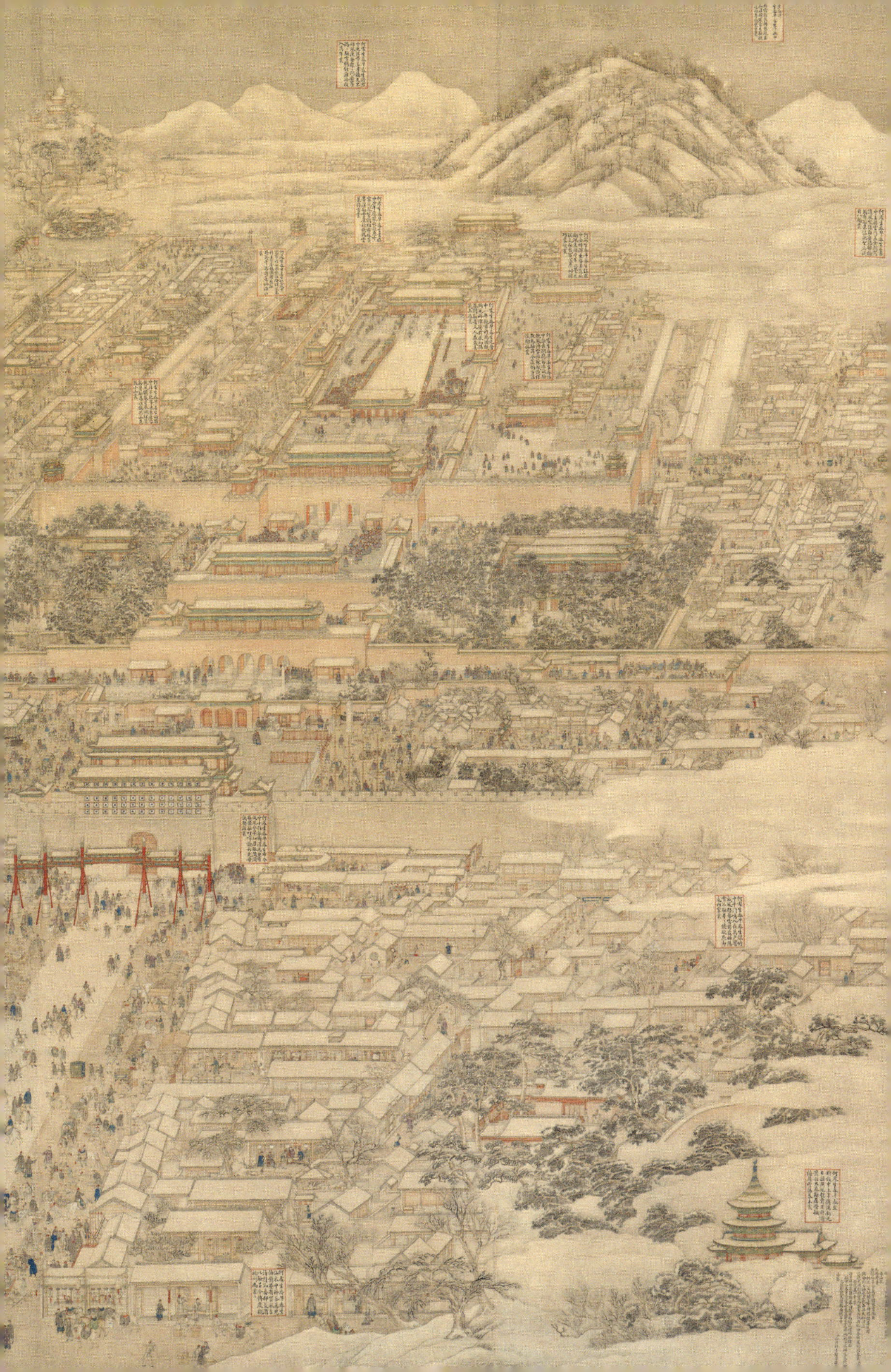

筑是本石头的书。"当产生它的社会已成为过去，它被遗留下来述说着历史，因而宫殿建筑是最能反映当时社会本质的建筑。通过对宫殿建筑历史的了解，可以生动地了解古代社会的主导思想意识和形态的发展。①

王国时代宫殿与宗庙共同构成国家的"二元政治"，帝国时代宫殿成为国家政治的主要物化载体，宫殿所承载的政治文化重于宗庙，这是基于帝国时代中华文明的国家地缘政治重于血缘政治的原因。

帝国时代都城之中的宫城又称"紫宫""紫微宫"。中国古代天文学家分天体恒星为三垣，中垣有紫微十五星，也称"紫宫"。紫宫是天帝的居室。西汉时代都城皇宫未央宫亦称"紫宫"。宫城之中主体建筑是大朝正殿。

官　署

都城之中的中央官署，是具体实施国家政治统治、军事指挥、经济管理、文化礼仪活动的政治平台。官署随着国家从王国时代到帝国时代的变化与发展，其政治功能越来越突出，作用越来越重要，分工越来越细化。从北魏洛阳城开始，于宫城之外又设置了"内城"，也就是以后都城中的"皇城"。在都城发展中，从都城的宫城与郭城的"双城制"到宫城、皇城（内城）与郭城的"三城制"，这是历史发展的反映。"三城制"的出现，就是国家官署活动加强的反映，它表现了国家地缘政治的强化，国家政治的进一步成熟。

礼制建筑

古代统治阶级为维持自己的统治，在都城附近修筑了大量礼制建筑。

---

① 杨鸿勋：《宫殿考古通论》，北京：紫禁城出版社，2001年，第3页。

北京中山公园社稷坛

　　北京有九坛八庙之说，九坛即天坛、地坛、祈谷坛、朝日坛、夕月坛、太岁坛、先农坛、先蚕坛和社稷坛诸坛，这些都是明清帝、后进行各种祭祀活动的地方；八庙是指太庙、奉先殿、传心殿、寿皇殿、雍和宫、堂子、文庙和历代帝王庙。社稷坛位于现在的中山公园，图片中所展示的就是五色土的社稷坛和中山堂（即社稷坛的拜殿。1925年，孙中山先生去世后曾在此停灵。1928年，拜殿更名为"中山堂"）。

　　由于它们直接服务于巩固统治者政权，维持着国家的等级社会架构，传达着天地一体、家国一体的"中和"理念，所以历代统治阶级对此十分重视，而礼制建筑内容也是越来越丰富。

　　中国古代都城的礼制建筑主要包括宗庙、社稷、明堂、辟雍、灵台、天坛（圜丘）、地坛（方丘）等。中国古代都城礼制建筑不包括宗教建筑，这与古代西方世界的都城文化显著不同。西方古代都城之中神庙（或教堂）与宫殿并立，从某方面来说，神庙或教堂，在都城之中的地位甚至还要高于作为国家政治平台的宫殿。中华五千年不断裂文明发展的历史，反映了国家理念越来越突出、越来越强化，而其中礼制建筑的发展，就是国家理念突出与强化的充分体现。

贵族与市民居住区

由于居民的经济条件不同、政治地位不一，都城不同民居的规模、分布区域也不相同。政治地位高、经济条件好的都城市民居住在都城宫城、皇城附近；相反，政治地位低、经济条件差的市民居住位置距宫城、皇城较远。如汉长安城的贵族宅邸大多分布在皇宫未央宫北宫门附近与未央宫东侧，号称都城的"北阙甲第"与"东第"。唐长安城的达官显贵宅邸大多分布在宫城与皇城东西两侧，一般居民则居住在距皇城较远的地方。

虽然都城民居因其家庭政治地位、经济状况而空间分布位置不同，但是其民居的建筑布局的"中和"理念却是基本一致。如民居的中轴线：正房（即堂屋）在民居院落的北部居中位置，与民居院落正门相对，形成民居院落的中轴线，突出家长（或长辈）的中心地位。院落东西两侧的厢房对称分布于正房与院落正门南北轴线的东西两侧，这反映了"和"的思想。民居的"中"与"和"成为有机整体。这些实际上是都城"中和"理念在都城民居中的反映。

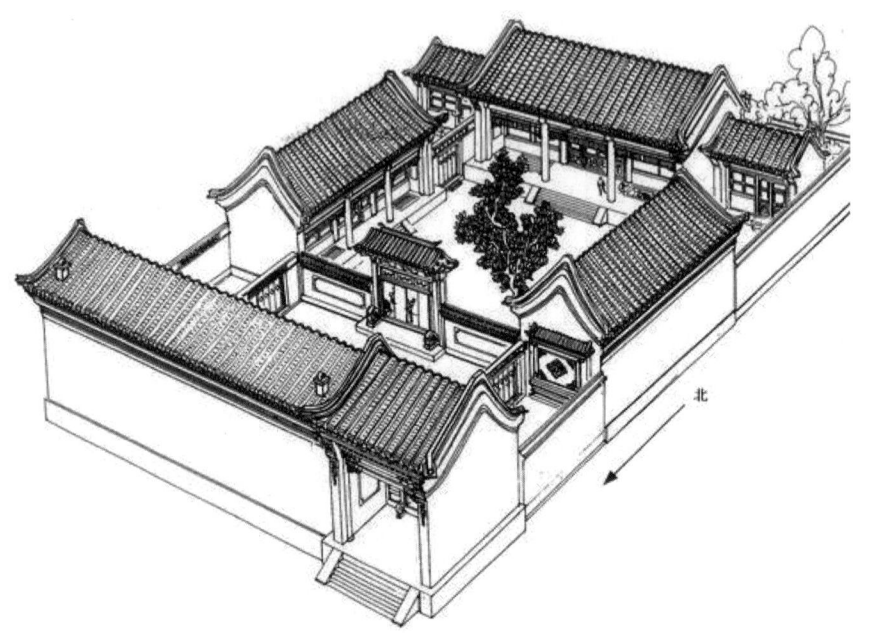

四合院延续了民居对"中和"的坚守

都城轴线

中国古代都城的轴线是其核心文化基因，它体现的是"中"的理念，也就是以国家为中心的思想、国家至高无上的原则。这种"中"的理念，是中华五千年不断裂文明的思想精神的有力保障。

中国古代都城轴线随着时代变化而发展，从王国时代的"双轴线"到帝国时代的"中轴线"，"中"之理念，通过不同时期的都城轴线得到集中反映。在王国时代都城中，由于国家政治主要是血缘政治与地缘政治结合，那时的都城轴线是"二元政治"之下的"双轴线"。进入帝国时代，国家政治步入以地缘政治为主、血缘政治为辅时期，从北魏洛阳城开始，都城"中轴线"基本形成，"国家"意识得到进一步体现。

北京中轴线仰山坐标点

中华五千年的文明史证实，中国的国家凝聚力越来越强、认同感越来越深，都城轴线从"二元"到"一元"的历史，是基于"家国同理"的文化基因。大量考古发现表明，从几千年来中国人的家庭院落格局来看，随着社会发展，家的院子建筑群中，家长居于主体建筑正房，而主体建筑在庭院中处于"居中"位置，这一规制与都城之宫城的大朝正殿居中是道理相通的。中国古代都城轴线得以深入人心，与其扎根的土壤，即中国古代国民的家国认同是一致的。

北京城中轴线示意图

明清北京城的中轴线以大朝正殿为基点，向南穿过宫城、皇城、郭城正门（午门、天安门、正阳门、永定门），北对宫城北门景山至钟鼓楼，直线距离长约7.8千米。

③ 古代都城发展的基本脉络

中国古代都城的发展脉络与中华五千年不断裂文明基本上是相伴而行、同步发展的。都城发展是由简单到复杂。作为国家缩影的都城，与国家发展变化密切相关，国家历史的发展变化在国家行政管理机构变化中集中体现出来，古代都城形制的重要变化恰恰与之不谋而合，这里所说的都城形制是指都城的单城制、双城制与三城制。从五帝时代的邦国到夏商周的王国，国家空间在扩大，国家机器在增多，作为国家管理平台的都城必然与国家发展相适应，都城由单城制发展为双城制；从夏商周王国时代到秦汉及以后的明清王朝，都城由双城制发展到三城制。

国家统治集团的组成，从邦国、王国时代的血缘政治与地缘政治结合，发展到帝国时代以地缘政治为主、血缘政治为辅。都城的宫殿与宗庙空间方位也发生了重要变化，由王国时代的宫殿与宗庙并列于宫城之中，到帝国时代宗庙移出宫城，宫殿成为宫城主体建筑，都城与宫城形成以大朝正殿为中心的格局，突出了国家东西南北中的"中"。以"中"为核心的国家大一统理念，由都城布局形制固化并传承，这也就是中华五千年不断裂文明的核心文化基因的物化载体。

（二）

从北京故宫上溯至五帝时代的都邑

中国古代都城是研究、阐释中华五千年不断裂文明的重要物化载体，因此了解、认识中国古代都城发展史至关重要。中华文明历史源远流长，时间离人们越久远,记忆越淡化,认知越模糊。科学的认识论是从已知探索未知,历史科学更是如此。本书将以由近及远、从已知探索未知的方法,探究中国古代都城的发展历史。

明清北京城

明北京城是明永乐十五年(1417)在元大都基础之上营建的。清代基本沿用了明代北京城,仅局部有所改造、变动。

故 宫

故宫建于明永乐十八年(1420),是明清北京城的宫城,坐北朝南。宫城是古代都城的政治中枢,也就是国家的象征。这也就是为什么21世纪的当今,故宫仍然是一年到头人流如潮,就参观者人数而言,故宫在中国各类博物馆之中高居榜首。这种现象的本质是国民对国家历史文化的认同与敬仰。

北京故宫可谓家喻户晓,它是中华人民共和国国务院公布的第一批"全国重点文物保护单位",它又是1987年中国第一批被联合国教科文组织公布的"世界文化遗产"。北京故宫之所以享有如此高的地位,是因为它集中国历史文化之大成。

明清北京城平面示意图 ▷

清代北京城南部为外城,北部为内城,二者以正阳门前的东西向大街为分界。外城的南城墙东西分布3座城门,中间为永定门,永定门既是外城正门,也是北京城的正门,它与内城的南城门——正阳门南北相对。正阳门与永定门南北向大街东侧有天坛,西侧有先农坛。

明代北京圖

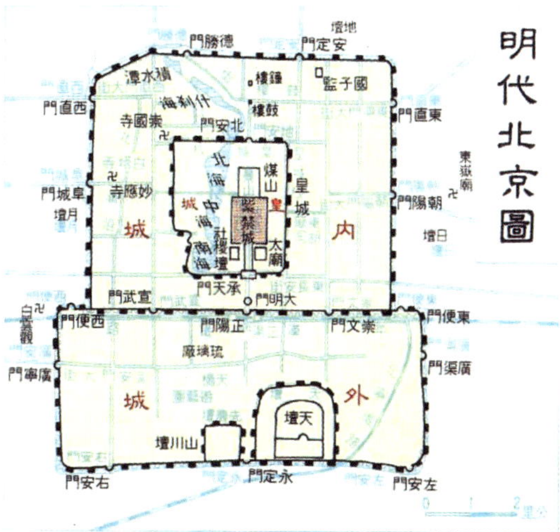

明代宮禁圖

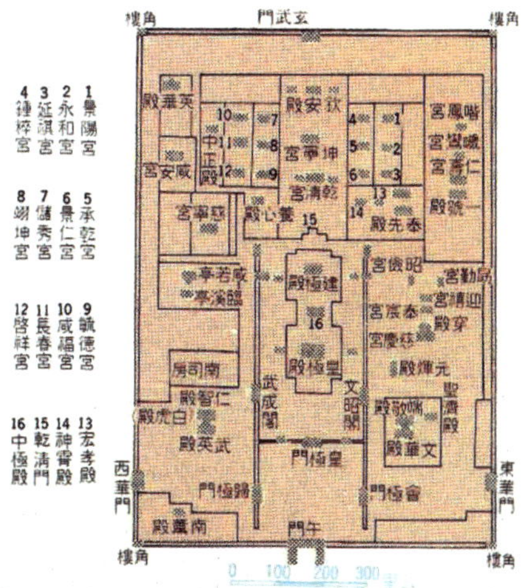

明代宮殿規制左右全係對稱，後經清代改建，東西兩側始漸趨參差。讀本圖可以見明代北京宮闕的本來面目。

清末北京圖

北京城内城中部为皇城，皇城正门——天安门，明永乐十五年始建，称"承天门"，其城门名称源于唐长安城宫城著名的"承天门"之名。清顺治八年更名"天安门"。天安门现在是中国的象征性建筑。天安门前之东西向长安街是"中国第一街"。

　　故宫东西南北四面各辟一座宫门，它们分别为东华门、西华门、午门与神武门。午门是故宫正门，是进入故宫的第一门。午门与天安门之间是端门。天安门与故宫南门——午门南北向道路之间，东部有太庙，西部有社稷，这就是《周礼》所说的"左祖右社"。

　　午门"一门三道"并置双阙，实际上是"明三暗五"。"一门三道"是中国古代都城城门、宫城宫门（尤其是宫城正门）的规制，但是自从唐长安城郭城正门明德门、大明宫宫城正门丹凤门"一门五道"之后，其他

午门正面

午门修建于明永乐十八年，后曾于清顺治四年（1647）重修，嘉庆六年（1801）进行了再次修缮。午门分上下两部分，下为墩台，高12米，正中开三门，两侧各有一座掖门，俗称"明三暗五"。五个门洞各有用途：中门为皇帝专用，此外只有皇帝大婚时，皇后乘坐的喜轿可以从中门进宫；通过殿试选拔的状元、榜眼、探花，在宣布殿试结果后可从中门出宫。东侧门供文武官员出入。西侧门供宗室王公出入。两掖门只在举行大型活动时开启。

王朝都城宫门多为"一门五道"。明清北京城宫城午门外面呈现的是"一门三道"，其实午门左右二门道之外又各辟一座"掖门"，形成实际上的"一门五道"。

故宫以前称为"紫禁城"，也就是中国古代都城中的宫城或百姓所说的皇宫。

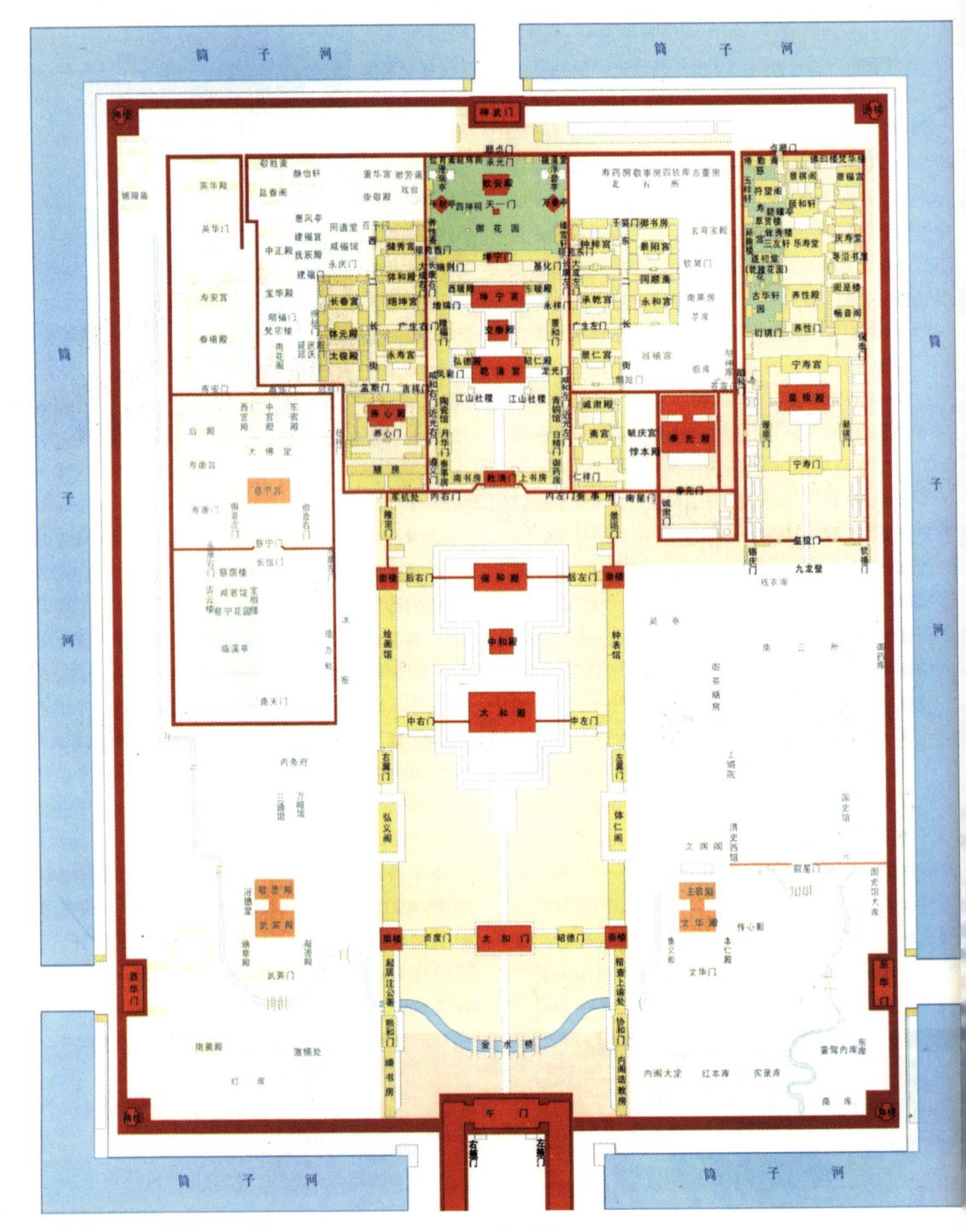

故宫平面示意图

故宫东西宽753米，南北长961米，周围有高10米的宫墙。

宫城南部以太和殿、中和殿、保和殿三大殿为中心，属于宫城之外朝。宫城北部为内廷，为皇室的寝宫及活动场所，即是所谓的"前朝后寝"。紫禁城东部称"外东路"，主要建筑是宁寿宫；西部称"外西路"，主要建筑是慈宁宫。我们在魏晋及北魏洛阳城与隋唐两京也可以追溯到其原型。

紫禁城中最重要的建筑是太和殿，是故宫"三大殿"的正殿，也就是百姓所说的金銮殿。太和殿明代始称奉天殿、皇极殿，清顺治二年（1645）改称太和殿。太和殿之名取自《周易·乾卦·象传》：

乾道变化，各正性命，保合大和，乃利贞。

古代"大"与"太"通假，故"大和"即"太和"。

太和殿

太和殿俗称金銮殿，是紫禁城三大殿之一，始建于明永乐十八年，此殿建成后屡遭焚毁，现在的太和殿是清康熙三十四年（1695）重建后的形制。上承重檐庑殿顶，下坐3层汉白玉台阶，采用金龙和玺彩画。它面阔11间，进深5间，长64米，宽37米，建筑面积2377平方米，为紫禁城内规模最庞大、等级最高的建筑。

太和殿作为大朝正殿，体现出了居中、居高、居前的特点。所谓"居中"是居紫禁城中心；"居高"则是居紫禁城与北京城各类宫室建筑高度之最；"居前"则是它之前只有门而没有其他建筑物（太和殿之前向南依次是太和门、午门、端门、天安门、正阳门和作为北京城南大门的永定门）。这种大朝正殿"居前"实际上从秦汉时代的大朝正殿之名已经一目了然：秦始皇营建阿房宫，其正殿即称"前殿"；汉高祖徙都长安，在长安城未央宫营建的大朝正殿亦称为"前殿"。

　　太和殿与其北的中和殿、保和殿组成宫城"三大殿"，这是中国古代都城文化的重要历史传统。中和殿之"中"源于《中庸》：

中也者，天下之大本也；和也者，天下之达道也。

中和殿

　　中和殿位于太和殿和保和殿之间，是皇帝去太和殿参加大典之前休息、接受执事官员朝拜的地方。中和殿高19米，平面呈方形，为单檐四角攒尖，屋面覆黄色琉璃瓦，中为铜胎鎏金宝顶。殿四面开门，正面三交六椀槅扇门12扇，东、北、西三面槅扇门各4扇，门前石阶东西各一出，南北各三出，中间为浮雕云龙纹御路，踏跺、垂带浅刻卷草纹。

保和殿

保和殿初名谨身殿，明嘉靖四十一年（1562）改称建极殿，清顺治二年始名保和殿。"保和"出自《周易》，意为"志不外驰，恬神守志"，也就是神志得专一、保持宇宙间万物和谐之意。保和殿面阔9间，进深5间（含前廊1间），建筑面积1240平方米，高29.5米。屋顶为重檐歇山顶，上覆黄色琉璃瓦，上下檐角均安放9个小兽。上檐为单翘重昂七踩斗栱，下檐为重昂五踩斗栱。

保和殿之"保和"与太和殿之"太和"均源于上述《周易·乾卦·彖传》之"保合大和"。"三大殿"集中体现了中国传统文化核心的"中和"理念。

紫禁城北部是景山，西部是北海、中海与南海形成的池苑区。这里的北海和中海实际上就是元大都的太液池。太液池也不是元大都开创的，它有着更为久远的历史。在这些"海"中还建造了"神山"所在的岛，如瀛洲、蓬莱、方丈。这种"海"让我们想起了唐长安城宫城北部的"四海池"。

圆明园

北京城西北部是皇家的"三山五园"宫苑区，"三山五园"即畅春园、圆明园、万寿山清漪园、玉泉山静明园、香山静宜园。"五园"之

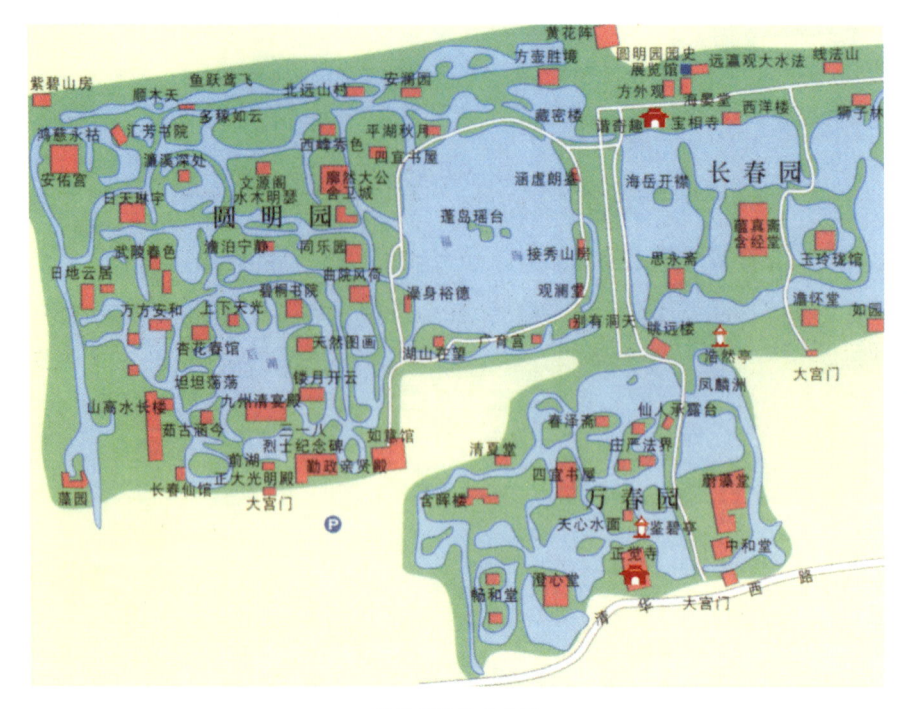

圆明园平面示意图

　　圆明园又称圆明三园,由圆明园、长春园和万春园三园构成。圆明园占地面积3.5平方千米,有一百五十余景,有"万园之园"之称。清帝每到盛夏就来到这里避暑、听政,处理军政事务,因此也称"夏宫"。清乾隆时期,宫廷画家沈源等人绘制的《圆明园四十景图册》为后人留下了欣赏圆明园秀美风光的珍贵影像,右页两幅作品就是其中的"正大光明"和"勤政亲贤"。

中,除了圆明园之外,其余畅春园、清漪园、静明园、静宜园应为离宫别馆性质建筑。而圆明园实际上是皇室的夏宫,圆明园"四十景"中的正大光明、勤政亲贤、九州清晏、蓬岛瑶台,以及大红门、保和太和、承露台等建筑,大多仿照宫城设置而来。

　　圆明园的宫廷区由南向北,大照壁、大宫门、出入贤良门、正大光明殿、九州清晏殿呈一条南北向中轴线,宫廷区以北是九州景区,设九岛,显示"一统九州,天下升平"。清代皇帝在此办公计140多年。清王朝的圆明园,使我们联想到唐代著名诗人白居易《长恨歌》中的唐长安城东部骊山之下的华清宫与华清池。圆明园实际上是清北京城的"第二故宫"。

《圆明园四十景图册》之"正大光明"·清·沈源等

《圆明园四十景图册》之"勤政亲贤"·清·沈源等

承德避暑山庄

清朝皇室的另一处夏宫是承德避暑山庄，位于今河北省承德市武烈河西岸，占地560公顷。避暑山庄建于康熙、乾隆时期。我们说这里是夏宫，与这里按照紫禁城前朝后寝规制营建午门、正宫门及类似大朝正殿的澹泊敬诚殿相关，它们形成从宫门到正殿的夏宫中轴线，称为夏宫的前朝，还有以烟波致爽殿为主殿的后寝。避暑山庄的其他设施多为宫苑性质。这又与隋唐都城附近的仁寿宫与九成宫相似。所不同的是，清朝皇帝把宫说成山庄。再上溯寻根，可以找到西汉时代都城长安四大宫城（未央宫、长乐宫、建章宫、甘泉宫）之一的甘泉宫。

至于明清北京城的礼制建筑太庙、社稷、天坛、地坛等更是集中国古代礼制建筑之大成。

清代统治集团的核心是东北地区的女真人，努尔哈赤建立了后金。后金是相对宋辽金元时期的"大金"而言的，因其时代在大金王朝之后故名"后金"。到了努尔哈赤儿子皇太极当政之时，改名为"清"。1644年清世祖福临即帝位，年号为"顺治"，定都北京。清王朝统治者尽管是中国北方的少数族群，但是在象征国家文化的都城营建方面，我们可以清楚发现，他们完全继承了明代的规制，明清两代王朝的都城可谓一脉相承。

《避暑山庄图》·清·冷枚 ▷

故宫博物院藏。此画景物右至武烈河及东部山区，左至西岭山区为止，从山庄东部崖殿"万壑松风"殿座开始，一层层向北展开，包罗四围秀岭、十里湖泊的整个湖区、平原区主要建筑和自然风貌，体现了冷枚高度的概括能力和精湛的艺术技巧，历史与艺术价值很高。画中青山环抱，绿树成荫，后山一股清泉，流入山庄，湖水荡漾，荷花盛开，岸柳垂荫，亭台、水榭、宫室、高楼，因地制宜，聚散错落。

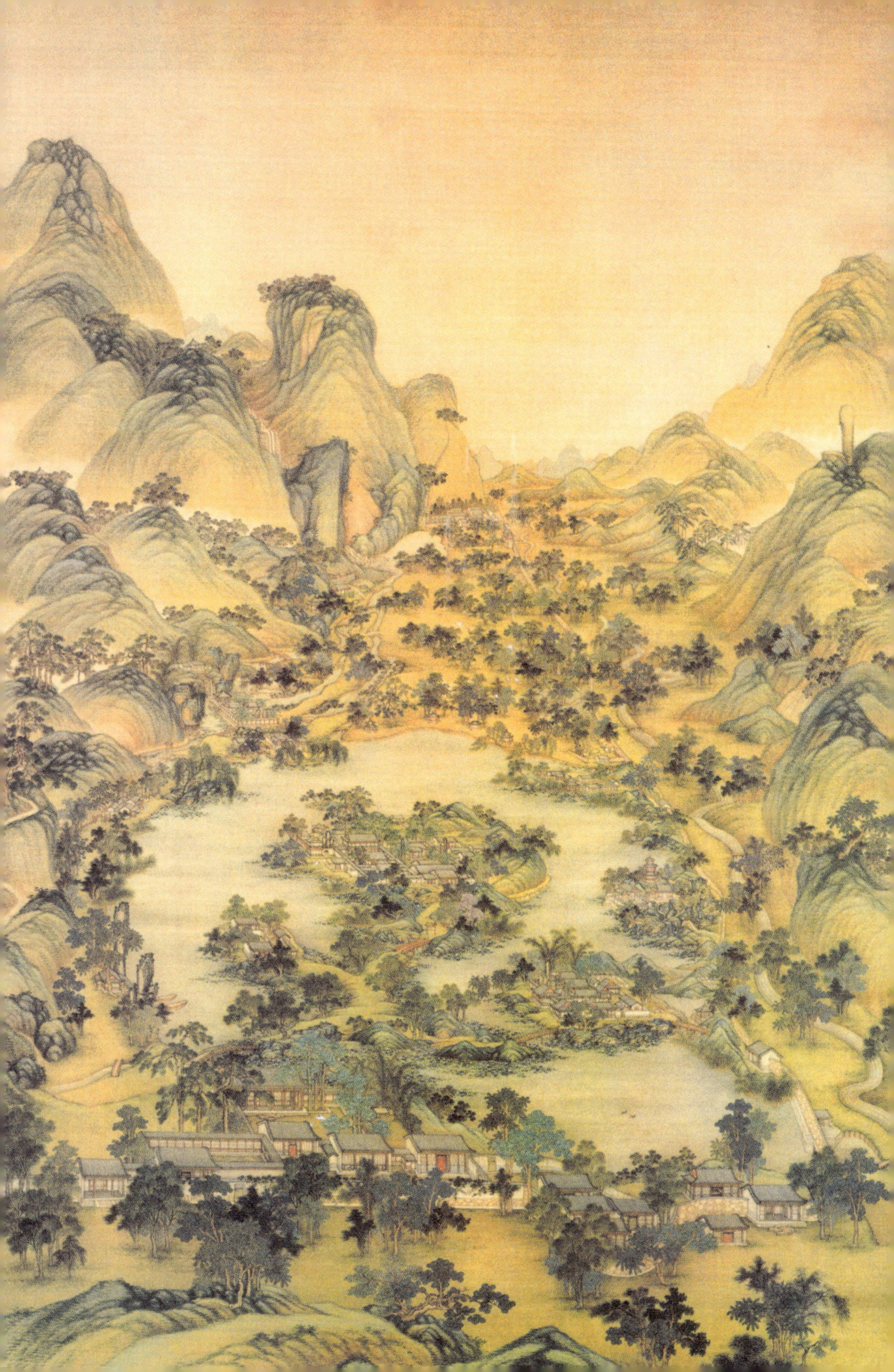

元代都城

元大都

成吉思汗十年（金贞祐三年，1215）蒙古军队攻占金中都，改称"燕京"，置燕京路总管大兴府。至元元年（1264）决定建都燕京，仍称中都。但是，至元四年（1267）又放弃中都旧城（即金中都），而在中都旧城东北郊另选新址建大都城。至元八年（1271）元朝正式建立，至元九年（1272）更名中都为"大都"。规划营建大都由刘秉忠总领其事，也黑迭儿指挥宫殿建设，具体参与督工营建的还有赵秉温、张柔、张弘略、段天祐、野速不花（蒙古人）、高觹（女真人）、杨琼等。

元大都由郭城、皇城、宫城组成。皇城西为太液池及宫苑。

元大都城内以南北向的轴线为界（鼓楼以北以东西中分线即全城规划中轴线为界，其南以宫城中轴线及其南北延长线为界），东属大兴县，西属宛平县。这种同城以其南北向中轴线为界，分为东西两部分进行行政管理的方式，应该是早在隋唐时代已经实施，唐长安城就以朱雀大街南北向中轴线为界，设"万年"与"长安"东西两部分。

元大都平面示意图 ▷

> 元大都郭城平面近方形，东、西、南、北城墙长分别为7590米、7600米、6680米、6730米。有11座城门，其中东、西、南城门各3座，北城门2座。皇城之内，东为宫城，又称"内皇城"或"东内""大内"。宫城之西有太液池，池西有"兴圣""隆福"二宫，二宫亦称"西内"。宫城之北为御苑。
>
> 宫城东西宽约740米，南北长约947米。其宫城规模与明清北京城故宫相近。辟6门，宫城南门之正门崇天门"一门五道"，门外置双阙，为平面呈凹字形的"三出阙"（三重子母阙，《辍耕录》又称"三朵楼"）之"阙门"（《辍耕录》称"两观"，《故宫遗录》称"角楼"）。宫城东、西宫门分别为东华门与西华门，二宫门均为"一门三道"。北宫门为厚载门，此宫门有一个门道。

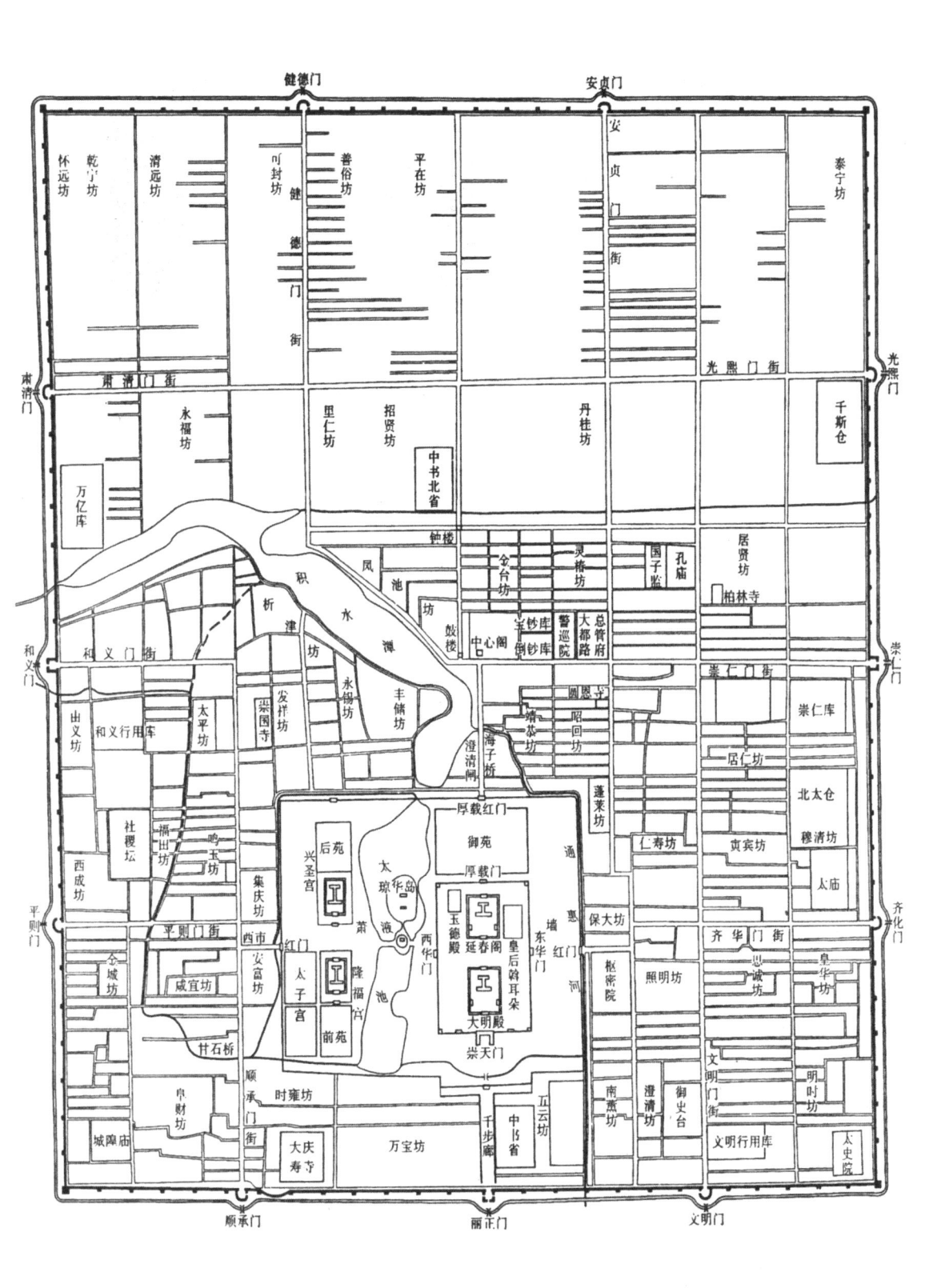

元大都平面图

城门/位置	名称
北城门	健德门、安贞门
东城门	光熙门、崇仁门、齐化门
西城门	肃清门、和义门、平则门
南城门	顺承门、丽正门、文明门

城北坊名：怀远坊、乾宁坊、清远坊、可封坊、善俗坊、平在坊、安贞门街、泰宁坊、永福坊、里仁坊、招贤坊、丹桂坊、中书北省、千斯仓

中部：钟楼、凤池坊、金台坊、灵椿坊、国子监、居贤坊、孔庙、柏林寺、鼓楼、中心阁、宝钞库、倒钞库、警巡院、大都路、总管府、圆恩寺、昭回坊、靖恭坊、蓬莱坊、仁寿坊、寅宾坊、北太仓、穆清坊、太庙、崇仁库、居仁坊

西部：万亿库、积水潭、析津坊、永锡坊、丰储坊、和义行用库、出义坊、太平坊、崇国寺、发祥坊、社稷坛、福田坊、鸣玉坊、集庆坊、西市、安富坊、平则门街、咸宜坊、金城坊

皇城：后苑、兴圣宫、太液池、琼华岛、萧墙、西苑、隆福宫、太子宫、前苑、厚载红门、御苑、厚载门、玉德殿、延春阁、皇后斡耳朵、大明殿、东华门、西华门、崇天门、通惠河、墙红门、保大坊、枢密院、御史台、澄清闸、海子桥

南部：廿石桥、顺承门街、时雍坊、卓财坊、城隍庙、大庆寿寺、万宝坊、千步廊、中书省、五云坊、南薰坊、澄清坊、御史台、文明门街、照明坊、齐华门街、齐化门街、思诚坊、皇华坊、明时坊、文明行用库、太史院

元大都的都城轴线为南北向，自南向北依次为郭城正门丽正门、皇城正门灵星门、宫城正门崇天门、大明门、大明殿、延春门、延春阁、玉德殿、宸庆殿、厚载门、厚载红门，至中心台。

元大都城墙遗址

元朝是中国北方蒙古族建立的国家政权，他们当时虽然是游牧民族，但是当其作为中华民族一员走上国家最高政治舞台（都城）之时，他们继承之前王朝的都城建设理念，上述元大都的方方面面均折射出这一理念。

从元大都的城门名称来历，我们可以看出元朝统治者对中国传统历史文化的认同。元大都的11座城门的门名就有着深厚的中华历史文化内涵。有学者考证它们均源于"群经之首"的《周易》六十四卦的爻辞或彖传、象传：

南　垣

正中：丽正门，取《周易·离卦·彖传》"重明以丽乎正，乃化成天下"之意。

其东：文明门，取《周易·大有卦·彖传》"其德刚健而文明"之意。

其西：顺承门，取《周易·坤卦·彖传》"至哉坤元，万物滋生，乃顺承天"之意（根据"后天八卦"，坤位于西南方位）。

东　垣

正中：崇仁门，取《周易·文言传》"君子体仁足以长人"之意。

其南：齐化门，取《周易·说卦传》"齐乎巽，巽东南也"之意（根据"后天八卦"，巽位于东南方位）。

其北：光熙门，取《周易·艮卦·彖传》"艮，止也……其道光明"之意（根据"后天八卦"，艮位于东北方位）。

西 垣

正中：和义门，取《周易·文言传》"利物足以和义"之意。

其南：平则门，取《周易·谦卦·象传》"无不利，撝谦，不违则也"之意。

其北：肃清门，有肃杀之意。

北 垣

东：安贞门，取《周易·讼卦》"不克讼，复即命；渝，安贞吉"之意。

西：健德门，取《周易·乾卦·象传》"天行健，君子以自强不息"之意（根据"后天八卦"，乾位于西北方位）。[①]

宫城正门崇天门的"一门五道"与双阙，显然受到金中都宫城应天门、宋东京城宫城正门宣德门、唐长安城大明宫正门丹凤门的影响。而故宫的午门之形制应该上溯至此崇天门，它们是一脉相承的。

大明殿建筑群为长庑围绕而成的南北长方形院落，四隅建角楼，南面正中为大明门。"大明殿乃登极、正旦、寿节、会朝之正衙也。"（《辍耕录》）

御苑在宫城之北，其南有厚载门，北有厚载红门，西临太液池，四周筑围墙。

太液池在宫城之西，即今之北海和中海。面积约80公顷。金代在此建大宁宫，池中的琼华岛，元代更名"万岁山"，又称"万寿山"。圆坻又称"瀛州"，今称"团城"。主要建筑集中于万岁山，圆坻次之。

元代统治者十分重视元大都的礼制建筑。元中统四年（1263）初，立太庙于燕京旧城，后来又于齐化门内营建太庙，于平则门内营建社稷坛。

至元十二年（1275），忽必烈在丽正门外东南七里处设台祭天地神位；成宗大德九年（1305），在大都南郊正式建"天坛"，地点在今永定

---

① 夏枫荻：《元大都城门命名与〈周易〉》，《光明日报》2015年6月5日。

门外。元大都天坛于都城之位置，可以追溯至唐长安城。

元大都的官学有国子学，包括"蒙古国子学""回回国子学"。元代国子学与文庙相结合（又称庙学和学宫），形成"左庙右学"（即孔庙设在国子学之东）之制：元大德十年（1306）创建大都孔庙，供奉孔子塑像，尊孔子为"大成至圣文宣王"，这成为国家祀典内容之一；至大元年（1308）建成国子学，即其后明清国子监、孔庙。

元上都

忽必烈在营建元大都之前，就在今内蒙古自治区锡林郭勒盟正蓝旗敦达浩特镇东闪电河北岸，命刘秉忠等在此筑城，名称"开平"。中统元年（1260）忽必烈于开平府即大汗位（即元世祖），建元中统。中统四年升开平为上都（亦称"上京""滦京"）。至元十一年（1274）从上都迁

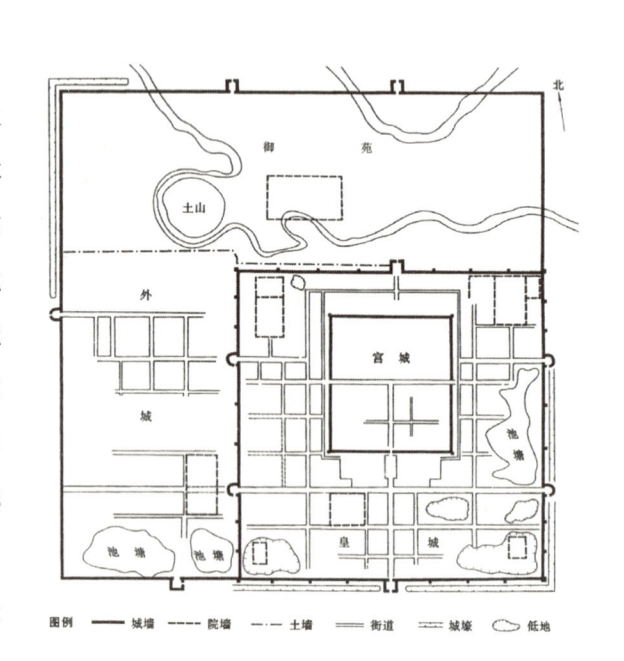

元上都平面示意图

元上都由外城、皇城和宫城构成。皇城位于外城东南部，宫城在皇城中部偏北。外城平面为方形，边长约2220米。

皇城平面呈方形，边长约1400米。皇城四面辟门，南面明德门向北的御街宽约25米，直通宫城之内，从而成为皇城和宫城的中轴线。

宫城平面略呈方形，宫墙南北长605米，东西宽542米。宫城南、西、东三面中央各辟宫门，南宫门御天门为宫城正门，东、西宫门分别为东华门、西华门。御天门内纵街是宫城的中轴线。宫城之内中轴线上的大朝正殿——大安阁基址平面近方形，东西宽33米，南北长34米。

都至大都。此后元朝诸帝均于每年四月至八九月间在上都"时巡"避暑，处理政务，发布政令，举行诸王朝会、狩猎、祭祀或新帝登基等活动。元上都成为元朝的"夏都"。

元上都的都城规制在许多重要方面继承了中国古代都城的"以方为贵"的传统，其外城、皇城、宫城平面为方形或近方形。皇城四面辟门，宫城南、西、东三面辟门，二者南门均为正门。元上都的中轴线突出。元大都规制包含的许多中国古代都城传统文化因素，其实在元上都营建之时已经实施了。

元中都

作为元朝宫廷斗争的产物——元中都，其规制参照元大都，其城址亦为外城、皇城、宫城三城环套。元中都宫城平面与上都和大都宫城基本相同，中都宫城四面中间辟门，与大都宫城一样，而与上都宫城不同（上都宫城北墙无门）。中都宫城主体建筑置于中轴线上，其建筑总体布局不同于上都宫城，与大都宫城则较相近。

元中都宫殿模型

元中都宫城大致位于外城中部，平面近方形，边长约600米。宫城四面辟门，南宫门为双阙三门道。皇城南北长928米，东西宽779米，周长约为3414米。皇城南城门亦"一门三道"。外城环套皇城，南北长3088米，东西宽2994米，周长约为12164米。

上述元中都与元大都、元上都布局形制的比较，说明作为政治因素而出现的元中都，其追求都城文化的传承性，是其政治斗争的重要资本。

③ 辽、金都城

辽上京

辽朝为契丹人所建，契丹是鲜卑宇文部一支。神册元年（916）阿保机（辽太祖）称帝，保大五年（金天会三年，1125）为金所灭。辽朝先后建立"五京"（上京、东京、中京、南京和西京），上京为首都，其余四京为陪都，实际上是各地区的政治中心。《辽史·地理志》曰：

> 太宗以皇都为上京，升幽州为南京，改南京为东京，圣宗城中京，兴宗升云州为西京，于是五京备焉。

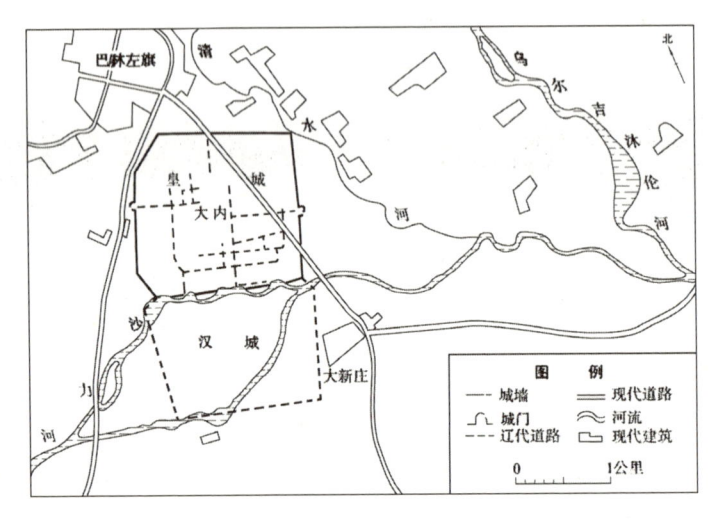

辽上京遗址平面示意图

辽上京的北城与南城有城门7座，东西各2座城门，南北各1座城门，二城中间隔墙共用一城门。辽上京的城门配置似属于郡国或州府一类城的标准。

辽上京南塔俯瞰图

辽上京南塔位于辽上京遗址南约2.5千米的龙头山北侧。据附近出土的乾统二年（1102）《东头供奉官王士方墓志铭》与天庆元年（1111）墨书铭骨灰匣，龙头山在辽时称石盆山，南塔周围即开悟寺寺址。南塔高25.5米。须弥座塔基边长3.8米。为八角七层密檐式砖塔，呈现辽代佛塔的典型样式。现在该塔初层塔身仅残留包括八大灵塔在内的部分浮雕。塔身八面原来镶嵌有不同种类的浮雕造像。因为岁月久远，这些浮雕造像大部分遗失，目前仅残存21尊，收藏在辽上京博物馆。

辽上京遗址位于今内蒙古自治区巴林左旗林东镇南，由南北二城组成，二城南北相邻，中隔一墙。北城称"皇城"，其中主要有宫殿、官署等，为都城政治中心；南城称"汉城"，主要是市民居住区与工商业区，因为市民多为汉人，故称"汉城"。

《辽史·地理志》记载：

天显元年，平渤海归，乃展郛郭，建宫室，名以天赞。起三大殿：曰开皇、安德、五鸾。……太宗诏蕃部并依汉制，御开皇殿，辟承天门受礼，因改皇都为上京。……其北谓之皇城。……中有大内。内南门曰承天，有楼阁；东门曰东华，西曰西华。

显示辽上京的营建是"依汉制"，其皇城实际上应该是内外相套的二重城。皇城之内中部偏北为宫城（"大内"）。其地势较高，分布着重要宫殿建筑，如有"三大殿"，其中大朝正殿是开皇殿。宫城东、西、南各辟一门，承天门（南门）为正门，其上有门楼，各门均为一个门道。上述都城规制反映了辽王朝在营建辽上京时对中国古代都城传统文化的继承。

辽上京是南北相邻的"二城制"都城，是为了满足契丹统治者在其建国初期进行国家管理的特殊需要。它实际上是承袭并发展了战国秦汉时代已经存在的城址形制。在一些考古发现的汉代城址中就存在这样的布局，不过那时的城并未分为南北二城，而是南北两部分，其间以城内"干道"分隔。如西汉初年的汉长安城，以霸城门与直城门东西贯通的东西向大街为界，将汉长安城分为南北两部分，南部为宗庙、官署区、皇宫（未央宫）、武库、高祖庙、惠帝庙与长乐宫（西汉初期的长乐宫北界可能在此大街以南），而此大街以北应该主要是市里区域。类似情况在汉代郡国城址中也有发现，如山东高密城阴城遗址，城址分为南北两部分，南部为官署区，北部为居民区与工商业区，它们之间由城内干道分割开。

金上京

金朝是中国历史上女真人建立的王朝。女真源于隋唐之际的靺鞨，再上溯为南北朝的勿吉、汉晋的挹娄、先秦的肃慎，女真的主源是靺鞨中的黑水靺鞨。靺鞨曾于唐代营建渤海国都城上京龙泉府。

收国元年（1115），完颜阿骨打称帝，建立金朝，国号"大金"。继任者金太宗完颜晟，灭辽攻宋。第三代帝王金熙宗改称其都城为"会宁府上京"[①]。"金上京"这一名称，可能与其先祖在唐代建立的上京龙泉府有

---

① 关于建都会宁府上京的时间，有二说：一说为金熙宗在位时期，见徐梦莘《三朝北盟会编》卷三《政宣上帙三》，上海：上海古籍出版社，2008年；另一说为天辅六年（1122），见宇文懋昭撰，崔文印校证《大金国志校证》卷二，北京：中华书局，1986年。

◁ 金上京平面示意图

> 上京城由南北两城组成，平面呈曲尺形。北城南北长1828米，东西宽1553米；南城东西长2148米，南北宽1523米。全城发现8座城门遗址。
> 南城内西北部有皇城（当时又称"宫城""大内"等，实际上是宫城），南北长645米，东西宽500米。

金上京遗址出土的铜坐龙

关，当然也可能受到鲜卑人的辽上京影响。金上京位于今黑龙江省哈尔滨市阿城区白城子。

金上京宫城内中轴线上有5座宫殿遗址，前四重殿有左右廊基址。金上京作为金朝的第一个都城，《大金国志》记载其"制度极草创"，"规模虽仿汴京，然仅得十之二三而已"。从金上京的南北二城来看，这应该是仿照了辽上京的都城营建模式，与唐宋都城形制不同。金上京南北二城因各自功能不同而建，南城为其政治中心，北城为居民区与城市经济活动区。辽上京的南北二城与金上京二城功能恰好相反，但是金上京与辽上京布局形制的实质是相同的。

金中都

贞元元年（1153）海陵王完颜亮颁诏迁都燕京，以"燕"乃列国之名，不当为京师号，遂改为"中都"。在海陵王看来，燕京就是国家中心，因此他说："燕京乃天地之中。"（《大金国志》）中都即都城在国家之中心。

汉唐以后，经济重心从中原逐渐转移向中国东南地区，作为国家中心的都城，也从西向东转移。北宋定都开封东京城，开启了中古时代以后的新阶段，其主要表现就是作为中华民族重要组成的中国北方族群在国家政治上的全面介入，这一介入使政治、军事上"积贫积弱"的北宋王朝被金王朝取代。而作为女真人的金朝统治集团，虽然兴起于"白山黑水"，但是他们的辉煌是从大兴安岭及蒙古高原南下发展而来。如果海陵王把蒙古高原作为金朝的发迹之地，从那里到燕京，再到南海（秦汉时期中国已设立了包括南海及中南半岛北部地区的"南海九郡"），就中国的南北而言，说"燕京乃天地之中"也是有道理的。这也就是中古时代至中国古代社会末期，从金中都到元大都、明清北京城，国家都城一直是北京的历史原因吧。

《大金国志》记载，金中都的建设：

（海陵炀王）大喜，乃遣左右丞相张浩、张通古，左丞蔡松年，调诸路夫匠，筑燕京宫室。

海陵王徙都燕京，更名"中都"，这意味着金朝都城取得了作为"中国"都城的合法性，因为"择中建都"是历代王朝的金科玉律。

金中都是由郭城、皇城和宫城组成的，皇城位于郭城之内中部偏西，宫城位于皇城中部，形成"三重城"格局。

中古时代各统一王朝的都城是"三重城"，全城设置12座城门，都城

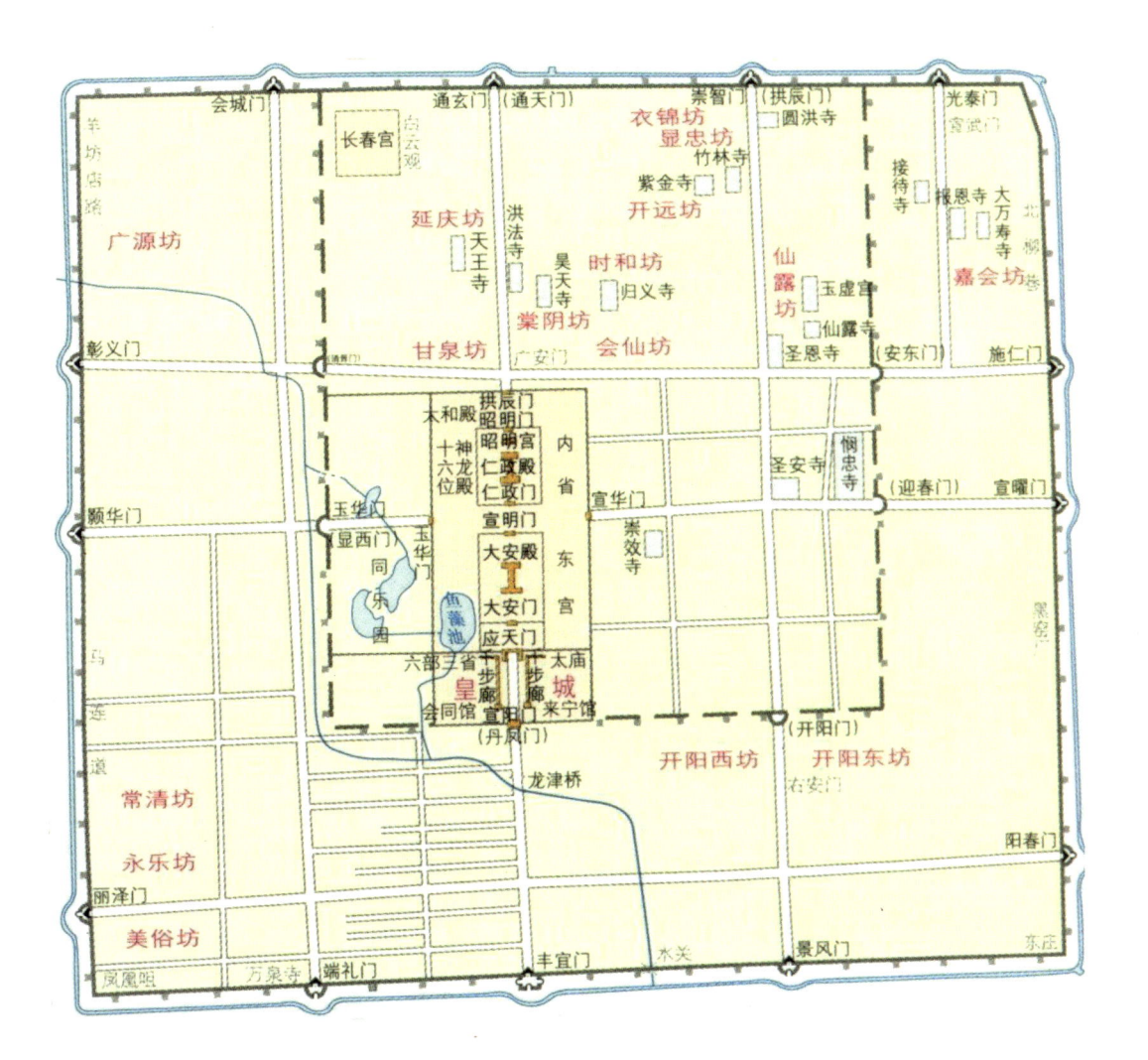

金中都平面示意图

  金中都郭城平面近方形，东西宽4750—4900米，南北长约4510米。郭城原有12座城门，每面3座城门，后来北面又增一门形成北门4座。皇城与宫城四面各有1座城门。

  金中都有一条严格的中轴线，它以大朝正殿——大安殿为基点，由南向北依次经过丰宜、宣阳门（丹凤门）、应天门、大安门、大安殿，由大安殿再向北，过宣明门、仁政门、仁政殿、昭明门、拱辰门、通玄门。这条中轴线，南北贯通全城，基本位于都城东西居中位置（略偏西），郭城、皇城、宫城正门与大朝正殿均在这条中轴线上。

的中轴线为南北向，郭城、皇城、宫城的正门和大朝正殿均在中轴线上。将金中都的布局形制与金上京对比可以发现，金上京不具备统一王朝都城形制的基本要素，而金中都则已经具备。都城是国家政治的缩影，金朝最高统治者把金中都建设作为国之大事。对来自社会发展相对落后地区的金朝统治者而言，要统一社会相对发达的"内地"，就要用相对先进的内地之政治、文化进行管理，因此金中都的"中华民族化"更为突出。对此宋代范成大指出的金朝"国之制度，强慕华风，往往不遗余力"（《揽辔录》），这在金中都遗址的考古中得到充分体现。

从元大都、明清北京城的都城规制来看，可以说金中都的影响是多方面的：

其一，《辍耕录》记载元大都"宫城周回九里三十步"，《金图经》

金中都太液池遗址——莲花池公园

记载金中都宫城"四周九里三十步"。元大都、金中都宫城的规模大致相同。金中都与元大都的郭城皆近方形，只是前者郭城比后者的城小。

其二，金中都原有12座城门，元大都有11座城门，后者北门比前者少1座，东、西、南面各3座。

其三，元大都为"三重城"，且它的皇城、宫城基本位于都城东西居中位置，不在都城北部，这与金中都是一致的。

其四，元大都和金中都的中轴线均为南北向，且都依次经过皇城、宫城的正门和大朝正殿等。

其五，金中都把都城池苑命名为"太液池"，并置于宫城之西的皇城之中。元大都的太液池也在宫城西侧，且于池中营建了琼华岛、圆坻及犀山台等，这是古代都城太液池所置神山象征的传统。明清北京城承袭这一规制，只是将太液池更名为北海、中海、南海。

从以上几方面，可以说金中都在北京的都城发展史上有着极为重要的作用。金中都不只是建在北京的第一个"国家级"都城，而且对元大都、明清北京城产生了深远影响，至明清北京城成为中国古代都城文化的集大成者。都城是中华民族历史文化的核心文化，女真人建立的金朝与其后继者满洲女真建立的清朝，为发展集大成的中国古代都城文化做出了历史性贡献！

宋东京城

开封建都始于公元前743—前701年郑庄公筑启封城，历战国时期魏国，五代时期后梁、后晋、后汉、后周，至北宋、金代均建都于此，有"七朝都会"之称。公元960—1126年北宋王朝建都开封（今河南省开封市），称"东京"。东京城承袭后周开封城的外城、内城、皇城（即宫城）三城环套的"三城制"。

外城有12座城门，四面各设3座城门。城门分为正门和偏门，城门之外均筑瓮城。正门有御道。正门有南城门的中门——南熏门，西城门的新郑门，北城门的封丘门，东城门的新宋门。正门由方城与瓮城组成，方城与瓮城形成"直门两重"。

内城在外城中部，有城门12座（其中包括2座水门），每面3座城门。内城正门为南城门的中门——朱雀门。

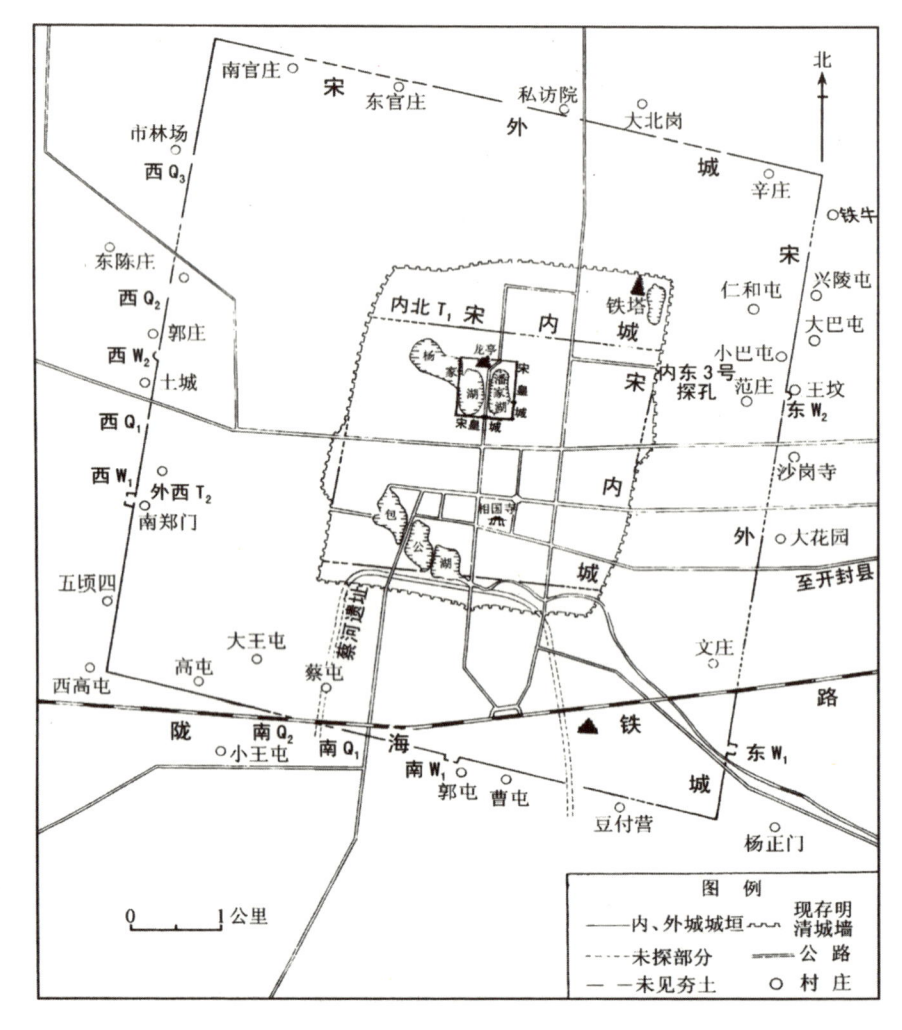

宋东京城平面示意图

外城平面为东西略短、南北稍长的长方形，周长29120米；内城平面略呈方形，周长11550米；皇城东、西城墙各长690米，南、北城墙各长570米，周长约2520米。

《瑞鹤图》·北宋·赵佶

辽宁省博物馆藏。根据画幅左侧宋徽宗赵佶书写的跋文，可以知道这幅作品描绘的是政和二年（1112）正月十六日，群鹤飞集端门之上，并有两鹤立于鸱吻上的祥瑞景象。画面仅见端门屋脊部分以及两侧双阙的屋顶，主要突出群鹤翔集，在庄严肃穆中透出神秘吉祥之气氛。端门即东京皇城的宣德门，此图可与卤簿钟上的图案相印证。

皇城基本位居外城与内城中部，平面近方形。皇城辟6门，南门3座，其他三面各1座门。皇城正门为其南面的中门——宣德门（亦称丹凤门、正阳门、乾元门等）。辽宁省博物馆藏北宋卤簿钟之上有宣德门图像，有五门道，外置双阙，这是宣德门形制的物证。皇宫之内，南部为外朝，北部为内朝。皇宫之北为宫苑。宣德门北是大朝正殿——大庆殿。

卤簿钟上的宣德门图像

宋东京城在中国古代都城发展史上占有重要地位，这是因为宋东京城在诸多方面对此后历代都城产生重要影响：

其一，宋东京城一改汉魏洛阳城以来的都城之内城（即皇城）与宫城置于都城北部的传统，而是宫城基本安置于都城中央，使宫城真正在空间意义上"居中"，这使"中"之理念更为精准，对此后历代都城影响深远。

其二，宋东京城的内城与宫城在都城之中的"双中心"空间形成，宫城在都城的中心地位突出，无疑反映了"中"的理念在国家政治生活中的

《清明上河图》(局部)·北宋·张择端

故宫博物院藏。《清明上河图》宽24.8厘米,长528.7厘米,绢本设色。作品以长卷形式,采用散点透视构图法,生动记录了中国12世纪北宋都城东京的城市面貌和当时社会各阶层人民的生活状况,是北宋时期都城繁荣的见证,也是北宋城市经济情况的真实写照。

进一步加强与深化,突显出皇室与国家政府的重要性。

其三,宋东京城的外城、内城与宫城均四面辟门,使都城文化中的"和"之理念达于极致。

其四,金元明清王朝在都城规制设计方面,多以宋东京城作为模本。

❸ 隋唐洛阳城

大业元年（605）隋炀帝决定营建东京洛阳，并令尚书令杨素、纳言杨达、将作大匠宇文恺具体负责这项国家工程。

唐代继续以洛阳为东都，只是对一些重要建筑进行更名、重修，委派重要官员负责，如贞观二十年，唐长安城营建北阙（北宫门），皇帝派司

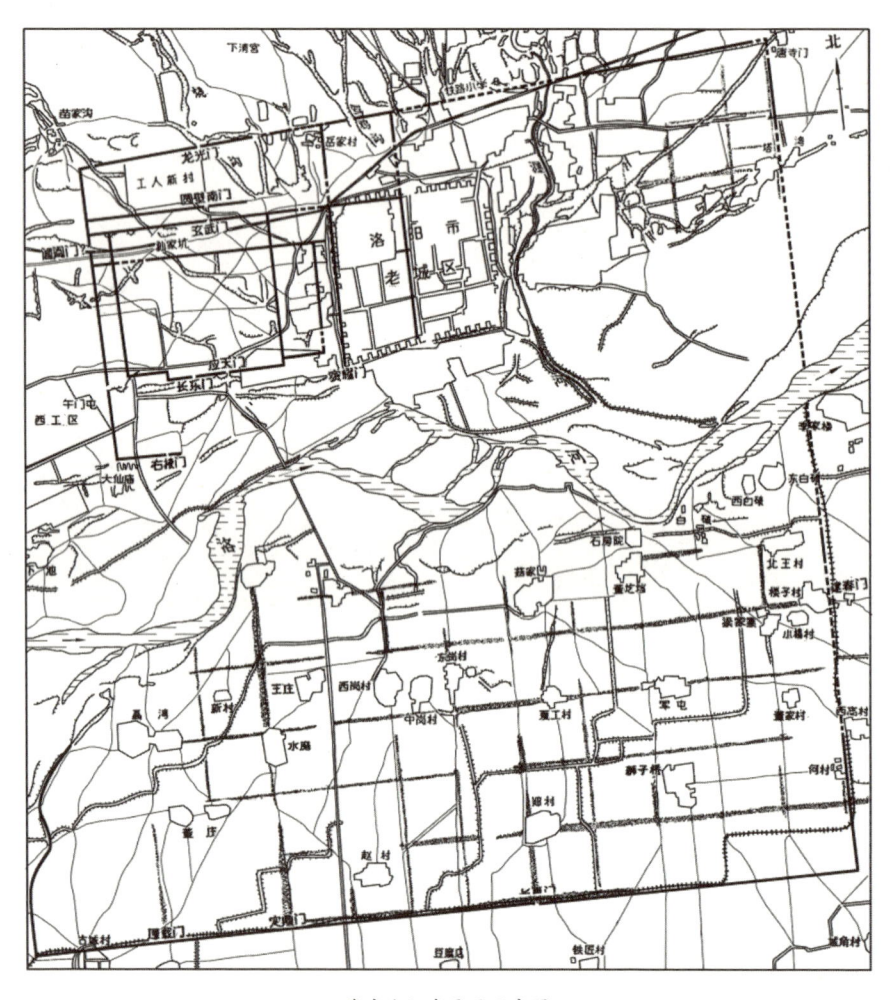

隋唐洛阳城平面示意图

隋唐洛阳城东、西、南、北城墙长度分别为7312米、6776米、7290米、6138米。

△ 隋唐洛阳城宫城、皇城平面示意图

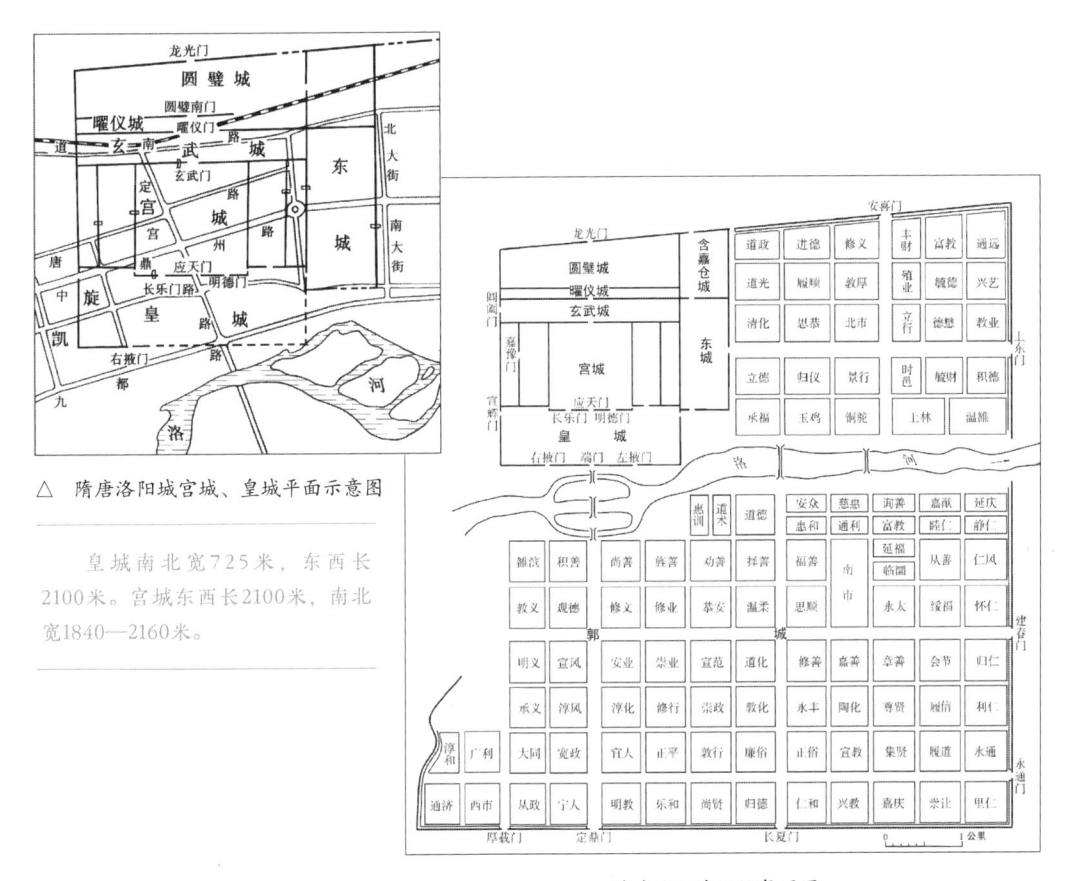

皇城南北宽725米，东西长2100米。宫城东西长2100米，南北宽1840—2160米。

隋唐洛阳城里坊复原图

空房玄龄及将作大匠阎立德主持。又如宫城正门应天门、在隋代乾阳殿旧址上建宫中正殿乾元殿等工程，亦是如此。

嗣圣元年（684），武则天废李显，立李旦（睿宗），改东都为"神都"。天授元年（690），武则天以周代唐，洛阳成为大周的都城，这是洛阳历史上的辉煌时期。

隋唐洛阳城遗址位于今洛阳市城区。隋唐洛阳城的郭城平面近方形。东城门与南城门各3座，北城门2座，郭城西面未辟城门。郭城城门均为"一门三道"。定鼎门是郭城正门。皇城与宫城在郭城西北部。里坊区在郭城东部与南部。东西向的洛河将洛阳城分为南北两部分，洛河以南均为里坊与市场。洛河以北自西向东依次为宫城、皇城、含嘉仓城、东城及里坊区。

复原后的洛阳定鼎门

皇城（亦称"太微城"）在郭城西北部，平面为东西向长方形。皇城南城门有3座，正门为端门，正门东西两侧分别为左掖门与右掖门。皇城之中安置着朝堂、门下省、光禄寺、御史台等中央衙署。由于洛河北移，皇城东南部被河水冲毁。

宫城（亦称"紫微城"）在皇城北部、郭城西北隅。宫城平面近方形。宫城南面辟3门，南门的中门为正门——应天门（则天门），东西二门分别为明德门与长乐门。

洛阳城应天门遗址复原图

应天门遗址，墩台基址东西长55米，南北宽25米，中有3个门道，门道宽5米。墩台东西分置垛楼，垛楼基址平面呈方形，边长18米。垛楼向南有飞廊，飞廊南端筑阙。

九洲池遗址公园

九洲池遗址，位于宫城西北部，东西长205米，南北宽130米，池中有5座岛屿遗址。

宫城大朝正殿先后名为乾阳殿（隋代）、乾元殿（唐高宗时期）、明堂（武则天时期）、含元殿（唐玄宗时期）等。

顺宫城中轴线自南向北依次为：应天门、乾元门、明堂、贞观殿、徽猷殿、陶光园及玄武门。武则天在明堂之北营建了"天堂"。

宫城东侧有东城，其平面为南北向长方形，东西宽620米，南北长1450米。东城之中的中央衙署有太常寺、光禄寺、太仆寺、宗正寺、卫尉寺、鸿胪寺、大理寺、尚书省、都水监、将作监等。

东城的北侧是国家粮仓——含嘉仓城。仓城置4门，仓城遗址之中已勘探发现287座粮仓，推测应有约400座粮仓。

粮仓在中国古代社会生活中的经济地位是极为重要的，这在都城中表现得尤为突出。从目前考古资料可以看出，至少在4000多年前的陶寺城址中，考古工作者已经发现宫殿区附近有一定规模的大型粮仓遗址，并认为这些粮仓应该就是当时都城中的国家粮仓。汉高祖刘邦营建都城——汉长安城时，把国家粮仓——太仓作为与宫城未央宫及大朝正殿——前殿、东阙、北阙、武库同建的第一批重点建设项目。东汉雒阳城的太仓、武库均在都城东北部，西邻北宫。东汉中期以后，北宫成为主要宫城。汉长安城的武库东邻未央宫，根据东汉雒阳城的武库与太仓位置来推测，汉长安城太仓可能也像武库一样，在宫城未央宫附近。北魏洛阳城的国家粮仓在宫城东部。唐长安城的太仓在宫城之掖庭宫北部。中古时代以后，国家粮仓亦为各王朝所重视，如元大都的北太仓，此外，都城之中还营建了一些国家粮仓，而且为了保证粮仓的粮食储备充足，甚至开凿运河至京师的国家粮仓。明清北京城的国家粮仓为南新仓，这是在元大都北太仓基础之上营建的。

隋唐洛阳城对幽州城、云州城、益州城、渤海城、碎叶城及日本藤原京、难波京、平城京、长冈京、平安京等均产生重要影响。

洛阳在中国古代都城的传承与发展中，有着特殊的重要性：

其一，古代都城的宫城正门一般是国家举行重大仪式与活动的地方，是国家的象征。因此宫城正门规制的继承，往往成为古代王朝合法性的标识。应天门的考古发现揭示：向上，其与曹魏洛阳城经北魏洛阳城宫城正门——阊阖门，在空间位置与宫门形制上一脉相承；向下，应天门形制又为宋东京城宣德门承袭，并经此被金中都、元大都、明清北京城的宫城正门所继承。

其二，隋唐洛阳城的中轴线使我们认识到，中国古代都城中轴线的基点是以大朝正殿为中心点，贯通宫城、皇城与郭城的正门。郭城正门是由大朝正殿与宫城正门决定的。

其三，含嘉仓城遗址的考古发现，表现了国家粮仓在都城之中的重要地位，及其在中华五千年不断裂文明中的特色。目前在古代都城之内考古发现并进行大规模发掘的国家粮仓，只有含嘉仓城遗址。它成为中华文明之"国家粮仓"极为重要的物证。

隋大兴城

开皇二年（582）隋文帝从汉长安故城徙都其东南部的新都城，因为杨坚曾被周明帝封为"大兴郡公"，所以隋文帝命名新都城为"大兴城"。大兴城的修建由左仆射高颎为"大监"总领其事，太子左庶子宇文恺为都城建设"副监"，将作大匠刘龙、工部尚书贺娄子干、太府少卿尚龙义和高龙叉等也参与了这一工作。这些人不只是进行都城总体规划设计和施工组织工作，甚至许多具体建筑项目的图纸都是由他们亲自设计。大兴城的建设主要吸取了北魏洛阳城和东魏、北齐邺南城的都城布局特点，并且在不少方面有新的发展。

大兴城由宫城、皇城和郭城组成，它们的修建顺序是先建宫城，再筑皇城，后造郭城。

宫城在都城北部中央，称"大兴宫城"，其中大朝正殿是大兴殿。皇城北邻宫城，隋朝统治者在都城中修筑皇城，将中央官署建筑统一安排在皇城之内，进一步保证了政府机关的安全，提高了办事效率，便于宫城中的皇帝对中央官署的控制和指挥。宫城与居民里坊之间设置的皇城，对确保宫城的安全也有着十分重大的意义。

郭城之内由多条东西与南北方向的街道分成若干长方块，称作"坊"或"里"。在皇城东南和西南各占两坊之地分别设立一个市场，前者称"都会市"，后者谓"利人市"。以皇城和郭城正南门朱雀门与明德门之间的南北大街为界，街东为大兴县管辖，街西隶属于长安县。

皇室苑囿有大兴城北的大兴苑和城东南曲江一带的芙蓉园，此外在都城西北部的远郊麟游县，建造了具有夏宫性质的离宫——仁寿宫。宫名取古代文献中"仁者寿"的记载。仁寿宫始建于开皇十三年（593），隋文帝让右仆射杨素负责，由将作大匠宇文恺设计并监督施工。仁寿宫建成后，隋文帝每年春天来到这里，一直住到冬天才返回首都，甚至连续在仁寿宫长住一年半之久。隋文帝的年号"仁寿"，大概就与仁寿宫有一定关系。

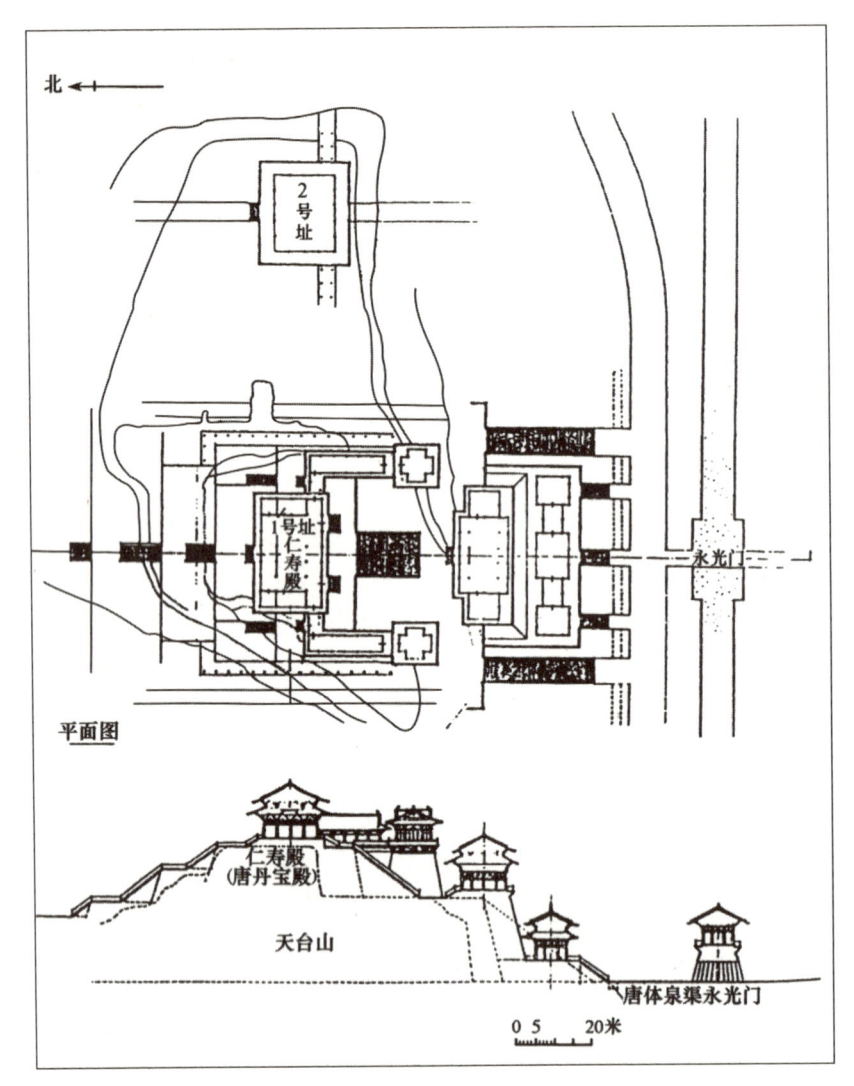

隋仁寿宫仁寿殿复原平面示意图

③ 唐长安城

唐朝建立后，仍以隋大兴城为首都，改大兴城名为"长安城"，宫城大兴宫更名"太极宫"，大朝正殿大兴殿更名"太极殿"。

唐代初年，对这座大城市进行了大规模的修建。沿用隋大兴城的唐长安城，规模宏大，布局严整。全城占地面积84平方千米。

唐长安城内的道路排列整齐，方向端正，宽敞笔直。25条纵横交错大街，很像围棋盘上的方格网，每个坊、市各占一格。全城划分为109个坊和2个市。这正如白居易所描述的那样："百千家似围棋局，十二街如种菜畦。"

唐长安城由郭城、皇城、宫城、大明宫、兴庆宫组成。城的北部和东南部分别为西内苑和曲江池。郭城之中，以朱雀大街为主街，街东为万年县，街西属长安县。两县之中各有一市，即东市和西市。

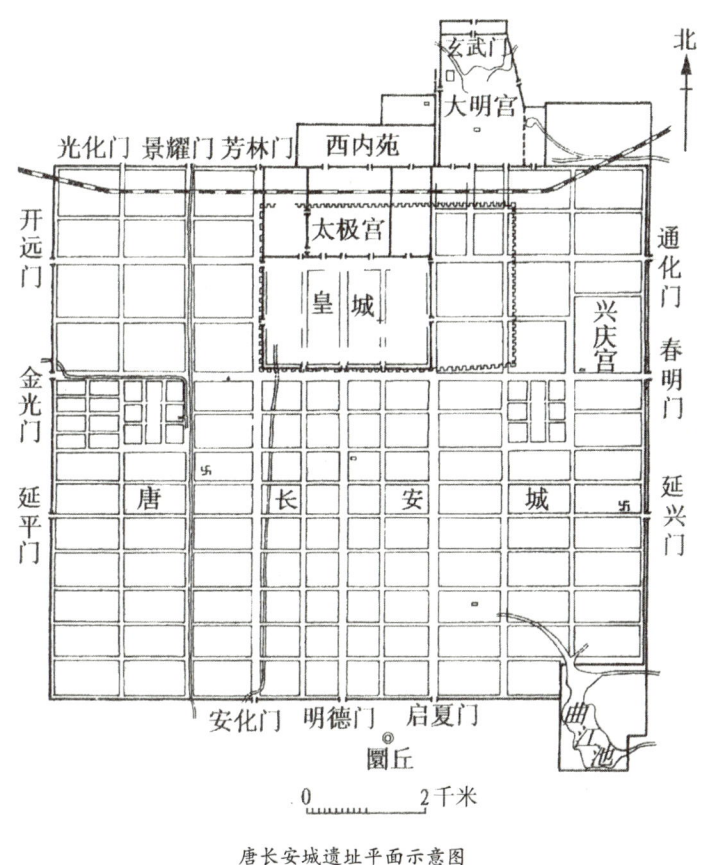

唐长安城遗址平面示意图

> 隋唐长安城的郭城平面近方形，东西长9721米，南北宽8651米。皇城位于郭城中部偏北，东西长2820米，南北宽1843米。宫城在都城北部，南邻皇城，东西长2820米，南北宽1492米。

明德门复原示意图

明德门城门面阔55.5米，进深18.5米，有5个门道，每个门道宽5米，进深18.5米，门道之间隔墙厚2.9米。

唐长安城东、西、南、北面各有3座城门。明德门是郭城正门，有5个门道，在5个门道遗址中，东西两端两个门道有车辙痕迹，其他门道未见，这说明车辆是从这两个门道通行的。从车辙痕迹来看，每个门道可供两辆车并行。中间门道两侧的两个门道，可能是行人步行的通道。中间门道是专供皇帝通行使用的。明德门是目前考古发现的中国古代都城之中唯一"一门五道"的城门，与之相配的是大明宫正门——丹凤门，也是"一门五道"。

城内有南北向大街11条，东西向大街14条。其中贯穿于南面3座城门与东、西两面6座城门的6条大街，是城内的主干大街，号称"六街"。六街之中，除南部的延平门与延兴门之间的东西大街宽55米之外，其余5条大街均宽百米以上，特别是由皇城朱雀门至郭城明德门之间的朱雀大街，宽达155米。朱雀大街是因朱雀门而得名。朱雀门北对宫城正门承天门，因此人们称朱雀门与承天门之间的大街为承天门大街（或称"天街"）。天街和朱雀大街是贯通京城南北的中轴主干大街。唐代人又把朱雀大街东西两边称为"左街"和"右街"，或谓"两街"。由于朱雀大街的重要性，唐朝政府专门为此设立了

"左右街使"的官吏。

皇城在今西安城中，平面为长方形，东、西、南三面有城墙，皇城北面与宫城由"横街"相隔。

皇城南面有3座城门，东、西两面各有2座城门。城内有东西向街道5条，南北向街道7条。这些道路将皇城内部分隔成若干区，各区内分别设置了不同的官署或其他建筑。穿过皇城的天街是皇城的中轴线。穿过皇城南门中的东、西两座城门的两条南北街，将皇城分为东、中、西三大区。皇城的中区是中央官署；东区是东宫（太子宫）的官署及部分皇室机构；西区是皇室机构。在东区和西区的南部分别有皇室的礼制建筑太庙和大社。

太极宫、东宫、掖庭宫

宫城位于皇城北部，包括太极宫、东宫和掖庭宫。太极宫位于宫城东西居中位置，宫城中的主要宫殿建筑群在太极宫中。东宫和掖庭宫对称分布于太极宫东西两侧。

宫城有北宫门3座，由西向东是玄武门、安礼门和至德门。玄武门是个非常重要的地方，皇帝的禁卫军驻守在那里。有唐一代玄武门与许多宫廷重大政治事件相关，如历史上著名的"玄武门之变"、李隆基粉碎韦后的宫廷政变就发生在此。这里成为唐长安城皇家的禁军重地。

宫城南面有5座宫门，南宫门中间的承天门是宫城的正门，它北对太极殿，南对朱雀门，向南又对明德门。国家的重大庆典往往在此举行，届时皇帝亲临，登上承天门的门楼。这就是文献记载中的"外朝"或"大朝"之地。"外朝"大多属于礼仪性活动，如皇帝的继位、改元、太子册封、国家大赦、军队检阅、元旦和冬至等重大节日的庆祝、接受朝贡、接见外国使臣、皇家大型宴会等。承天门南边的横街，就是举行上述活动的广场。承天门外东西分列朝堂及肺石、登闻鼓。承天门遗址在今西安市莲湖公园南部。

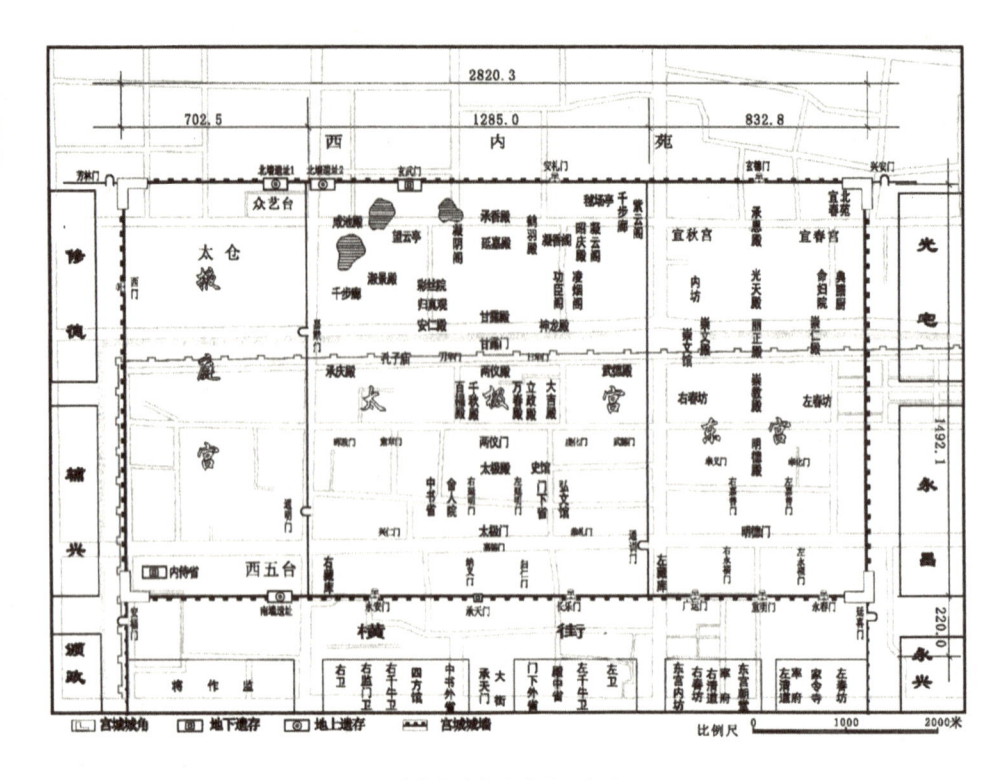

唐长安城宫城平面示意图

宫城平面为长方形，东西长2820.3米、南北宽1492.1米，周长约8600米，面积约4.2平方千米。

太极宫东西宽1287米、南北长1492米，位于宫城中部，南墙东西并列3座城门，依次为永安门、承天门、长乐门。承天门是太极宫正门，其北为嘉德门，再北为太极门，太极门内为太极殿。

东宫东西宽830米、南北长1492米。宫内东西分为"三路"，以中路建筑为中轴，东路和西路对称分布其左右。

掖庭宫东西宽702米、南北长1492米。

太极宫即隋之大兴宫，始名"大内"，唐中宗神龙元年（705）更名为"太极宫"。有唐一代共有三座皇宫：太极宫、大明宫和兴庆宫，总称"三大内"。因太极宫位于大明宫和兴庆宫西部，所以太极宫又称"西内"。太极宫东、西营筑了墙垣，与东宫和掖庭宫分隔开。太极宫因宫中主体建筑太极殿而得名。

太极宫是初唐时期的政治中心。唐高祖李渊和唐太宗李世民就在这里

太极宫玄武门遗址夯土台基

执政。从高宗开始，皇帝虽然移仗于大明宫、兴庆宫，但是每逢朝廷举行一些重大礼仪活动，如天子即位，皇后、太子册封等，仍要在太极宫中进行。高宗和玄宗甚至每五天就要到太极宫一次。由此可见，太极宫一直保持着十分重要的政治地位。太极殿作为皇宫正殿，皇帝于每月朔望在太极殿举行朝仪，听政视朝，这里又称"中朝"或"日朝"。在太极殿东西两廊之外，分别设有门下省、舍人院、弘文馆、史馆和中书省等机构，以备皇帝顾问。这些机构负责撰写诏令、文书，协助皇帝处理政务。

太极殿北为两仪门，门内是两仪殿，这是皇帝日常处理政务的地方，国家大事往往在此决定，这叫"内朝"。两仪殿东西两侧的立政殿、百福殿、承庆殿（即承乾殿）和两仪殿之后的甘露殿、神龙殿等为皇宫中的寝殿。这些宫殿的规模也是相当大的，比如百福殿中的"亲亲楼"，大中元年（847）一次就修造屋宇廊舍七百间。

东宫是太子之宫，因其位于太极宫之东而得名。隋唐时期的杨勇、杨广、李建成、李世民、李治等均曾以太子身份居于此宫，李世民还是在东宫正殿明德殿即位当皇帝的。

掖庭宫位于宫城西部，大小与东宫相近。掖庭宫是皇室宫女住地，其南有内侍省。内侍省是管理宫廷内务的机构，下设五局：掖庭局，掌管宫人的簿籍；宫闱局，掌管宫内门禁；奚官局，掌管宫人疾病死伤；内仆局，掌管宫中舆辇导从；内府局，掌管宫中供帐灯烛。内侍省的工作性质，决定了它要被置于宫城之中、掖庭宫之旁。

吕大防《长安城图》上掖庭宫的北部为太仓。《金石续编》记载有西安城西北隅出土的贞观十四年（640）、贞观二十二年（648）的"和籴粟窖砖"。据吕大防《长安城图》可知，太仓与掖庭宫东西宽度一样，均为702米，太仓南北长度至少也在600米左右。盛唐时代，太仓贮粮多时可达四五百万石，其数量是相当可观的。它们主要是供皇室消费和中央政府的百官俸禄、庞大军需等。因此，唐代统治者十分重视太仓的管理，将太仓的管理机构置于宫城之内。太仓的粮仓可能不会全在掖庭宫中，但是由于粮仓是国家的重要设施，也不会安排在距宫城太远的地方。《历代宅京记》记载，唐长安城的太仓：

在禁苑西北，距中渭桥与长安故城相接，四面俱十三里。

近年在汉长安城东南部、唐长安城禁苑西南部发现了数量不少的唐代大型粮仓遗址，有可能属于唐代太仓。

大明宫

贞观八年（634），唐太宗请他父亲——太上皇李渊去九成宫避暑，但是李渊因为隋文帝最后死在那里，心中很厌恶九成宫，坚持不去那里避暑。为此，李世民就在长安城东北修建了永安宫，作为太上皇避暑之地。"永安"取"永久平安"的吉祥之意。贞观九年（635）永安宫改名为"大明宫"。高宗李治因患风痹之病，深感太极宫内湫湿，而认为太宗为其祖父所修筑的大明宫，"北据高原，南望爽垲"，地形胜于太极宫，所以决定将皇宫迁到大明宫中。

龙朔二年（662），唐高宗乃修大明宫，并更大明宫名为"蓬莱宫"。长安元年（701）又恢复了"大明宫"的名称。蓬莱宫和大明宫的名称可能源于"如山之寿，则曰蓬莱；如日之升，则曰大明"（《含元殿赋》）。

大明宫作为皇宫始于唐高宗。龙朔三年（663），他从太极宫迁至大明宫。由此，大明宫成了终唐一代的皇宫。大明宫因位于"大内"——太极宫之东北部，所以又称"东内"或"北内"。

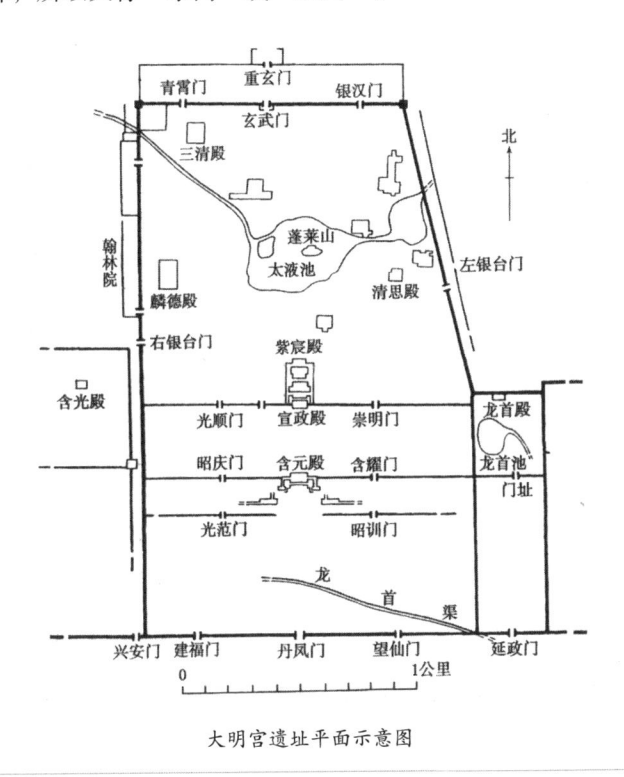

大明宫遗址平面示意图

大明宫周长为7628米，面积约为3.2平方千米。

大明宫共有11座宫门，其中南门5座、北门3座、东门1座、西门2座。

大明宫的平面布局以丹凤门、含元殿、宣政殿、紫宸殿、太液池和玄武门南北建筑群为中轴线，其他建筑分布其东西两侧。

太液池分成东、西二池，尤以西池重要。西池遗址平面近椭圆形，东西长484米，南北宽310米，面积约为14万平方米，池深3米至5米。东池平面近圆形，南北长220米、东西宽150米，面积约为3.3万平方米。

此外，太液池南岸、紫宸殿以北60米有蓬莱殿，殿西北有通往蓬莱池周廊的廊道。太液池的西池东部有一条东西向渠道，向东通至东池。渠长110米，深3米。东池东部连接一渠道，应为太液池排水渠道。太液池的进水口在其西北部。

大明宫正门为南面中间的丹凤门。丹凤门是大明宫中规模最大的一座宫门。丹凤门遗址位于今西安市新城区二马路革新街之南。

丹凤门的功能与太极宫承天门相同，中唐及其以后皇帝登基、改元、国家大赦、国宾宴请等重大国事活动均在此举行。宫城正门设置5个门道，这是目前考古发现的中国古代都城之中唯一一座"一门五道"宫门。

根据建筑物的性质，大明宫可以分为南、北两大区，南区为朝政区，北区为宫苑区。南北二区基本以太液池分界。

朝政区前部为"大朝"含元殿；中部即"中朝"之地，位于"大朝"以北，以宣政殿为主体建筑；后部是"内朝"之地，位于朝政区北部，以紫宸殿为主体建筑。

宣政殿位于含元殿北300米，又称"正衙殿"，即"中朝"所在。在宣政殿北35米有紫宸门，紫宸门北60米有紫宸殿。紫宸殿南北进深达50米，它是"内朝"的正殿。

含元殿是大明宫的大朝正殿，取"含宏光大""元亨利贞"之意，所

丹凤门复原示意图

丹凤门遗址东西长74.5米，南北宽33米，为"一门五道"。各门道形制、规模基本相同。门道面阔8.5米，进深33米。门道隔墙宽3米。丹凤门应为过梁式城门洞。

含元殿遗址

含元殿遗址复原示意图

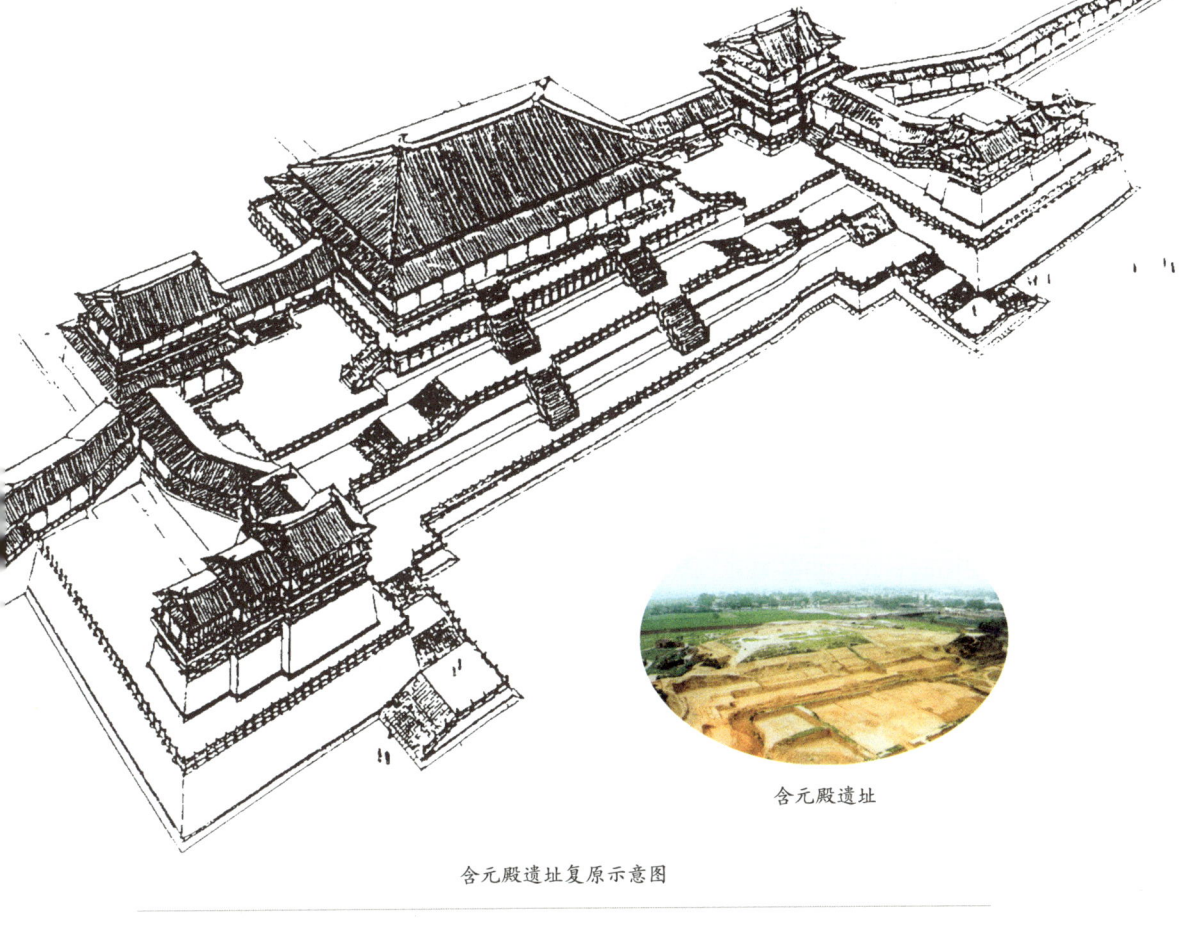

> 殿堂基址平面是长方形，东西长55米，南北宽20米，东西面阔11间，南北进深4间，每间广5米。台基周围有石栏，其上雕刻着螭首等装饰。殿堂东、西、北三面置踏道。殿堂东南部与西南部对称分布有翔鸾阁、栖凤阁，二阁北距含元殿30余米。二阁形制、大小基本相同，它们应为含元殿之前的左右阙，二阙均仅存母阙和子阙。翔鸾阁、栖凤阁与含元殿之间有飞廊相连接。

以含元殿又名"大明殿"。

含元殿遗址位于今西安市新城区含元殿村南约300米的龙首原南沿，殿址位于龙首原最高处，高出周围地面十余米，因此《长安志》称其：

北据高原，南望爽垲，视终南如指掌，在京坊市，可俯而窥也。

含元殿位于丹凤门正北610米处，其间为历史文献记载的"含元殿庭"，也就是含元殿的殿前广场，从含元殿南至丹凤门，十分宽阔。

含元殿主体建筑有台基、殿堂、东西二阁、龙尾道、殿前广场等。含元殿台基依龙首原而作，台基有下、中、上三层，下层和中层均利用了龙首原的生土台，上层台基即殿堂基址，系夯筑而成。

　　含元殿的上殿之路，多年来一直不清楚，说法不一，近年的考古发掘解答了这个问题。发掘遗迹表明，含元殿的龙尾道不在正对殿堂的南面，而是起自殿前广场的平地，沿东西两阁内侧的坡道，经下、中、上层台面，通至殿堂之上。含元殿两侧龙尾道实际上是两条南北向的东西平行分布的阶道，每条阶道各长70多米，形如长龙，故有"龙尾道"之称，为文武百官上朝的阶道。由龙尾道登含元殿还有三层台，下台和中台各高5丈，上台高2丈，台与台间列置汉白玉铺设的踏步。每台四周围以玉石栏杆。含元殿龙尾道的建筑形制，直接影响了渤海上京龙泉府，也影响到日本平城京的大极殿。

　　含元殿与其北部的宣政殿、紫宸殿共同构成大明宫的"三大殿"。

　　大明宫北部为其宫苑区，其以太液池为中心。太液池又名蓬莱池，开凿于唐代初年。

大明宫太液池如今的面貌

太液池蓬莱岛

太液池池岸砌石加固。文献记载太液池中有三个岛，其中的蓬莱岛台基现在仍然矗立在太液池中部，基址高7.8米，在其南部考古发掘了当年的假山、亭榭及道路遗迹。在蓬莱岛西部约百米处发现了"三岛"中的另一座岛，其平面南北长70米，东西宽50米。相传秦始皇到山东蓬莱的东海之滨寻求长生不老之药，故以"蓬莱池"之名誉大海神池。海上有神山，名曰蓬莱山。太液池四周建有回廊，唐宪宗时，池边修筑廊房四百多间。

九成宫

九成宫位于麟游县城西边的天台山上，原为隋代仁寿宫，唐贞观五年（631），群臣建议修筑离宫，以避炎暑。当时国家刚刚摆脱内战，边疆的战事仍不断，人力财力都很紧张。为了解决这个矛盾，唐太宗选择了一个折中方案，即以仁寿宫为基础，加以修缮和扩建，改其名为"九成宫"。永徽二年（651），高宗又把九成宫改名为"万年宫"，直到乾封二年（667）才恢复了"九成宫"之名。

九成宫是以天台山为中心，仿造京师的宫城制度修建的，甚至一些建筑物的名称都无二样。如九成宫北宫门像长安的宫城北门一样，也叫"玄

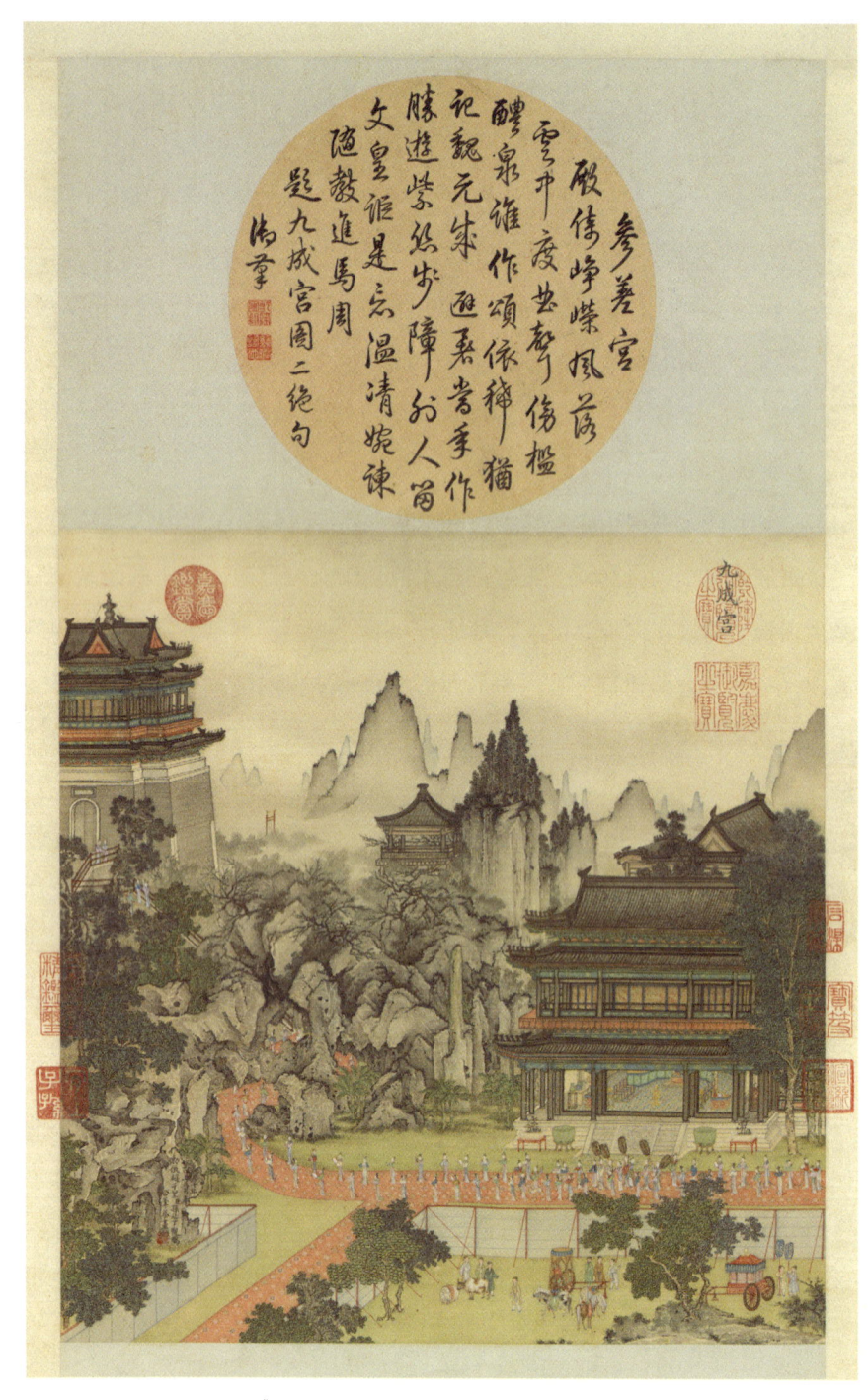

《仿赵千里九成宫图》·清·孙祜、丁观鹏

武门"。九成宫正门永光门的门前，矗立着高宗李治于永徽五年（654）亲撰的《万年宫铭并序》石碑。九成宫中有大朝正殿及皇室寝殿，还有为太子建造的东宫等。

九成宫内有著名的《九成宫醴泉铭》碑。碑由魏徵撰文并序，大书法家欧阳询篆额并书。

九成宫和禁苑周围，分别有缭墙环绕。初唐时的皇帝，尤其是唐太宗和唐高宗，他们一年之中多半时间住在九成宫。因为那里每逢"炎景流金"之季，"无郁蒸之气，微风徐动，有凄清之凉"，因此被认为是"安体之佳所""养神之胜地"。皇帝从京城到九成宫，皇后、妃嫔陪伴。九成宫南面的玉女潭，相传是武则天陪伴唐高宗到九成宫避暑时的入浴之处。因为皇帝在九成宫要处理政务，所以皇太子和朝廷中主要文武官员也要跟随天子到此。

九成宫外围的缭墙依山势走向而建，相当于郭城。缭墙与宫城之间设置了禁苑，其间还有一些重要宫室建筑遗址。

华清宫

华清宫位于今西安以东25千米的骊山之下。骊山因骊戎所居而得名。又有一说，临潼县城以南的骊山，其状若马，其色似"骊"（青灰色），故称"骊山"。骊山拥群峰峻岭，有如云霞叠绣，因而又有"绣岭"之雅名。此地为周骊戎邑，公元前231年，魏将骊戎邑献于秦，秦置丽邑，这也因为"始皇初即位，穿治郦山"，于"丽"置邑，故"骊山"又称"郦山"。

唐初，高祖和太宗经常到骊山"温汤"沐浴。到了贞观十八年（644），唐太宗让左屯卫大将军姜行本、将作少匠阎立德负责骊山的建设工程，营建了大量宫殿，使这里初具行宫的规模，皇帝赐名"温汤宫"。咸亨二年（671），唐高宗更名温汤宫为"温泉宫"。天宝六年（747），玄宗更名温泉宫为"华清宫"。与此同时，他又对华清宫进行了大规模扩建，开辟了更多沐浴的温泉，修建了众多奢华的浴池，在骊山附近建起了大量宫室、官衙、王宅，围绕华清宫周围筑起了城墙。华清宫与唐长安城之间有"复道"相连接。盛唐时期，华清宫已成为京畿离宫之冠。

近年来考古工作者对华清宫遗址进行了大面积考古勘查发掘，现在已经基本确定了与华清宫相关的缭墙、宫墙、唐昭应县城和华清宫内的部分建筑遗存。

华清宫由宫城、骊山禁苑和昭应县城组成。昭应县城是随侍皇帝游幸华清宫的百官府第所在。

华清宫宫城分为三区：东区、中区和西区。东区是皇帝和后妃游幸、沐浴、宴饮、娱乐之地。中区分布着宫城的主体建筑——前殿与后殿，是皇帝处理政务、进行国事活动的地方。西区有果老药堂、十圣殿、长汤十六所等。在宫城东部有游乐场，西部有珍禽异兽院和花园。华清宫遗址

今日的华清宫

考古发现的主要内容是9座汤池遗址及殿址、供水与排水设施遗迹，出土了一批与之相关的遗物。此外，还发掘了御书亭、梨园及小汤等遗址。

华清宫坐北朝南，依照山势地形而筑。宫城四面各辟1门：北门为津阳门，是华清宫的正门，门外有壕堑，水上置桥，桥名望仙桥，桥前左右为讲武殿——实际上是华清宫守卫兵士的驻地。桥后为左右朝堂，其后为宏文馆。南门为昭阳门，有道路

华清宫遗址出土的三彩鸱吻

由此门通山上，因此昭阳门又称"山门"，这条路是通往山上朝元阁的道路，为皇帝专用的御辇便路。东门为开阳门。西门为望京门，门外向南有通往山岭之上的望京楼，望京门之名或与此楼有关。

华清宫的主要建筑在津阳门内东边。飞霜殿是皇帝的寝殿，殿后有皇帝和皇后沐浴的莲花汤，御汤和芙蓉汤。飞霜殿西有七圣殿和梨园。飞霜殿北为瑶光楼。

华清宫的温泉浴池十分豪华。唐玄宗的莲花汤周长达数丈，所需石料全部是安禄山从范阳采选运来的。池内砌以白石，石质精细，莹澈如玉，石面之上雕有栩栩如生的鱼龙凫雁和洁净淡雅的莲花图案。池的四面砌置了石座，座分几层。池中央有两个白石瓮，连腹异口，瓮口中凸出两个白石雕制的莲头，泉水自莲头中喷出，注入池内。池中安装有6个"十"字形木质喷水口。池旁还有两条排水沟。

芙蓉汤又称"杨妃赐浴汤"，因浴池的砌石之上雕刻有海棠花纹，所以芙蓉汤又名"海棠池"。芙蓉汤位于莲花汤西南，比莲花汤规模小一些。芙蓉汤浴池的平面呈海棠花状，池内侧有两层台座，池底以青石板铺设，池内四周砌石之上有线雕花纹。芙蓉汤温泉总源在其正北70米处，其

御汤遗址　　　　　　　　　　贵妃汤遗址

间有水道相通。

太子与皇宫诸妃嫔沐浴之所集中在飞霜殿西边，另辟一院，所谓"长汤十六所"就在这里。它们包括太子汤、少阳汤、尚食汤、宜春汤等，诸汤之南为笋殿。

除了华清宫内的皇家浴室之外，一些权贵也在华清宫附近修建了不少浴室和殿阁。如杨贵妃得宠于玄宗，杨氏一家便在华清宫东边修筑了规模宏大、建筑辉煌的宫馆和为数众多的奢华浴池。

宫城以南、北山山巅之上有朝元阁，又称"降圣阁"。它在华清宫骊山建筑群中"最为峻绝"，是一座道观建筑。朝元阁南有清凉的丹霞泉、名贵的连木，附近有老君殿，殿中供奉着老子李聃的玉石雕像。朝元阁东边有钟楼、羯鼓楼、长生殿和明珠殿。朝元阁和长生殿是这组建筑群中的主要建筑物，帝王有事于朝元阁，斋沐于长生殿。

为了平衡道、佛两教势力，开元年间（713—741），玄宗又在骊山东绣岭半山中，修建了石瓮寺。据说因其西有瀑布，积年日久，山石被瀑布拍激成臼穴，形如瓮，故其地名"石瓮谷"。而此地所建古刹也就取名"石瓮寺"。寺内有幽州范阳所进奉的白玉石佛像，为"塑圣"杨惠之和雕塑家元伽儿塑造。大画家王维还为该寺绘制了山水壁画。

华清宫东北隅以外，有观风楼和重明阁。观风楼附近有舞马台、斗鸡殿和宜春亭等。玄宗经常携杨贵妃登上高耸而立的楼阁，放眼四望，山水宫室，骊山胜景，一览无余。此外，在这些殿台楼阁以南，开阳门东北还有开展体育活动的"球场"。

唐代皇帝之中，到骊山次数最多、居留时间最长的要算唐玄宗了。他经常是每年十月到华清宫，第二年春天才回到长安。诗人白居易的《长恨歌》中写道：

> 春寒赐浴华清池，温泉水滑洗凝脂。
> 侍儿扶起娇无力，始是新承恩泽时。
> 云鬓花颜金步摇，芙蓉帐暖度春宵。
> 春宵苦短日高起，从此君王不早朝。

这就是唐玄宗和杨贵妃在华清宫中骄奢淫逸、纸醉金迷生活的真实记录。大诗人杜甫，在天宝十四年（755）途经骊山华清宫时，目睹了统治阶级花天酒地的生活和广大劳动人民挣扎在死亡线上的惨状，发出了"朱门酒肉臭，路有冻死骨"的千古绝唱。由于唐玄宗晚期荒于朝政，终于酿成"渔阳鼙鼓动地来，惊破《霓裳羽衣曲》。九重城阙烟尘生，千乘万骑西南行"之后果。安史之乱结束了盛唐，唐玄宗和杨贵妃从"暖殿流汤数十间，玉渠香细浪回环"的华清宫，沉入历史的深渊。

唐长安城的礼制建筑

长安城圜丘（天坛）始建于开皇十年（590），唐代沿用。圜丘遗址位于西安南郊陕西师范大学校园之内，西距明德门遗址950米。圜丘是素土夯筑而成的高台，圜丘遗址系四层圆坛，每层圆坛周围均置十二陛（12条登台的阶道）。圜丘正南的阶道最宽，因为此阶道为皇帝祭天时使用的阶道。十二陛按照十二时辰位置分布。圜丘台壁表面和台面抹白灰，故其外观通体呈白色。圜丘遗址周围勘探发现"内壝"（墙体）遗迹。

根据唐代制度，每年的冬至，都要"祭昊天上帝于圜丘"，有唐一代，十七位唐代皇帝在唐长安城圜丘进行了祭天活动。虽然祭天的历史十分久远，文献记载各个时期的祭天建筑又不尽相同，但在经过系统考古发掘的古代祭天建筑遗址中，唐长安城圜丘遗址是时代最早、保存最完整

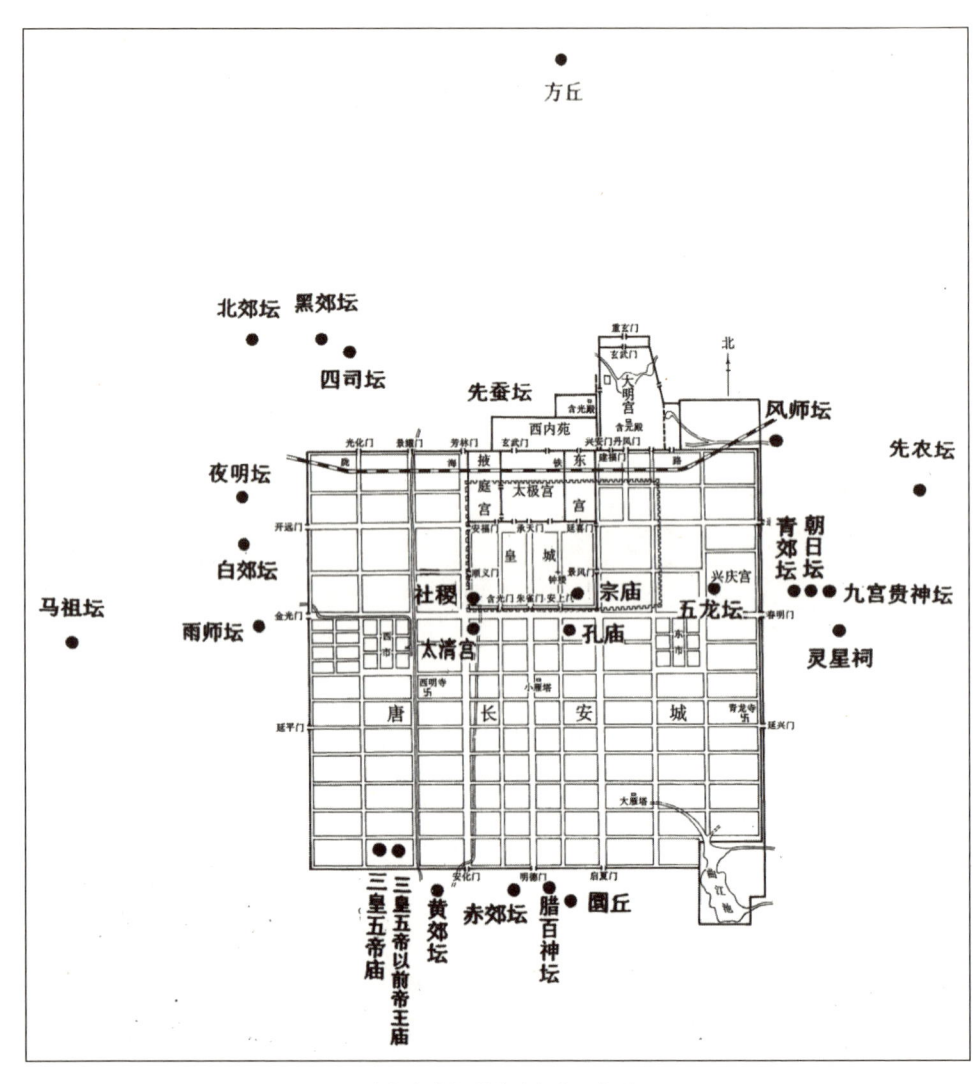

唐长安城礼制建筑分布示意图

唐长安城圜丘遗址

> 圜丘通高8.12米，底径约53米。四层圆坛由下向上各层直径分别为54米、40米、29米、20米。各层圆坛高1.5—2.3米不等。各层阶道一般宽2—2.4米。正南的阶道最宽，宽度为3.1—3.45米。内墙平面为圆形，直径73—80米。

的，这是迄今中国考古学唯一进行全面考古发掘的古代圜丘遗址。现在作为北京旅游标志性建筑的天坛，就是从唐长安城的圜丘发展而来。

唐代国子监相当于汉代太学。晋武帝咸宁二年（276）名"国子学"，这是以"国子"名学之始。贞观五年，唐太宗于长安始置国子监。它位于长安城内的务本坊，邻近皇城东南。国子监是唐代的最高学府。唐朝政府对国子监十分重视，唐太宗就经常到国子监视察。

国子监建筑规模大，唐太宗时，一次为学校增筑的校舍就多达1200间。国子监中开设六门专业：国子学、太学、四门学、律学、书学和算学；根据各门专业的特点，为学生开设不同内容的课程。国子监中的教师由博士、助教和掌教担任。

国子监中的教学主要以儒家经典为教材。闻名中外的《石台孝经》和《开成石经》就是作为国子监中的石质教科书而制作的，它们原来均陈列

西安碑林《开成石经》

在务本坊的国子监中。现在这部石质教科书完好地保存在西安碑林之中。

唐代是中国历史上的鼎盛时代。作为唐代历史缩影的唐长安城,见证了中华五千年不断裂文明的传承与发展:

其一,唐长安城的布局形制使中华文明之"中和"精神达到一个新的高度和阶段。其"中"体现在都城中轴线的真正规整化。都城中轴线从空间而言,从北魏洛阳城都城南北中轴线偏西发展到唐长安城中轴线真正东西居中。长安城中轴线从唐长安城的明德门,北对朱雀门,再北对承天门、太极门及太极殿,形成以大朝正殿——太极殿为基点的都城南北向中轴线。这条中轴线突出了太极殿作为都城中轴线基点的特点。

其二,明德门与丹凤门均为"一门五道",而其他城门及宫门均非"一门五道",这突出了正门与其他城门、宫门的不同,突显了"国家"

的至高无上。

其三，隋大兴城—唐长安城宫城制度是东西分成三部分，中部是大朝正殿——太极殿（大兴殿）所在的太极宫（大兴宫），东部为东宫，西部为掖庭宫。这一宫城布局形制，对后来的中国古代都城影响深远。

其四，隋大兴城—唐长安城宫城之中北部池苑设置的"东海""西海""南海""北海"之"四海池"，把汉武帝建章宫开创的宫城太液池变为"东西南北"四海池，这一变化与中国古代的都城池苑建设相始终，使宫城更能体现中国古人的国家之"海洋"空间观念。

其五，近代意义上的"夏宫"出现较晚，沙皇彼得大帝夏宫是目前所知比较早的，营建于1704年；1860年之前，西方称中国北京的圆明园为"Summer Palace"（夏宫），英法联军火烧圆明园之后，西方称圆明园为"老夏宫"。中国古代在都城附近营建离宫或行宫早已有之，有的离宫、行宫也有避暑性质，如秦咸阳城西北部的梁山宫、汉长安城东北部的甘泉宫等。夏宫的界定应该包括两个方面：一是，夏宫必须具有宫城的基本要求，即夏宫应该有宫城主要宫殿建筑，基本具有宫城布局形制特点；二是，夏宫是避暑的专用宫城。对照中国古代都城附近的离宫、行宫等，最接近上述意义的夏宫应该就是隋仁寿宫、唐九成宫和华清宫。唐长安城的九成宫、华清宫作为唐王朝都城之夏宫，对后代影响深远。中国古代都城的夏宫之集大成的承德避暑山庄、圆明园就是最典型的夏宫。

③ 邺城、建康城

邺城遗址位于今河北省临漳县西南17.5千米处的三台村，由邺北城与邺南城遗址组成。邺北城为曹魏五都之一，后为后赵、冉魏、前燕都城。邺南城为东魏、北齐都城。六朝建康城是东吴、东晋与宋、齐、梁、陈的都城。

邺北城、邺南城

邺北城平面基本呈横长方形，周围筑有墙垣。中阳门大道是城内最宽大道，它北对宫殿区，南通中阳门，是全城中轴线。宫殿区位于城址的北部正中，邺北城西北部有铜爵园，其东临文昌殿，西临三台（冰井台、铜雀台、金虎台）。邺北城外还建有玄武苑、灵芝园等大型园苑。邺北城内有广大的里坊区，不同人群、不同职业、不同地位的人，住地不一。

梁中大通六年（534），高欢令高隆之主持修建了邺南城。邺南城北接邺北城的南墙。现在已经考古发现的邺南城遗址，实际上是其内城。南北向朱明门大道为邺南城中轴道路。城内中部偏北有宫城遗址，宫城之内宫殿区的大型建筑基址均分布在中轴线上。宫城的北部有后园。

邺南城宫城遗址以南，勘探发现了一些规模较大的夯土基址。《邺中记》载邺南城：

尚书省及卿寺百司，自令仆而下，至二十八曹，并在宫阙之南。

朱明门置双阙。邺南城门阙与汉长安城东城门门阙及东周鲁国故城南面东侧城门之外门阙形制相近。

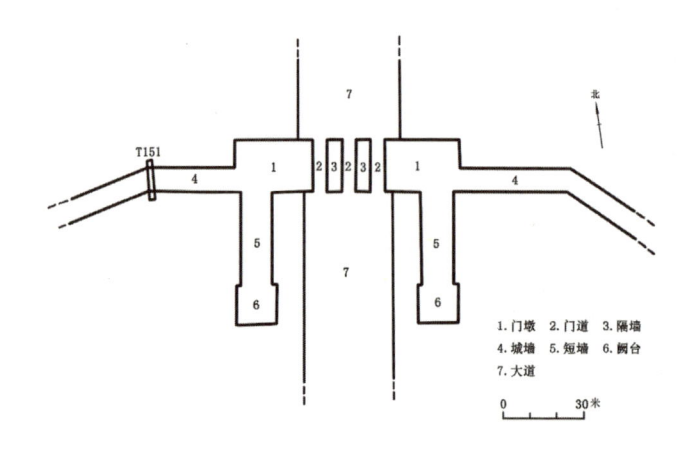

朱明门遗址示意图

门址由门墩、门道、向南伸出的短墙和门阙组成，短墙南北长约80米，东西宽约20米，短墙端部的门阙基础为边长约15米的正方形。门道有三，中门道宽5.4米，两边门道各宽4.8米。

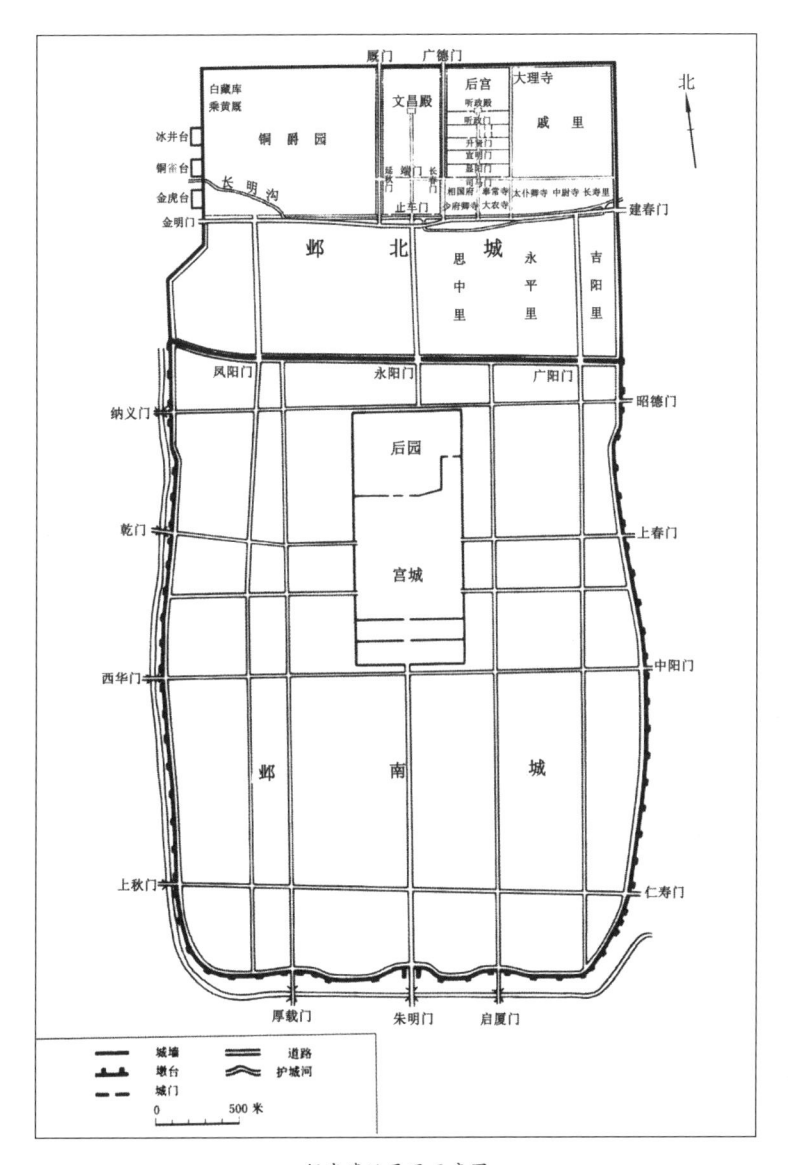

邺城遗址平面示意图

　　邺北城东西长2400—2620米，南北宽1700米。邺北城共有7座城门，南面有3座，正中为中阳门（又称"永阳门"），其东部为广阳门，西部为凤阳门；东墙正中有1座，为建春门；北墙中部宫城两侧置有2座城门，东部为广德门，西部为厩门；西墙中部有1座，为金明门。勘探发现道路6条：东西大道1条，东西大道以南有南北大道3条，东西大道以北有南北大道2条。中阳门大道东西长730米，南北宽17米。

　　邺南城城址东西宽2800米、南北长3460米。城外环绕城壕，城壕宽20米，深1.8米。朱明门大道宽38.5米。宫城遗址，东西宽620米、南北长970米。

邺南城之外近年来又发掘了重要佛寺遗址，规模较大。又据《历代宅京记》记载：

南城自兴和迁都之后，四民辐凑，里闬阗溢，盖有四百余坊，然皆莫见其名，不获其分布所在。其有可见者，有东市，在东郭；西市，在西郭。

邺南城北部有宫城，宫城之南又有中央官署，社稷、宗庙等礼制建筑与其他官署。上述文献明确记载邺南城的东市与西市分别位于"东郭"和"西郭"，它们应该是邺南城郭城的"东郭"和"西郭"。

邺城在中华五千年不断裂文明传承中有着重要作用，它主要反映在以下几个方面：

其一，邺北城乃曹操建安九年（204）营建。曹操是中国历史上著名的政治家、军事家、文学家。作为一个伟大政治家，他毕生追求国家的统一，强化"大一统"思想，无论是修建水利工程"白沟"，还是"长城地带"的北方经营，均是在强化国家统一理念下的行动。曹操主持营建的王都，从空间分布上我们可以看出，作为国家政权平台的宫殿区、官署区与达官显贵居住区，与王城之内的其他居民区与市场等设施严格区分开来，从而突显了王都作为政治统治中心的作用。邺北城的王都中轴线更把国家至上的理念具象化。它可能影响了北魏洛阳城的中轴线。邺北城强化了都城的国家政治功能与突出"中"的理念。

其二，邺北城继曹魏之后，又为十六国时期的后赵、冉魏、前燕之都城。其中除了冉魏政权为汉人冉闵建立之外，其余二者分别为匈奴别部石勒、鲜卑人慕容儁建立。一座同样的邺北城，分别作为中华民族不同族属的政权的政治缩影，遵照着共同的都城规制，充分反映了中华民族各族

"大赵万岁"瓦当·十六国时期

属共同的国家认同理念。

其三，东魏、北齐在邺北城的南部新建邺南城，延续并发展了北魏洛阳城突出"中"的都城规制，进一步展现"中"的理念，奠定了隋大兴城—唐长安城规制的"中和"新高度。

建康城

以正统自居的东晋与宋、齐、梁、陈诸朝，在国家大分裂时期，为了取得政权的合法性，以中华传统文化继承者自居。北朝政权的政治家也认为东晋、南朝保存了"正统"的中华文化。因此，作为中华"国家文化"的都城规制，引起那个时代南方与北方王朝的特别重视。

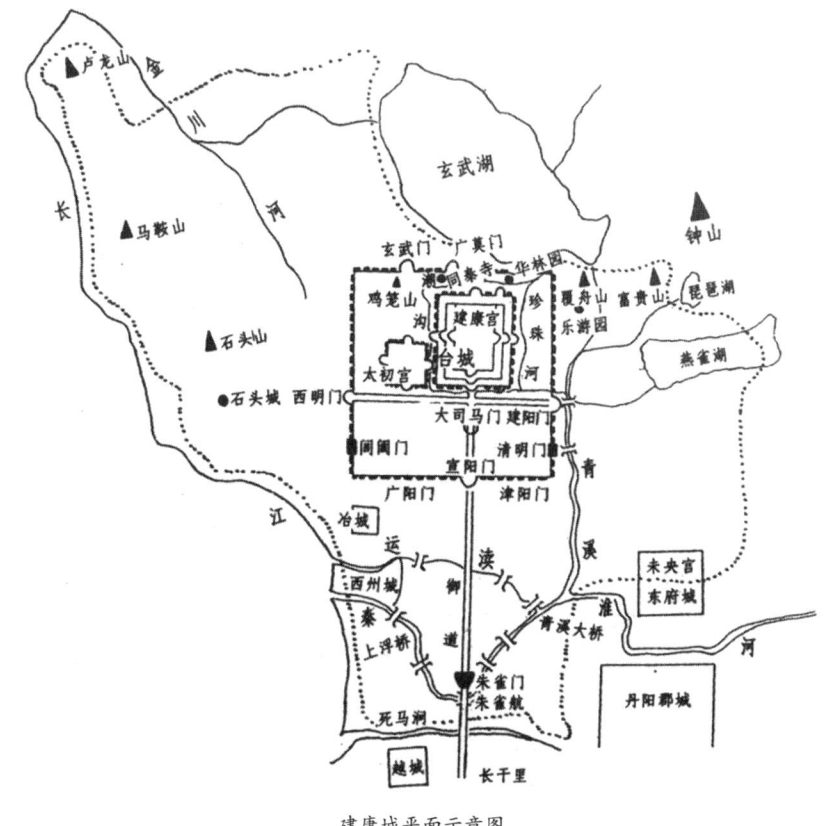

建康城平面示意图

南京石头城遗址

> 石头城全长约3000米，筑于楚威王七年（前333）。东汉建安十六年（211），吴国孙权迁至秣陵（今南京），第二年，在石头山金陵邑原址筑城，取名"石头"。此城扼守长江险要，为兵家必争之地，有"石城虎踞"之称。

　　东晋、南朝都城建康城由郭城、都城（内城）、宫城（台城）组成。郭城城垣以竹木为材料构筑，故其城墙又称"藩篱"，郭城之城门则称"篱门"。南篱门是郭城正门，其邻为"国门"。都城在郭城中北部，亦以竹篱作为城墙，至齐建元二年（480）改为夯土城墙。

　　都城正门为南城门——宣阳门。郭城与都城南门之间的南北御路东西两侧分布有宗庙与社稷。宫城之内分为南北两部分，南部是以太极殿为中心的政区，北部是后宫所在地。南宫门为宫城正门——大司马门。

　　为传承、延续作为国家文化的"都城文化"，历史文献记载，孙权借鉴邺北城的"三台"，在建业城（东晋始改称"建康城"）西规划建设了石头城。东晋建康城的皇家园林建设也是受到魏晋洛阳城北部园林影响。

就是从都城城门名称，也可看出东晋建康城中的宣阳、开阳、清明（洛阳为"青明"）、建春、西明等城门名称应是沿用了洛阳城城门名称。而六朝建康城也对北朝中原地区都城产生了一定影响，如北魏洛阳城的都城中轴线的形成及其两侧对称分布重要的中央官署。

南朝都城之郭城城墙可以简化成篱笆墙，但是三城制、中轴线、左祖右社、宫城居中、大朝正殿"居中"与"居前"规制不变。国家分裂时期在中国的不同地方、不同人群统治的都城，其规制理念是一致的。

汉魏洛阳城

东汉雒阳城

东汉雒阳城（一般"雒阳城"之"雒"仅限于东汉雒阳城使用，汉魏则称"洛阳城"）在今洛阳市东15千米处。公元25年光武帝定都雒阳，至献帝凡十二帝，以此地为都196年。

文献记载雒阳城有12座城门。考古发现，其都城城门为"一门三道"。根据《太平御览》引《洛阳记》记载：

宫门及城中大道皆分作三。中央御道，两边筑土墙，高四尺，外分之。

城内有南宫、北宫和永安宫。光武帝始都雒阳，南宫是都城的主要宫城，南宫东南部有中央主要官署。汉明帝大规模营建北宫，建设北宫正门朱雀门、正殿德阳殿等，此后北宫可能作为都城的宫城使用了。北宫西北部有皇家宫苑濯龙园。宫城之外，都城东北部有南北分布的武库与太仓。

《后汉书·光武帝纪》记载，建武二年（26），光武帝起高庙、建社稷于雒阳，可见东汉初年都城雒阳已有"左祖右社"的宗庙、社稷，但是具体位置目前还不清楚。

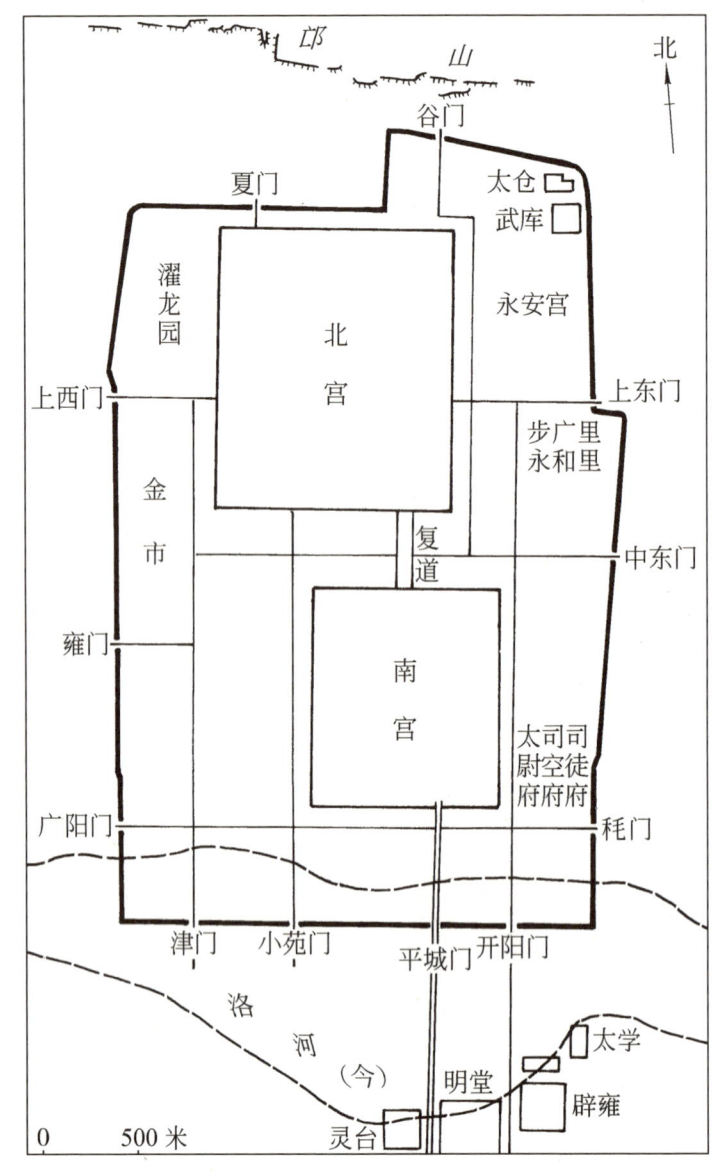

东汉雒阳城遗址平面示意图

　　都城平面为长方形，东、西、南、北城墙长度分别为4200米、3700米、2460米、2700米。南宫，南北长1300米，东西宽1000米。北宫，东西宽1200米，南北长1500米。
　　武库遗址平面近方形，南北长199米，东西宽142—186米。周筑围墙形成院落，院内有多座建筑遗址。
　　太仓由东西并列的两座院落组成：西院平面呈长方形，东西宽70米，南北长100米；东院平面呈方形，边长50米。

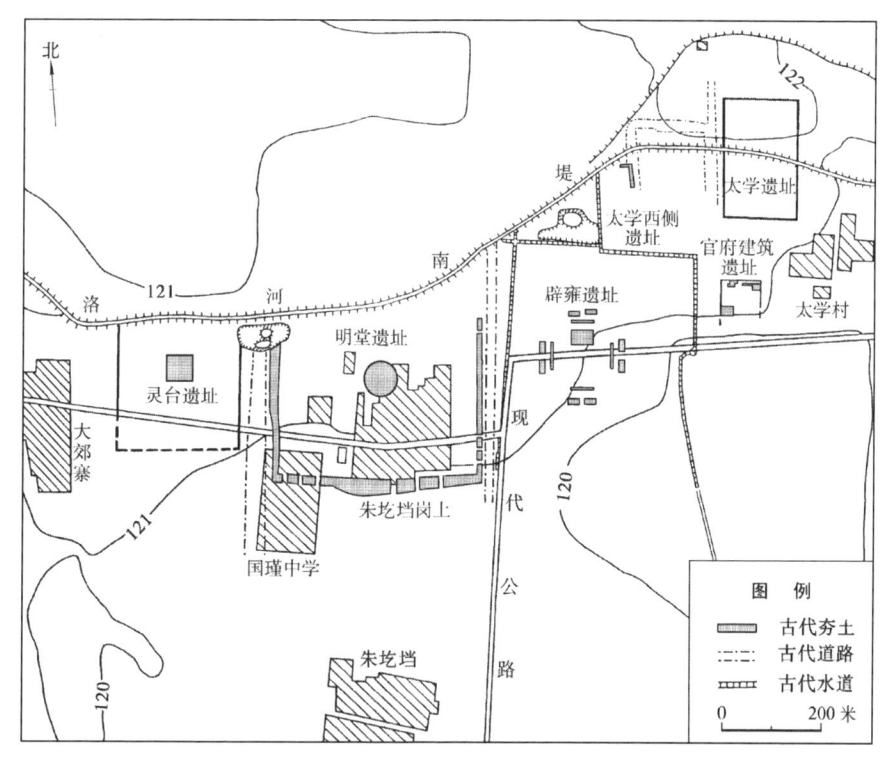

汉魏洛阳城礼制建筑分布图

东汉雒阳城的灵台、明堂、辟雍被称为"三雍",是国家最为重要的礼制建筑。

灵台是观测天象的场所,但是天文学在中国古代历史上绝不只是一种自然科学,"二十四史"中《天官书》《天文志》实际上讲的是天人关系,是借天文讲国家政治。因此,天子有时会登灵台,览天象,"观天人之际、阴阳之会"。

灵台兴建于东汉光武时期,曹魏、西晋时沿用,西晋末年被毁。灵台遗址在今偃师市佃庄镇朱圪垱岗上村与大郊寨一带,位于东汉雒阳城平城门外大道西侧,东距明堂约80米。遗址中心为一方形高台,台基夯筑而成,平面为方形,边长50米。台基的四周有上下两层平台,下层为回廊,廊外置卵石散水。上层每面并列5间房屋,地面铺砖,东西南北四面的墙壁分别粉刷成青、白、朱、黑色,从中可见"五方"与"五色"之对应关

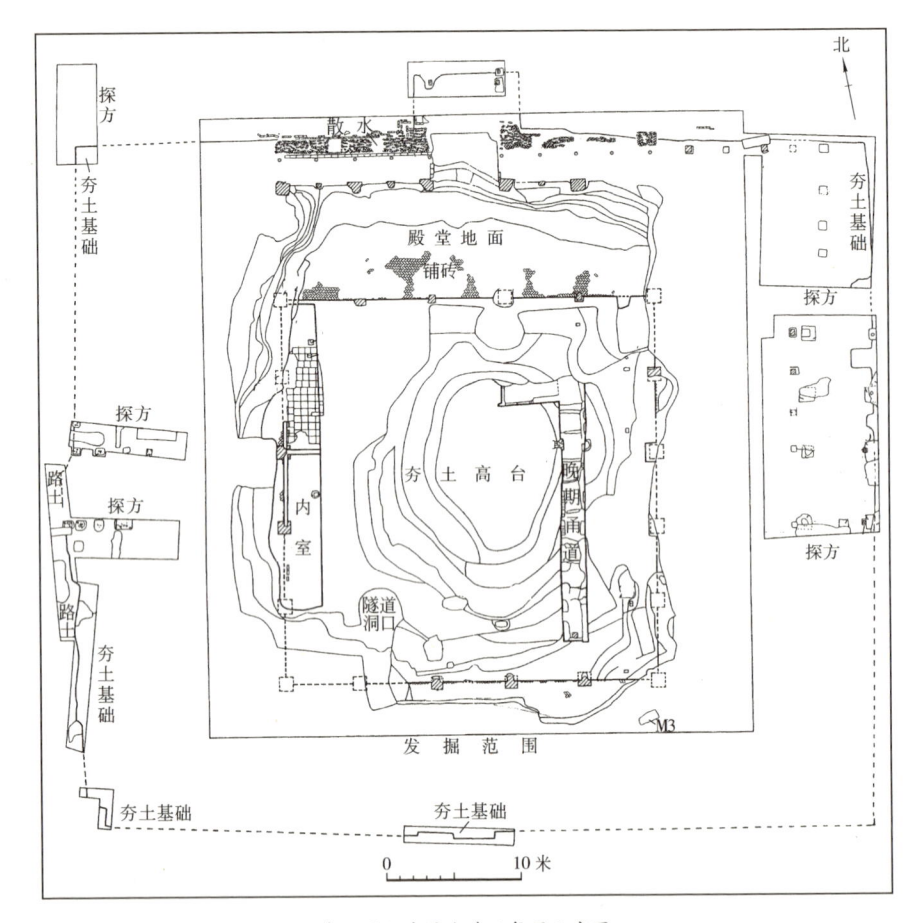

东汉雒阳城灵台遗址复原示意图

灵台遗址周筑围墙，形成院落，平面近方形，东西长220米，南北宽200米。

系。这样处理是因为汉代统治者认为四方由"四神"分管，并有相应的四种颜色与其对应。灵台顶部"上平无屋"，是观测天象的场所。灵台四周的建筑是主持天文工作的衙署。灵台第二层台的西面考古发现的凹入灵台内壁2米的建筑，有可能就是历史文献记载的"密

宗庙建筑遗址出土的"四神"瓦当

室"。中国历史上的著名天文学家张衡就在灵台的密室中发明、制造了天文仪器——浑天仪，他亲自设计制造的浑天仪和候风地动仪可能就放在这里，这可能与张衡任太史令、主持灵台的观测工作有关。

明堂和辟雍在开阳门外大道的两侧，明堂居西，辟雍位东。明堂西距平城门约1000米，东距辟雍约150米。

明堂是古代天子祭天敬祖的礼制建筑，皇帝在此祭祀"五帝"。东汉雒阳城明堂始建于光武建武中元元年（56），沿用至北魏时期。明堂遗址在今偃师市佃庄镇朱圪垱岗上村。根据《水经注·谷水》记载，明堂的基本形制为"上圆下方"。

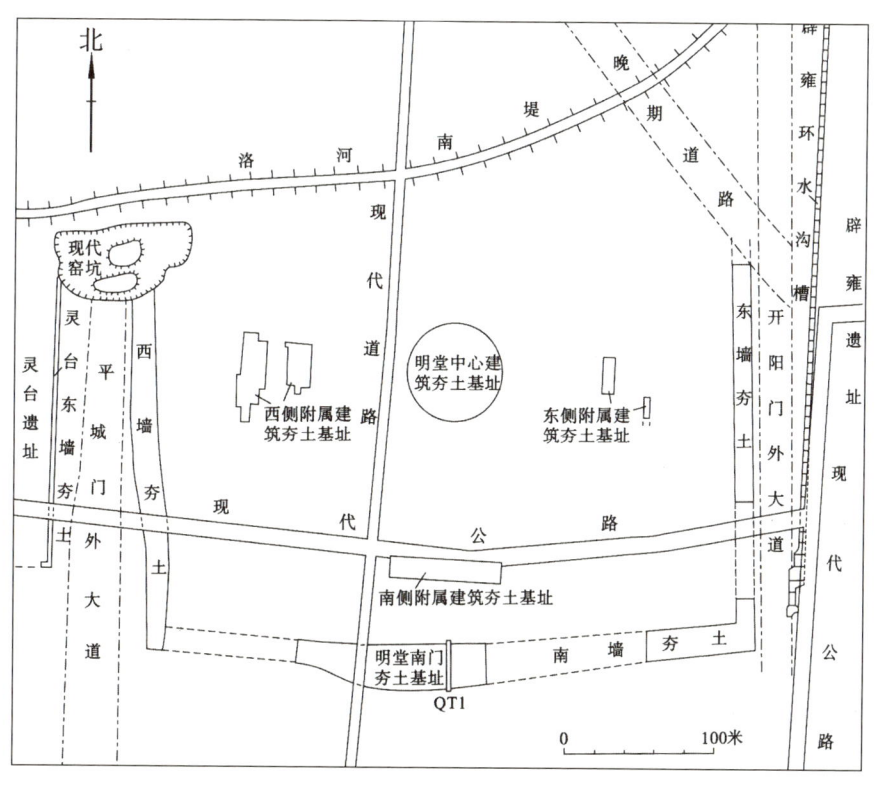

东汉雒阳城明堂遗址平面示意图

明堂遗址平面约呈方形，四面筑有围墙，南北长约400米、东西宽415米，面积约16万平方米。明堂主体建筑台基位于院落中央，平面近圆形。

辟雍遗址位于今偃师市佃庄镇朱圪垱岗上村东。1931年，这里发现了公元278年《大晋龙兴皇帝三临辟雍皇太子又再莅之盛德隆熙之颂碑》（西晋辟雍碑）。基址南部是当年西晋辟雍碑出土地。基址四面中部各有一组由双阙与门组成的建筑，四面门阙形制基本相同。

　　东汉太学始建于光武帝建武五年（29），当时"大将军下至六百石，悉遣子就学，每岁辄于乡射月一飨会之，以此为常"（《后汉书·儒林列传》）。可见太学的学生多为官宦子弟，因此太学备受社会重视，这也导致太学的学生剧增，至3万多人。熹平四年（175），著名学者蔡邕为了使太学健康发展，亲自审校以"六经"为主的儒家经典，并将其镌刻在石头之上，立于太学门

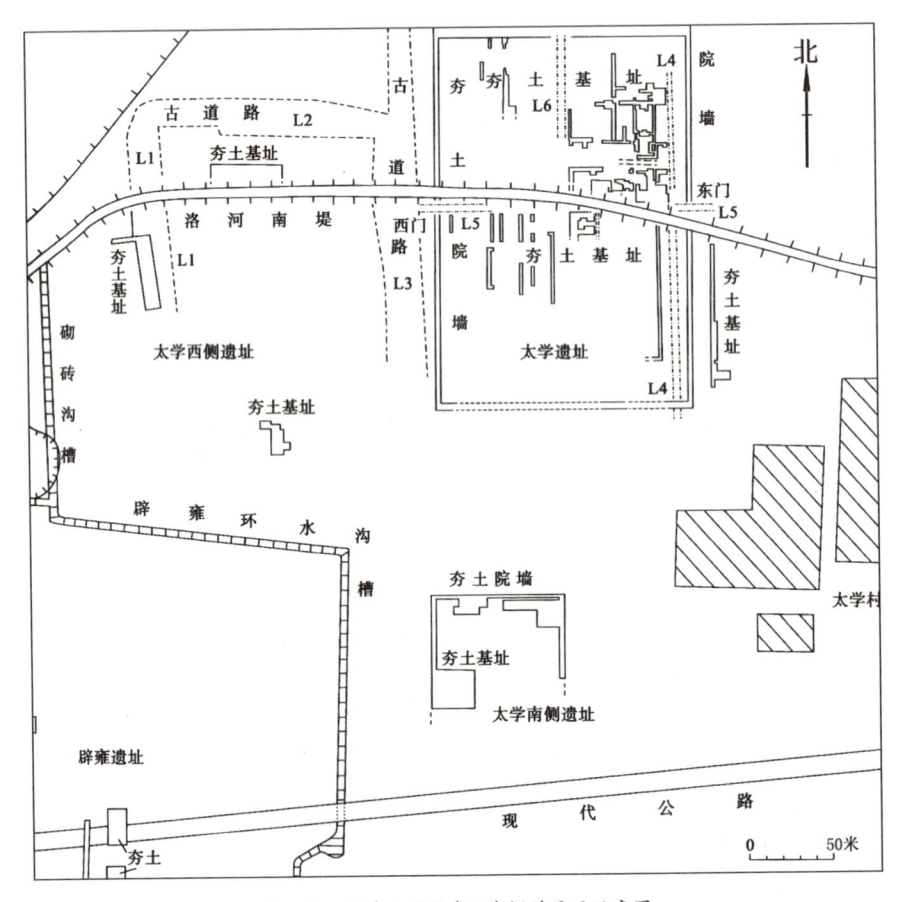

东汉雒阳太学及周围遗址勘探总平面示意图

外。这就是有名的"熹平石经"。石经立于太学之后,"后儒晚学、观视及摹写者,车乘日千余辆,填塞街陌"。在东汉末年董卓之乱中,太学遭到毁坏。魏文帝黄初五年(224)在东汉旧址上重修太学,正始年间(240—249)又立石经,称"正始石经",又因石经以古字、篆字与隶字所刻,因此又称"三体石经"或"三字石经"。东汉与曹魏太学,及前述唐长安城国子学所立石经为弘扬、保存中华历史文化发挥了重要作用。

东汉雒阳太学遗址出土的"熹平石经"残石

东汉、魏晋太学遗址分为两部分,一部分在辟雍遗址北,其范围东西长200米、南北宽100米,这里主要是东汉太学遗址。另一部分在其东北100米处,东西宽150米、南北长200米,四周有围墙,内列一座座长数十米的房屋。这里出土了许多太学教材——石经。

东汉雒阳城遗址以其灵台、明堂、辟雍和太学等南郊礼制建筑最为重要。东汉雒阳城有如下几方面的意义:

其一,东汉雒阳城体现出都城的朝向变化。东汉雒阳城与汉长安城比较,最大的特点就是都城方向的变化:西汉晚期之前,汉长安城坐西朝东,其都城、宫城(未央宫)正门均为东城门与东宫门,而东汉雒阳城则坐北朝南,都城正门为南城门(平城门),宫城正门为南宫门。

其二,对东汉雒阳城的灵台、明堂、辟雍、太学等礼制建筑的考古发现填补"空白"。中国古代都城的礼制建筑是中华五千年不断裂文明的重要物化载体,东汉雒阳城灵台、明堂、辟雍、太学遗址的考古发现与历史文献可以互证,这无疑起到了重要学术研究作用,填补了一些文化基因上的"空白",使部分"断裂文明"得以恢复。

魏晋洛阳城

曹魏定都洛阳，故址在今洛阳城东15千米处。虽然都城规模基本上与东汉雒阳城相同，但是都城之内的布局结构已多有不同。曹魏初年，在东汉雒阳城的北宫故地营建宫室，时称"洛阳宫"。魏明帝时，在东汉雒阳城北宫德阳殿、朱雀门基础之上，修建了太极殿、阊阖门，太极殿是大朝正殿，阊阖门是洛阳宫宫城正门，其北对太极殿，南对都城的宣阳门，魏明帝置铜驼于阊阖门外的南北向大街，故此街亦称"铜驼街"，铜驼街成为都城的中轴线大街。西晋仍都洛阳，都城制度一如既往。都城的宗庙、社稷置于都城之内的宣阳门大街东西两侧。

魏晋洛阳城沿用了东汉雒阳城的辟雍、太学、明堂、灵台等大型礼制建筑。

历史文献记载，魏明帝在洛阳城以南的委粟山营建圜丘。考古发现，圜丘在洛阳平城门至大谷关南北轴线西侧，北距洛阳城25千米，在今偃师市李村乡南宋沟村附近的"禹宿谷堆"，其为方锥形高台，底部径约500米，高50米，其上原有禹王庙，故名"禹宿谷堆"，实为曹魏洛阳城的圜丘遗址。这应该是我们可以通过考古确认的比唐长安城圜丘遗址时代更早的祭天圜丘遗址。

魏晋洛阳城遗址有如下重要意义：中国古代都城从"多宫城"变为"单宫城"；中国古代都城轴线基本形成，进一步强化了"中"的理念；中国古代都城的大朝正殿由周之"路寝"、秦之"前殿"发展到曹魏之"太极"，曹魏太极殿不但对中国古代都城产生深远影响，而且日本古代都城大朝正殿直接沿用了这一名称，不过其称为"大极殿"。

北魏洛阳城

北魏太和十七年（493），孝文帝由平城（今大同市）迁都洛阳，在

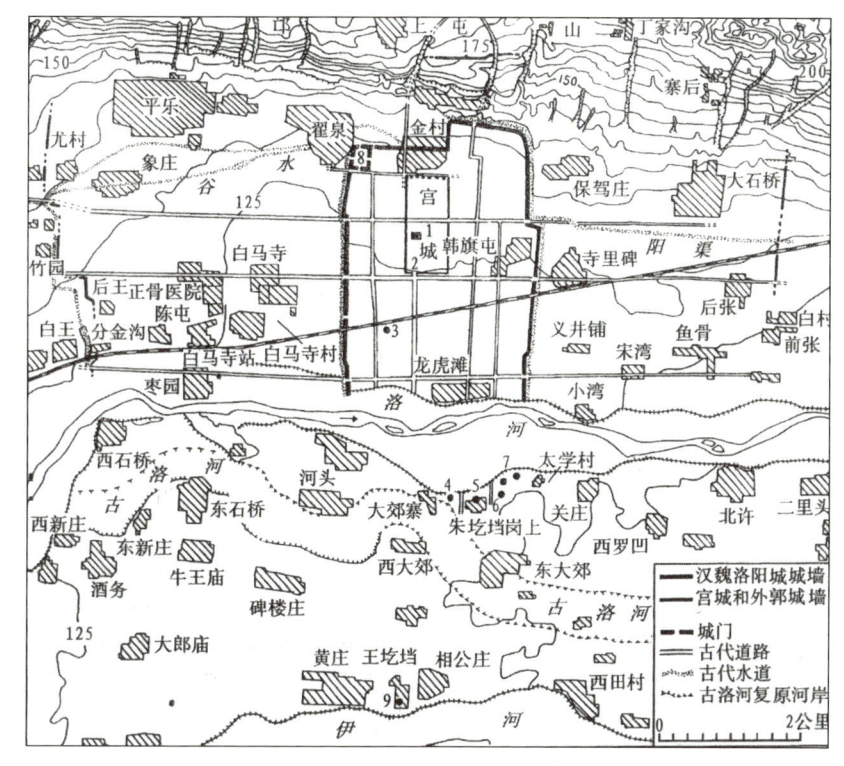

1. 太极殿 2. 阊阖门 3. 永宁寺 4. 灵台 5. 明堂 6. 辟雍 7. 太学 8. 金墉城 9. 圜丘

北魏洛阳城遗址平面示意图

> 宫城东西宽660米、南北长1398米；内城东西宽2460—2820米，南北长不少于3510—3895米；郭城北城墙在内城以北850米，东城墙在内城以东3500米，西城墙在内城以西3500—4250米，南城墙在古代洛河北岸，古代洛河在今洛河以南1000—1500米处。宫城正门仍为阊阖门，太极殿仍为大朝正殿。太极殿基址东西100米、南北60米。阊阖门与宣阳门之间的铜驼街东西两侧分布有中央官署、寺院、贵族宅邸和宗庙、社稷等。

魏晋洛阳城基础之上进行了<u>重建</u>。北魏洛阳城遗址位于今洛阳市东15千米处，由宫城、内城和郭城组成。

北魏洛阳城"东西二十里，南北十五里"，是座规模巨大的城市。郭城之内的3条东西向干道横贯全城，它们分别与内城东西城墙上的城门相连通。3条干道可能又分别通至郭城东、西城墙的各3座城门。郭城的北城墙未发现城门遗迹。历史文献记载，郭城之中建设了320个（又说323个）

里坊，里坊平面为方形。里坊四周筑墙，四面辟门，里坊之中设置十字街。居住区依据身份不同有明显的区划，郭城西部为鲜卑人皇室贵族居住区，东部为汉人官僚和一般士庶居住区，南部为周边少数民族和外国人居住区。在郭城的西部有"大市"，东部有"小市"，南部有"四通市"。顾名思义，大市规模大，小市规模小，四通市（取四通八达之意）是国际贸易市场。不同市场的规模和商品种类，主要受到市场附近的不同居民影响。

近年来，北魏洛阳城宫城正门阊阖门与大朝正殿太极殿的考古发现至关重要。从遗址看，阊阖门基本上沿用曹魏时期的阊阖门。阊阖门与太极

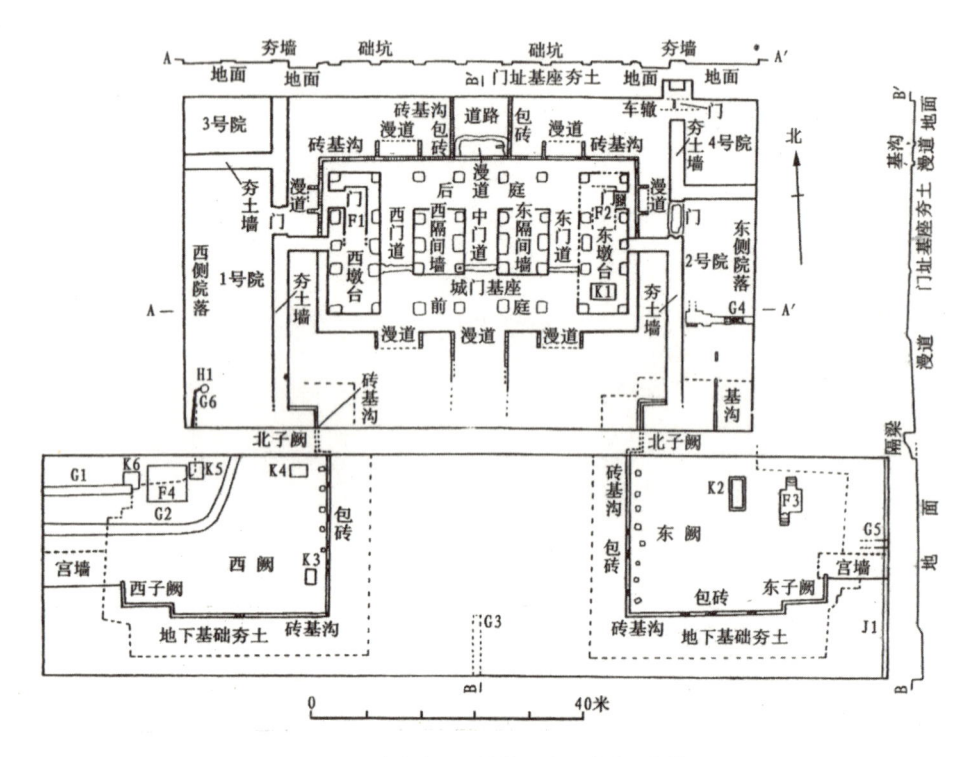

北魏洛阳城宫城正门阊阖门遗址平面示意图

阊阖门基址东西40米、南北24米，宫门为"一门三道"，各门道均宽4.8米、进深8.6—8.8米。门道前面东西两侧，对称构建了"三出阙"的东阙与西阙，两阙台间距达40余米，各长19米，宽6米。

洛阳永宁寺塔基遗址

殿是北魏洛阳城中轴线的基点。阊阖门基址是考古发现的时代最早的宫城正门门阙遗址。

北魏洛阳城太极殿遗址，是中国全面考古发掘的时代最早的都城大朝正殿。

北魏洛阳城遗址考古发现与研究，给我们以下几点启示：

其一，中国古代都城的"中"之政治理念，在北魏洛阳城开启了一个新的阶段。中国古代都城由过去的宫城与郭城的"双城制"发展为宫城、内城、郭城的"三城制"，宫城在都城之中的政治地位更为突显。与此同时，真正意义上的得到考古发现基本佐证的中国古代都城中轴线形成，这是"中"之政治理念的突显。北魏洛阳城开创的这一规制，对此后中国古代都城的发展产生了深远且重要的影响。北魏洛阳城在东汉、魏晋洛阳城基础之上，开创了"三城制"都城，都城南北向中轴线的确立，大朝正殿与宫城正门的定型，奠定了此后至明清北京城一以贯之的都城"三城制"、中轴线、大朝正殿与宫城正门规制。

其二，北魏洛阳城之于中华五千年不断裂文明的重要性，表现在中华民族各个族群对中华文化的认同、对"中国"政治文化的认同上。北魏是鲜卑人建立的王朝，而鲜卑人认同传统的中华历史文化与国家文化，这在都城营建方面表现尤为突出。北魏洛阳城的宫城与内城基本沿用魏晋洛阳城的宫城与郭城，大朝正殿仍为太极殿，宫城正门仍为阊阖门。

北魏洛阳城的规制理念，不是孝文帝到洛阳以后才开始考虑的，而是孝文帝及其先辈早在迁都洛阳之前，就已经开始实施。北魏从天兴元年（398）迁都平城，就"营宫室，建宗庙，立社稷"，营建了平面呈方形的都城，"规立外城，方二十里"（《魏书·太祖纪》）。孝文帝亲政后，改造平城，修明堂、改太庙，他所参照、依据的就是邺城、洛阳与长安的都城模式，然后又"造太极殿东西堂及朝堂，夹建象。魏乾元中，阳端门东西两掖门，云龙、神虎、中华诸门，皆饰以观阁"（《历代宅京记》）。

通过北魏平城与北魏洛阳城，我们看到中国历史上，中华民族不同族群、不同王朝，在国家文化认同上具有一致性。

汉长安城

如果说秦咸阳城是王国时代最后一个都城（秦始皇建立秦朝以后继续使用的都城），那么汉长安城就是帝国时代汉朝营建的第一个都城。

汉长安城遗址平面示意图 ▷

汉长安城平面近方形，东、南、西、北城墙长度分别为6000米、7600米、4900米、7200米。城墙周长为25700米，城址总面积为36平方千米。

未央宫平面基本呈方形，东、西墙各长2150米、南北墙各长2250米，周长为8800米，面积约为5平方千米，约占长安城总面积的1/7。未央宫是中国古代都城中宫城规模最大的。

长乐宫东墙长2280米，南墙长3280米，西墙长2150米，北墙长3050米，宫城周长10760米，面积约为6平方千米，约占长安城总面积的1/6。

樊寨遗址，夯土基址东西宽116米，南北长197米，基址南边东西并列"三阶"，基址之上南北排列3组宫殿遗址。南殿址东西长100米，南北宽56米。中殿址东西长43米，南北宽35米。北殿址东西长97米、南北宽58米。罗寨遗址的院落东西宽420米，南北长550米。宫殿基址东西长76.2米，南北宽29.5米。

北宫城址平面为规整长方形，南北长1710米，东西宽620米。

城外西邻有建章宫。建章宫遗址宫城平面呈东西宽、南北窄的长方形，东西长2130米，南北宽1240米。建章宫前殿基址东西宽200米，南北长320米。基址地形目前仍呈南低北高，北部高出今地面10余米。

汉朝在中国历史上非常重要，它是以汉人为主体、多民族统一的中央集权国家形成的时代，是"中国"的奠定与基本形成时代。我们今天所说的"汉文化""汉人""汉族""汉字"等无不与汉朝密切相关。汉朝是因刘邦被封为"汉王"而得名，《史记·高祖本纪》记载：

> 项羽自立为西楚霸王，王梁、楚地九郡，都彭城。负约，更立沛公为汉王，王巴、蜀、汉中，都南郑。

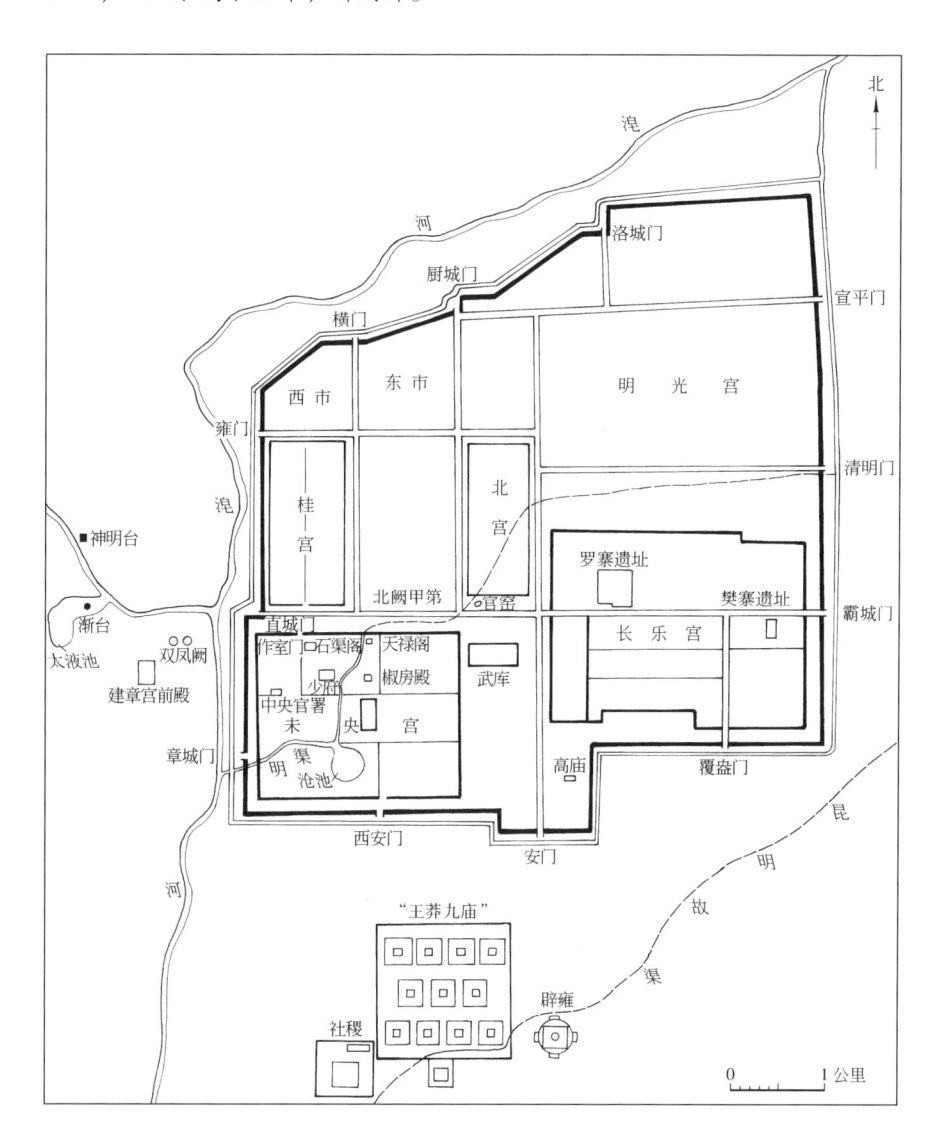

《史记·高祖本纪》之《正义》记载："汉中郡，以汉水为名。"可见汉王之"汉"因汉中得名，而汉中又因汉水而来。

汉长安城是西汉王朝的历史缩影，了解、认识汉长安城无疑对探索中华五千年不断裂文明的物化载体至关重要。

汉高祖刘邦建立汉朝，始以洛阳为都。其后针对都城选址问题，朝廷展开激烈讨论，最后汉高祖征求了张良的意见，决定定都长安，并提拔动议者戍卒娄敬为奉春君，赐姓刘氏。

汉长安城营建的指导思想是丞相萧何所说的："非令壮丽亡以重威！"也就是说，国家通过营建都城——汉长安城，向国民传达国家至高无上的权威。这成为中华文明悠久的历史文化传统。

汉长安城遗址位于今陕西省西安市未央区汉城街道、六村堡街道和三桥镇街道。

汉长安城每面各开3座城门，全城共12座城门。每座城门均为"一门三道"。由于城门的隔墙宽窄不同，城门规模也就不一。隔墙宽者14米，窄者4米。目前已经发掘的西安门、霸城门门道二隔墙各宽14米，宣平门、直城门、横门门道二隔墙各宽4米。西安门、霸城门分别与未央宫南宫门、长乐宫东宫门相对，这样就形成与宫城宫门相对的城门面阔约52米。汉长安城不但城门规模大小不同，而且城门形制也不一样，即东面城门之外两侧置阙，南、北、西三面城门之外无阙。已经发掘的宣平门、霸城门遗址的

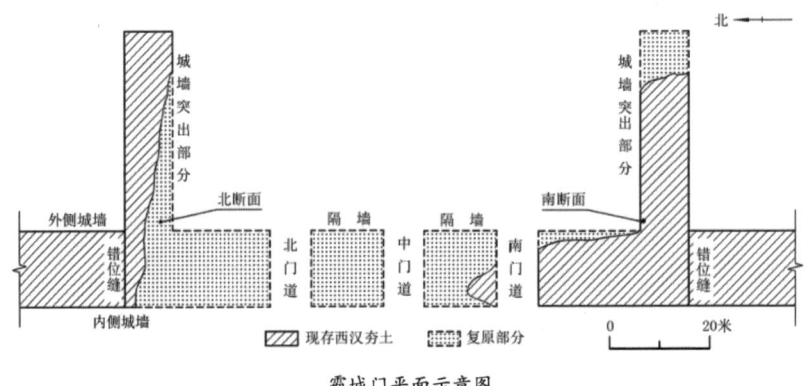

霸城门平面示意图

汉长安城霸城门遗址

门阙遗存，对我们了解汉长安城城门制度十分重要。宣平门遗址的门阙分列于城门两侧，南门阙与北门阙分别在南门道与北门道之外17米处。门阙东西宽25米，南北长35米，其西端均与东城墙相连。霸城门遗址的门阙分列于城门两侧，南门阙与北门阙分别在南门道与北门道之外20米处。门阙东西宽10米，南北长35米，其西端均与东城墙相连。

西汉时代，未央宫、长乐宫、建章宫和甘泉宫被列为长安的四大宫城，此外在汉长安城内还有北宫、桂宫、明光宫。

未央宫

《史记·高祖本纪》记载：

萧丞相营作未央宫，立东阙、北阙、前殿、武库、太仓。

《汉书·五行志》记载西汉一代，未央宫东阙曾经发生多次火灾，如"文帝七年六月癸酉，未央宫东阙罹思灾"，"景帝中五年八月己酉，未央宫东阙灾"等。未央宫东阙遗址，在未央宫遗址东墙之旁。

未央宫四周筑有宫墙，形成宫城。宫殿是宫城中的主要建筑，宫殿又据其使用功能不同而分成各种类型。根据文献记载，前殿是大朝正殿。后妃宫殿群中以椒房殿为首殿，还有后宫掖庭宫殿等。前殿约居未央宫中央，后妃宫殿多在前殿以北。

在宫城中，前殿作为大朝正殿，居各殿之前，这应该就是"前殿"之名的缘起。西汉时代，皇帝登基、发布诏书、天子结婚、接受朝谒、寿诞庆贺、皇帝入殓等重大活动，一般安排在未央宫前殿举行。前殿更是皇帝处理日常国家政务之地。

前殿利用了龙首山丘陵的高台作为殿址。丞相萧何选择龙首山丘陵作为前殿台基有两方面原因：其一，是为了使前殿建筑高大、雄伟、壮观，从而体现皇帝的"重威"；其二，这样施工也节省了大量财力和人力，这在刚刚结束多年战争的西汉初年是十分必要的。

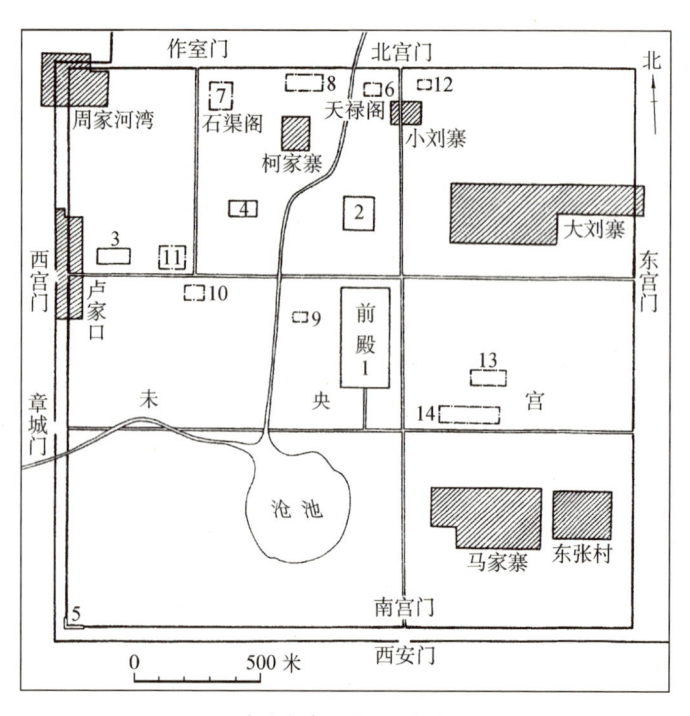

未央宫遗址平面示意图

未央宫前殿复原图

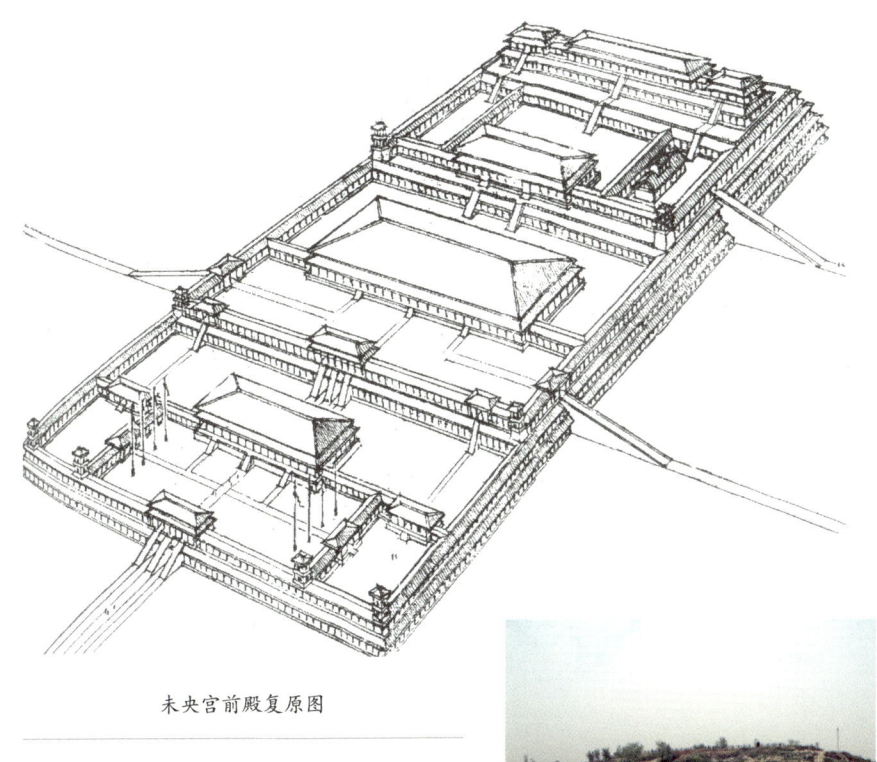

前殿遗址的高大台基，至今仍高高耸立于汉长安城故址之中，其南北长400米，东西宽200米，高15米。地形由南向北逐渐升高。台基由南向北可分低、中、高三层台面，中间台面的主体建筑是前殿的中心建筑物。

未央宫前殿遗址

前殿是未央宫的主体核心建筑，与东、西、南、北宫墙的距离分别为990米、1060米、860米和890米。这种设计安排，应与古代天子的"择中"观念有关。

未央宫前殿遗址，是目前我国发现的保存最完整、规模最大、最有代表性、时代较早的高台宫殿建筑遗址。前殿坐北朝南，前殿正门为南门，南门在前殿基址南边约东西居中位置，东西面阔46米，现存南北进深约26米，此门或即文献记载之"王路朱鸟门"。前殿东西两侧与北面均有上殿慢道。前殿南门两边，筑有南墙。前殿中部和北部的东西两边分别有封闭性廊道。前殿南门与宫殿之间有一东西长约150米、南北宽约50米的广场。前殿是一大型宫殿建筑群，包括南、中、北三座宫殿，其间并有宏大的庭。

未央宫椒房殿遗址

椒房殿位于未央宫前殿以北360米处，可谓真正的"后宫"。椒房殿南部为正殿，其夯土台基平面为长方形，东西长50余米，南北宽30余米，面积约1500平方米。台基周施回廊，廊道地面铺砖，廊道外为散水。正殿坐北朝南，殿址南有东西并列登殿踏道，二者东西相距23.5米，反映出这组宫殿建筑的规格非常高。

帝王后妃之宫称"后宫"，先秦时代后宫是根据宫的相对方位而命名的，对照物应为路寝，即帝王后妃之宫在帝王路寝之北，故名"北宫"。因为路寝和北宫所取方向均为坐北朝南，从方位而言南为前、北为后，故秦又称路寝为"前殿"，这是相对"后宫"而命名的。皇后宫殿——椒房殿遗址位于未央宫北部。作为同属后妃之室的掖庭、椒房等均应在前殿之北。椒房殿是后宫的首殿，自然要比婕妤以下妃嫔宫室离前殿更近一些、规模更大一些。椒房殿故址位置的基本确认，结合文献记载，使我们可以推断掖庭的大体方位。椒房殿应该在后宫的最南部，掖庭应该在椒房殿以北，主要应该分布在石渠阁遗址、承明庐遗址的东南部，天禄阁遗址以南，少府或其所辖官署遗址以东。

长乐宫

在长安城中，长乐宫是仅次于未央宫的一座重要宫城。长乐宫是在秦兴乐宫基础上改建而成的，故《历代宅京记》记载："长乐宫，本秦之兴乐宫也。"

兴乐宫在秦昭王时已存在，当时他为了便于咸阳宫和兴乐宫之间来往，建造了著名的渭桥。文献记载，秦始皇在兴乐宫营建了不少建筑，如大夏殿及后来移置此殿之前的著名巨大铜人十二座，还有鸿台、鱼池、酒池等。文献记载酒池有"肉炙树"，这与商纣王的以酒为池、积糟为山、脯肉为林何其相似！

汉武帝步其后尘，泛舟于酒池之中，又在池北修筑了台榭，制作了巨大铁杯，酒放其中，"招待"外宾，取笑使者。天子赐酒给他们，由于铁杯大而重，拿不起来，他们只好低头引首于铁杯之中喝酒，颇似牛饮水。这就是"上观牛饮"的笑话。当时围观者多达三千人，由此也可反映出酒池台榭的规模是相当大的。

西汉初年，高祖决定定都关中。公元前202年，刘邦以兴乐宫为基础改建长乐宫，仅一年多时间，长乐宫建成，命令"丞相已下徙治长安"（《史记·高祖本纪》），长乐宫成为高祖布政之宫。刘邦在长乐宫前殿举行登基仪式，在朝仪中第一次体会到当皇帝的高贵和威严。

高祖晚年，作为正式建造的皇宫——未央宫主体工程已完成。刘邦去世后，其子汉惠帝刘盈移居未央宫。终西汉一代，未央宫成为大朝之地的皇宫，长乐宫变成了太后居住的宫城，这样就形成了"人主居未央，长乐奉母后"的格局。

尽管如此，长乐宫在西汉的政治生活中仍起着重要的作用，尤其当外戚专权之时，长乐宫往往成为左右时局的政治中心。惠帝居未央宫，但他要经常到长乐宫向吕后"汇报工作"。他频繁前往长乐宫，但凡大事都要太后定夺。景帝时，爆发七国之乱，政局危难，而后雄才大略的汉武帝为田蚡囚禁灌夫之事，还要"东朝"廷辩。

西汉晚期，政治动乱加剧，宫廷斗争异常激烈，象征着国家政权的国玺都藏于长乐宫的太后之处。王莽自立皇帝，在长乐宫胁迫孝元皇后把国玺交给他，孝元皇后拒不从命，最后无奈，义愤填膺，将国玺投之于地，摔坏一角。这些都说明，长乐宫在长安政治舞台上占有突出的地位。

长乐宫在长安城东南部，其东、南两边以长安城东城墙和南城墙为邻，西边和北边分别为安门大街和清明门大街。现存宫城遗址范围在今西安市未央区未央宫街道和汉城街道的阁老门、唐寨、张家巷、罗寨、讲武殿、查寨、樊寨和雷寨等村庄。根据文献记载，长乐宫与未央宫一样，宫城四面应各设有1座宫门，目前考古勘探仅发现了东、西、南三面的宫门，北宫门有待今后进一步开展考古寻找工作。

汉长安城的地势总体是南高北低，长乐宫的总体地势亦如此。作为宫殿建筑选址的规律，一般宫殿区位居城内、宫内地势较高的地方，因此长乐宫的主要宫殿应该分布于长乐宫南部。而在长乐宫南部宫殿建筑中，因为早期汉长安城的"朝东"方位决定，宫城之内东部为前，西部为后，故长乐宫的宫殿建筑群中，南部较北部重要，东南部较西南部重要。

长乐宫遗址考古资料显示，宫内的主要南北向道路分布在宫城东西向道路之南。宫殿区建筑群可以分为三组，即东南组、西南组和西北组。西北组在长乐宫内东西向干路以北，该路以南有东南组与西南组。其中东南组建筑群遗址，位于樊寨村东南，规模最大。这组大型宫殿建筑群西邻长乐宫南宫门至宫城东西干路的南北路东侧。《水经注·渭水》记载：明渠东经长乐宫北，又：

殿前列铜人，殿西有长信、长秋、永寿、永昌诸殿，殿之东北有池。

樊寨村发现的长乐宫大型建筑群所处方位，恰在长乐宫东部偏南，明渠在其北，在该建筑群西部又发现多处汉代大型建筑群遗址。结合该建筑群的规模、形制，推测其可能为长乐宫前殿遗址。

20世纪70年代末，在长乐宫西部，今汉城街道罗寨村北发掘一座宫殿遗址（长乐宫一号宫殿建筑遗址）。宫殿建筑围筑于院落之中，院落南墙东西居中处外凸，似为南门遗址。宫殿周施回廊，廊道方砖铺地，廊外置卵石散水。有的学者认为这是太后宫殿——长信宫。河北满城汉墓出土的长信宫灯，可能就是住在长信宫的孝文窦皇后（当时已为窦太后）作为礼物馈赠给其亲属中山王后窦绾的。

长乐宫自惠帝居未央宫以后，已成太后之宫。长乐宫中的长信宫是太后的主要宫殿。因而"长信"成为太后的代名词。汉成帝时，赵飞燕骄妒宫中，班婕妤为逃避她的迫害，只得请求去长信宫服侍太后以求庇护，保全性命，因此她发出"奉共养于东宫兮，托长信之末流。共洒扫于帷幄兮，永终死以为期"的慨叹。

长秋殿、永寿殿和永昌殿也是太后的宫殿，椒房殿则为高祖以长乐宫为皇宫时的皇后宫殿。

近年来，考古发掘了多座长乐宫宫殿建筑遗址，如二号、四号、五号、六号建筑遗址，它们集中分布在长乐宫西北部。

长乐宫五号建筑遗址是一座凌室建筑遗址，位于西安市未央区汉城街道罗寨村东北。凌室是藏冰之所，藏冰需要防热，而房屋南墙是受热最多的，北墙是受热最少的，夏季的房屋西墙较东墙受热更严重一些，因此凌室四面墙体出现厚薄不一的现象，其中南墙最厚，西墙次之，北墙最薄。室内中央有一条东西向排水沟，东西长25米，南北宽0.19米，排水沟又与室外地下排水管道相连接。

凌室的功能是供应饮食。周代管理"凌阴"（凌室）的人，称"凌人"。凌人负责凌室藏冰、用冰工作。每年夏历十二月就要到河池中采运冰块，要将宫廷用冰数量3倍的冰块藏入凌室之中。夏季到来之前还要检查盛放冰块的容器——鉴，平时则要为皇室或王室的宴飨、祭祀等活动提供藏冰及放置冰块的容器，以防食物因天热而变质，从而保证食品的安全。

此外，凌室还要在帝王大丧时提供足够保存尸体的冰；酷暑之际，为帝王准备赏赐官员的藏冰。

大厦殿是长乐宫中的一所重要宫殿，它可能是长乐宫中主要的政治活动场所之一。因而秦亡以后，汉初将秦的皇宫——咸阳宫前的12个铜人移至大厦殿前。

钟室是"长乐宫悬钟之室"。西汉的开国元勋、淮阴侯韩信就被吕后斩杀在这里。

长乐宫不仅有众多宫室，还有风景秀丽的池苑、幽静的亭榭、壮观的台阁。秦始皇二十七年（前220），在兴乐宫中建造了高达40丈的鸿台，台上建起观宇，秦始皇经常登台射击天空中翱翔的飞鸿，因此取名鸿台。西汉初，长乐宫在兴乐宫基础之上建成后，鸿台又巍然屹立于长乐宫中。汉惠帝四年（前191），鸿台因火灾被毁。长安城内出土的"飞鸿延年"图像和文字结合的瓦当，应是鸿台的建筑遗物。

西汉晚期，战火曾给未央宫以严重破坏，但长乐宫却幸免于难，保存完好。因而更始帝自洛阳到长安后就以长乐宫为皇宫。后来赤眉军攻入长安城，更始帝逃至长安东北的高陵县，刘盆子继帝位，他仍以长乐宫为皇宫。东汉一代，长乐宫一直是完好地保存着。它被破坏和废弃是东汉以后的事了。

长乐宫凌室遗址

凌室主体建筑平面呈长方形，室内东西长27米，南北宽6.7米。

长乐宫遗址地下排水管道

"飞鸿延年"瓦当

建章宫

西汉中期是汉代鼎盛时期，当时长安城中已布满了大型宫殿建筑，没有发展的余地。太初元年（前104），未央宫北阙附近的柏梁台因发生火灾而被焚毁。一个名叫勇的广东巫徒向汉武帝提出：根据广东那里的风俗，如果发生火灾，烧毁建筑物，就要建造一个比原来更高大的建筑物，用来压住火魔。汉武帝以此为理由，在长安城外修筑了"度比未央"、规模宏大的建章宫。

建章宫遗址在汉长安城西边，其范围约包括今西安市未央区三桥街道高堡子、低堡子、双凤村、太液池苗圃、柏梁村和孟村。建章宫主体建筑是前殿，位于建章宫中部偏西的今高堡子、低堡子二村庄。

建章宫四面各有1座宫门。南宫门为宫城之正门，称"阊阖门"，又称"天门"，即天上紫微宫宫门。东宫门和北宫门外各有一对高25丈的阙楼，其上装饰有鎏金铜凤鸟，高丈余，因此人们又称其为"凤阙"。其中东宫门外的双凤阙最有名，其基址位于今双凤村东，村名当源自双凤阙。

建章宫双凤阙遗址

双凤阙东西间距53米。西阙基址保存较好，现存高11米，底径17米；东阙基址保存较差，现存高6米，底径5米。

所谓双凤阙实际上是一对东西并立的阙台基址，古代民歌中的"长安城西有双阙，上有双铜雀"中的"双阙"，即此双凤阙。双凤阙位于建章宫前殿以东700米处，双凤阙之间有南北大道，大道由二阙向南折西通向建章宫前殿。按照常规，阙内为门，也就是说东西并列的建章宫双凤阙以南应有门，此门应为坐南朝北。因为双凤阙在建章宫以东，这应该是建章宫的东宫门，东门坐南朝北，这是以往非常罕见的。

太液池在建章宫前殿西北450米处，面积15.16万平方米。汉武帝为了求神祈仙，在太液池中建造了渐台，又筑起了3座假山，象征着东海中的瀛洲、蓬莱、方丈3座神山。"太液者，言其津润所及广也。"（《三辅黄图》）据考古发现，宫城之内开池，始于西汉，池的名称亦为后代沿用。

太液池象征着大海。考古工作者在太液池东边，曾发现一件西汉时期的巨大石雕——石鱼，长4.9米，直径1米，大概即文献记载的太液池岸边的长3丈、高5尺的石鲸。

△ 太液池渐台基址

现存太液池渐台基址东西长60米，南北宽40米，残高8米。

建章宫太液池遗址出土的石鲸 ▷

太液池作为大海的象征，皇帝将其安排在皇宫之中，显示出宫城是国家的缩影。其宫城东西南北四面辟门，象征天下国土四方尽在宫中，而海洋河川也以太液池为象征被统统纳入宫城。

甘泉宫

甘泉宫遗址位于今陕西省淳化县铁王乡凉武帝村、城前头村和董家村一带。甘泉宫取名于所在地的甘泉山。

甘泉宫原来规模较小，周长只有约5千米。汉武帝时进行了大规模的扩建。扩建后的甘泉宫宫城周长约9.5千米，其中有宫殿12座、楼台1座，宫城四面各有1座宫门，称"司马门"。

甘泉宫的主体建筑是前殿，也称"甘泉殿"或"紫殿"。前殿位于甘泉宫中心。

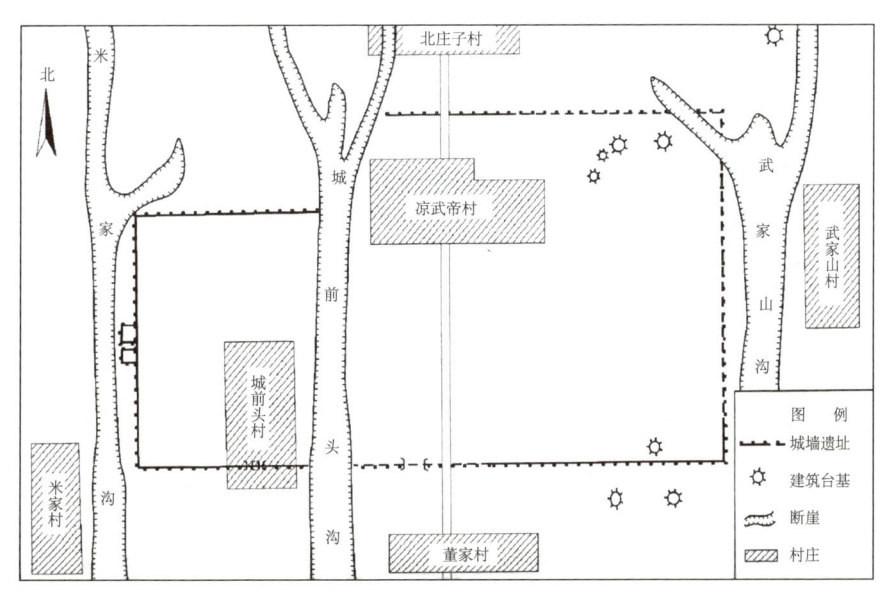

甘泉宫遗址平面示意图

甘泉宫遗址平面近长方形，周长为5668米，面积约为148.6万平方米。

西汉皇帝，尤其是汉武帝，每年五月都要由长安北上到甘泉宫避暑，往往一直要到盛暑过后的八月，才前呼后拥地回到都城长安。

宫城遗址现在仍保存有多处汉代高台建筑的台基，其中可能就有历史文献记载的"通天台"台基。甘泉宫遗址内还出土有"甘林"文字瓦当和戳印有"甘""甘居""居甘"陶文的砖瓦等遗物，它们佐证了这里遗址的性质。

甘泉宫遗址出土的"甘林"文字瓦当

北　宫

北宫因位于未央宫和长乐宫之北而得名，西汉初年由高祖刘邦创建，汉武帝时进行了增修。北宫遗址在今西安市未央区六村堡街道和未央宫街道的曹家堡、周家堡、施家寨、讲武殿村一带。城址已发现南、北门，二门南北相对，门址面阔7米，进深12米。由南门址向南有道路通至直城门大街。北宫与未央宫之间有紫房复道相通。傅太后住在北宫时，经常从复道

北宫遗址南部砖瓦窑遗址

去未央宫，请求皇帝赐予她尊号。北宫之中有前殿、寿宫、神仙宫、太子宫等宫室建筑。

寿宫和神仙宫是供奉神仙的宫殿，各种祭祀神仙的礼仪活动在这里举行。那里是人迹罕至的神秘地方，正因为如此，皇帝为了逃避朝野的舆论，他在北宫之中为自己蓄积了大量私奴和车马。

北宫作为后妃之宫的特点是：宫中的后妃多为不得志者，她们或被废贬，或被迫退处此宫。这也许与北宫中的寿宫供奉神君有关，这样可以让那些被废贬的后妃在此宫"修行积德"。西汉初年，吕太后去世，诸吕势力被剪，孝惠张皇后被废处北宫；哀帝崩，太后赵氏（赵飞燕）被贬，退居北宫。因此也有人认为，北宫或为被废黜的后妃之宫。

北宫之中有太子宫，太子宫自然是与太子有关的建筑。太子宫内有甲观，甲观之内有画堂。画堂是有壁画的殿堂，传说北宫中的画堂有九子母壁画，从某种宗教迷信观念出发去推测，或许那里有专门为后妃所设的产房。

明光宫

明光宫修建于汉武帝太初四年（前101），《三辅黄图》记载，明光宫"在长乐宫后，南与长乐宫相联属"。也就是说，长乐宫与明光宫南北相连。宫室建成以后，从燕、赵等地（今河北一带）征召了美女两千人充实宫中。这些宫女的年龄一般在15岁至20岁之间，年龄满30岁的人就要出宫外嫁，然后另择美女补足其数额。王莽时改明光宫为安定馆。

汉长安城礼制建筑

礼制建筑是西汉首都长安城的重要组成部分，除了西汉初期少量礼制建筑修建于长安城中，长安城的礼制建筑主要分布在城外，其中以南郊最为集中。20世纪50年代以来，考古工作者对汉长安城礼制建筑遗址进行了大规模

汉长安城南郊礼制建筑遗址分布图

的勘察和重点发掘。在中国古代都城考古中，西汉都城礼制建筑遗址的考古工作是开展得最早、最多，成果最为丰硕的。根据历史文献记载，汉长安城南郊礼制建筑主要包括宗庙、社稷、明堂-辟雍、灵台、圜丘等。

西汉初年在汉长安城中修建了太上皇庙、高庙和惠帝庙，它们虽然在都城之中，但是在宫城之外。历史文献记载，刘邦父亲的太上皇庙位于长乐宫北边、香室街以南；汉高祖刘邦的高庙位于安门大街以东、长乐宫西南，约在今西安市未央区未央宫街道东叶村一带。惠帝庙在未央宫以东、安门大街以西、武库以南、高庙西侧，因此惠帝庙又称"西庙"。文帝庙称"顾成庙"，在今西安市西郊玉祥门以西、大庆路以北一带。顾成庙与高庙、惠帝庙不同者有二：一是顾成庙为文帝在世时的"自为庙"；二是高庙、惠帝庙均在长安城内，顾成庙在长安城外。

汉长安城遗址考古发现的规模最大宗庙建筑群遗址，应属文献记载中的地皇元年（20）王莽在长安城南修筑的"九庙"，该宗庙建筑群遗址位于汉长安城南城墙以南约1千米处，处于汉长安城西安门与安门南出平行线

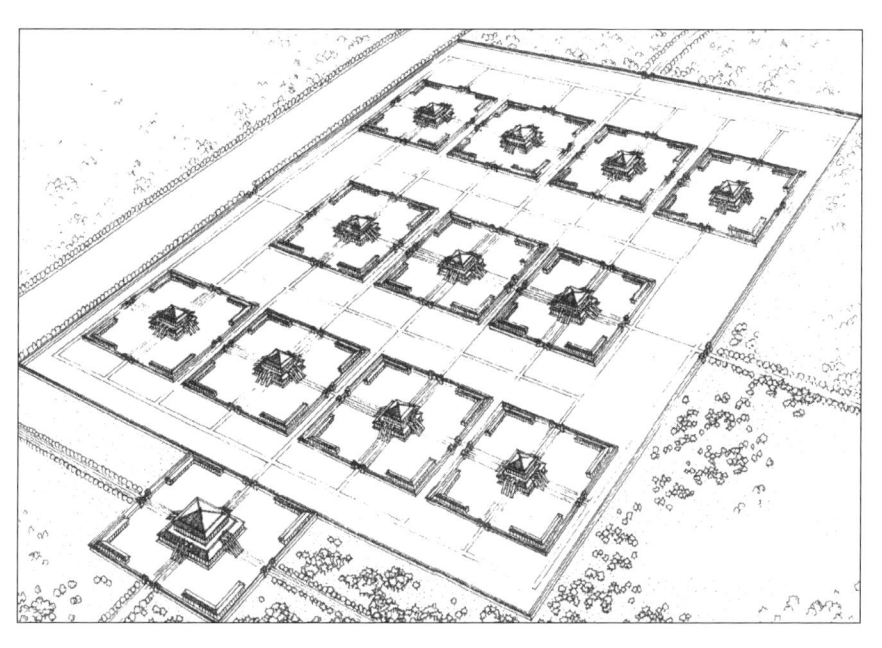

王莽九庙复原图

之间。该宗庙建筑群由12座建筑组成，1座在最南边，围有单独的围墙形成院落，院落平面呈方形，边长280米。另外11座则共有一大围墙围成院落，院落平面呈方形，边长1400米。南部小院落与大院落南北相距10米，前者在后者东西居中位置。每组建筑由中心建筑、围墙、四门和围墙四隅的曲尺形配房等组成。院落四角各有角楼一类建筑。大院南北各有4座门，东西各有3座门，共计14座门。大院之内的11座宗庙建筑遗址分为南北3排，南、北排各东西并列分布4座单体宗庙建筑遗址，方位南北相对。中排东西并列分布3座单体宗庙建筑遗址，其交错排列于南排和北排各自4座建筑遗址之间。大院之中的11座单体宗庙建筑遗址，其形制、规模基本相同。每座宗庙建筑遗址各自周筑围墙形成院落，围墙宽约3.8—5米。院落平面近方形，边长270—280米，围墙四面中央各辟1门。4座门的规模、形制相同，门址包括门道、左右塾。院落中央为宗庙中心建筑，中心建筑平面呈方形，边长55米，四面对称。中心建筑中央为平面呈"亞"字形高大台基。

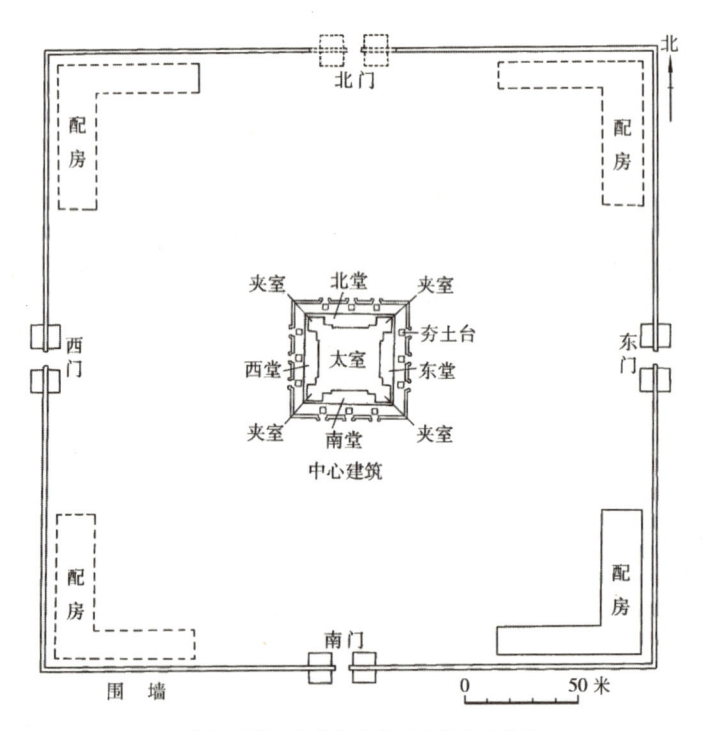

王莽九庙第三号宗庙建筑遗址平面示意图

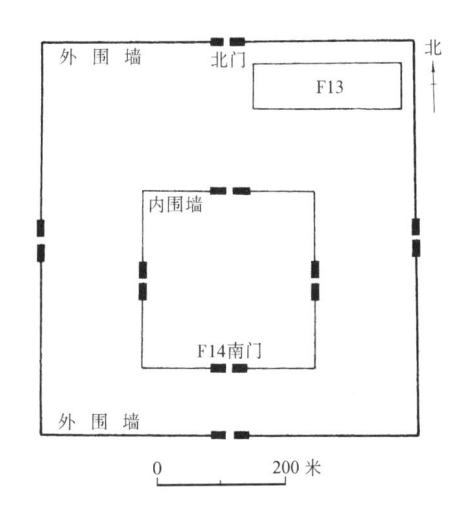

◁ 官社建筑遗址平面示意图

大院落东西长600米，南北宽570米；小院落平面呈方形，边长273米。早期建筑遗址东西残长240米，南北宽60—70米。

20世纪50年代末，考古工作者在汉长安城南郊宗庙建筑群遗址西部发掘了官社遗址。遗址分为早晚两期，晚期遗址平面呈"回"字形，为内外相套的大小双重院落。大院落四面围墙中央各辟1门。小院落在大院落中央稍偏南处。小院落四面围墙中央各辟1门。早期建筑遗址在大院落围墙内东北部，是一个长方形的夯土台。发掘者认为早期建筑遗址是西汉初年在秦的官社旧址基础之上修建的汉的官社，晚期建筑遗址是王莽修建的官社遗址。

"社稷"十分重要，这是因为在中国人的眼中，社稷就是江山、国家、政权。古人所说的都城之中的"左祖右社"，就是祖宗的宗庙与国家的社稷。长期以来，人们往往把社与稷合称"社稷"，视为一种礼制建筑。实际上至少在西汉时代，社与稷还是不同的礼制建筑。

《说文解字》记载："社，地主也，从示、土。"由此可见，社与土地密切相关。有人认为在史前时期，社是祭祀土地的，为远古时期人们"地母"崇拜的平台，这种习俗一直延续到后代。

从现代植物学的认识看，稷应该是黍属，也可以说是粟。稷是中国古代北方（主要是黄河流域、华北地区与东北地区南部）文明起源与形成时期最主要的粮食作物，可谓"五谷"之首。通过对黄河流域的青海、甘肃、陕西、河南、山西、河北、山东、内蒙古东南部和辽西地区西辽河流域古代农作物遗存的研究发现,上述地区具有以种植稷和黍为主的农业生产特点,而这一地区恰恰是中华五千年不断裂文明的核心地区,因此稷成为远古时代中国人粮食的代表。而"民以食为天"是天经地义的,这也就是稷之于中国古人的重要性所在。

因此上古时代社与稷的祭祀是分开进行的。西汉时代的官社与官稷,是两个不同的建筑个体。社作为土地之神,稷作为百谷之神,二者的祭祀对象是不一样的,但它们之间又存在有机联系。稷是百谷之首,土地是百谷之母,没有土地也就没有百谷。社作为土地之神,人类衣食的"耕织"依赖于土地,土地是人类生存的平台。古代中国以农立国,而"农"与土地息息相关,农业离不开土地,社就是古人对土地崇拜的平台。由于土地与粮食的关系,而古代中国又重农抑商、以农立国,所以秦汉之后人们把社与稷连在一起,称为"社稷","社稷"一词也就成为国家的代名词。我们在明清北京城故宫所看到的社稷就是"社稷文化"的典型代表。

20世纪50年代,考古工作者在汉长安城遗址南部即今西安市西郊大土门村附近考古发现了一处大型建筑遗址,遗址由主体建筑、围墙院落与圜水沟三部分组成。主体建筑位于中心部位,其四周围筑了方形院落,边长235米。院落四面中央各辟1门,院落中的四角各有一曲尺形平面建筑。院落之外有一平面呈圆形的圜水沟将其包围。主体建筑建于平面呈方形的土台上。土台之上有一直径62米的圆形夯土基址,其主体建筑置于圆形夯土基址之上,平面似"亚"字形,正南北向,边长42米。"亚"字形建筑中央是个平面呈方形的夯土台。此即文献所说的"太室",或谓"通天屋"。

关于这一建筑遗址的具体性质,学术界有两种看法:一种意见认为这是西汉时代的辟雍,另一种意见认为是明堂与辟雍的集合体。其实古人已经说过,"明堂、辟雍是一物"。明堂在周代是大朝正殿(路寝),又是宗庙,因此《宋书·礼志》记载,"《周书》云:清庙、明堂、路寝,同

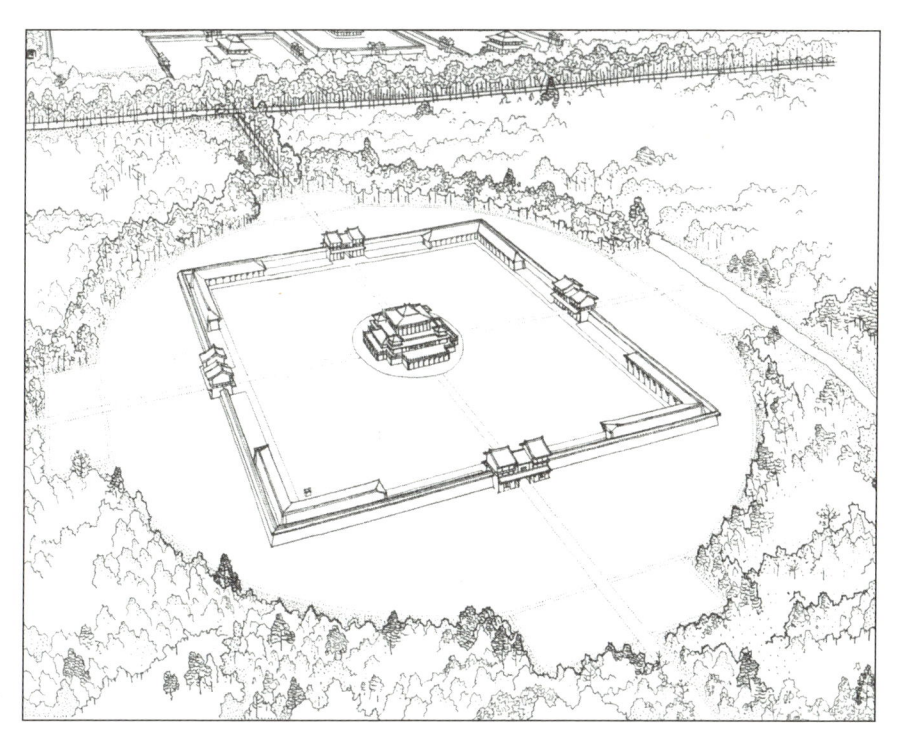

明堂-辟雍建筑遗址复原图

> 圜水沟范围东西长368米，南北宽349米；沟深1.8米，宽1.8—2米。大方形土台东西长206米，南北宽205米，高1.6米。中央小方形夯土台，东西长17.4米、南北宽16.8米。

制"。古人认为明堂之外的环水就是辟雍。这样看来汉长安城南郊礼制建筑群中的上述考古发现应该属于"明堂-辟雍"。明堂-辟雍的功能，在汉代被认为是天子行礼乐、宣教化的神圣之地。

中国人对于天地有着特殊的信念。结婚是人生大事，而中国人称结婚为"拜天地"，可见天地在中国人心中的地位。中国古代百姓视"天地"神圣无比，而国家统治者对天地更为重视，因此祭祀天地的礼制建筑成为国家礼仪的重要符号。汉代匡衡、张谭说："帝王之事，莫大乎承天之序，承天之序，莫重于郊祀。"（《汉书·郊祀志》）

中国古代祭祀天地的礼制建筑是圜丘（天坛）与地坛，始称"南郊"与"北郊"，南郊祭天，北郊祭地。古人对天地的祭祀活动由来已久。据

《史记·封禅书》记载，秦始皇时，祭天已成定制，当时祭天地点就在云阳甘泉山。西汉初年，沿袭秦制。汉文帝时，在长安城东北的渭河与灞水汇流处，修筑了"渭阳五庙"，祭祀天神。汉武帝时，又在云阳甘泉山祭天。建始元年（前32），汉成帝在长安营筑南郊，亦称"天郊"，把祭祀活动迁到都城附近进行。古人认为天是圆的，因而祭天之处往往选择或有意营筑成圆形土丘，时称"圜丘"，以此作为天的象征进行祭祀。文献记载，西汉南郊的圜丘，高2丈，周围120步，在长安城南，位于今西安西郊周家围墙附近。

近年在汉长安城附近的京畿之地（"三辅"之右扶风雍城），考古发现了目前所知中国最早的祭天之圜丘遗址：雍山血池秦汉祭祀遗址，位于今陕西省宝鸡市凤翔县柳镇血池村以东与沟南村之间的山梁和山前台地上，东南距秦雍城遗址12千米，总面积为470万平方米，发现祭祀台及场

血池秦汉祭祀遗址

圜丘遗址高5.2米，底部周长约50米；"壝"直径31米，口宽5米，底宽4.1米，深1.5米。

雍山血池秦汉祭祀遗址出土的玉器

地、道路、祭祀坑遗迹等3200余处（个）。

圜丘遗址为夯筑，坐落在直径60—80米的椭圆形平台之上，周置围沟，也就是历史记载的"墠"。遗址时代为西汉时期。根据《史记·封禅书》与《汉书·郊祀志》等记载，上述夯土台及其附属设施，即古代祭天与"五帝"的"畤"。该遗址考古发现最多的是车马祭祀坑与牲肉（马、牛、羊）埋葬坑。雍山血池遗址为西汉初期汉高祖刘邦在雍城郊外原秦畤基础上设立的国家级祭天场所——北畤。可以说这是中华五千年不断裂文明中的最早祭天物化载体遗存。当然祭天活动应该还有更为久远的历史。

这种祭天礼仪一直与中国古代社会相始终，北京天坛是中国古代祭天礼制建筑的集大成者。

上林苑

汉长安城的国家宫苑——上林苑，其规模之大、配置之全、影响之深远，在中国古代都城宫苑发展史上未有出其右者。

秦迁都咸阳后，在渭河南岸修筑了上林苑，西汉时代沿用。由于秦上林苑占地规模很大，因此西汉初年中央政府曾下令，让农民到上林苑内开垦耕种。上林苑大规模扩建始于汉武帝建元三年（前138）。扩建后的上林苑，东南至蓝田的焦岱，南至终南山北麓，西南至周至县终南镇附近，向北跨过渭河，包容了兴平、咸阳一带的秦汉离宫别馆，号称周围400里，其范围之大可容"千乘万骑"。为了便于管理，周围筑以墙垣，开辟了12座城门。这时的上林苑发展为宫观、官署、池苑并存，其中有各种宫观建筑70余座，苑囿36处。在上林苑遗址曾经发现不少"上林"文字瓦当。

上林苑中见于历史文献记载的"宫"有长杨宫、五柞宫、黄山宫、鼎湖宫、葡萄宫、昭台宫、宣曲宫、犬台宫等，这些宫室在西汉时代影响很大，有的是皇帝狩猎时休息的地方，有的是专门为重要国宾建筑的宫殿，有的是安置后宫妃嫔的宫室等。考古人员对一些宫观进行考古勘探与发掘，初步了解其分布地区与文化内涵。

如位于今陕西省周至县终南镇竹园头村西50米处的长杨宫遗址，遗址中心建筑群分布面积约为20万平方米。遗址中出土了龙纹空心砖、变形葵纹瓦当、不同类型的云纹瓦当等，其中有些与秦咸阳城遗址出土的秦空心砖、秦瓦当基本相同。

遗址中出土的大量砖瓦建筑材料，以西汉时代的数量最多，且具有一定特色。如发现了属于四神纹瓦当的朱雀纹、玄武纹、白虎纹瓦当，还发现了青龙纹、白虎纹的四神纹空心砖。它们多出土于宗庙、陵庙等建筑遗址，长杨宫遗址出土的四神纹瓦当及空心砖，有可能是宗庙之类的建筑遗物。

遗址中出土的"禁圃""汉并天下"文字瓦当等亦较为重要。禁圃是上林苑的一部分，其功能是为皇室提供蔬菜瓜果、花卉草木等。出土"禁圃"文字瓦当的周至县长杨宫遗址与户县坳子村，应为禁圃的"两尉"官署所在地。

秦汉都城宫观及上林苑分布图

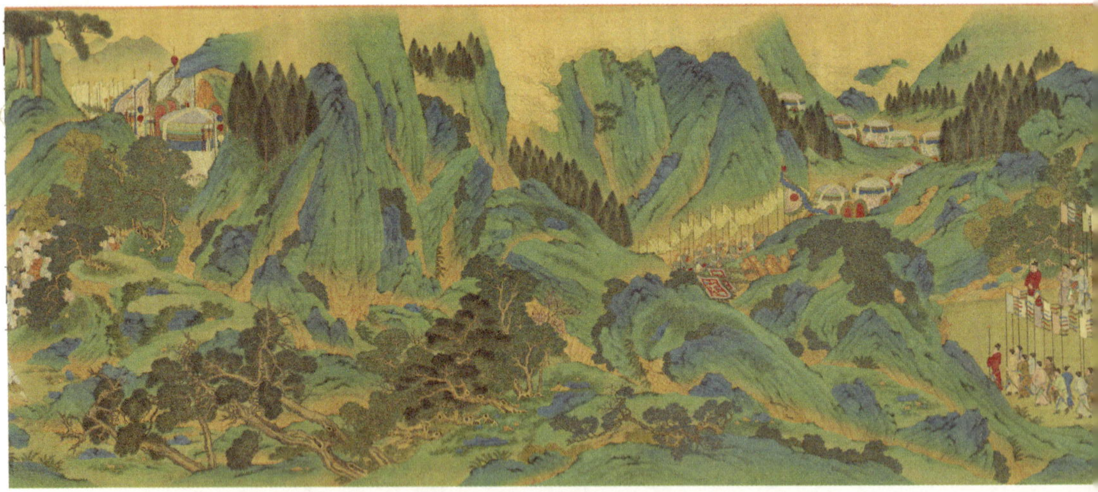

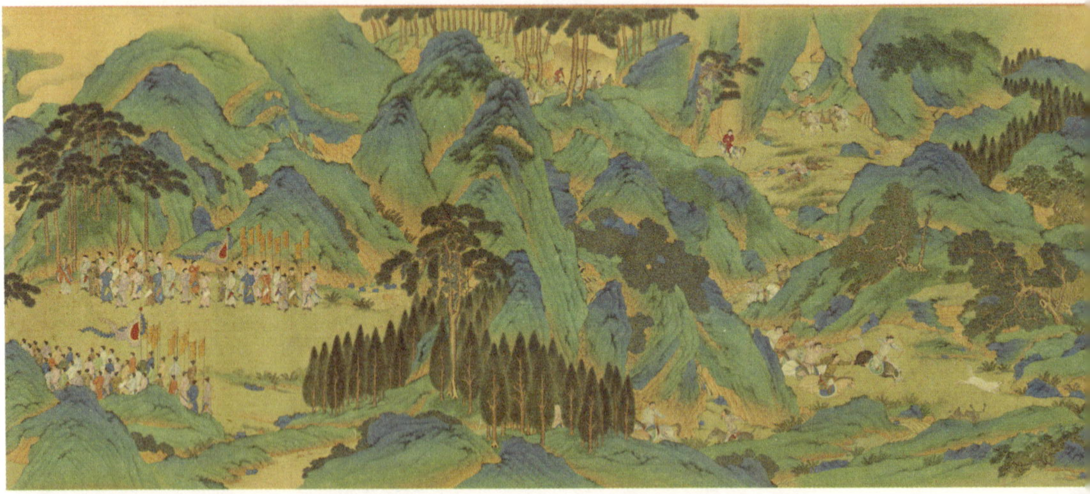

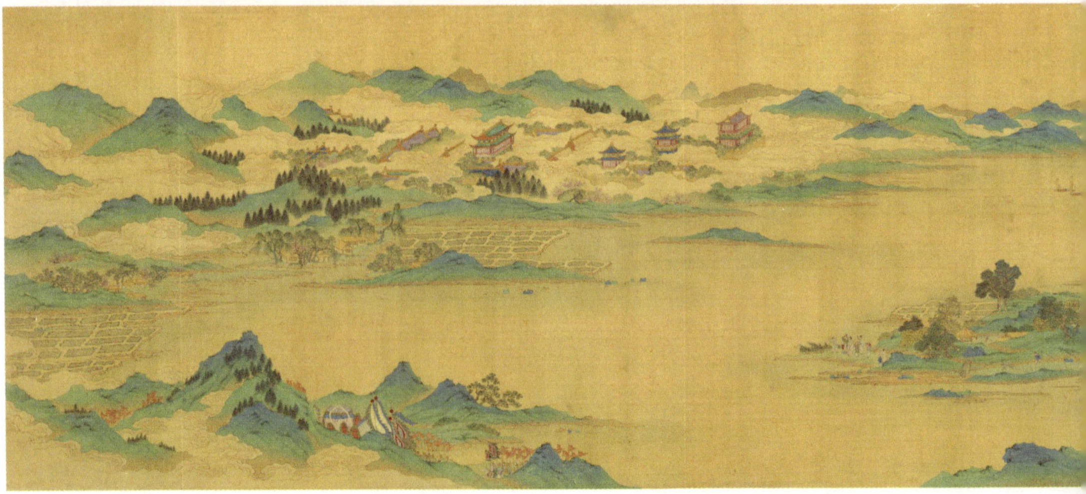

◁ 《上林苑图》·明·无款

　　《上林苑图》版本很多，大多数伪托为仇英的作品，构图设色大体相同，多为明清时期苏州画师所绘。此幅图写司马相如《上林赋》意，相如此赋乃为献汉武帝而作，以华美靡丽之词句，铺陈颂扬皇家园囿上林苑之堂皇富丽与天子射猎场面之壮阔伟盛。画中极力描绘各种水陆神兽、奇花异卉，宫殿巍竦，人马迤逦，以见天子声威之浩大。人马树石造型精谨，用笔工细，设色浓艳亮丽，再现了汉代上林苑中天子狩猎的宏大场面。

又如在今兴平市东南约10千米处的田阜乡侯村西北部发现的黄山宫遗址，其南临渭河，遗址范围东西长1000米，南北宽500米，面积约为50万平方米。遗址中出土的西汉铜灯的灯柄之上，有"横山宫"铭刻，"横"与"黄"通假，"横山"即"黄山"；还发现了"黄山"文字瓦当。二者的出土，说明其出土地应为黄山宫遗址，这也纠正了长期以来认为黄山宫位于兴平西30里处的说法。黄山宫遗址考古发现了夔凤纹遮朽2件、云雷纹遮朽8件，其中夔凤纹遮朽直径76.5厘米，高57厘米，云雷纹遮朽直径51.2厘米，高38厘米。类似上述规格的遮朽，以往大多出土于大型皇室建筑之中。

再如，考古工作者在陕西省蓝田县焦岱镇焦岱村南100米处，发现一大型汉代建筑遗址，面积约3万平方米。考古发掘宫殿建筑遗址7座，发现了宫墙遗迹，出土了大量西汉时代建筑遗物，其中以"鼎胡延寿宫""鼎胡延寿保"文字瓦当较为重要。《史记·封禅书》载："文成死明年，天子（汉武帝）病鼎湖甚，巫医无所不致，不愈。"

上林苑中的楼台亭榭以昆明池周围最为集中，如司马迁所记述的那样，昆明池"列观环之"。其中著名的宫观建筑豫章观，也叫昆明观，位于今长安区斗门街道万村西北约1千米处。白杨观在昆明池东岸，今孟家寨附近。细柳观在昆明池南岸，今长安区斗门街道石匣口村

长杨宫遗址出土的
"禁圃"文字瓦当

黄山宫遗址出土的
"黄山"文字瓦当

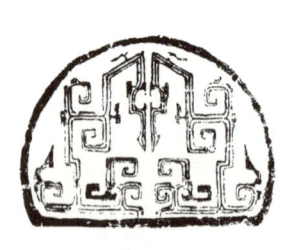

黄山宫遗址出土的
大半圆夔纹瓦当

鼎湖宫遗址出土的"鼎胡
延寿宫"文字瓦当

西。此外，在长安城西南，今户县城西有属玉观；长安城复盎门南五里有博望观，这是汉武帝的戾太子博望苑中之楼观。上林苑中的宫殿、楼观数量很多，建筑形式各异，使用功能各不相同，它们由甬道、复道连成一个统一的整体。如果说上林苑中的各种宫观建筑如夜空中的闪闪繁星，那么昆明池则颇似繁星密布夜空中的一轮皓月。

昆明池水引自发源于终南山的交河之水。昆明池中停泊有训练水兵的战船，还有各种供帝王游乐的船只。昆明池既是皇家禁苑的重要组成部分，又为都城长安保证了水源供应和京师与关东漕运的必要条件。西汉中期，随着汉武帝在长安大兴土木，扩建了北宫、上林苑，新建了桂宫、明

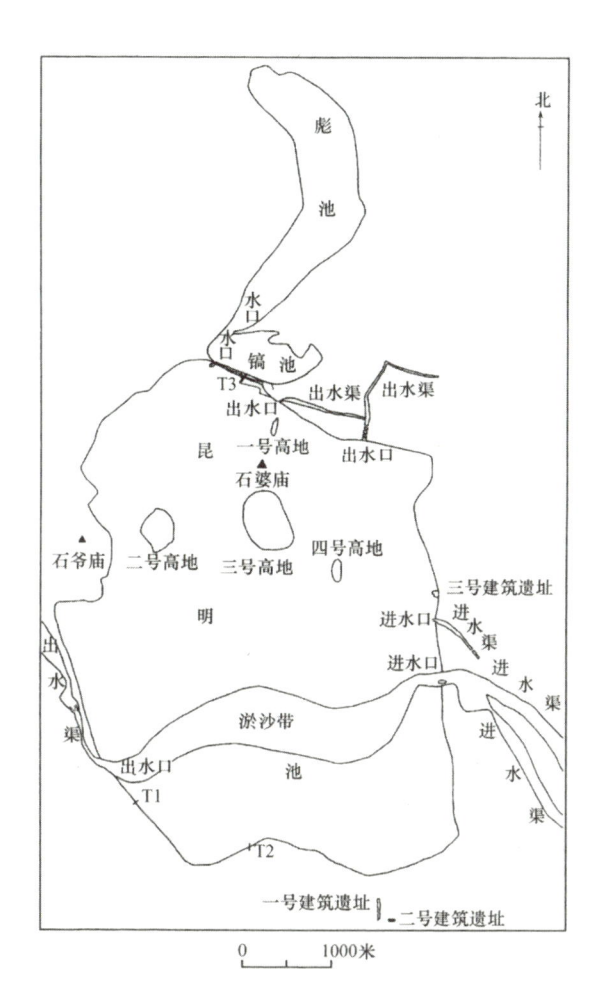

汉昆明池遗址平面示意图 ▷

昆明池遗址范围东西宽约4250米，南北长约5690米，周长约17600米，面积为16.6平方千米。故址为一片洼地，低于附近地面2—4米。其四至范围为：东自孟家寨、万村之西，西至张村和马营寨之东，南由细柳原北，北到北常家庄以南。

光宫和建章宫，都城长安的用水量骤增，充足的水源是保持都城繁荣的必要条件。随着都城的扩大、人口的增加，不但水源要增加，粮食的供应也要提到日程上来。把关东的粮食运到关中，这样大量的运输任务，水运是最方便、简捷的，漕运成了长安保证粮食正常供应的主要运输方式。漕运要有水，昆明池的修建也解决了漕渠补水问题。

牛郎织女的传说就来自古代人们对昆明池丰富美好的想象。昆明池被比作天上的银河，牛郎在其左，织女在其右。昆明池旁修筑了石婆庙、石爷庙及其牛郎织女石像，佐证了这个故事的久远历史。今长安区斗门街道附近的常家村北和斗门街道棉绒加工厂附近，现仍

昆明池遗址附近的
汉代牛郎石像（左）和织女石像（右）

有石婆庙和石爷庙，它们应该是后代所建，但是庙内供奉的牛郎与织女石像却是西汉时代的珍贵遗物。有趣的是，石婆庙和石爷庙供奉的主人恰好相反，石婆庙的石像是牛郎，石爷庙的石像是织女。

牛郎和织女石像是由火成岩雕成的两座大型圆雕石刻，它们是汉武帝元狩二年（前121）修昆明池时竖立的。因而，它们的年代比霍去病墓的石刻还要早，这是迄今所知我国古代最早的大型石雕作品之一。

上林苑中除了昆明池之外，还有许多水池，如初池、麋池、牛首池、蒯池、积草池、东陂池、西陂池、当路池、太一池、郎池、百子池等，它们分布于上林苑内，杂处于宫观之间，从而把上林苑点缀得更加秀丽。这些池各具特色，像积草池中，有南越王赵佗贡献给汉朝皇帝的珊瑚树，树高1.2丈，一共3棵，上面有462根枝条，甚为壮观，尤其当夜幕降临后，珊瑚树上发出时隐时现的萤光，被人们誉为"烽火树"。每年七月七日牛郎织女相会的日子，百子池都要举办大型文艺活动，人们用五颜六色的丝缕相系，唱歌跳舞，尽情欢乐，寄托美好愿望。

上林苑作为皇家公园，其中还豢养着许多珍禽异兽，它们或供天子和达官显贵们观赏，或供其猎获。上林苑的36所苑囿大多分布于上林苑的西部和北部。负责诸苑事务的官员和苑监，以郎官充任。诸苑规模甚大，据记载，其中有官宦奴婢3万人，马30万匹，还有鹿、虎、熊、犀、熊猫等动物。这些动物分别在不同苑中饲养管理，并且专门有令和尉等官员进行登记造册。不同的动物由不同身份或名分的人去驯养、管理。如养鹿的人多是官奴婢和家庭财产不满5000钱的贫民。

上林苑中不少建筑物的名称与苑中豢养的动物有关，如白鹿观、众鹿观、鹿观，不管是一观多名，还是诸观各异，它们都应与鹿有关。又如走马观、虎圈观、射熊观、鱼鸟观、犬台、狮子圈和彘圈等，似都与相对应的动物有关。上林苑中的珍禽异兽，有中国本土的动物，也有狮子、鸵鸟等异国的贡物。

古罗马有闻名世界的斗兽场，而汉上林苑中皇室所营筑的"斗兽场"却鲜为人知。当时皇帝任命了官吏专门负责"斗兽场"的工作。

"斗兽场"并非始建于汉代，秦已有之。秦昭王就曾把魏公子无忌派来的特使朱亥放到秦上林苑的"斗兽场"——虎圈之中，与猛虎决一胜负。汉代，为了便于观看斗兽活动，修建了高大、宏伟的"斗兽场"——兽圈。兽圈是斗兽场，也是各种动物的养殖场。其中主要禽兽的种类、数量都

《上林苑斗兽图》画像砖·西汉

要造册登记，备有"禽兽簿"。汉代斗兽已不限于与猛虎斗，还有与恶熊、野猪相搏者。斗兽者有专业的斗兽武士，也有皇帝的爱妃，有本国人，也有域外的胡人。上林苑中的禽兽除供观赏和斗兽之外，还有三种用途：

第一，皇帝每年到秋冬之季都要在上林苑狩猎，届时上林尉把兽圈中豢养的禽兽放入猎场，让皇帝猎获。

第二，西汉时代，厚葬之风甚盛，皇帝更是事死如生。为了把生前的东西全部带到死后的另一个世界，作为供其享受的珍禽异兽，自然属于皇室人员死后的随葬品。如《汉书·贡禹传》记载，茂陵之中就随葬有大量"鸟兽鱼鳖牛马虎豹生禽"。又如考古工作者在薄太后南陵的陪葬坑中，曾发掘出土了随葬的熊猫和犀牛的骨架，这些珍禽异兽有可能取自上林苑兽圈之中；汉昭帝平陵陵园也陪葬有骆驼等。

第三，上林苑中精心豢养着一些来自异域的狮子、鸵鸟和犀牛等，作为西汉王朝与邻近地区和国家友好往来的见证，它们宣扬了汉朝天子的怀远之德。

上林苑中不仅有各种各样的珍禽异兽，还汇集了各地千姿百态的植物。汉武帝扩建上林苑时，各地献来名贵果木和奇花异卉3000多种，如呼伦湖和贝尔湖一带的瀚海梨、昆仑山附近的王母枣、西域的胡桃和羌李、南方的蛮李等，它们都种植在上林苑中。植物是大地的衣服，各种各样的植物汇集于上林苑，把它装扮得分外美丽。高低错落的树木、万紫千红的花卉、青翠欲滴的绿茵，加之蜿蜒起伏的阁道、亭亭玉立的楼观、金碧辉煌的宫殿，使人间的上林苑犹如天上的仙境一般。有的建筑物还以上林苑中的植物命名，如蒲陶宫（葡萄宫）、扶荔宫等。

上林苑是皇家公园，又是皇家庄园。汉代皇室所有土地称"公田"，公田大多分布在京畿地区。上林苑中除供皇室享受的宫观、池沼、苑囿、猎场之外，还有大量沃野良田，这些都属于皇室公田，它们或为耕地，或为牧场。皇后每年还要于上林苑"春幸茧馆"，与皇帝在都城的"藉田"一并表示国家重视农桑。

兆伦铸钱遗址考古发掘现场

钟官遗址出土的陶范母范头的"钟官"铭文

上林苑之内还安排有重要的铸币官署和工场,"上林三官"则是其代表。汉武帝于元鼎四年（前113）改革铸币制度，不允许地方铸币，铸币权统一由中央政府掌握。上林苑遗址内，如长安区窝头寨、未央区三桥街道好汉庙、户县大王镇兆伦村等地均发现了汉代铸币遗址。其中，户县大王镇兆伦村钟官遗址尤为重要。

"上林三官"五铢·汉

上林苑之于汉长安城的作用有三点：

首先，上林苑加强了都城长安及皇宫的安全性。长安城的宫殿主要在南部和西部，长安城外的南部和西部均划入上林苑范围之内，使之成为皇宫——未央宫的后花园，使一般人很难接近未央宫西南两面，加强了其西部与南部的安全性。未央宫北面又有桂宫、北阙甲第和北宫为屏，东面有长乐宫为障，使未央宫固若金汤。

其次，上林苑的扩建缓解了都城长安宫室建筑的紧张状况。随着发展，汉朝皇室与官僚机构日渐庞大，长安城中的建筑已满足不了统治者需要，上林苑成了都城的补充。皇室和中央政府的不少重要活动安排在上林苑，一些官署也设在上林苑。如汉宣帝在平乐观接待匈奴使者及其他外国君长，举行大型文艺活动；汉帝在葡萄宫接待匈奴首领单于来朝下榻；皇帝经常光临长杨宫、五柞宫、鼎湖延寿宫、宜春宫等。

再次，汉长安城上林苑对后代影响是深远的，东汉雒阳城、隋洛阳城的主要苑囿仍名为"上林苑"，其与都城所处相对方位亦与汉长安城和上林苑相对位置相近。邺北城和邺南城城外苑囿、唐长安城禁苑都承袭了汉长安城上林苑既为游乐场所又为都城和宫城安全屏障的作用。降及清代的颐和园昆明湖，其名称也是直接源于上林苑昆明池。

汉长安城作为帝国时代的一座都城，它继承并发展了先秦时代都城文化，又影响了秦汉以后都城文化发展，发挥着承上启下的作用，它们主要表现在以下几个方面：

其一，都城四面辟门，每面3座城门，每座城门均为"一门三道"，与城门连通的城内大道为"一道三途"。

其二，宫城——未央宫及明堂—辟雍、宗庙等礼制建筑平面均为方形，体现"以方为贵"。方形平面空间又使都城、宫城、宗庙、明堂等可以"四面辟门"，从而使"和"的理念更为突显。

其三，未央宫、长乐宫、建章宫、甘泉宫各宫城均为四面辟门，这是中国古代宫城最早四面辟门的。

其四，前殿居宫城之中央，这是目前所知最早的大朝正殿"居中""居高""居前"实例。前殿居未央宫中央，宫城内的宫殿、官署等建筑均在其两侧或后部。这种布局对后代宫城中大朝正殿的位置安排有着深远的影响。如东汉雒阳城南宫的前殿、北宫的德阳殿，曹魏邺北城宫殿区的文昌殿，建业城太初宫的神龙殿、昭明宫的赤乌殿，晋建康城、北魏洛阳城、东魏和北齐邺南城、隋大兴城、唐长安城等宫城中的太极殿，大明宫的含元殿，隋唐洛阳城宫城的乾元殿，北宋东京城宫城的大庆殿，金中都宫城的大安殿，元大都宫城的大明殿，明清北京城宫城的皇极殿（太和殿）等，这些正殿一般都在宫城之内东西居中位置，其南与宫城正门相对，二者之间或无建筑，或仅南北设置几重"门"而已。

其五，未央宫前殿的"三殿"布局形制对后代宫城"三殿"之制影响深远。如唐长安城宫城中的太极殿、两仪殿、甘露殿，大明宫中的含元殿、宣政殿、紫宸殿，北宋东京城宫城的大庆殿、文德殿、紫宸殿，明南京城的奉天殿、华盖殿、谨身殿，明北京城的皇极殿、中极殿、建极殿（清代更名太和殿、中和殿、保和殿），都承袭此制。

其六，西汉晚期汉长安城形成以宫城中央大朝正殿（前殿）为基点，贯穿宫城南北并延长至南宫门、西安门之外的宗庙与社稷分列于其轴线东西两侧的早期都城中轴线。影响此后两千年的中国古代都城规制。汉长安城南郊礼制建筑中的宗庙与官社的平面布局，应该是目前考古发现时代最早的"左祖右社"。据《周礼·考工记》中关于"左祖右社"的记载，长期以来人们认为这一制度先秦时代已经存在，但考古发现不支持这样的论断。当然作为一种重要的都城礼制，其形成有个过程，这个过程有时可能相当漫长。汉长安城南郊礼制建筑中的"左祖右社"，其实可以追溯到秦汉之际。官社遗址以东的未央宫与长乐宫之间，秦昭王的庙等秦诸庙就在那一带。西汉初年的太上皇庙、高祖庙、惠帝庙均在未央宫以东。上述情况说明宗庙与官社的"左祖右社"应该是在秦汉之际已经出现。

其七，从宗庙位置变化，我们可以清楚看到，古代都城的宗庙位置由战国时代早期以前的宫城或宫殿（含宗庙）建筑区之中，变为战国时代中晚期和秦代的宫城和都城之外。西汉初年宗庙位于宫城之外、郭城之内，汉惠帝、汉文帝恢复了秦代将宗庙置于郭城之外。魏晋时代都城宗庙又调整为西汉初期将宗庙置于宫城之外、郭城之内。自北魏洛阳城出现了宫城、内城和郭城"三重城"，宗庙大多置于宫城之外、内城之中。一般而言，这种宫庙布局一直与中国古代封建社会相始终。宗庙在都城之中分布位置的变化，反映了宗庙建筑在都城之中的地位及血缘政治在国家政治地位中的变化。

③ 秦咸阳城

公元前383年秦献公自雍城徙都栎阳，公元前350年秦孝公又徙都咸阳，开始了秦人统一六国的伟业。作为秦人统一中国的首都——秦咸阳城，在中华五千年不断裂文明中，成为一座具有重要历史文化特色的都城，它是王国时代最后的都城，也是秦人开创的中华文明帝国时代的第一个都城。秦咸阳城既保留了王国时代都城的传统特点，又出现了帝国时代都城的创新特色。

咸阳为西周王朝都城丰镐二京的京畿之地，因其地处九嵕山之南、渭水之北，山南水北皆为"阳"，故名"咸阳"。秦咸阳城遗址位于今陕西省咸阳市以东约15千米的窑店镇一带，南临渭河水、北依咸阳原。《史记·秦本纪》记载："（孝公）十二年，作为咸阳，筑冀阙，秦徙都之。"秦国正式迁都咸阳在孝公十三年（前349），当时首先进行的都城建设项目就是修建宫城、宫室。秦惠文王执政时期扩建了秦咸阳城宫室。《汉书·五行志》记载："文惠王初都咸阳，广大宫室，南临渭，北临泾。"其后，历秦武王、昭王、孝文王、庄襄王，至秦始皇嬴政统一全国之前，秦都咸阳又从渭河北岸的咸阳城向渭河以南发展，营建各种设施，以适应社会发展对都城的要求，这些工程主要有兴乐宫、章台、诸庙、甘泉宫、上林苑等，形成了秦都咸阳的北宫与南宫格局。这种"双宫城"制，早在战国时代的洛阳城中已经存在。

秦始皇统一全国，建立秦帝国，为适应新的形势发展需要，对秦都咸阳进行了更大规模的扩建。《史记·秦始皇本纪》记载：

> 秦每破诸侯，写放其宫室，作之咸阳北阪上，南临渭，自雍门以东至泾、渭，殿屋复道周阁相属。

继之在渭南大兴土木，兴建了信宫（极庙）、甘泉前殿。由于秦始皇认为

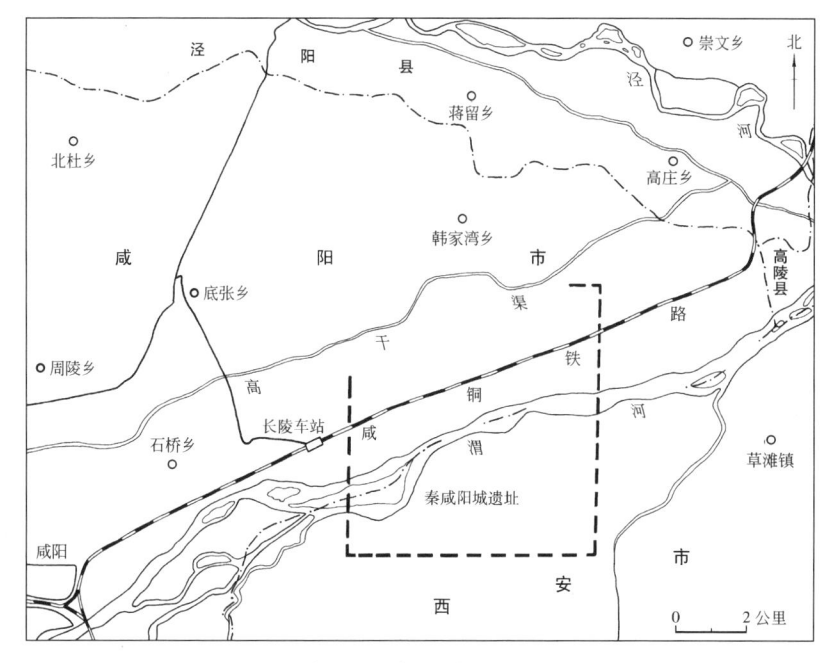

秦咸阳城遗址分布示意图

秦咸阳城遗址东西长约7200米、南北宽约6700米。

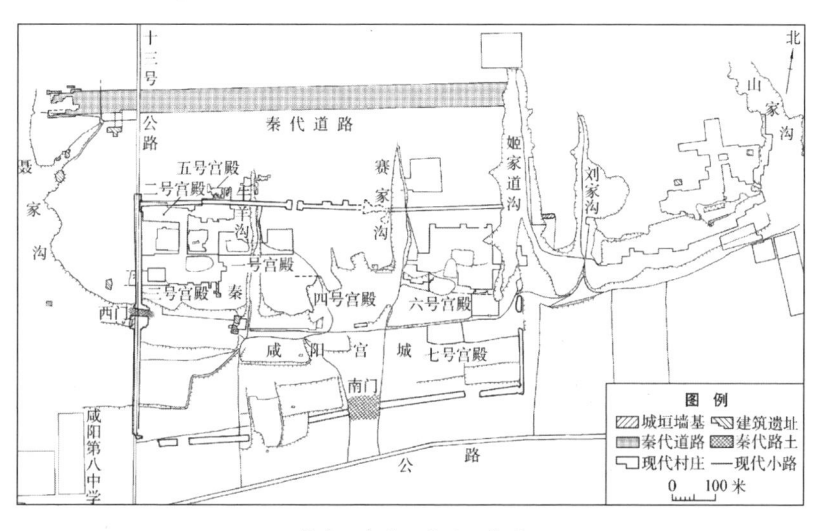

秦咸阳宫遗址平面示意图

宫城城址平面呈长方形，东西长843—902米，南北宽426—576米。

渭北秦咸阳城的发展空间不大，在其执政后期，准备将都城及其宫城与大朝正殿迁至渭南，于是在公元前212年于渭河以南的秦上林苑之中动工兴建著名的阿房宫前殿。由于有秦一代阿房宫前殿并未建成，秦始皇"听事，群臣受决事，悉于咸阳宫"；直至秦二世仍以渭北秦咸阳城为其政治活动中心，他最后在望夷宫被逼自杀。

秦咸阳城遗址在今咸阳市渭城区，遗址范围西起长陵车站附近，东至柏家嘴村，北由成国渠故道，南到西安市草滩农场附近（即秦代渭河北岸，汉长安城遗址以北约3275米附近）。

在秦咸阳城遗址范围内考古勘探的大量宫殿建筑遗址，以咸阳原上聂家沟至姬家沟之间宫殿建筑遗址最为密集。在宫殿建筑遗址群周围发现了墙垣遗存，这里应为秦咸阳宫遗址。

在宫城遗址之内发现了7处大型夯土建筑基址，20世纪70、80年代发掘了宫城遗址西区的第一、二、三号宫殿建筑遗址，它们是目前中国战国时代与秦代宫殿建筑遗址中考古发现规格最高、规模最大、保存最好、内容最丰富的王国与帝国时代特征并存的王室、皇室宫殿建筑遗址。

咸阳宫第一号宫殿建筑遗址（以下简称"一号殿址"），位于今咸阳市窑店镇牛羊村以北约200米的咸阳原上，遗址被牛羊沟分割为东西两部分。

秦咸阳宫第一号宫殿建筑遗址

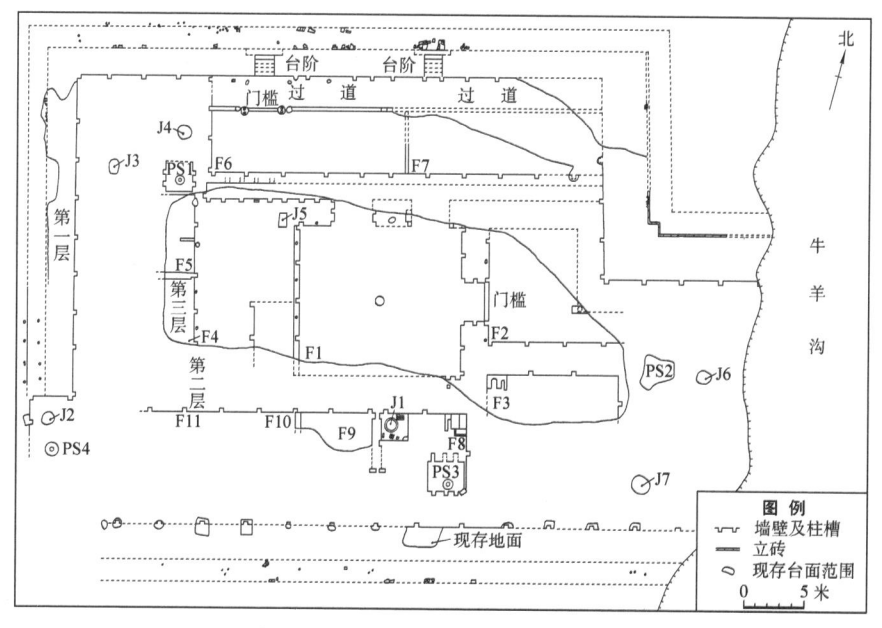

秦咸阳宫第一号宫殿建筑遗址平面示意图

一号殿址平面为"凹"字形，东西长130米，南北宽45米，中间凹进部分南北宽约20米。殿堂（F1）平面近方形，室内东西长13.4米，南北宽12米，南、北各辟2门，东辟1门。

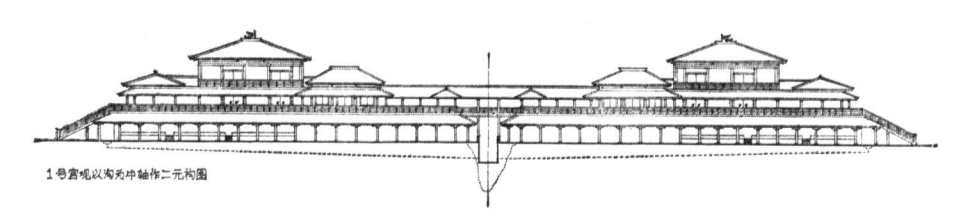

秦咸阳宫第一号宫殿建筑复原图

已考古发掘部分为第一号宫殿建筑遗址的东半部，一号殿址以夯土高台为宫殿建筑的核心，不同建筑依高台而建。高台顶部为宫殿主体建筑—殿堂（F1，见上图），殿堂以东为过厅（F2），过厅以南为一居室（F3）。殿堂西为南北向坡道，出殿堂南门可登坡道，至殿堂西边高于殿堂地面的平台。

殿堂（F1）中央置一都柱，四壁置壁柱，壁柱截面呈方形，边长35厘米。柱下置础石。有的学者曾提出，"荆轲刺秦王"的故事就发生在这座殿堂的都柱之旁，当时"荆轲逐秦王，秦王环柱而走"（《史记·刺客列传》）。殿堂（F1）地面涂朱，光滑、平整、坚硬，此即文献记载的"土被朱紫"。这是中国历史上宫殿建筑最早使用"红地毯"的遗存。

一号殿址是一处将各种不同的建筑单元统一于一个整体的高台宫殿建筑群，在使用功能、通道、采光、排水及结构诸多方面都作了合理的安排。建筑物平面主次有别，布局灵活自由，统一而不呆板。大小房屋均以高台为基础，它们分别位于台基上下、高低错落、参差有致。这座大体量的多层楼阁式高台建筑遗址是目前所知最具典型性、代表性的古代高台建筑物遗存，它把过去认为是汉代建筑施工技术特点的许多方面提前到战国时代中期或秦代。

秦咸阳宫第二号宫殿建筑遗址（以下简称"二号遗址"）位于宫城西北部，东南距一号殿址约93米。该宫殿建筑遗址东西127米，南北32.8—45米。其建筑形制仍为高台宫殿建筑。在回廊和庭院地面发现有18处竖置陶管，陶管皆为单节宽沿的直圆筒陶管，口径17—19厘米，长67—69厘米，陶

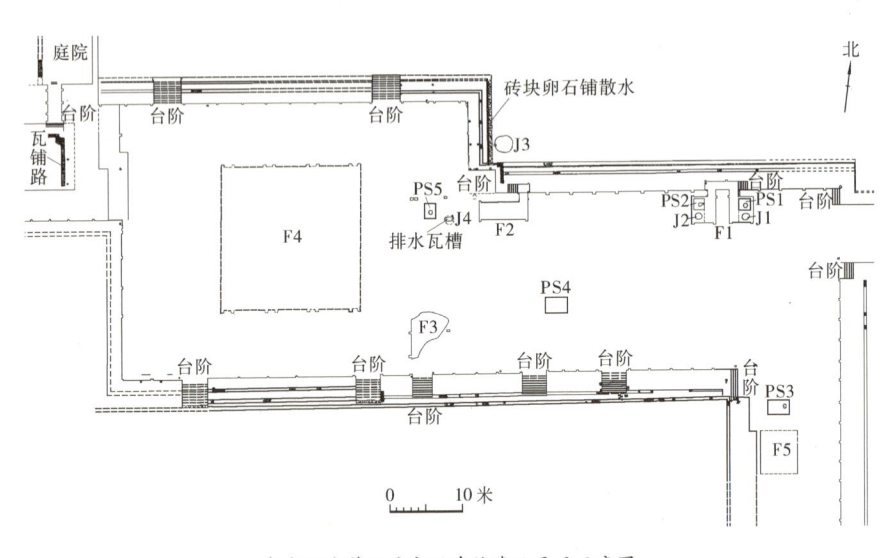

秦咸阳宫第二号宫殿建筑遗址平面示意图

二号殿址东西长127米，南北宽32.8—5.5米。

管内发现未经扰动的木炭遗存。推测这些回廊中的陶管可能用于插放旗杆，这在咸阳宫其他宫殿建筑遗址中未见。二号殿址是秦咸阳宫宫城中已发掘的规模最大的宫殿建筑遗址，这里可能是处理政务活动的一处重要建筑。

秦咸阳宫第三号宫殿建筑遗址（以下简称"三号殿址"）位于今咸阳市窑店镇牛羊村北部。三号殿址东西长123米，南北宽60米。主体建筑在三号殿址台基中央，台基之下四面筑房屋，室内地面涂朱。台基之下四面房屋之外置回廊，其外有散水。三号殿址西侧是一条南北向的长廊，长32.4米，宽5米。长廊东西为坎墙，墙体夯筑，残高0.2—1.08米。东、西坎墙壁柱对称分布，现存壁柱柱洞分别为13个与9个。地面为青灰色，光滑、平整、坚硬。廊道北端有门槛槽，门槛槽外有房屋建筑，房屋辟门，门外置踏步。

在这条南北向长廊的东、西坎墙墙壁之上，首次发现了秦宫殿建筑壁画，内容丰富。长廊南北9间，壁画按"间"为单元分布。画的内容主要

秦咸阳宫出土壁画《驷马图》

秦咸阳宫第三号宫殿建筑遗址出土的龙凤纹空心砖（拓本）

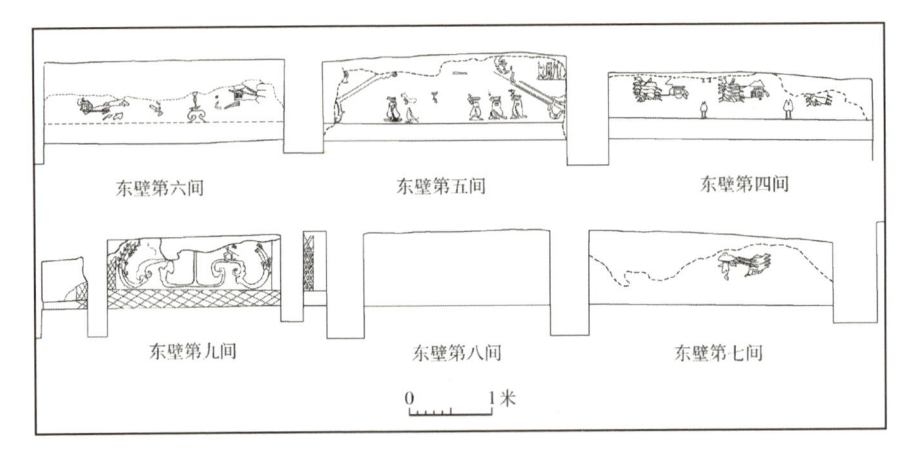

秦咸阳宫第三号宫殿廊墙壁画示意图

是车马图、仪仗图、建筑图和麦穗图。该建筑遗址长廊东、西坎墙墙壁保存的长卷轴式壁画，是中国古代宫殿建筑遗址中发现的时代最早、保存最好、规格最高的古代壁画。三号殿址西侧长廊之外的其他部分，还出土壁画残块162件。在一、二号殿址亦出土大量壁画残块，一号殿址出土了440多块，二号殿址出土了39块。这些壁画内容有人物、车骑、建筑、动物、植物（花卉）、神灵怪异、几何纹图案等。中国古代宫室建筑壁画的记载虽然历史久远，但是人们很晚才在考古上发现，秦咸阳宫遗址发现的壁画填补了这方面的空白，极大地丰富了中国美术史、中国古代建筑史的研究资料。

"渭南"是秦都咸阳的特定地理概念，它是指与渭河北岸和秦咸阳城南北相对的地区，其南至终南山以北，北到渭河南岸，东西略宽于秦咸阳城。根据文献记载，渭南有秦国的南宫（甘泉宫）、章台、诸庙、阿房宫、上林苑等。《史记·秦始皇本纪》记载，"诸庙及章台、上林皆在渭南"，"焉作信宫渭南，已更命信宫为极庙，象天极"，"乃营作朝宫（即阿房宫）渭南上林苑中"。渭南的建设应始于战国时代晚期。

秦孝公迁都咸阳以后，宗庙开始在渭河南岸营建。根据《史记·樗里子甘茂列传》记载：

樗里子卒，葬于渭南章台之东。曰："后百岁，是当有天子之宫夹我墓。"樗里子疾室在于昭王庙西渭南阴乡樗里，故俗谓之樗里子。至汉兴，长乐宫在其东，未央宫在其西，武库正直其墓。

樗里子疾之墓在汉长安城武库遗址之下，当时人们的墓地与居室一般距离不远，樗里子疾的居室当在武库遗址附近，昭王庙应西邻樗里子疾的居室，即在今汉长安城遗址东部或汉长乐宫遗址附近。也有学者提出，西安西北郊闫家村古代建筑遗址为秦都咸阳渭南的诸庙遗址之一。这在中国古代都城发展史上是个重要转折，它不只体现出宗庙位置的变化，其更深层次的意义还在于，宗庙作为血缘政治的象征，这种变化说明了血缘政治在国家政治生活中的地位发生改变。在秦咸阳城中，秦国统治者一改过去宗庙与宫殿"平起平坐"的局面，大朝正殿居于宫室区的中心地位，宗庙不但位居次要地位，而且离开了宫城或宫殿区，被安排在咸阳城之外的渭南地区。宗庙在都城之中位置的变化，成为秦咸阳城的重要特征之一，它充分反映了中央集权封建帝国的国家政治特点，对秦代以后都城布局形制影响甚为深远。

秦都咸阳兰池与上林苑的修建，对中国古代都城也产生了重大、深远的影响。兰池作为宫殿区的苑囿，营建于宫殿区东部，二者东西相连，形成统一的整体。《史记·秦始皇本纪》之《正义》引《括地志》云：

兰池陂即古之兰池，在咸阳县界。《秦记》云"始皇都长安，引渭水为池，筑为蓬、瀛，刻石为鲸，长二百丈"。

秦都咸阳营建兰池与秦始皇二十八年东行郡县有着密切关系。文献记载："徐市等上书，言海中有三神山，名曰蓬莱、方丈、瀛洲，仙人居之。请得斋戒，与童男女求之。于是遣徐市发童男女数千人，入海求仙人。"（《史记·秦始皇本纪》）

文献记载中国古代都城附近设置苑囿时代很早，但就考古发现来看，秦都咸阳的上林苑是目前所了解的时代最早的都城苑囿。上林苑可能又称"禁苑"，秦封泥有"禁苑右监"，《西京赋》也记载："上林禁苑，跨谷弥阜。"秦禁苑还包括秦都咸阳附近的杜南苑（杜南宜春苑）、东苑等。上林苑和禁苑制度一直被沿袭到中古时代，就是这一名称亦被继承。如汉长安城的上林苑始承秦制，汉武帝时期沿用并进行了大规模扩建。东汉都城雒阳城亦置上林苑，为其皇家苑囿。隋洛阳城的皇家禁苑会通苑亦称"上林苑"。唐长安城的皇家苑囿则称"禁苑"。

随着秦朝统一全国，秦咸阳城建设加快了向渭南地区的发展。到了秦代晚期，秦始皇认为秦咸阳城人多而宫廷小，决定在"帝王之都"的西周都城丰镐一带，兴建新的宫廷——阿房宫，于是"乃营作朝宫渭南上林苑中"。

阿房宫前殿遗址在今西安市西郊三桥街道聚赵村与古城村一带。遗址现存地形呈南高北低。考古研究表明，秦代对阿房宫前殿基址进行了大规模的修建，同时在前殿范围之内营筑了东、西、北墙。发掘的地层堆积揭示，在前殿遗址之上未发现秦代的砖瓦等建筑遗存，更未发现与火烧阿房

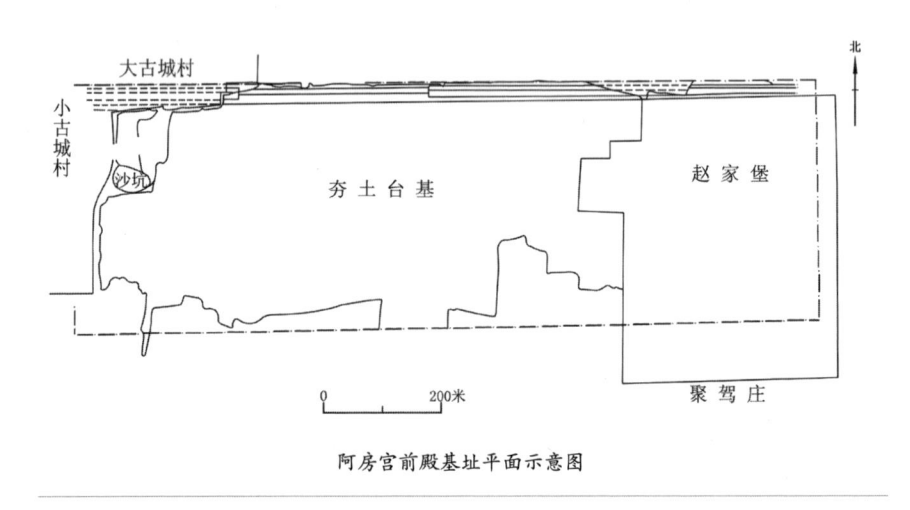

阿房宫前殿基址平面示意图

遗址现存夯土建筑基址东西长1270米，南北宽426米，基址夯土高出今地面最高处12米。

阿房宫前殿基址

宫相关的遗存，这是因为当时阿房宫前殿地面以上的墙体和屋顶工程并未进行，也就是说秦末这里无殿可烧。长期以来所说的"火烧阿房宫"实际上是不存在的。至于《史记·秦始皇本纪》关于阿房宫前殿的记载：

> 东西五百步，南北五十丈，上可以坐万人，下可以建五丈旗。周驰为阁道，自殿下直抵南山，表南山之颠以为阙。为复道，自阿房渡渭，属之咸阳，以象天极阁道绝汉抵营室也。

这实际上是当时的规划。又载：秦始皇三十五年（前212）"先作前殿阿房……阿房宫未成；成，欲更择令名名之。作宫阿房，故天下谓之阿房宫"。秦始皇三十七年（前210）七月"崩于沙丘平台"。阿房宫建设工程停止，"罢其作者，复土郦山"。因此，秦二世元年（前209）四月"复作阿房宫"。仅仅三个月后秦末农民大起义爆发，朝廷丞相、将军等提出"请且止阿房宫作者"，也就是说这时阿房宫还在建设中。《汉书·五行

《阿房宫图》·清·袁江

志》载秦二世"复起阿房，未成而亡"。新的考古发现揭示的阿房宫前殿遗址情况，与文献记载阿房宫的工程进展是一致的。

秦咸阳城作为佐证中华五千年不断裂文明的物化载体，有着不少为人不易留意的地方：

其一，历代大朝正殿名称各不相同，比如周代称为"路寝"，秦汉时代称为"前殿"，曹魏及其以后称为"太极殿"，唐代以后大朝正殿名称更多一些，如宋东京城的大庆殿、金中都的大安殿、元大都的大明殿、明南京城的奉天殿、明北京城的皇极殿、清北京城的太和殿。《史记·秦始皇本纪》记载的从秦始皇三十五年开始营建"前殿阿房"，这是中国历史文献上第一次出现"前殿"之名。按照当时的规划，前殿向南"自殿下直抵南山，表南山之颠以为阙"，由前殿向北"为复道，自阿房渡渭，属之咸阳"。从以上记载可以看出，如若建成，秦阿房宫应该是秦王朝新的宫

城。前殿是其大朝正殿，坐北朝南，前殿向南对宫阙，即南山之巅，其北是秦咸阳宫，突出了大朝正殿在宫城之中的空间位置，也就是"居前"。此后不论大朝正殿称什么，但在宫城之中的"居前"规制一直不变，这也成为中华文明的重要文化基因，它体现的是作为国家物化载体代表的大朝正殿的至尊地位。

为了阿房宫的建设，秦始皇从全国各地征调了70万人，但是仅仅一年多以后，秦始皇就死于视察的路上，继之大规模秦末农民起义在全国各地爆发。秦始皇的"前殿阿房"国家工程，仅仅进行到前殿地下基础部分，成为一个半拉子工程。因此"前殿阿房"的"居前"理念，只能从司马迁记载的对它的规划中来推测，至于秦始皇"前殿阿房"在都城、宫城之中的"居中""居高"理念，更是无从谈起，而这些理念的实践与完成，由西汉王朝的缔造者——汉高祖刘邦完成。

其二，在中国古代都城发展史上，秦咸阳城宗庙与宫殿（大朝正殿）不再是王国时代的宫、庙并列于宫城之中的格局，这意味着中国古代社会从王国时代的血缘政治与地缘政治并重，发展为帝国时代的以地缘政治为主、血缘政治为辅，因此大朝正殿处于独尊政治地位，而宗庙被列入"左祖右社"，从宫城中排除。秦始皇统治时期的宗庙或在秦雍城，或在与秦咸阳城隔渭河相对的渭南地区，这突显了从王国时代到帝国时代国家地位的重要变化，是国家至上的表现，是国高于家、地缘政治高于血缘政治的反映。

其三，秦都咸阳兰池的修建就是秦始皇要把"海"和"海中神山"——蓬莱、方丈、瀛洲同时置于都城之中。这种设计思想，对其后历代都城产生了深远影响，如汉代建章宫、唐代大明宫、元大都的太液池及明清北京城的北海、中海、南海等，均源于秦始皇的"海中神山"之意。

其四，现在人们认为铺设红色地毯迎接贵宾，是尊贵的礼仪。在秦咸阳宫一号殿址的殿堂之中发现的朱红色地面，说明早在两千多年前中华文化中就已经存在着这样的礼仪。

东周列国都城

洛阳王城

公元前770年，周平王东迁洛邑，营建王城，即东周都城。宫城位于王城西南部，即今河南省洛阳市瞿家屯村东北部一带。

在宫殿区东部，发现74座战国粮仓，分布在东西宽约300米、南北长约400米的范围内。此处近宫城，又南近洛河，便于漕运，地势高爽，易于排除雨水，为东周王城的重要仓储建筑。东周墓葬分布于王城中部、东北部以及涧河西岸。

2002年，这里发现了东周时期的大型墓地及车马坑群。坑大致呈南北

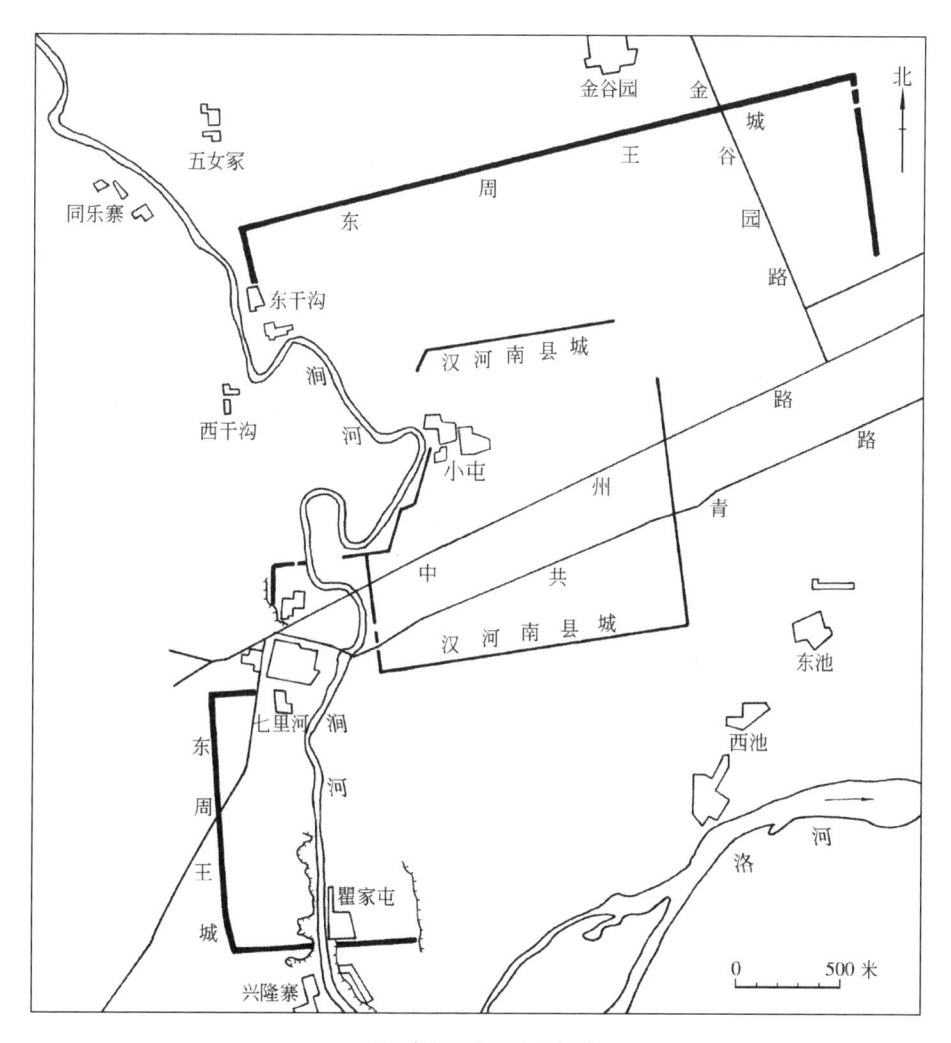

洛阳东周王城平面示意图

洛阳王城东西宽2890米，南北长3700米。宫城东西长344米，南北宽182米。

向，车子呈纵向两列摆放。其中5号车马坑长42.6米，宽7.4米，葬车26辆，马70匹，规模之大，为国内罕见。西排2号车六马拉一车，这就是文献记载的"天子驾六"，也就说明这里的车马坑隶属于王陵，东周王城东半部应为东周的王陵区。东周有25位国王，其陵墓均在洛阳，在王城之外的周山、金村（王城东北约10千米处）还各有一王陵区。

河南洛阳金村东周王墓出土的青铜钮钟　　河南洛阳金村东周王墓出土的玉耳杯

周平王徙都洛阳王城，是西周初年都城选址洛邑"宅兹中国"的继续，是体现"择中建都"的历史延续与发展，并奠定了洛阳与长安在中国古代都城发展史上的"两京制"模式。两京制是由夏商王朝重心位于"大中原"中东部到周秦王朝重心西移至"大中原"中西部历史发展的必然，更是从王国时代到帝国时代发展变化的必然，是国家发展与国家中心变化的历史产物，是"择中建都"理念的不变与都城选址变化的有机结合。

鲁国故城

西周初年，周成王封周公旦于鲁，其子伯禽就国。鲁国故城之宫城约建于春秋时代。鲁国故城所在地山东曲阜，是儒家创始人孔子的家乡，周公、孔子等这些中国历史上赫赫有名的政治家、思想家，自然使人们联想到鲁国故城的深厚人文底蕴。

鲁国故城由郭城（大城）与宫城（小城）组成。故城共发现11座城门，东、西、北三面各有3座，南面有2座。南面东侧城门形制特殊，门外两侧有夯土台基与城墙相连，台基东西宽30米，南北长58米，这可能就是文献所记载的鲁国故城城门。该门即鲁僖公改建的鲁城稷门，又称"高门"。

宫城遗址约位于鲁国故城内中部略偏北处的"周公庙"至盛果寺一带，其中部地势高，为宫殿宗庙区。以宫城宫殿区为中心，南连南墙东门及可能为历史文献记载的"舞雩台"之处，其间为宽达17米的道路，形成

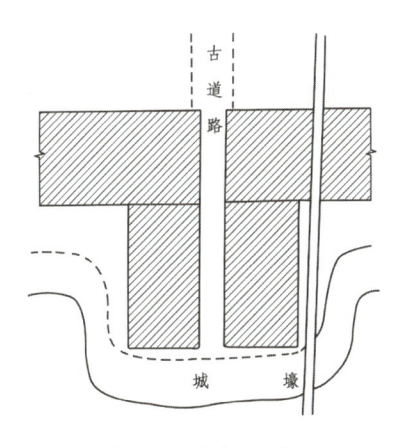

鲁国故城南东门示意图

都城的南北中轴线。

鲁国故城的考古发现，在中国古代都城发展史上具有以下意义：

其一，发现宫城、南东门与城外南郊舞雩台形成的鲁国故城的南北向中轴线。

其二，鲁国故城郭城有11座城门，其中东、西、北城墙各有3座城门，这一制度对后代都城影响深远。

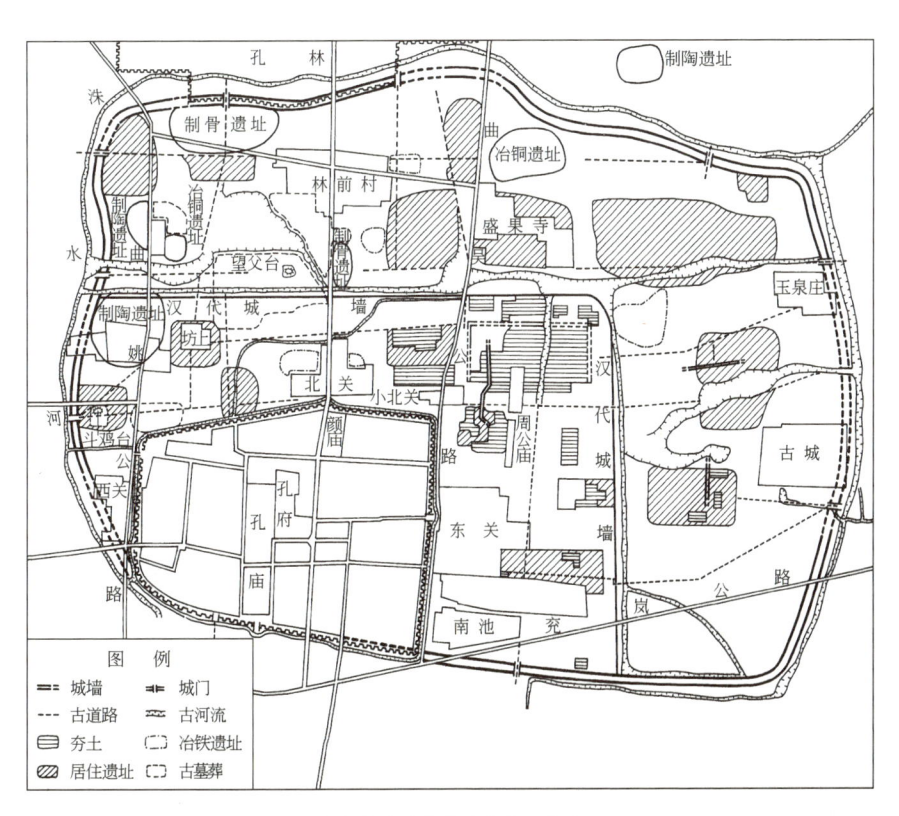

曲阜鲁国故城遗迹分布示意图

鲁国故城郭城平面近长方形，东西长3250—3560米，南北宽2430—2531米，周长11771米。宫城平面近方形，东西长约550米、南北宽约500米，周长约2100米，面积约27500平方米。

秦雍城

雍城遗址位于今陕西省凤翔县城南、雍水之北。凤翔在西周时为召公、穆公的采邑。平王东迁，以沣岐之地赐襄公，遂为秦地。秦于德公元年（前677）徙居雍城，至献公二年（前383）徙都栎阳，雍城作为秦国都城近300年。

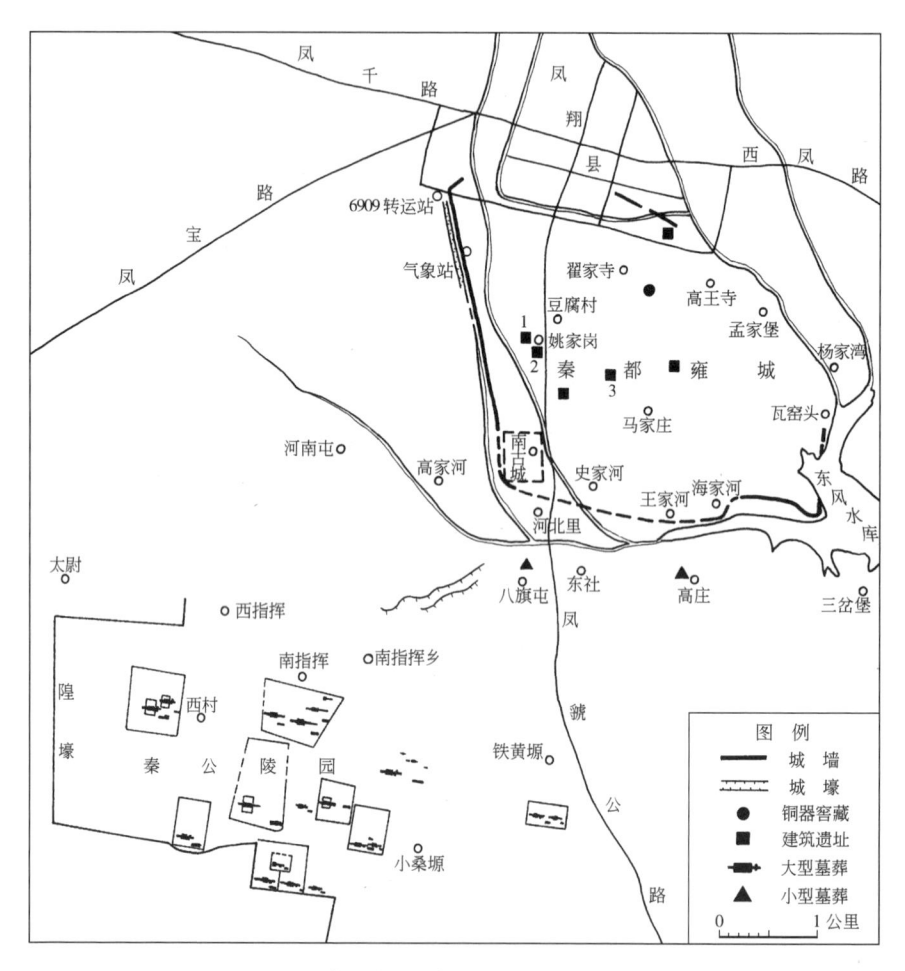

凤翔秦国雍城及秦公陵园平面示意图

雍城城址平面近方形，东西长3300米，南北宽3200米。

宫殿遗址主要分布在马家庄及铁沟、高王寺、姚家岗三个区域。马家庄遗址区考古发掘的马家庄一号、三号建筑遗址分别为雍城宗庙建筑遗址与雍城主体宫殿建筑遗址。

宗庙建筑遗址周筑围墙，形成庙院，其内有三座"品"字形布局的建筑，中部有一个庭院，南部则为门塾建筑。三座建筑平面均呈"凹"字形。北面一座坐北朝南，面阔20.8米，进深13.9米。"凹"字形南部正中为前堂，其后为长方形的后室。东西两边的"凹"字形建筑，西者坐西朝东，东者坐东朝西，二者东西相对，其布局形制与北面"凹"字形建筑基本相同。三座"凹"字形建筑中间为庭院，东西宽30米、南北长34.5米。在中庭和北部建筑的两夹室内发现各类祭祀坑181个，其中包括牛坑86个、羊坑55个、牛羊同坑1个、人坑8个、人羊同坑1个、空坑28个、车马坑2个，分为全牲祭祀、无头祭祀和切碎祭祀三种。

主体宫殿建筑（马家庄三号建筑遗址），东距宗庙建筑遗址约500米，遗址高于周围地面。该建筑群周筑围墙，形成封闭院落。从南向北分为五进院落，设置五门。其中五进院落中的第三进院落最为重要。院落中央的宫殿建筑，是五进院落中规模最大的，东西长约33米，南北宽17米。

马家庄一号建筑遗址（宗庙遗址）与马家庄三号建筑遗址（宫殿遗址）在雍城之中的布局形成"左庙"与"右宫"，实际上是先秦时代都

秦雍城遗址出土的
凤鸟衔环铜熏炉

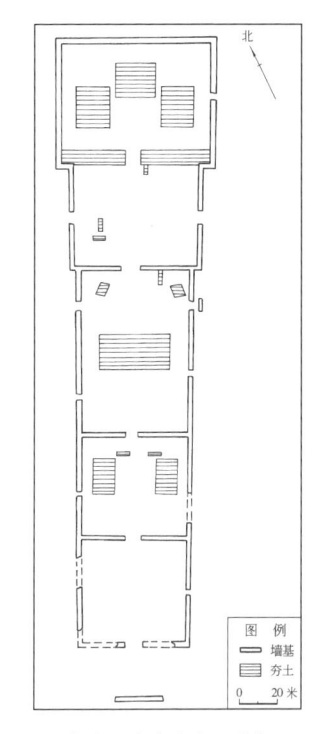

马家庄三号建筑遗址（宫殿遗址）平面示意图

院落平面为南北向长方形，南北长326.5米，北端宽86米，南端宽59.5米，面积21849平方米。

城之宫庙建筑分布的一般规律。在二里头遗址、偃师商城遗址的宫城遗址中，同样是"左庙"与"右宫"东西并列分布。

市场遗址位于雍城北部，北距北城墙约300米。市场平面呈长方形，东西长180米，南北宽160米，面积2万平方米。市场四周筑墙，市场四面中部各辟1门，这是迄今考古发现的中国最早的都城"市"的遗址。这座市场遗址南部是雍城宫庙建筑遗址，它们二者形成"前朝后市"布局，这恰好与《周礼·考工记》记载的都城"面朝后市"是一致的。

秦国都城雍城对探索秦帝国的历史文化渊源与发展有着极为重要的意义。秦雍城的都城制度，有以下几个特点：

其一，秦雍城是继夏代二里头遗址宫城、偃师商城遗址宫城之后，考古发现的东周时期列国都城之中的"左庙右宫"格局的典型都城。

其二，秦雍城与汉长安城是目前考古发现仅知的具有"面朝后市"特点的都城。

其三，秦雍城的祭天遗址是目前先秦时代考古发现的唯一可以与历史文献互证的重要遗存。

楚纪南城

纪南城就是楚郢都故城，因在纪山之南而得名。纪南城是后人对其的称谓，本名"郢都"。纪南城是楚国春秋中期至公元前278年的都城，位于今湖北省荆州市纪南镇枣林村。

纪南城现已究明城门门址7处，包括西城门2座，其他三面城门各1座，南城墙与北城墙各有水门1座。其中西城墙的北部城门与南城墙西部的水门最为重要，考古工作者对其进行了全面的考古发掘。

西城墙北部的城门遗址有3个门道。门道东西进深10.1米，中间门道宽7.8米，两边门道各宽约3.8米。门道之间隔墙宽3.6米。西墙内侧，南、北门道两侧有门房基址。

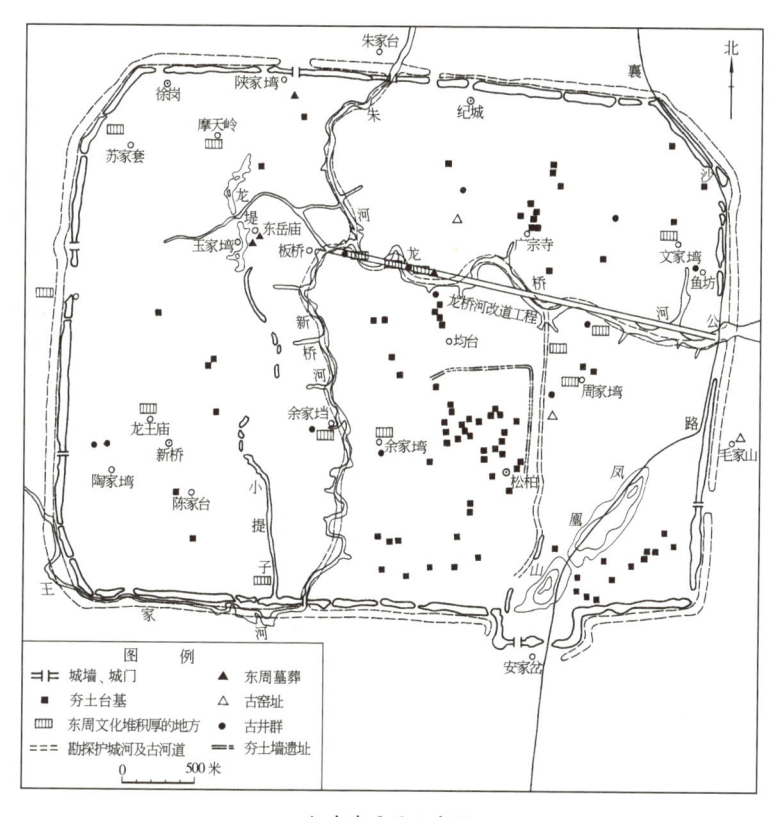

纪南城平面示意图

纪南城城址平面呈长方形，东西长约4450米，南北宽约3588米，城墙周长15506米，城址面积约16平方千米。

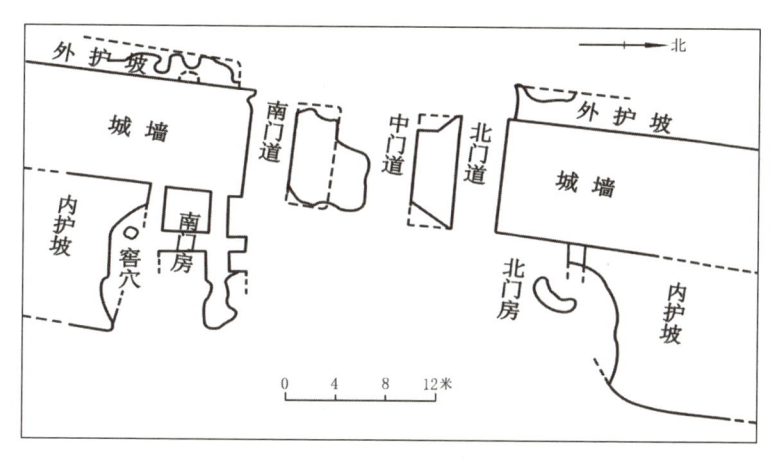

纪南城西城门遗址平面示意图

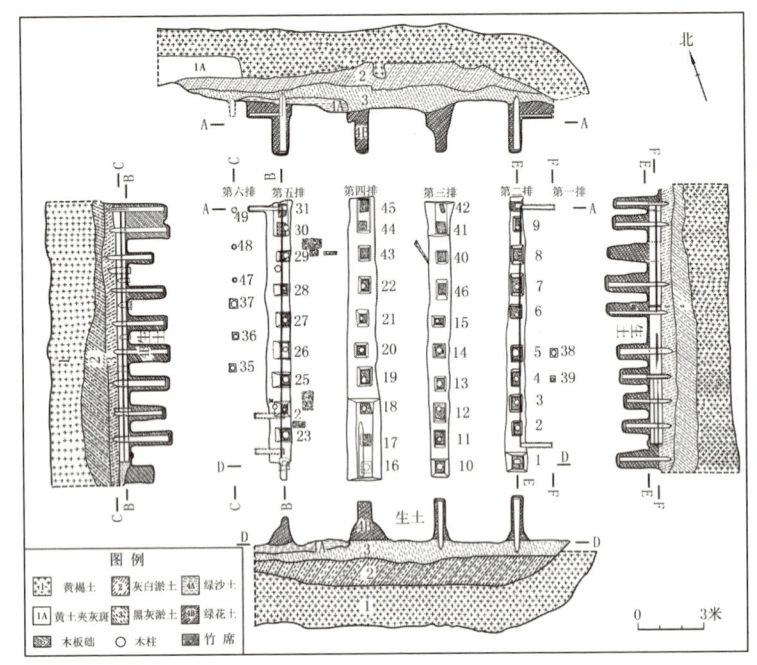

纪南城南城墙水门木结构建筑平、剖面图

南城墙西部城门为"一门三道"的水门（也就是通行舟船的城门），那里原来是新桥河穿过都城南城墙之处。古河道上部宽18米，底部宽6米。水门为木质建筑，水门遗址平面呈长方形，东西长约15米，南北宽约11.5米。上述西城门与南城墙水门门址时代约为春秋晚期至战国时期。

宫殿区主要分布在都城东南部。纪南城以东分布有当时的王室离宫，其中今潜江市龙湾镇分布有东西长约2000米、南北宽约1000米范围的大型离宫建筑遗址，这些建筑大多是战国时期流行的高台宫殿建筑。

纪南城在中国古代都城发展史上最重要的意义是：

纪南城的两座"一门三道"城门，是目前考古发现中国古代都城中时代最早的"一门三道"都城城门（郭城城门）。到了西汉，长安城的12座城门已均为"一门三道"，形成都城城门的基本形制并一直延续到明清北京城。"一门三道"规制向上可追溯到夏代晚期二里头遗址，其宫城之中的第一号宫殿建筑遗址的宫殿庭院南门为"一门三道"。其后又有偃师商城宫城东西并列的两座"一门三道"的南门。再到东周时期，纪南城郭城城门的"一门三道"。可以看出，"一门三道"由宫殿庭院大门，到宫城宫门、再到都城城门的发展变化，实际上折射的是"中"的理念的进一步深化与发展。

燕下都

燕下都城址位于今河北省易县城东南2.5千米处的北易水和中易水之间，此"易水"即公元前227年，燕国太子丹派荆轲刺秦王送行所至之处，荆轲在此处唱道"风萧萧兮易水寒，壮士一去兮不复返"。

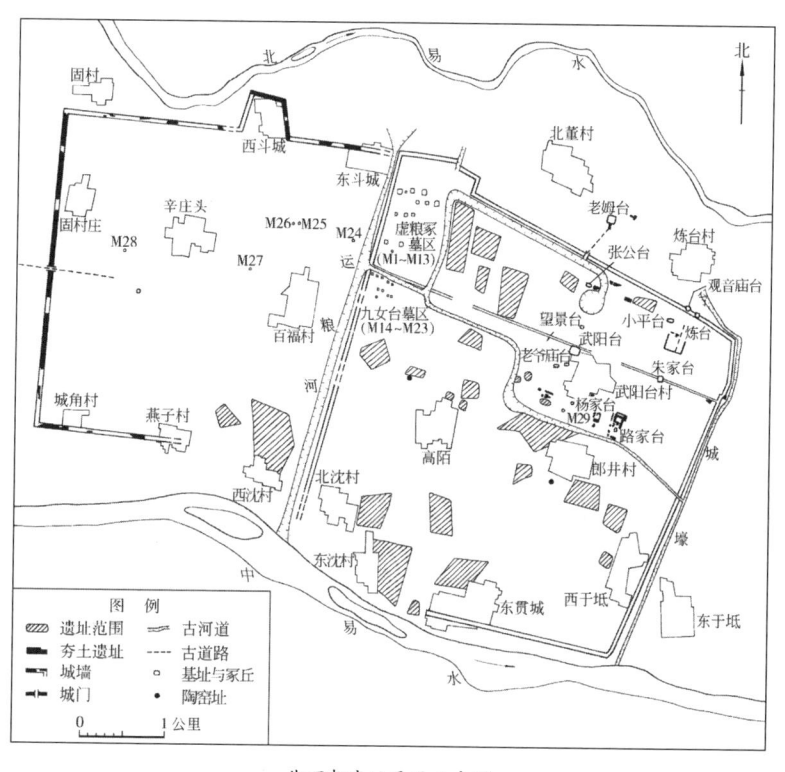

燕下都城址平面示意图

城址东西长约8000米，南北宽4000—6000米。

燕下都城址平面不规整，分东、西两城。西城实际上是具有军事功能的备用城。东城是燕下都实际使用的都城。

东城中部偏北处有一道东西向的隔墙，把东城分成南北两部分，隔墙东西全长4460米。东城可分为宫殿区、手工业作坊区及其管理区、居住区、墓葬区等。

宫殿区分布在城址的东北部，可分为主体宫殿建筑夯土基址和宫殿建筑群两部分。宫殿建筑夯土台基有4座：武阳台、望景台、张公台、老姆台。武阳台以北有望景台和张公台，它们与城外的老姆台均坐落在一条南北向的中轴线上。其他宫殿建筑群在武阳台东北、东南及西南部，围绕武阳台而筑。以武阳台为中心南北排列4座大型高台宫殿建筑，突出反映了这一线在燕下都的核心地位，是为燕下都的中轴线。

郑韩故城

西周时期，郑先后封国于今陕西凤翔县、华州区，西周末年平王东迁洛阳，郑武公随迁至新郑。郑韩故城在今河南省新郑市区。东周时期，这里地处秦、楚、三晋争霸的战略重地。

郑韩故城中部有一南北向隔墙，将其分为西城与东城。西城是郑韩故城的主要宫庙区，郑国国君陵墓也在西城。据考古发掘者说，20世纪80年代以来，在西城中部偏南、宫城南部发现了韩国的宗庙遗址，遗址东西长500米，南北宽320米，周筑围墙形成院落（考古发现者认为是庙院）。院落四面中部可能各设1门，四角有角楼。在院落中央发现一巨形石圭，长3.25米，宽0.45米，厚0.25米。这种石圭在中国古代都城考古之中属首次发现。

宫城北部的梳妆台遗址现存的一处高台建筑基址南北长约135米，东西宽约80米，高约8米，这应为春秋时期郑国都城的大型宫庙建筑遗址。

目前发现4处郑国祭祀遗址，均在东城的中部偏北与偏南地方：在中部

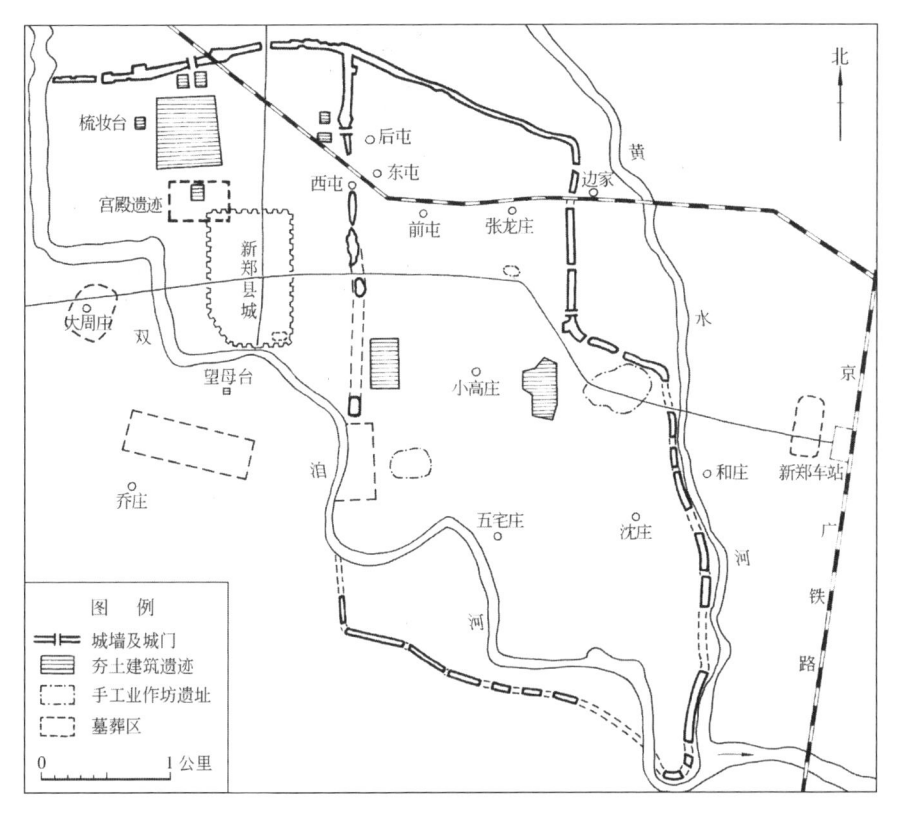

郑韩故城平面示意图

遗址平面呈不规则的长方形，东西长约5000米，南北宽约4500米，城垣周长约20000米，城内面积约16平方千米。
西城平面略呈长方形，南北长4300米，东西宽2400米，周长13400米。东城平面为不规则长方形，东、西、南、北城墙分别长5850米、3415米、2750米、1760米。
西城中部置宫城，宫城东西宽500米，南北长320米，周长1640米。

偏北的祭祀遗址中，钻探发现春秋大型夯土遗址，分布范围约4万平方米，夯基西南部又发现5个祭祀坑，其中1个长方形大坑居中，另4个小坑呈半包围状围绕着大坑。

中部偏南的3处祭祀遗址分别为：金城路青铜礼器祭祀坑、新郑市信用社基建工地青铜礼器坑与中国银行新郑支行基建工地祭祀遗址。金城路发现青铜礼器祭祀坑3座，出土青铜礼乐器鼎、簋、鉴、编钟等60余件，在礼乐器祭祀坑附近还清理了3座殉马坑。新郑市信用社基建工地发现青铜礼乐器坑6座，出土鼎、簋、鉴、编钟等57件，附近发现殉马坑56座。中国银行新郑支行基建工地祭祀遗址考古发掘2万平方米，考古发现青铜礼乐器坑18座，出土青铜礼器348件，其中礼器坑7座，出土列鼎5套45件，乐器坑11座，出土编钟206件。此外，发现殉马坑45座。

郑国祭祀遗址窖藏"九鼎八簋"礼器坑

郑韩故城郑国祭祀遗址中考古发现了大量青铜礼器与乐器，震惊全国，该遗址入选1997年的"全国十大考古新发现"。郑韩故城祭祀遗存青铜礼乐器的考古大发现，极大丰富了中华祭祀礼制文化，它们见证了中华五千年不断裂文明中的礼制文明。

赵邯郸城

赵邯郸城遗址在今河北省邯郸市西部，公元前336年至前228年为赵国都城。赵国都城由郭城（大北城）与宫城（王城）组成。

郭城实际上在赵国徙都邯郸之前已经存在，一直使用至南北朝时期，其中的布局结构，不同时期不尽相同。从郭城总体布局看，中北部和西北部一带属于行政区，有官署建筑遗址，而中南部和东部一带为居民和手工业作坊区。

宫城是战国时代赵国徙都邯郸之后建立的，也称"王城"。宫城包括"品"字形的3座城，即西城、东城与北城。

西城在宫城三城之中保存最为完整，也最为重要，遗址四面城垣尚在。西城四面各辟2座宫门，但是西城的东、北二面各两座城门又应为东城

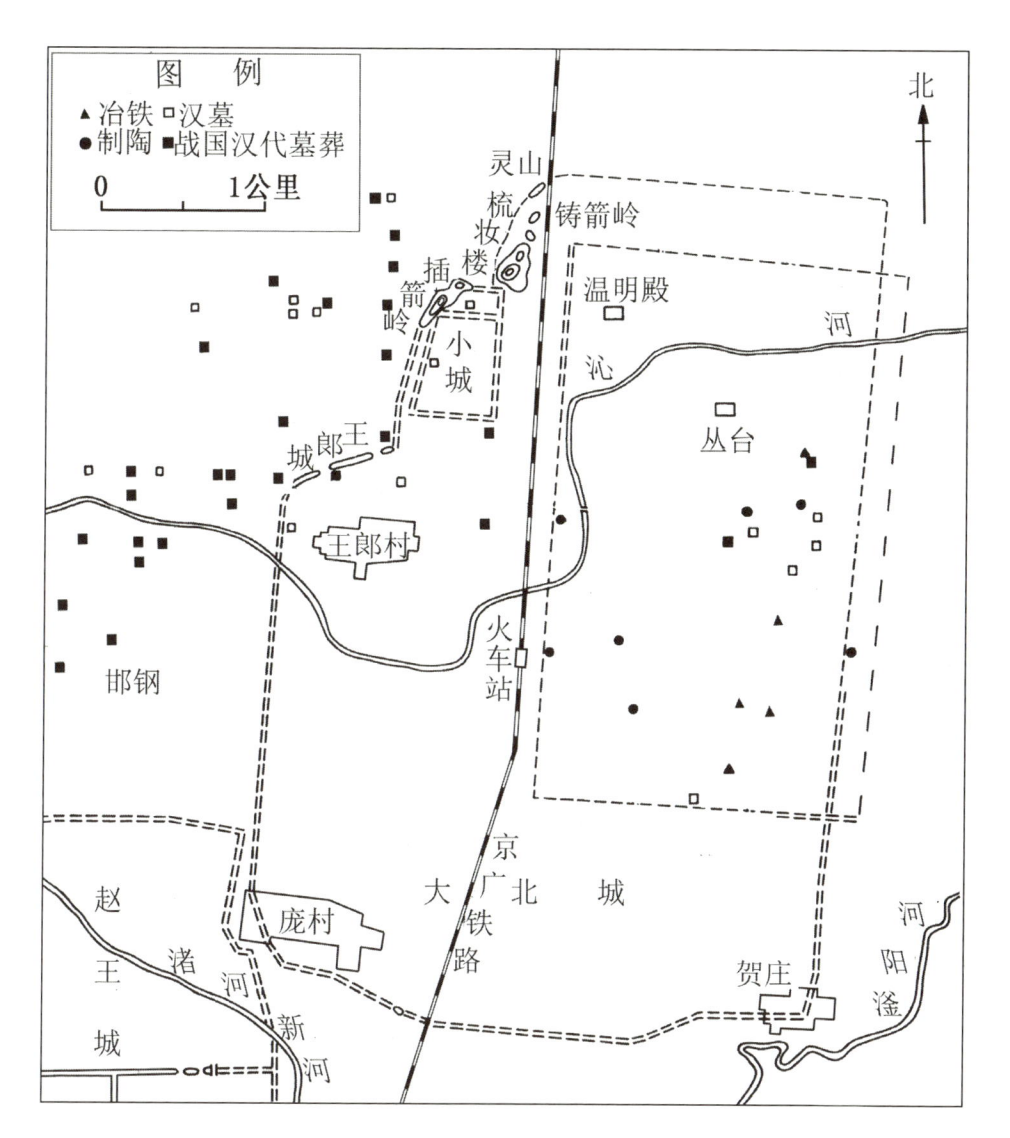

赵邯郸城平面示意图

　　西城城址平面近方形，东西宽1372—1394米，南北长1422—1426米，面积约1.9平方千米。

　　西城有3座大型夯筑高台建筑，其中南部高台建筑基址规模最大，又称"龙台"。台基呈覆斗形，平面近方形，底部南北长296米，东西宽264米。顶部略平，南北长132米，东西宽102米。现存高度7—16米。龙台以北215米处为中间高台建筑基址，平面近方形，东西长58米，南北宽55米，残高6米。再向北228米处，为西城中部第三号高台建筑基址，其平面呈方形，边长约60米，残高5—8米。

　　北城夯土台建筑基址，平面近方形，南北长135米，东西宽111米，高4—6米。

之二西门与北城之二南门。西城之内东西居中位置自南向北排列3座大型夯筑高台建筑基址。

东城在西城东临，城址平面呈长方形，面积约1.3平方千米，小于西城。建筑群的方向与布局，如果与西城一样，亦按照坐北向南为基础观察，则有一组南北向纵列建筑，即6—8号地面夯土台建筑基址、7—9号地下夯土建筑基址及1、2号地下遗址等。

北城主要与东城南北相邻，城址面积约1.86平方千米，规模与西城相近，大于东城，有规模仅次于龙台的一座夯土台建筑基址，位于北城的西南部。

赵邯郸城的宫城之西城遗址的南北向排列的3座大型高台建筑遗址十分重要，形成西城的中轴线。西城的南北排列的3座大型高台建筑遗址，其建筑规模相差甚大，应该不属于同一等级建筑。

魏安邑城

魏国都城安邑城位于今山西省夏县西北约7.5千米处的禹王乡，东南距中条山约15千米。传说夏禹曾居此，故俗称"禹王城"。城址分大城（郭城）与小城（宫城），建于战国时代晚期。

魏安邑城平面示意图 ▷

大城平面略呈梯形，周长14845米；宫城在大城的中央，平面近方形，东西855—990米、南北约930米，周长约3270米。

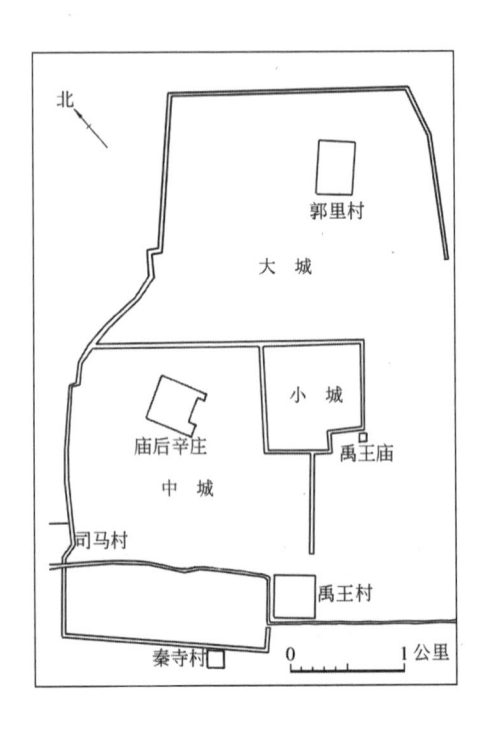

安邑城往往被人们忽视其重要历史地位。魏国与韩国、赵国是"三家分晋"中十分重要的国家，从地理分布来看，魏国的地理范围与晋国"重合"最多。魏国是战国时代初中期"战国七雄"之一，从王国时代到帝国时代的"改革"思想、理论、实践是从魏国起步的。魏文侯正是重用了中国历史上的"法家鼻祖"李悝，开启了国家政治、经济的整体改革。作为国家缩影的都城制度，自然也在改革之列，我们从安邑城的宫城在郭城中央及宫城的方形平面形制可以发现魏国都城安邑城的重要性，在于突显了国家对"中"之理念的重视。

西周都城

历史文献记载，文王作邑于丰，武王建都于镐，也就是丰京与镐京。丰镐遗址位于今陕西省西安市西南沣河两岸，丰京在沣河西岸，镐京在沣河东岸。丰镐遗址总面积约10平方千米。丰京遗址主要分布在客省庄、张家坡、冯村、大原村、西王村一带，面积约6平方千米。镐京遗址分布在昆明池遗址西北部的洛水村、泉北村、普渡村、花园村、自家庄、斗门街道一带，范围约4平方千米。

周武王灭商之后，就提出都城选址问题，这对于国家而言是"国之大事"。先秦时代重要历史文献《左传》记载：

> 昔成王合诸侯，城成周，以为东都。

司马迁《史记·周本纪》更清楚说明了"昔成王合诸侯，城成周，以为东都"的原因，司马迁引用当时人的话：

> 成王在丰，使召公复营洛邑，如武王之意。周公复卜申视，卒营筑，居九鼎焉。曰："此天下之中，四方入贡道里均。"

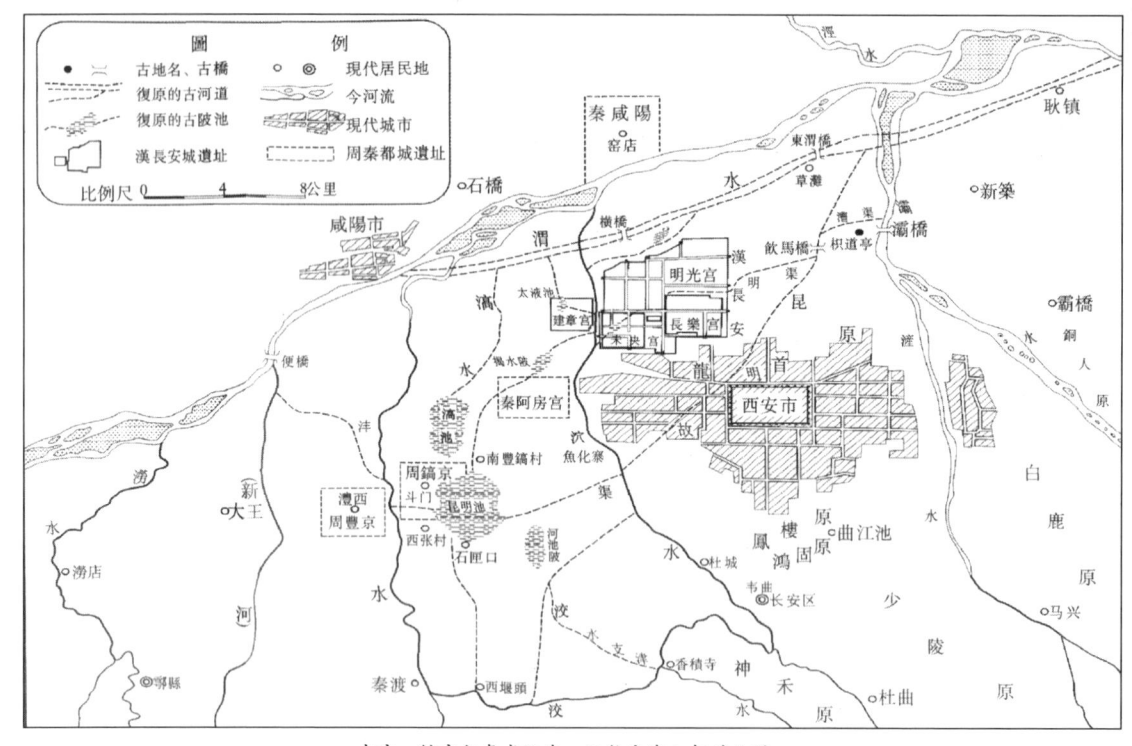

丰京、镐京与秦咸阳城、汉长安城之相对位置

1963年陕西省宝鸡县贾村镇（今宝鸡市陈仓区）出土了西周早期青铜器何尊，其铭文在铜尊的底部，有12行122个字。铭文内容就反映了这一历史，佐证了上述《左传》《史记·周本纪》的记载。何尊的铭文详细记载了西周王朝最高统治者关于都城选址于"成周"的原因、经过等。铭文记载，成王五年四月建都洛阳，对武王进行祭祀。丙戌日成王因此在京大室中对宗族小子何进行训诰，说明何的先父公氏追随文王，文王受上天之命统治天下，武王灭商之后，告祭于天，以洛阳作为天下中心，周王赏赐何贝30朋。何以此作青铜尊，以作纪念。何尊铭文曰：

何尊·西周

隹（惟）王初（迁）宅于成周，复禀斌（武）王豊（礼），福自天。在四月丙戌，王诰宗小子于京室曰：……肆玟（文）王受兹大命，隹

（惟）（武）王既克大邑商，则廷告于天曰："余其宅兹中或，自之义民。"……王咸诰，何赐贝卅朋，用作囗公宝尊彝。隹（惟）王五祀。

铭文中的"宅兹中或"四个字最重要，现在一般都把"中或"写成"中國"，繁写体的"國"字是在"或"的外围加了一个方框"囗"，这个"囗"就是四周围筑的城墙。上古时代国就是城、都城。《周礼·考工记》有"匠人建国""匠人营国""国中九经九纬，经涂九轨"等记载，这里的"国"即都城。何尊铭文中的"宅兹中国"就是指国家都城要选址于"中"，都城就是"国"，选址在"中"的都城也就称为"中国"。这是"中国"一词的最早文字记载。

关于成周在今洛阳的具体位置，现在还有不同意见，但是洛阳市附近已经发现一些应该属于西周时期的古代城址。如今洛阳老城一带，西至史家沟，东至塔湾，北至北窑，南至洛河北岸，在东西长3千米、南北宽2千米的范围内，发现了西周早中期贵族墓地、铸铜作坊、建筑基址、祭祀遗

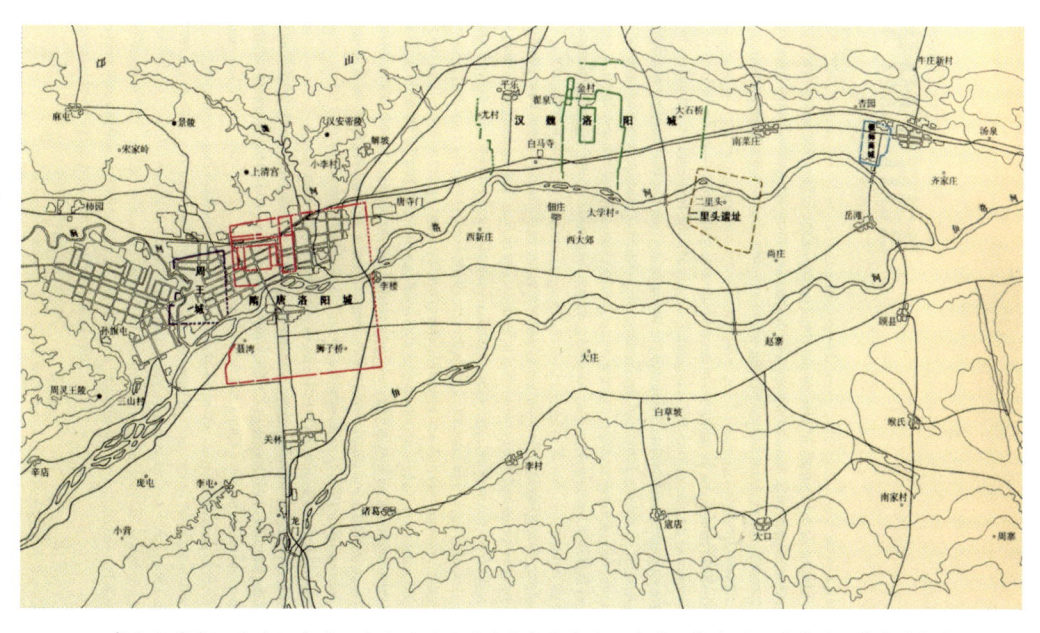

考古人员在汉魏洛阳城遗址中发现了西周时代夯土城墙，其是否属成周，有待进一步考古探究

址等，有人认为西周洛邑有可能在这一带。近年在汉魏洛阳城遗址发现了西周时代夯土城墙，其范围东西2500—2650米，南北宽1800—1900米，它是否属于"成周"城，还有待进一步的田野考古探究。但是西周初年在洛邑营建西周都城，此事应该是没有问题的，这确认了西周初年都城选址原则，即"择中建都"。

这种"择中"理念，不只限于都城选址，就是在高等级宫庙建筑的建筑布局结构中也有充分体现，如陕西岐山凤雏西周甲组建筑遗址，就是一座严格突出"中"之观念的宫庙建筑遗址。这座四合院式建筑，有着规整

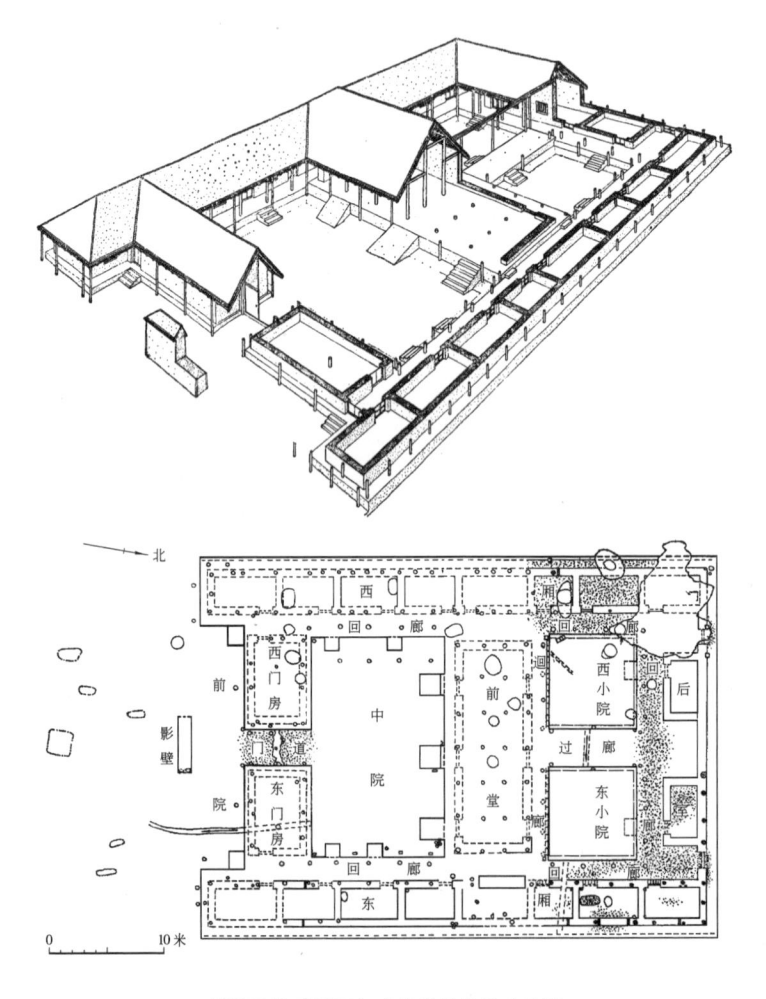

周原凤雏西周甲组建筑遗址平面示意图

的中轴线，主体建筑"前堂"居中，其后为"后室"，其前为庭院与正门，东西两侧为厢房。中国近现代的四合院也就是从上述凤雏西周甲组建筑遗址发展而来。

商代都城

商代都城遗址主要包括早期的郑州商城、偃师商城，中期的洹北商城和晚期的殷墟。

郑州商城

郑州商城内城平面总体略呈长方形。郭城城墙自商城的东南侧一直延伸到西南侧，而且在正对内城东南角和西南角的地方都有一个明显的转折。郭城之外有城壕一周。郭城城墙的走向是围绕内城依照地势而设计的，防御的性质十分明显。

内城中主要分布的是宫殿基址。宫殿基址最密集的地区位于内城的东

郑州商城遗址

郑州商城平面示意图

郑州商城周长约6960米，其中东、南两墙各长约1700米，西墙长约1870米，北墙长约1690米。

北部，其范围东西长约750米，南北宽约500米。宫殿区考古发现数十处夯土基址，还发现有规模宏大的蓄水池、排水沟、水井等。宫殿区已经发现的夯土基址大体可以分为三类。第一类为院落式宫殿基址区。第二类为长方形建筑，如C8G15，东西长超过65米，南北宽13.6米，较为狭长。基址外面只有一周檐柱遗迹。该基址可以复原为一座周围建有回廊的长条形房间，可能是一座大型寝殿。第三类为有密集柱础的大型近方形建筑，如C8G16，是一座大型夯土房基址，南北长约38.4米，东西宽约31.2米；建筑

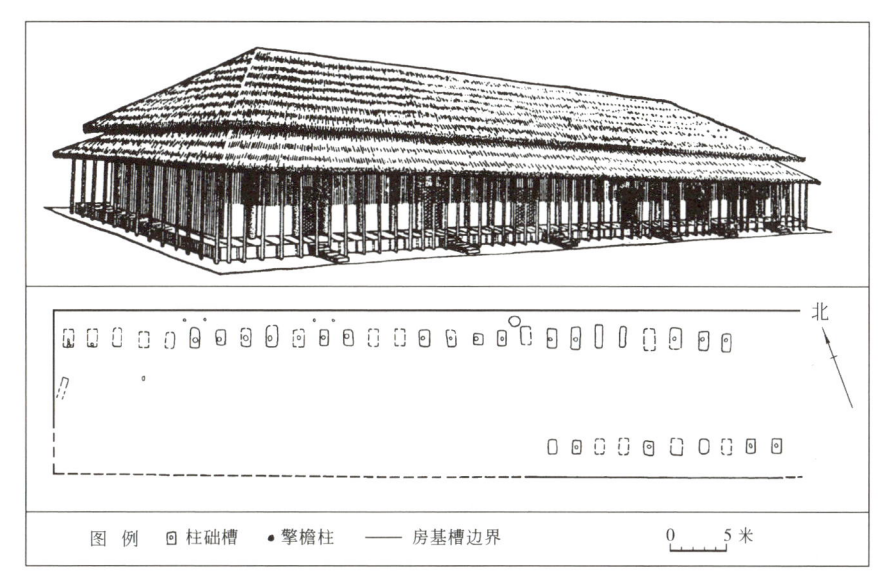

郑州商城C8G15基址平面及复原示意图

郑州商城出土的乳钉纹方鼎

郑州商城窖藏青铜器

应有两重廊、檐，可能是有盖无壁的重屋、明堂一类建筑。

郭城中主要有手工业作坊和墓地、祭祀坑等。在郑州商城的内城、郭城之间，分布着重要的手工业作坊，包括南关外的铸铜作坊和铭功路的制陶作坊等。

考古工作者在郑州商城遗址张寨南街、城东路回民食品厂与南顺城街三地考古发现了铜器窖藏坑，出土的青铜礼器之重器，在其他商代遗址考古发现中极少见到，这也说明了郑州商城遗址的重要性。

偃师商城

偃师商城遗址，对于我们从古代都城认识中华五千年不断裂文明十分重要，这主要体现在偃师商城是由郭城与宫城组成的"双城制"都城。对宫城遗址的全面考古发掘，究明了其规模与形制。

20世纪80年代初，考古工作者在配合河南省偃师县（今偃师市）首阳山电厂建设工程的考古工作中，发现了距今3600年的商代都城遗址，城址位于今河南省偃师市塔庄。偃师商城遗址分为早晚两个时期。

晚期郭城有5座城门，其中东、西城墙各辟2座城门。东、西城门恰好东西相对，其间应有道路相连，将东西二城墙三等分，也就是说偃师商城自南向北分为三部分，这在中国古代都城形制发展史上是个非常重要的规制。北城墙于中部辟1城门。据发掘者推测，郭城南墙之上亦应辟有城门。从目前考古发掘资料来看，东、西城墙的南、北二城门，南部的要比北部规模略大一些，这可能与偃师商城的宫城及府库在都城南部有关。这些城门是已知中国古代都城之中时代最早的城门遗址，它们均为"单门道"。

偃师商城遗址西城墙发掘现场

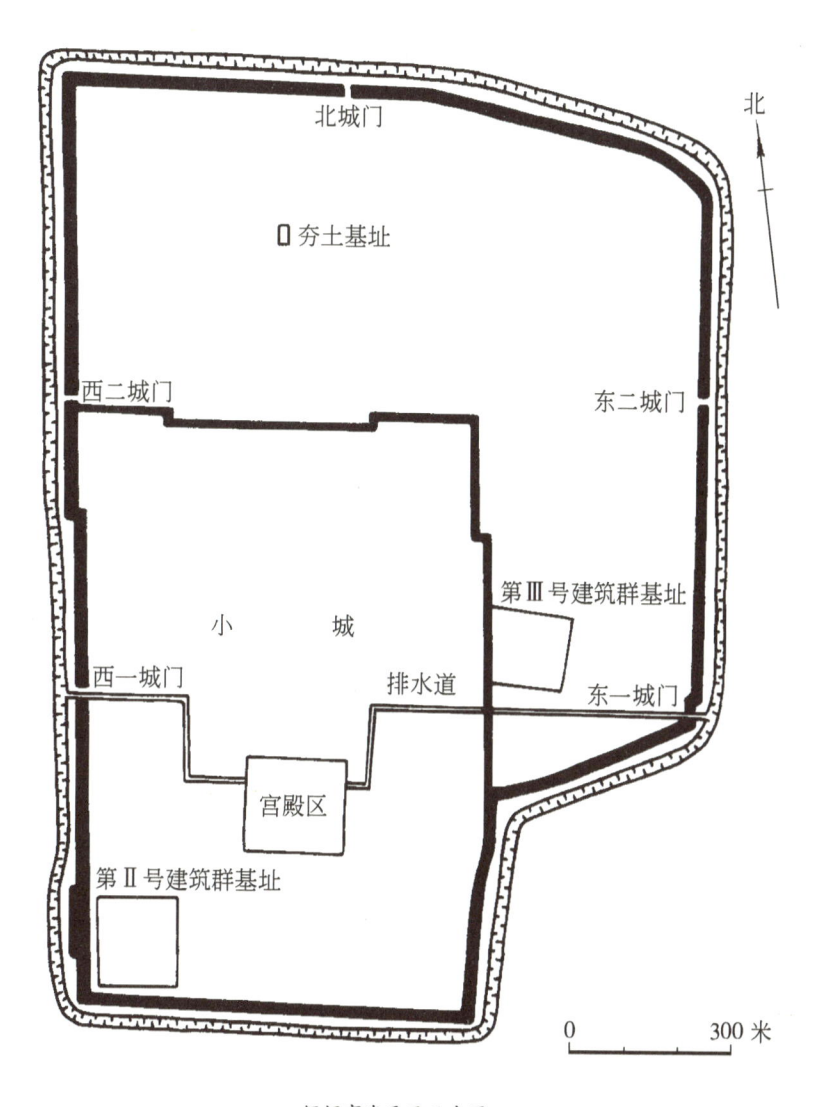

偃师商城平面示意图

早期郭城（小城）遗址平面为长方形，南北长1100米，东西宽740米，面积约0.81平方千米。城墙宽6—7米。

晚期偃师商城的郭城南北长1710—1770米，郭城南城墙长740米，北城墙长1240米，城墙宽16—18米。郭城面积约2平方千米。城墙之外约10米处置城壕，城壕宽约20米，深约6米。

西一城门（西城墙的南部城门）进深15.6米，宽3.2米；西二城门（西城墙的北部城门）进深16.5米，宽2.3—2.4米；东一城门进深22米，宽2.4—3米。

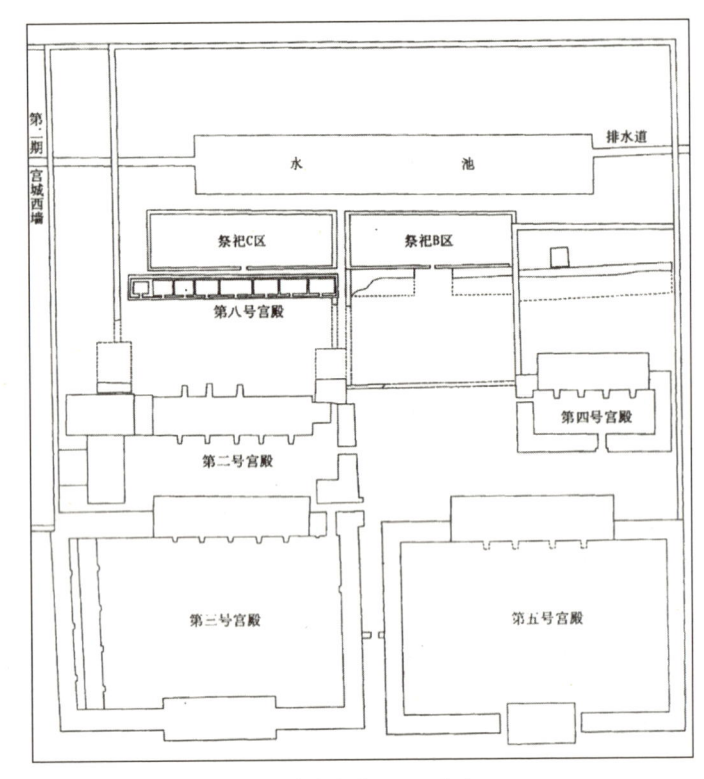

偃师商城宫城平面示意图

宫城平面近方形，南北宽180—185米，东西长190—200米，面积3.6万平方米。宫墙宽约2米。

晚期郭城的南部分布有宫城（宫庙建筑区）和府库一类建筑，中部、北部主要有一般居址和手工业遗址，城墙附近发现一些一般墓葬。

晚期郭城与早期郭城比较，前者面积扩大，主要是在后者北部与东部向外扩展。

宫城即第Ⅰ号建筑遗址群，位于早期郭城南部的东西居中位置。宫城南宫墙中部辟宫门——南宫门。在南宫门东西两边分布有第六号与第七号宫庙建筑遗址（即晚期的第五号与第三号建筑遗址），其中晚期的第三号建筑遗址和第五号建筑遗址已发现南门。就宫城处于早期郭城中南部和晚期郭城南部来看，宫城北部应辟有北宫门。

宫城之内中南部发现宫庙建筑遗址群，已经考古发掘了9座宫庙建筑遗址，它们分别属于三个不同时期。

宫城东部的宗庙建筑遗址

第四号宗庙建筑遗址周筑围墙，形成院落，院落东、西、南三面以廊庑为院墙，院落南面正中偏东辟门，西面辟侧门。主体建筑基址周施回廊，前置东西并列的4个踏步台阶。

第六号宗庙建筑遗址位于宫城东南隅，在第四号宗庙建筑遗址以南约10米处。院落围墙内侧置廊。院落东部辟门。主体建筑基址南部置东西并列的3处踏步，每处踏步附近有一埋狗的长方形坑。

第五号宗庙建筑是在第六号宫庙建筑遗址之上修建的，该建筑周筑围墙，院落周施回廊，南面辟门，这座南门为"一门三道"之制。主体建筑基址位于院落北部，基址南面设置东西并列的4处踏步，每处踏步东西两侧

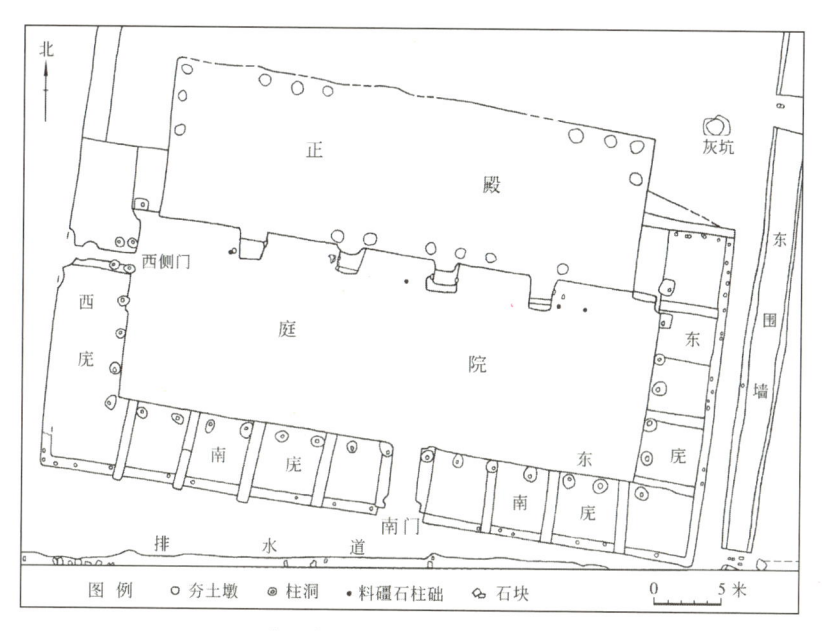

偃师商城第四号宗庙建筑遗址平面示意图

第四号宗庙建筑遗址院落东西长51米，南北宽32米，面积1632平方米。廊庑宽约5米。主体建筑基址东西长36.5米、南北宽11.8米。

各置一个埋狗的长方形小坑,狗头朝向大门。

宫城西部的宫殿建筑遗址

第七号宫殿建筑遗址被晚期的第三号宫殿建筑遗址所叠压,二者均自成院落,主体建筑——殿堂居北部中央,西、南、北三面为廊庑。只是第三号宫殿建筑遗址院落大于第七号宫殿建筑遗址院落。第七号宫殿建筑遗址院落的西、南两边,与早期宫城的南边西部、西边南部重合。第三号宫殿建筑遗址院落在第七号宫殿建筑遗址院落基础之上,分别向西、南两边外扩。第三号宫殿建筑遗址南面辟门,南门分为早晚两期。早期南门为"一门三道"。

第二号宫殿建筑遗址南北分别为第七号与第八号宫殿建筑遗址,其基址东西长约90米,南北宽11米。宫殿建筑东端与第一号建筑西墙之间有一南北通道,沟通第二号与第八号宫殿建筑。

第八号宫殿建筑遗址位于宫城西北部,是宫城宫殿建筑群中西区最北部的宫殿建筑遗址,北距祭祀区C区1.8—2米,西邻西宫墙。第八号宫殿建筑基址坐北朝南,由东西排列的8座房子组成,各房子均于南墙辟门。该建筑遗址可能为宫城之中的生活居室之类建筑。

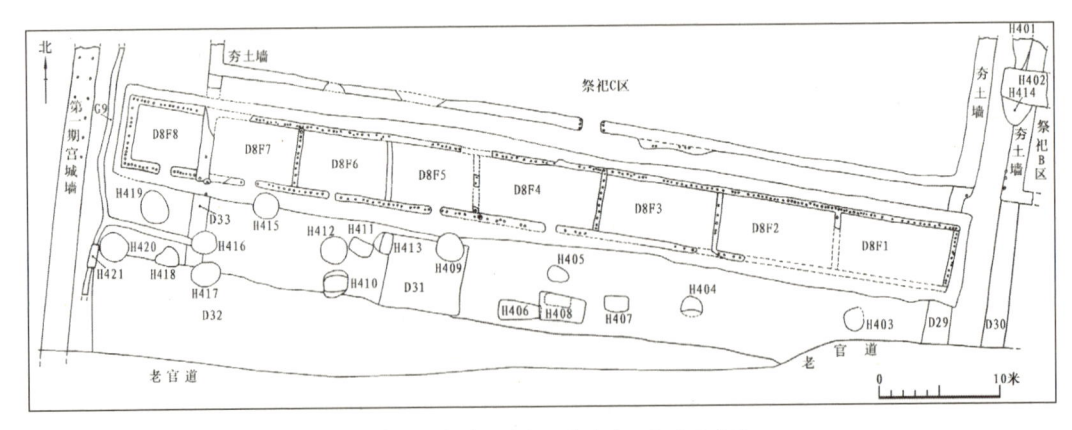

偃师商城宫城第八号宫殿建筑遗址平面示意图

第八号宫殿建筑遗址平面呈长方形,东西长71米,南北宽7.7米,面积546.7平方米。

第一号建筑遗址位于宫城中央，自成一长方形院落，西部辟门，与第二号宫殿建筑庭院相通。第一号建筑遗址应是宫城西区的组成部分。

宫庙建筑遗址群北部为宫城专用祭祀区，东西长约200米。自东向西可分为A、B、C三区：

A区面积约800平方米，由多个祭祀场、祭祀坑组成，前者面积较大，后者面积较小，使用时间亦较短。其中的祭祀品内容不尽相同，有殉人和牛、羊、猪、狗、鱼类等牺牲，也有稻、麦等粮食。

B、C二区周置围墙，形成大院落，其中部有一南北向隔墙，将其分为东西并列二院，二者形制、布局与结构基本相同。B区面积1100平方米，C区面积1200平方米。二院落南墙中部各辟1门。祭祀品挖沟埋葬，祭祀品中以猪为主要牺牲，也有以牛、羊、鹿作为牺牲埋葬的；有单独以猪为祭祀品的，也有以多种动物为祭祀品的，其常见的动物牺牲组合为猪、牛、羊。用于祭祀的动物牺牲有整体的，也有躯体一部分的。

祭祀区中的A区和B区与宫城东部宫庙建筑南北相对，其中A区南与第四号宫庙建筑遗址相对。C区与宫城西部宫庙建筑遗址群南北相对。

宫城池苑位于宫城北部东西居中位置，北邻北宫墙，南为祭祀区。水池平面呈长方形，东西长约128米，南北宽约19—20米，深约1.5米。水池池壁为石砌。水池东西两端有石砌水道通至宫城之外，连通至早期大城东西城门外的护城河中。西水道为引水道，东水道为排水道。池内发现陶、石网坠等遗物。

第Ⅱ号建筑遗址群在宫城西南部，其周筑围墙，墙宽约3米。遗址群平面呈方形，面积约4万平方米。围墙之内发现南北分布的东西向排列建筑基址6排，每排由16座建筑基址组成。可能是仓储、府库之类建筑基址。

第Ⅲ号建筑遗址群在宫城东北部，其西墙在早期郭城东墙外侧。该建筑遗址群周筑围墙，平面呈方形，边长140米。围墙之内发现多座排列整齐有序的长条形夯筑基址。

从以上偃师商城遗址情况来看，偃师商城所反映的中华五千年不断裂文明要素主要体现在以下四点：

其一，王国时代都城由郭城与宫城组成的"双城制"为都城形制。

其二，宫城平面为方形。

其三，宫城之内呈"左庙右宫"格局，即宗庙在宫城东部，宫殿在宫城西部。

其四，宫城南宫门为"一门三道"形制。

洹北商城

殷墟早期的洹北商城位于洹河北岸，其西南部与传统所说的殷墟东北部基本相对。洹北商城应为"盘庚迁殷"时期的第一个都城，即盘庚之都城。

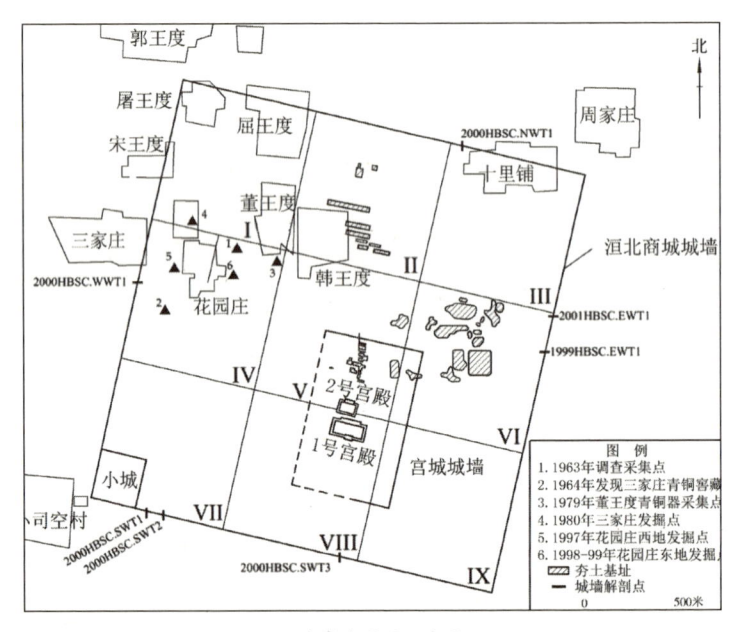

洹北商城平面示意图

洹北商城的郭城平面近方形，边长约2200米，周长约8800米。墙基宽7—11米。

宫城平面略呈南北向长方形，南北长795米，东西宽约515米，周长2628米，面积409425平方米。

洹北商城遗址

宫城基本位于郭城中部略偏南处，其面积比偃师商城之宫城大10倍。二里头遗址宫城面积0.1平方千米，仅为洹北商城的1/4。殷墟宫庙区的范围被认为有0.7平方千米，那里作为商代晚期都城200多年，自然要比仅为盘庚都城的洹北商城之宫城规模大了。

洹北商城遗址出土的青铜建筑饰件

洹北商城宫城城墙基宽7—8米，墙体宽5—6米。宫城中部偏北考古发现南北向排列的30余处夯土建筑基址，它们大多应为宫殿建筑基址。已经发掘了其中两座宫殿建筑基址，分别编号为洹北商城一号宫殿基址与洹北商城二号宫殿基址。两座宫殿建筑形制相近，大小有所不同，平面均为东西向长方形院落，主体宫殿建筑坐北朝南，主体宫殿基址位于院落北部居中位置，正门在院落南部居中位置。院落东西两侧为廊，南部置廊。其布局形制犹如四合院。

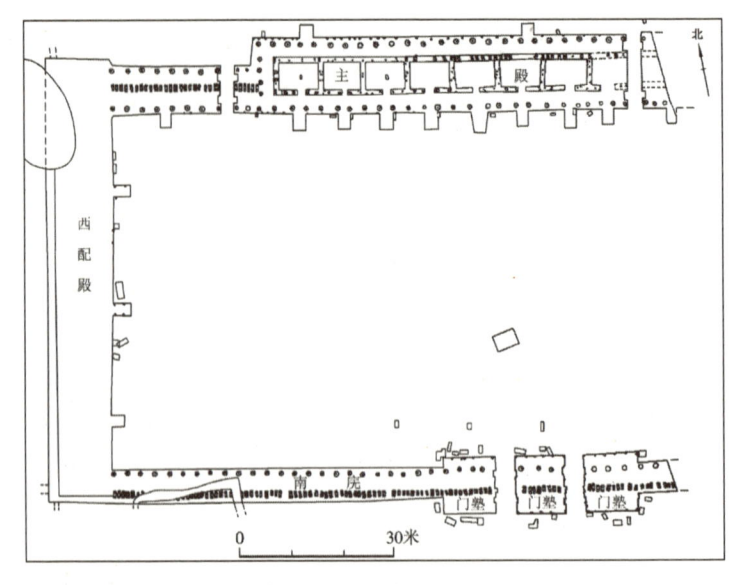

洹北商城一号宫殿基址平面示意图

一号宫殿主体建筑现存部分东西长90米以上，南北宽14.4米。二号宫殿主体建筑比一号宫殿主体建筑规模小，其东西长43.6米，南北宽29.9米。

洹北商城的以下几点，对以后都城文化影响十分深远：

其一，这是目前所知道的最早将宫城置于郭城中部的都城，这就意味着不但都城要"择中建都"，随着进一步的发展，宫城也要在都城之中"择中建宫"。

其二，主体宫殿建筑与宫殿院落正门南北相对，形成规整的院落南北向轴线。

其三，洹北商城平面近方形，体现出都城的"崇方"理念。这种平面方形宫城比二里头遗址宫城更为规整。

晚期的殷墟都邑

传统上所说的殷墟是商王盘庚之后的商王武丁开始营建的都城，其与洹北商城南北之间由东西流向的洹河隔开。殷墟位于洹北商城以南，北边

殷墟遗址

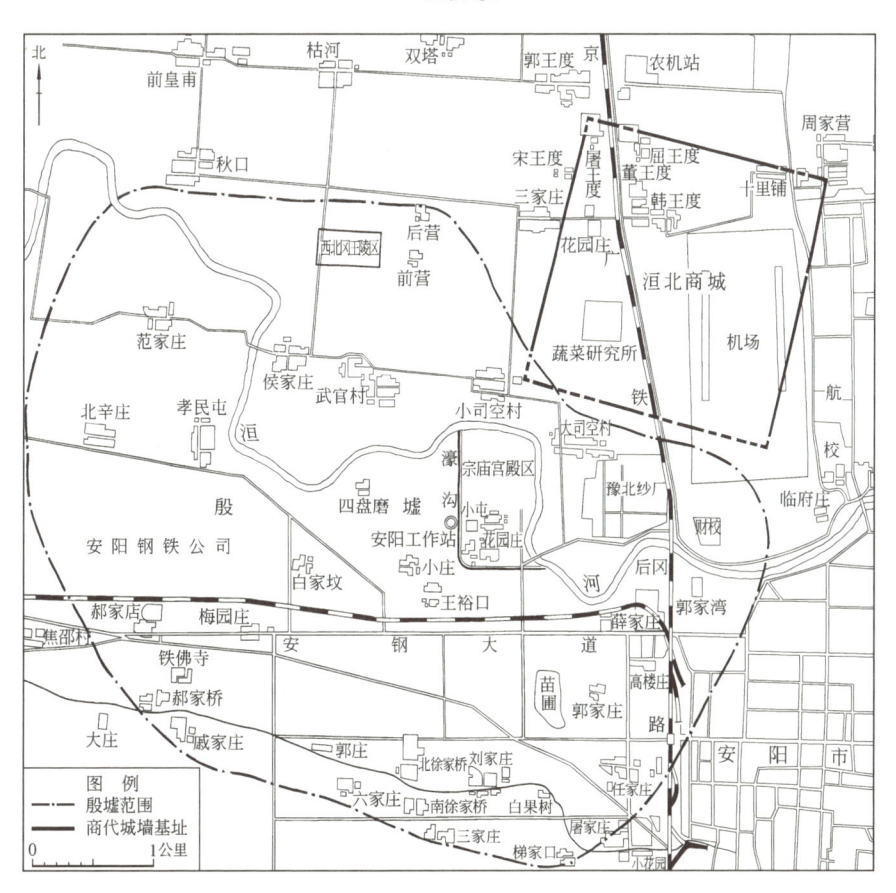

殷墟遗址平面示意图

约以洹河为界。宫庙区在小屯村、花园庄一带，其西面与南面是壕沟，北面与东面是洹河，形成封闭空间，有可能这里就是殷墟的宫城。宫庙区的范围东西宽约650米，南北长约1100米，总面积约0.7平方千米。

殷墟布局形制是由中心逐步向外发展，中心是宫庙区，其外为居民区和作坊区，再外为墓葬区。中心区域的小屯、花园庄一带即殷墟宫庙区，其东、北部紧临洹河，西、南两边的边界是与洹河贯通的大灰沟。

夏代都城

考古发现的夏代的都城遗址，学术界一般认为有河南登封王城岗城址、河南新密新砦城址、河南偃师二里头城址。上述三座城址，分别为夏代早、中、晚期的都城遗址。

登封王城岗城址

王城岗遗址位于今河南省登封市告成镇西部，北有嵩山，东临五渡河，南为颍河。

1977年在王城岗遗址发现了两座东西并列的龙山文化晚期城址。2002年以来，考古工作者对王城岗遗址又进行了调查、钻探，究明王城岗遗址是一座面积约34.8万平方米的大型城址，城址平面近方形。大城南面和东面分别利用了颍河与五渡河作为城壕。城内分布有大面积夯土建筑遗址，从中发现了龙山文化晚期祭祀坑和白陶器、玉石琮等高等级重要遗物。王城岗小城位于大城东北部，大城的年代晚于小城。

有的学者提出，"王城岗的小城有可能为'鲧作城'，而王城岗大城有可能即是'禹都阳城'"，因此推断王城岗城址可能是夏王朝的最早都邑。历史文献记载"禹都阳城"，而在王城岗城址附近的东周时期城址考古发现多个陶器之上有"阳城仓记"陶文。

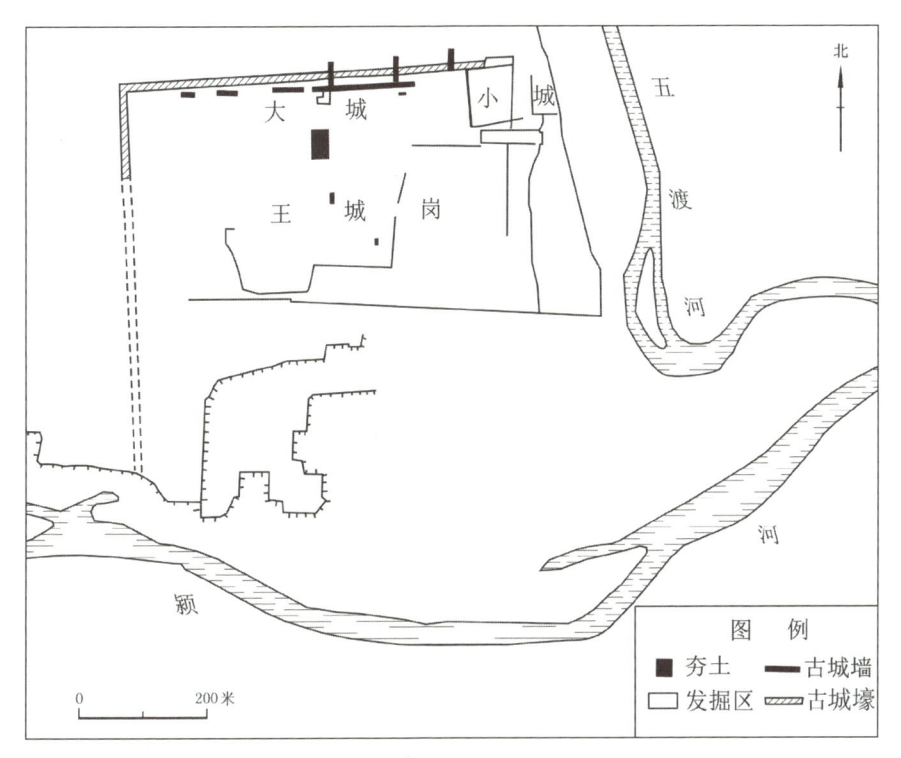

王城岗城址平面示意图

根据残存城墙复原，东、西城墙各长580米，南、北城墙各长600米。北城墙和西城墙之外置城壕，前者城壕长620米、宽约10米，深约3米；后者城壕长600米、宽约10米，残深约2米。

清华简《保训篇》记载"昔微暇中于河"，此"微"即商汤六世先祖上甲微，此"河"为"河洛"，"河洛"的中心地区即今大嵩山一带。上甲微重定的新的"地中"，为夏王朝"择中建都"提供了依据。登封王城岗城址的考古发现，佐证了清华简《保训篇》的上述记载。王国时代第一个王国——夏朝开创的这一新的"地中"，为以后王国乃至帝国时代许多王朝都城选址所继承与延续，一直到宋朝。这在中华五千年不断裂文明中有着极为重要的政治、思想、文化意义。

阳城陶量

新密新砦城址

1979年以来，考古工作者对河南省新密县新砦遗址进行多次考古发掘，确定了这是早于二里头遗址、晚于王城岗遗址的遗存。

2003年，考古工作者在新砦遗址发现了城址，城址南面以双洎河为自然屏障，东、西、北三面筑城墙并置城壕。城址之外还发现了外壕遗迹。城内面积约70万平方米，如果包括外壕的话，面积可达100万平方米。发掘者认为新砦城址包括大城和小城，小城在大城西南部，其外围壕沟。2002年至2005年，考古工作者在小城北部发掘一座浅穴式建筑遗址，东西长92.2米，南北宽14.5米，南、北壁与建筑物之内均未发现承重柱及隔墙的遗迹。发掘者认为这是一座露天建筑，并进一步推断这种浅穴式建筑遗址可能就是文献记载的

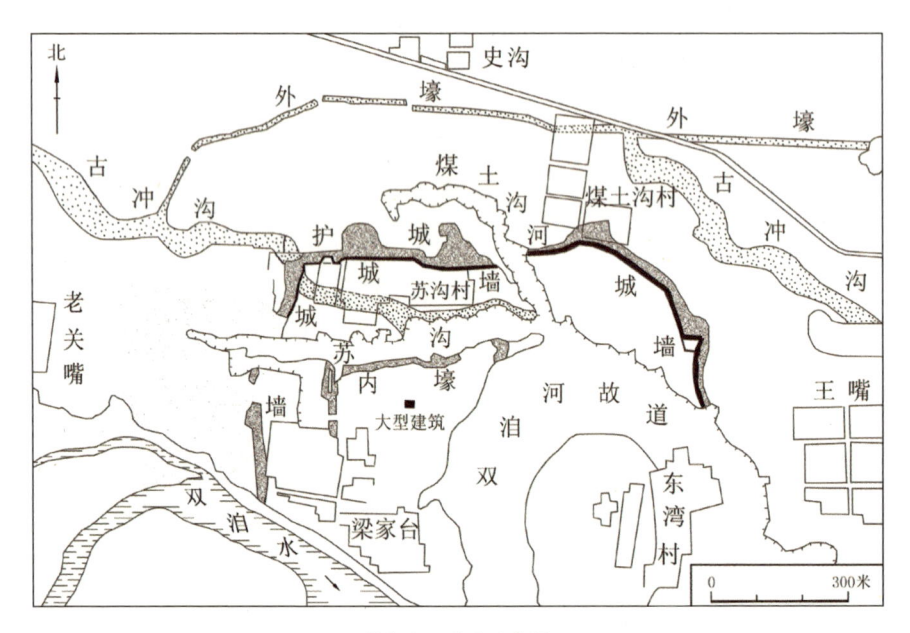

新砦遗址出土陶铃

新砦城址平面示意图

城址平面呈圆角长方形，东西长约924米，南北宽约470米。

"坎"或"墠"一类祭祀性建筑遗址。

关于考古发现的新砦城址性质,有的学者认为这座城址可能为夏启所在的都邑。

偃师二里头城址

1959年夏,著名学者徐旭生先生提出寻找夏代都城遗址(夏墟)。他提出夏代都城应在中原的洛阳平原或晋南汾水下游一带,因此首先选择河南登封、禹州、巩义、偃师等地开展考古调查。他们很快就在偃师二里头村发现后来学界所认为的夏代晚期都城遗址,即二里头遗址。

二里头遗址位于今河南省偃师市翟镇,分布范围南界在冉庄和褚家庄以北,北界在二里头村北部,东自圪垱头村东部、西至北许村以东。二里头遗址可分为宫城区、祭祀与墓葬区、官手工业作坊区、贵族居住区、平

二里头遗址考古发掘现场

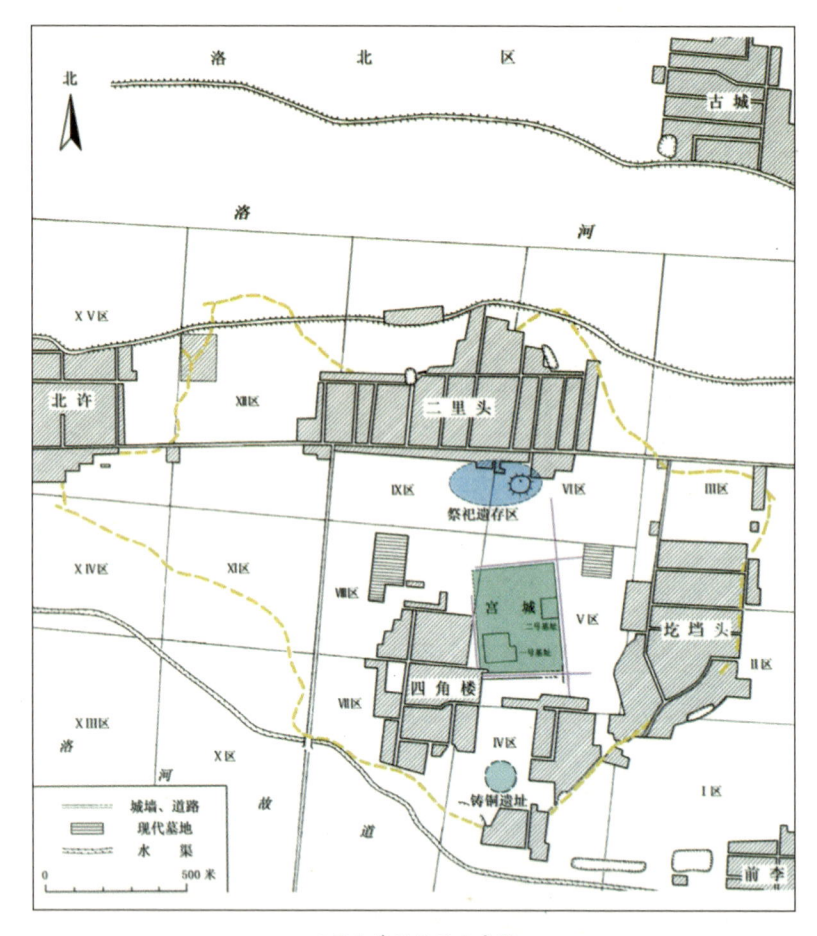

二里头遗址平面示意图

遗址区东西长约2400米,南北宽约1900米,总面积约3平方千米。

民居住区等。二里头遗址多年来的考古工作,以20世纪60、70年代的一号与二号宫庙建筑遗址考古发现及21世纪之初宫城遗址考古发现最为重要,它们奠定了判断二里头遗址为夏代晚期都城遗址的科学基础。

宫城区基本位于遗址中东部,东宫墙发现宫门2座,南宫墙西部现已发现1座宫门,推测南宫墙东部也有1座宫门。宫城之外四面有与宫墙平行的道路,道路宽10—20米。二里头遗址已经考古发现的一、二号宫庙建筑遗址分布在宫城之中,分别在宫城遗址的东部与西部。

一号宫庙建筑的殿堂基址系夯筑而成，根据基址平面发现的柱网遗存，殿堂面阔8间，进深3间，周置回廊。殿堂基址北部、东部、西部发现祭祀性遗迹与人牲遗存，其中殿堂台基北部祭祀坑埋葬人牲3人，台基西侧和东南侧各发现祭祀人牲1人。

一号宫庙建筑遗址位于宫城西部，其南对南宫门遗址。一号建筑遗址周围筑有院墙，院落整体夯筑。一号建筑殿堂基址位于院落北部中央，距院落北墙20米，距东、西墙各30米。殿堂之南为庭院，院落南面辟门——南门。南门前后置廊。南门之中有两道南北向隔墙，两道隔墙使南门成为"一门三道"形制。以往考古发现的"一门三道"形制，仅见于古代都城城门或宫城宫门，如偃师商城宫城宫门，楚国纪南城南城门（水门）与西城门，汉长安城、东汉雒阳城、汉魏洛阳城、隋唐长安城与洛阳城、北

▷ 二里头一号宫庙建筑遗址
  平面示意图及复原图

一号宫庙建筑殿堂基址东西长36米，南北宽25米，面积900平方米；底部平铺三层鹅卵石，厚约60—65厘米，基址夯土厚约3米。

院落东西长107米，南北宽99米，面积约1万平方米。院落南墙、东墙和北墙内外均有廊道，内、外廊各宽约3米；西墙仅置内廊，廊道宽约6米。

南门基址东西长28米，南北宽13米。隔墙南北长11米，东西宽4米。南门为"一门三道"，中门道宽3.2米，西门道宽2.7—2.9米，东门道宽2.6米。

院落东门和北门均位于院落东北部，门道均宽2.9米，进深1.5米。

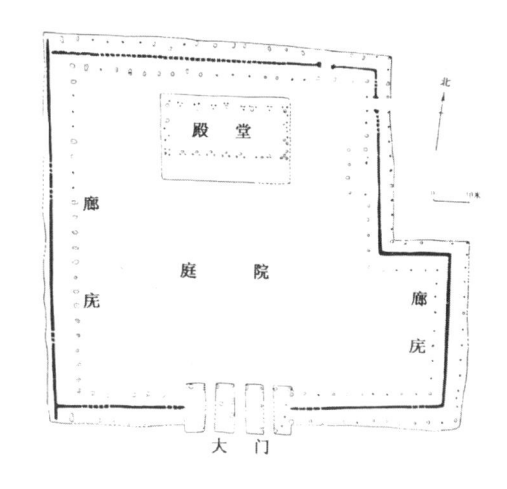

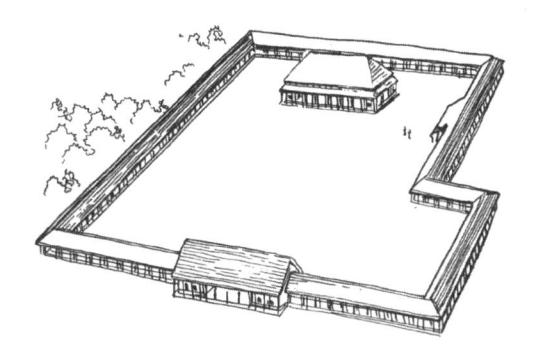

宋东京城、元大都、明清北京城等都城城门。目前考古发现最早宫城宫门"一门三道"者应为二里头遗址宫城中的一号宫庙建筑遗址院落南门，它对后代都城城门、宫城宫门制度产生十分深远的影响，同时对于我们认识该建筑遗址的政治性功能（即宫殿性质）有着极为重要的意义。

近年考古发现的七号建筑遗址，实际上是宫城南门建筑遗址。该遗址北距一号宫庙建筑遗址30米。基址夯筑而成，东西长31.5米、南北宽10.5—11米，厚约2米。

二里头遗址一号宫庙建筑遗址，是目前所知最早的具有中国古代宫殿建筑形制特点的宫庙建筑遗址。这种形制特点主要表现在：主体建筑为平面呈长方形的殿堂，其外有院落，形成封闭院子，南面辟门，南门为"一门三道"，大门两侧置塾。南门与殿堂形成宫殿院落建筑的中轴线。

东部二号宫庙建筑遗址西南距一号宫庙建筑基址150米，坐北朝南。二号建筑包括院落、门道、回廊及殿堂，周围筑有院墙。院落正门辟于南

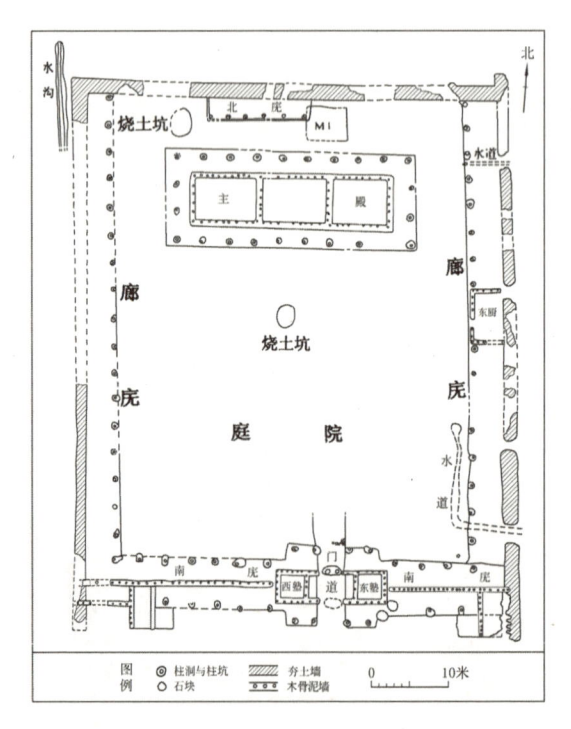

二里头遗址二号宫庙建筑遗址平面示意图

基址为长方形夯土台基，南北长72.8米、东西宽57.5—58米。

院墙宽约2米，院落平面为长方形，东西长57.5—58米、南北宽72.8米，面积约4000平方米。

南门基址东西长14.4米，南北宽4.35米，门道宽2.9米。

二号宫庙主体建筑殿堂基址平面为长方形，东西长约33米、南北宽约12米。

墙，门道两侧各置一塾。二号宫庙建筑的主体建筑——殿堂基址位于院落北部中央。

根据殿堂基址平面发现的柱网遗存，推断殿堂面阔3间，周置回廊，南廊之前置东西并列的三阶。殿堂与院落南门之间为庭院。二号宫庙建筑的院落正门（南门）设置的左右二塾是十分重要的遗存。在秦雍城遗址考古发掘的春秋时代马家庄一号建筑遗址，一般被认为属于宗庙建筑遗址，其院落正门为"一门二塾"。20世纪50年代考古发掘的汉长安城南郊礼制建筑中的宗庙建筑遗址，其院落之门亦为"一门二塾"。东周、西汉时期的上述宗庙遗址的院落门址门塾制度如果是从早期沿袭而来，那么它们对于认识二号建筑遗址的性质，应该是十分重要的。

根据上述二里头宫城遗址之中东西分布的一号与二号大型建筑遗址的各自形制，我们推断它们的使用功能不同。但可以认为，二者作为均在宫城之中的建筑遗址，均系具有政治性功能的建筑。其不同之处就是它们的政治性功能不同，即可能为宗庙的二号建筑遗址是血缘政治平台，而可能为宫殿的一号建筑遗址为地缘政治平台。

二里头宫城之中的宗庙（二号宫庙建筑遗址）与宫殿（一号宫庙建筑遗址）开创的二者东西并列分布于宫城之中，形成宫城"双轴线"的特点，成为中国古代王国时代国家都城的重要特色，是中华五千年不断裂文明的"中和"文化的前期特色，即都城的"择中建都"与都城通过宫城体现的"双轴线"并存。

"工在官"是中国古代社会十分重要的特点。二里头遗址作为夏代都城，考古发现其官手工业作坊遗址主要有铸铜作坊遗址、玉石作坊遗址、制骨作坊遗址等，这些遗址主要分布在宫城区以南约200米。其中铸铜作坊遗址面积近万平方米，出土的相关遗物有陶范、石范、熔炉残

嵌绿松石兽面纹铜牌饰
二里头文化

二里头遗址出土的绿松石龙形器

迹、铜渣、铜矿石、木炭及铜器等。在上述铸铜作坊遗址与宫城遗址之间，有一院落，其中发现一处面积不小于1000平方米的绿松石作坊遗址。推测二里头遗址墓葬中出土的镶嵌绿松石铜牌饰和镶嵌绿松石龙形器等镶嵌绿松石器，均应生产于此。其中镶嵌绿松石的龙形器长64.5厘米，宽4厘米，由2000多片形状不一的绿松石片组成。遗址之中出土的大量绿松石加工废料，进一步证明这里应为二里头遗址的玉石器手工业作坊区。上述高等级官手工业生产遗存，又从时代与城址性质两方面佐证了二里头遗址为夏代都城遗址，因为只有都城之中才能有这样的与王室或高等级权贵相匹配的物化遗存。

居住区分为贵族居住区与平民居住区，前者位于宫城东部、东南部，后者位于宫城西部、北部。

虽然二里头遗址至今还未发现可以称为王陵的墓葬，但是其中一些中型墓葬出土的遗物种类、数量均很多，等级也较高，如青铜器中的鼎、爵、斝、盉、斝、钺、刀、戈、镞等，玉石器中的圭、

青玉牙璋
二里头文化

璋、钺、戚、戈、刀等，陶器中的白陶器、原始青瓷器、爵、鬶、盉、豆、盘等，还有镶嵌绿松石铜牌饰、镶嵌绿松石龙形器等。这些高等级文物，足以佐证二里头遗址在夏代作为国家都城的政治、文化、经济地位。其中的青铜器与玉器之中的礼器，如青铜器中的鼎、钺，玉器中的玉圭等，以及原始青瓷，成为重要的不断裂中华文明物化载体。

③ "五帝时代"都邑

郑州地区新石器时代晚期的城址

这里所说的"五帝时代"是中华五千年不断裂文明中的第一个千年，也就是中国古代第一部纪传体通史《史记》之中的《五帝本纪》所记载的黄帝、帝喾、颛顼、唐尧、虞舜时代。《竹书纪年》记载："黄帝轩辕氏，元年，帝即位，居有熊。"黄帝建立了国家——有熊国，上古时期国即城、都城，有熊国也就是黄帝的有熊城。《帝王世纪》说："有熊，今河南新郑是也。"

考古工作者在新郑市附近曾经发现河南龙山文化时期的一些城址，如在曾经属于新郑的新密发现的古城寨城址，是一座与"五帝时代"相近的大型城址，城址面积有30万平方米，城墙之外还有宽达几十米的城壕。城内发现了大面积的高等级建筑遗存，很可能是宫殿之类的建筑遗址。具体其中遗址哪个属于"有熊国"，还需要进一步开展考古工作，但是黄帝时代在新郑一带建立都城或都邑应该是可信的。

有熊所在地新郑属于大嵩山地区，至少在三代之时，这里已经是"天地之中"。现在看来，都城置于国家的中心位置应该上推至黄帝时代。其实就"黄帝"之名来看，已经昭示出"中"的核心思想。"黄"对应五色（青、赤、黄、白、黑）之"中"的"黄"，和黄帝五方（东、南、中、西、北）之"中"之"后土"的"土"对应五行（木、火、土、金、水）

新密古城寨城址

之"中"的"土"。可以说"黄"就是"中",天与地之帝均为各自空间最高管理者,他们分别位居天、地之"中"。空间的"中"是相对东西南北而言的,"帝"居四方之"中",形成古代中国的"五方"理念。可见黄帝都有熊,体现出中国上古时代"第一都"已开启了"择中"理念。

濮阳—菏泽新石器时代晚期的城址

历史文献记载,黄帝时代之后的颛顼、帝喾、唐尧、虞舜的活动中心在河南东北部濮阳与山东西南部菏泽一带。史载濮阳附近的内黄有颛顼、帝喾的"二帝陵"。按照中国古代传统,帝王陵墓在都城附近,也就是说颛顼、帝喾的都邑也应在豫东北。

1987年考古工作者在河南濮阳西水坡考古发现了一座距今6400年的古代墓葬,编号M45号墓。墓主人为男性,身高1.84米,头南足北,仰身直肢葬。墓主人骨架左右两侧分别放置了蚌壳堆塑的"龙"与"虎"图像,"龙"与"虎"图像均头朝北,背对墓主骨架。墓主骨架足下有一蚌塑三角形图案,图案东部与东西向两根人的胫骨相连,天文考古学家冯时研究认为,这是古人最早"求中"的实物佐证。①这应该是目前所知最早的关于"求中"的考古发现。从逻辑推理来说,显然这使人们有理由认为两千年后的颛顼、帝喾"求中"建都是合情合理的。《汉书·地理志》记载济阴郡成阳县"有尧冢,灵台"。《汉书·刘向传》亦记载:"黄帝葬于桥山,尧葬济阴。"《水经注》记载:"成阳城西二里有尧陵,陵南一里有尧母庆都陵。"

成阳在今菏泽市牡丹区胡集村和陈楼村一带。考古工作者在这一带考古发现了河南龙山文化时期的城址及相关遗存。唐尧曾将菏泽一带作为都邑,春秋战国时代人们认为"陶为天下之中",这也应该是历史的传承。近来清华简《保训篇》与菏泽地区考古发现研究显示,虞舜"求中"于历山建都,人们研究认为此历山即在今濮阳一带。当然,那时的都邑是不固定的,也就是说唐尧、虞舜的都邑都不止一处,因此历史文献记载在不同时期晋南也有他们的都邑。

濮阳西水坡遗址M45号墓中的龙虎与北斗图像　　M45号墓平面示意图

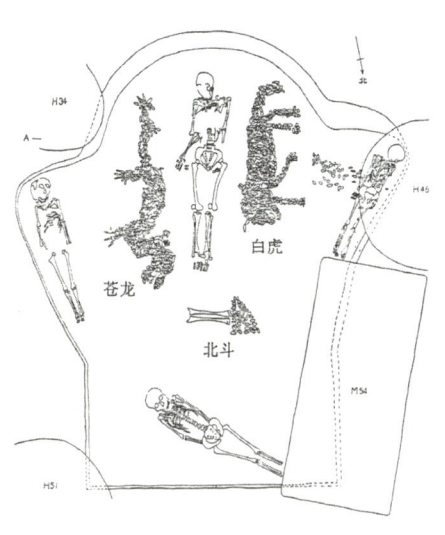

---

① 冯时:《〈保训〉故事与地中之变迁》,《考古学报》2015年第2期。

晋南的陶寺城址

《史记·五帝本纪》唐张守节《正义》引：

徐广云："号陶唐。"《帝王纪》云："尧都平阳，于《诗》为唐国。"徐才《宗国都城记》云："唐国，帝尧之裔子所封。其北，帝夏禹都。汉曰太原郡，在古冀州太行、恒山之西。其南有晋水。"《括地志》云："今晋州所理平阳故城是也。平阳，河水，一名晋水也。"

《隋书·地理志》云："临汾，后魏曰平阳，并置平阳郡。开皇初改郡为平河，改县为临汾，寻郡废。"《唐书·地理志》云："临汾，汉平阳县，隋改为临汾。"《水经注·汾水》云汾水"又南过平阳县东"。又云："县在平河之阳，尧、舜并都之也。……水侧有尧庙。庙前有碑。"

历史文献记载襄汾为古代"平阳"，又记载"尧都平阳"，平阳也就是现在的山西省南部临汾市襄汾县。20世纪末21世纪初在襄汾县发现了一座距今4300年至3900年左右的龙山文化城址，即陶寺城址。

陶寺城址出土的陶壶之上有朱书"文"与"尧"二字，把陶寺城址与"尧都平阳"紧密连在一起。关于"文"字，学术界的认识基本一致。文献记载"尧"又称"文祖"。《尚书·舜典》云："正月上日，受终于文祖。"《传》曰："上日，朔日也。终，谓尧终帝位之事。文祖者，尧文德之祖庙。"

至于何驽先生首次提出的"陶寺H3403扁壶背面的朱书文字很可能就是最原始的'尧'的初字"观点，学术界还有

陶寺城址出土陶器之上的文字

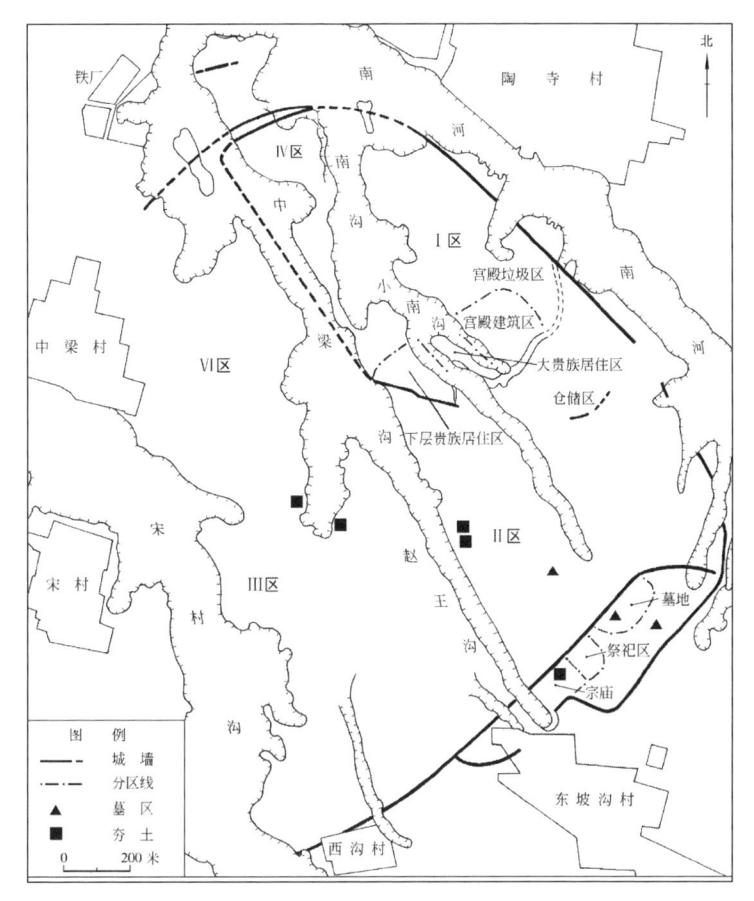

陶寺城址平面示意图

> 陶寺城址平面为圆角长方形，南北最大距离为2150米，最小距离为725米，东西最大距离为1650米，面积约2.8平方千米。
> 宫城遗址南北宽约270米，东西长约470米，面积约0.13平方千米。
> 宫门门道宽约6.8米。门连墩台遗址，长约10米，宽约11米。西侧观（阙）址南北长21米，东西宽11米。

不同说法，但是葛英会先生则发表文章坚决支持何驽先生"尧"字之说。

陶寺城址位于襄汾县东北7.5千米处的塔儿山西麓。陶寺城址的郭城遗址在今襄汾县陶寺村、中梁村、宋村、东坡沟村和西沟村之间，这是中原地区龙山文化城址中规模最大的。

陶寺郭城城址内外发现有铜铃、铜齿轮形器、陶器的朱书文字、陶鼓、鼍鼓、龙纹陶盘、彩绘陶簋、玉璧、玉琮、玉璜、玉钺、玉璇玑、石磬等礼乐重器。宫庙区建筑遗址出土的建材遗物有板瓦、刻花白灰墙皮、涂有蓝色墙裙的墙皮等，它们反映了建筑物的规格之高。在宫庙区周边发现了宫城之宫墙墙基。

在陶寺郭城城址之内的东部发现窖穴区，其范围长约100米，宽约10米，面积近1000平方米。窖穴密集，窖穴平面形制一般为圆角方形或长方形。窖穴有大小两种，其中大者边长10余米，深4—5米，容积约400立方米；小者边长约5米，深亦为4—5米，容积约100立方米。有些窖穴的出入口处地表上还有直径2米的白灰面圆形小房子遗迹，其功能可能为站岗的哨棚，表明窖穴的防卫措施很严密。陶寺城址的窖穴区"应是后世国家仓城的鼻祖，而其他史前城址中从未见这样独立的由统治者直接控制的大型仓储区"。

宫城遗址位于陶寺城址东北部，平面呈东西向长方形，与陶寺郭城方向基本一致。宫城东南角有宫门。宫门之外东西两侧发现观或阙类遗存，其中西侧观（阙）址保存较好。该宫门遗址北对宫城之中的主体宫殿建筑，因此推测此门可能是宫城的正门。

陶寺城址古观象台风光

陶寺城址出土的彩绘龙纹陶盘　　　　陶寺城址出土的玉璇玑

　　陶寺宫城基本完整，自成体系，规模宏大，形制规整，并具有突出的防御性质，是目前考古发现的中国最早的宫城。陶寺宫城及陶寺郭城的发现，使得陶寺城郭之制完备，陶寺很可能是中国古代重要都城制度——城郭之制的源头或最初形态。

　　陶寺宫城东南角门整体呈短"L"形，且带墩台基础，在形制结构上与石峁遗址年代稍晚些的郭城东门址有些相近，陶寺城墙建筑形制对同期其他地区有着深远影响。而陶寺城址南东门址形制特殊，结构复杂，史前罕见，又与后世带有观（阙）的门址（如东周曲阜鲁城的南东门遗址、汉长安城东城门遗址等）较为类似，对后世影响深远。

　　陶寺城址是一座具有政治、经济、文化礼仪等多种功能的城址，它之中有独立的宫殿建筑区、祭祀活动区、窖穴区、手工业作坊区。在城址附近有大规模的墓地，墓地之中有少数高等级贵族墓与大量一般平民墓葬。可以认为，陶寺城址是中国古代都城遗址中，目前考古发现的时代最早、内容最全的都邑城址。陶寺城址具有以下几个特点：

　　一是符合由郭城与宫城组成的"双城制"形制，且郭城与宫城城墙完备并时代清楚；二是城内分区明显；三是城址与高等级墓地同时并存；四是城址及其墓区出土了不同类型的高等级与高规格文物；五是城址与历史文献记载有着较为明确的对应关系。以上五点在其他中国古代早期都城遗址中全部具备者是很少见到的。

三

核心理念："中"与"和"的物化表现

"中"之理念

都城选址的"求中"及择中建都

新石器时代晚期的"求中"

中国先民对"中"的信仰与追求，可以上溯至遥远的新石器时代晚期和"五帝时代"。前文所述的M45号墓的龙虎与北斗图像，以及黄帝之"黄"为"中"的解读即可证明。

都城在国家中央，自中华文明形成伊始就伴随着都城出现而成为定制。"五帝时代"作为中华五千年文明的开始，黄帝有熊国在新郑，帝喾、颛顼、唐尧、虞舜都邑在豫东北、鲁西南或晋南，也就是说五帝的都邑均在中原地区。"中原"为地名，"中"是空间方位，是相对东西南北而言的；"原"是指其地形。进一步说，"五帝时代"的都邑在当时的"国家"之中部。

"五帝时代"的黄帝继承者遵循"求中"理念。《论

中国大地原点所在地

语·尧曰》记载，从政治上说：

> 舜其大知也与！执其两端，用其"中"于民。

据历史文献记载，"五帝时代"的颛顼、帝喾、唐尧、虞舜均曾在河南濮阳、山东菏泽一带活动；传说颛顼、帝喾的"二帝陵"就在濮阳附近的内黄一带；出土文献资料清华简《保训篇》记载了虞舜"求中"于历山（在今濮阳）；又据山东菏泽考古发现汉代石刻文字，有的学者认为这里曾为唐尧之都所在地。战国时代文献记载"陶为天下之中"，"陶"即今菏泽定陶。

历史时代国家都城的选址"求中"原则

我们所说的"历史时代"是指中国古代历史上夏商周王朝以来的王国时代、帝国时代。

《吕氏春秋》记载"古之王者，择天下之中而立国，择国之中而立宫，择宫之中而立庙"，这里的"国"就是"都城"，这也就是历史文献上常说的"择中建都"。都城是国家的政治缩影，上述记载是"中"的理念在政治上的实践。自夏代开始的国家都城选址继承了"五帝时代"以来都城选址"求中"原则，所不同的是，随着国家空间范围的发展，"中"的位置也在改变。在登封发现的距今约4000年的王城岗城址，学术界一般认为其可能为文献记载中的"禹都阳城"，王城岗地区附近出土的战国时代陶器之上的"阳城"陶文，恰恰可以佐证王城岗城址为"禹都阳城"之说。在大嵩山地区发现的夏代中晚期的新密新砦城址、偃师二里头宫城、郑州商城、偃师商城等，验证了上甲微"求中"于"嵩山"的记载。

夏、商的"求中"被西周统治者所继承，西周初年的青铜器何尊上的铭文"宅兹中国"，充分反映了"择中建都"已成为国家文化与国家理念。

三代都城以中岳嵩山地区为"天地之中"，随着国家空间范围扩大，以嵩山为中心的"大中原"范围扩及鲁西南、关中东部、晋南及河南大部。三代以降的都城，在中古时代以前的各大一统王朝都城基本在长安与开封之间的东西轴线上，夏商周、秦汉、魏晋、隋唐宋王朝都城均"择中建都"于这一广义之"天地之中"。进入中国古代历史晚期的辽金元明清王朝，由于国家经济中心的东移、政治上北方族群的崛起、隋唐大运河的开通，国家都城由长安—开封所处东西南北之"中"，发展为南北之"中"。考虑到女真、蒙古等北方族群多起家于大兴安岭、蒙古高原一带，于是始都北京的海陵王认为"燕京乃天地之中"。

择中建宫

"择国之中而立宫"，这里的"国"即都城，"宫"即宫庙。"择中建宫"实际上是择都城之中心而营建宫城。

中国古代都城发展史说明，都城内涵由简单至复杂，这是因为国家随着社会发展，管理功能增加、扩展，要求相应管理平台扩大，如都城由"单城制"发展为郭城与宫城组成的"双城制"，再至郭城、皇城与宫城组成的"三城制"。

从景山上俯瞰紫禁城

"择中建宫"就是宫城营建于郭城的中部。宫城在郭城的位置，从居于郭城之地势高处，逐渐发展至居于郭城东西或南北居中位置，再发展至在郭城的东西南北四面的居中位置，如偃师商城的早期宫城居于郭城南部的东西居中位置，商代中期的殷墟洹北商城的宫城基本居于郭城东西南北四面的居中位置。就宫城在都城之中的位置而言，总的来看，宫城居于郭城的东西之"中"，基本上在东汉雒阳城之后，而宫城在都城的东西南北之"中"则在宋东京城基本形成定制。

择中建庙

"择宫之中而立庙"，这里的"庙"实际上是指王国时代宫城之中的宫庙。所谓"宫庙"包括宫殿和宗庙。先秦时代二者都建于宫城之内，如夏代都城二里头遗址宫城的一号建筑遗址（宫殿）与二号建筑遗址（宗庙），又如偃师商城宫城之中的西部宫殿遗址与东部宗庙遗址。随着历史的发展，在先秦时代晚期，宫庙不只是在宫城之内，而且位于宫城的中部。如东周时期的雍城之马家庄三号与一号建筑遗址，被学术界认为是当

俯瞰祈谷坛

时都城之中的宫庙建筑，它们基本位于雍城中央。

进入帝国时代，宗庙移出宫城，只有宫殿置于宫城中央。已经考古发现的西汉大朝正殿——前殿在未央宫中央；北魏洛阳城宫城中央是太极殿；唐长安城宫城中央是太极殿，大明宫中央是含元殿；清北京城故宫的中央建筑是太和殿。上述诸都城的宗庙与社稷均安排在宫城之外、皇城之内的东西两侧。

一门三道之中门道

"一门三道"是中国古代都城的重要特点，都城城门及皇城、宫城的正门概莫能外。

我们现在仍然可以看到的保存完整的明清北京城天安门、正阳门及故宫的午门、神武门、东华门、西华门等与考古发现的元大都西城门均为"一门三道"。元代以前都城遗址之中"一门三道"的城门、宫门遗址有：宋东京城的新郑门（西城门），隋唐洛阳城的郭城正门定鼎门与宫城正门应天门等，唐长安城皇城含光门、宫城正门承天门等，邺南城的朱明门，北魏洛阳城宫城正门阊阖门，汉长安城的霸城门、宣平门、西安门、直城门等，向上还可以再追溯至东周楚国都城纪南城南城门的水门与西城墙北部的西城门。

目前考古发现最早的"一门三道"之门为二里头遗址中的一号宫殿建筑遗址的院落正门（南门），还有稍晚一些的偃师商城宫城南门中的东部

故宫东华门

东华门，是紫禁城东门，始建于明永乐十八年。东华门与西华门形制相同，平面呈矩形，红色城台，白玉须弥座，当中辟3座券门，券洞外方内圆。城台上建有城楼，黄琉璃瓦重檐庑殿顶，基座围以汉白玉栏杆。城楼面阔5间，进深3间，四周出廊，梁枋绘有墨线大点金旋子彩画。清代大行皇帝、皇后、皇太后的梓宫皆由东华门出，民间俗称"鬼门""阴门"。紫禁城的四个城门中，午门、神武门、西华门的门钉均为纵九横九，只有东边的东华门门钉为纵九横八，内含阴数，相传也与此有关。

宫门（又为第五号宫庙建筑宫殿南门）与西部宫门（又为第三号南门）。都城郭城城门"一门三道"成为定制应该始于汉长安城。宫城正门的"一门三道"形成定制应始于魏晋及北魏洛阳城宫门阊阖门，它们一直延续至明清北京城郭城与皇城的城门及宫城的午门等。

中古时代及以后，在都城与宫城之正门出现"一门五道"，如唐长安城郭城正门明德门、大明宫正门丹凤门。至于出土图像资料与历史文献记载的都城、宫城的"一门五道"城门，还有宋东京城的皇城正门宣德门等。

关于城门"一门三道"各个门道的功能，古代一些学者认为"男子由右，女子由左，车从中央"。这样的说法，值得进一步推敲，"车从中央"之说与考古发现是不一致的。在汉长安城考古发掘的各城门中，城门两边的门道保存了清晰车辙遗迹，即两边门道不仅仅作为行人徒步通行的门道。恰恰在直城门遗址中考古发现的中门道，遗迹保存较好，其门道地面为草泥地面，没有发现车辙遗迹，而且草泥地面也不便车辆行驶。应该说，作为都城城门所独有的"一门三道"形制，其"中道"就是皇帝所使用的驰道、御道在城门门道的反映，城门两侧门道则是供官民使用的通道，其与男女行走或步行、车行无关。

城门、宫门的"一门三道"与"一门五道"体现的是作为国家象征性符号的都城、宫城之城门（正门）与宫门（正门）的"中门道"所代表的国家至高无上。"一门三道"出现于国家形成之后的夏商时代，定型于西汉王朝的帝国时代之都城中，这也突显了"中"的理念所折射出的国家理念之强化。

一道三途之中途

伴随古代都城、宫城之门、宫门"一门三道"在帝国时代初期定型，与城门、宫门相连接的都城之内的道路出现了"一道三途"。"一道三途"与城门、宫门的"一门三道"对应衔接，是国家至上的"中"之观

天坛御道

念的进一步发展。

汉长安城内与城门连通的大街，每条大街上各有两条排水沟将其分为并行的三股道，这就是历史学家班固所说的"披三条之广路"。根据考古资料，"一道三途"的中股道宽20米，中股道即文献所载之专供皇帝使用的驰道或御道。两侧的道路各宽约12米，为行人使用的道路。驰道、御道不但一般百姓、官员不能使用，就是太子也不能行驶其中。《汉书》曾记载了一个故事：桂宫宫城正门（南门）龙楼门与未央宫石渠阁西北的作室门隔直城门大街南北相对，汉成帝刘骜为太子时，汉元帝在未央宫有急事召见正在桂宫的他，但是他没有从桂宫龙楼门直接穿过直城门大街的驰道进未央宫作室门去应召，而是绕行至直城门，出直城门再从直城门大街南部入城，行至未央宫作室门进入皇宫，因此时间拖久了一些。当汉元帝知道了这一情况后，对太子遵守礼仪的行为很满意。

东汉雒阳城的城内主要道路也是"一道三途"，只是其"三途"直接以"墙"相隔。《太平御览》引《洛阳记》记载，雒阳城：

> 宫门及城中大道皆分作三，中央御道，两边筑土墙，高四尺余，外分之。唯公卿、尚书、章服道从中道，凡人皆行左右，左入右出。

至于汉代"一道三途"制度历史延续情况，现在还有待考古工作的进一步开展予以解决。

都城、宫城的中轴线之"中"

古代都城轴线是中国古代都城的重要特点。从表面上看，古代都城轴线是建筑规划与技术问题，也有学者认为是美学与艺术问题，我认为上述看法是表象。都城、宫城中轴线实质上是国家政治理念在都城建设上的反映。

以往关于中国古代都城轴线的研究，一是将其统称中轴线，二是认为都城中轴线似乎与古代都城同时出现。其实并非如此，轴线、中轴线是古代都城发展的产物。

目前考古发现的陶寺城址、王城岗城址、新砦城址等，很难看出其轴线、中轴线规划理念。二里头宫城遗址的二号宫庙建筑遗址与一号宫庙建筑遗址建筑并列于宫城东西，这可能是目前考古发现时代最早的都城轴线。一号建筑遗址主体建筑殿堂遗址与其院落南门及宫城南门（七号遗址）南北相对，形成一条轴线。二号遗址主体建筑与其院落南门相对，也可以说形成另一条轴线，只是这条轴线向南的发展情况还不清楚，因为在宫城南城墙上还未发现与之相对的宫门。不过从宫城整体布局来看，南宫墙东部有可能还有一座宫门，如果这一推测不误的话，二里头宫城应该有两条东西并列的南北向轴线，也就是宫城的"双轴线"。类似情况在偃师商城的晚期宫城中也同样存在。偃师商城宫城南宫门东西并列两座，这里也形成两条东西分布的南北向轴线。

在二里头宫城遗址与晚期偃师商城的宫城遗址中出现的双轴线规划，应该与当时宫城中"左庙右宫"的宫庙并列布局有关。地缘政治与血缘政治结合的二元政治，决定了都城之宫城中宫庙并列的双轴线。

秦咸阳城是战国时代修建的都城，秦始皇建立秦帝国之后仍然以此为都城。就都城形制而言，它属于从王国时代到帝国时代的过渡型都城。就目前秦咸阳城遗址考古发现而言，我们还无法究明战国时代秦咸阳城与秦代秦咸阳城的都城轴线问题。但是，秦代末年秦始皇修建的秦阿房宫前殿工程，从汉代史学家司马迁的记述来看，当时似乎规划了一条南北向的都城轴线，其北自阿房宫前殿，南至终南山，所谓"表南山之颠为阙"。

航拍紫禁城

这幅图片从南往北将整个紫禁城囊括其中，首先映入眼帘的是金水桥、天安门、端门，两侧分别是社稷坛和太庙。穿过端门之后就是俗称五凤楼的午门。沿中轴线依次分布着太和殿、保和殿、中和殿、乾清宫、坤宁宫、御花园和神武门。中轴线两侧则是东西六宫。

汉长安城是帝国时代修建的第一个都城，从汉高祖修建未央宫伊始，大朝正殿——前殿的"居中"理念就确定了，也就是说未央宫不可能存在双轴线。虽然皇宫未央宫的中轴线理念已经出现并被实施，但是作为整个都城的中轴线规划理念那时还没有形成，直到西汉晚期南郊礼制建筑的全面建成，都城的中轴线及"左祖右社"格局出现之后才最终形成。

都城中轴线形成的早期阶段，中轴线并不是科学的、严格的建筑规划意义上"居中"与"左右对称"。但是随着古代都城的发展，都城中轴线越来越接近"居中"，于西汉晚期形成都城整体的中轴线。东汉雒阳城前期是大朝正殿与南宫的南宫门、郭城南城门——平城门形成南北向的都城中轴线，晚期是大朝正殿与北宫的南门、郭城南城门形成南北向的都城中轴线。魏晋洛阳城和北魏洛阳城的都城中轴线就比汉代长安与洛阳的都城中轴线更为接近"居中"位置。古代都城中轴线真正实现"居中"，应该是隋大兴城与唐长安城，此后一直延续至明清北京城。

古代都城双轴线折射了地缘政治与血缘政治的二元政治格局，从双轴线发展为中轴线是地缘政治强化与血缘政治弱化的表现。古代都城的点、线，即以帝国的大朝正殿为都城基点，由此基点连接宫城正门、都城正门形成了都城中轴线，以此中轴线形成帝国都城的整体空间。大朝正殿的基点是都城的核心，其处于帝国都城的"居中""居前"位置与"居高"地势。

"和"之理念

"择中"与四方体现的"和"

中国古代历史上都城的选址原则是"择中建国"。都城是国家的首都，这里的"择中"就是选择在国家的中心地区营建都城。从中央政府对国家管理角度来说，这样便于对国家范围之内的东西南北四方进行管理，

《钦定书经图说》之"卜都涧瀍图"和"伻来献图图"·清

尤其在古代交通与通信条件之下，选择定都于国家全域的中心位置，是非常重要的。

西周初年，都城选址于洛阳的理由，就是洛阳在国家的中部，便于收取东西南北四方各地的贡赋。从国家政治层面来说，都城选址在国土中心地区，无疑对东西南北四方而言，体现了公平、公正与公允。"得中原者得天下"这句话就反映了中原与天下的关系，即中原因其"中"而被天下认同。"中"与四方的有机组合，也就使国家达到东西南北中的"和合"。

都城与宫城四面辟门与"和"

古代都城四面营建城门，一般每面城墙各辟3座城门。作为宫城的汉长安城未央宫也是四面辟门。这一规制，定型于西汉时代。都城与宫城四面，代表着国家的东西南北四方。作为"择中建都"之都城城门，相对四方是等距离的。同样，作为宫城之"择中建庙"的大朝正殿（国家最高权力平台），相对宫城四门所代表的东西南北四方而言，也是等距离的。这种空间上的等距离，实际上显示着"中"对四方的政治上的"和"，从而形成"中和"与"和合"，增加国家认同感与凝聚力。

第三章

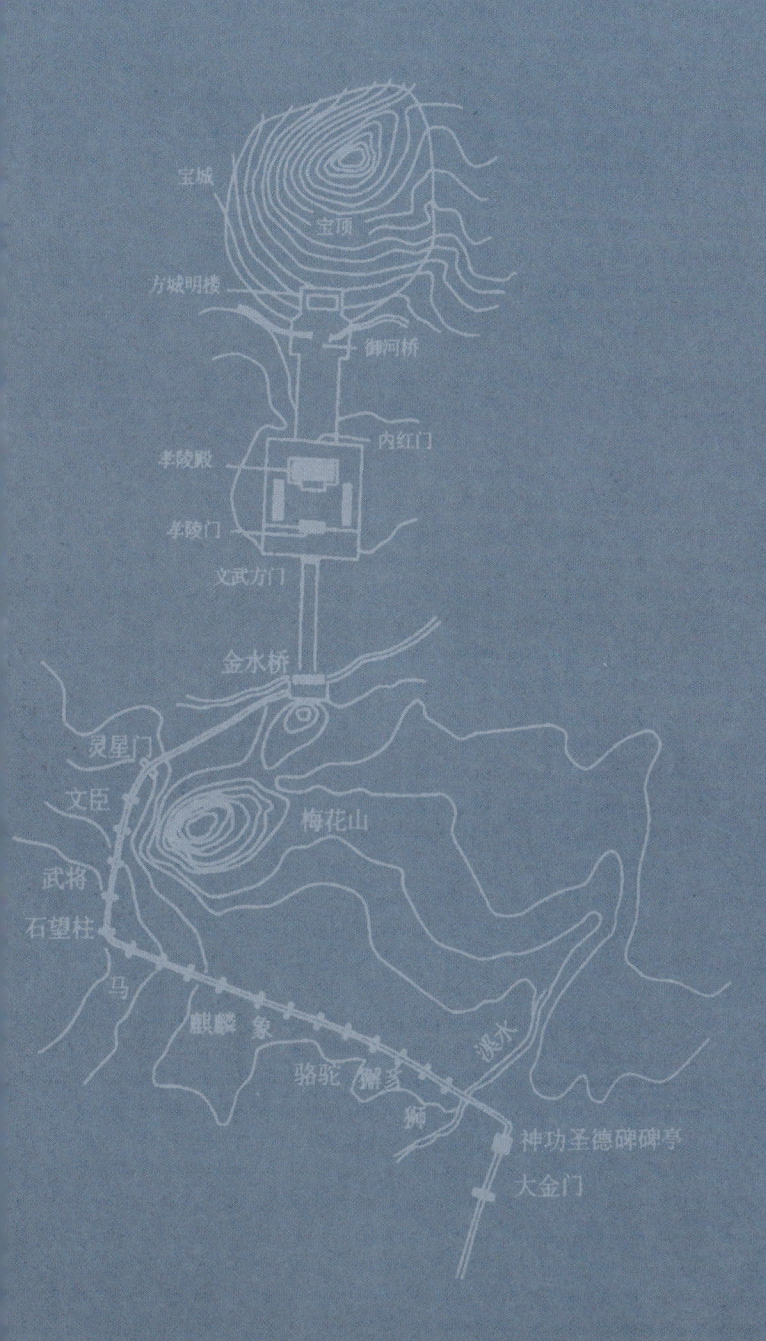

帝王陵寝考古发现与研究

不断裂的文明史

对中国国家认同的五千年考古学解读

（一）概　述

☯ 古代陵寝视域之下的文明

帝王陵墓与一般墓葬比较，二者规模悬殊，随葬品数量不同，可以明显反映墓主人生前的经济状况、政治地位。陵墓的出现无疑与文明形成是相伴而行的。因此，考古学家十分关注大墓的发现，以及那些墓葬的内涵。比如，我们知道山西襄汾陶寺遗址，那里不但有大城与小城（宫城）组成的城址，更有大规模墓地，墓地之中还有高等级墓葬，在那些墓葬中出土了高等级遗物，如龙纹陶盘、墨书文字的器物、鼓、玉器等，这些应该是社会分层的反映，也是追溯中华五千年不断裂文明的物化载体。墓葬由于埋葬在地下，相比地面遗存（如城址、各种各样遗物），一般保存得更多、更完整。这些物化载体是研究中华文明的第一手历史资料。

③ 陵墓选址与陵墓的分布、排列

墓地是墓葬的空间载体，墓地的选择是墓葬的前提。从长时段来看，墓地与居址的选址原则基本相同，即居高临下、背山面水。古人这样的选择，不是关于什么风水问题，主要是作为居址的实际需要而在墓地选择上的表现。在远古时代，人类驾驭周围环境的能力十分有限，充分利用"地利"是其必然选择。居高临下、背山面水是为了居址与居住者的生活安全、方便、舒适。而墓地作为人们的阴宅，其仿照阳宅进行规划、营造是中国古代殡葬文化的重要特点。

墓地与居址相对位置，时代越早二者距离越近，最早的墓葬就在居室之下，称为"居室葬"。随着时代发展，墓地从居室之下发展为家族、氏族墓地（墓区）。居址规模越来越大，墓葬及墓地被安排得与居址越来

江苏泗洪顺山集新石器时代遗址墓地

顺山集新石器时代遗址位于江苏泗洪县梅花镇大新庄西南约500米处的重岗山北缘坡地之上，遗址总面积17.5万平方米，经过测年，确认其为一处距今8000年前后的史前环壕聚落。该遗址考古发掘共清理墓葬92座、灰坑26座、房址5座，出土陶器、石器、玉器、骨器400多件。顺山集遗址的发现，对青莲岗文化及苏北地区早期人类聚落址分布的研究，乃至新石器时期人类居住环境研究有重要的意义。

远，但是所谓"越远"也不过是在族群聚落空间范围之内，而不会被置于其外。新石器时代中期开始，墓葬已经在房屋之外的居址与聚落附近。新石器时代晚期，在聚落之旁已经形成专用的家族或氏族墓地，这种传统一直延续到近代。近代大多数农村村民的墓葬，被安排在其村庄附近。这是与中国古代宗法制社会的做法一致的，或者说宗法制社会影响着墓地与居址的空间布局形制。

帝王陵墓的墓地选择也是遵循上述原则。百姓叶落归根，葬于其故地。帝王以国为家，都城是国家的缩影与代表，自然帝王去世要葬于都城附近，陵墓成为其都城的组成部分。

从古代帝王陵墓的考古发现来看，时代越早的帝王陵墓与都城距离越近，时代越晚的帝王陵墓与都城距离越远。

已经考古发现的殷墟商王陵在都城宫殿区西北2.5千米处的西北岗，其地势高于殷墟宫殿区的小屯一带。

洛阳东周王陵分为周山、王城和金村3个陵区。周山位于东周王城西南约5千米处，因东周王陵位于此山而得名，相传这里有东周敬王、悼王、定王和灵王的陵墓。王城陵区位于东周王城东北约10千米、汉魏洛阳城北部偏西的金村一带。秦陵

洛阳金村周王陵出土的鎏金铜龙首车饰

包括春秋战国时代秦都雍城和咸阳附近的秦国国君陵墓。秦国国君均葬于今凤翔县尹家务至宝鸡市阳平镇的三时原上，根据兆沟设置，可分为14座分陵园，每座分陵园由数量不等和类型不同的大墓组成。国君陵区与首都雍城隔雍水南北相望。战国时代中期，秦孝公迁都咸阳，秦王室分别在咸阳城西北与咸阳城东南的芷阳城东建造了王室陵区。咸阳陵区在秦咸阳城西北部，古人多认为这里的大墓为周陵。20世纪70年代以后考古工作者通过田野考古，已经确认那些大墓为战国时代秦王陵。芷阳陵区位于咸阳以

东（也即雍城先秦秦陵区以东），故名"东陵"，设有东陵侯。东陵区位于今西安市临潼区斜口街道东南，灞水从其左流过。陵区背山面水，西邻芷阳城，与都城咸阳隔渭水相望。目前共发现4座陵园。战国时代的田齐王陵位于临淄齐故城东南11.5千米处的临淄区齐陵镇和青州市东高镇、普通镇一带，地处泰沂山脉东北麓。陵区之内的齐王陵中以"四王冢"和"二王冢"最著名，此外还有田和冢、点将台与南辛庄古冢。上述5处古陵墓可能分别是战国时代的5位齐国国君的陵墓。赵王陵应主要分布在赵国首都邯郸城西北部约15千米处，即今邯郸市西北的丘陵地带，现在分别隶属于邯郸县三陵乡、工程乡和永年县北两岗乡。

秦始皇的陵墓位于今西安市临潼区晏寨乡。西汉11座帝陵，9座帝陵分布在汉长安城北部的咸阳原上，汉文帝霸陵与汉宣帝杜陵分别位于汉长安城东南部的白鹿原与杜东原之上。咸阳原、白鹿原、杜东原地势均高于汉长安城。

汉魏洛阳城分布在洛阳北邙山之南，而东汉、曹魏、西晋与北朝帝陵均在洛阳北邙原上，如北魏孝文帝太和十八年（494）迁都洛阳，在北邙山上筑长陵，宣武帝葬景陵，孝明帝葬定陵，孝庄帝葬静陵。这些陵墓左右毗连，形成北魏皇室陵墓区。

东晋定都建康城（今南京市）。东晋11位皇帝的陵寝均在南京附近紫金山余脉富贵山南麓与鼓楼岗南麓之九华山，这些帝陵为依山而葬。南朝包括宋、齐、梁、陈4代，先后建都于建康。有遗迹可寻的南朝帝陵有15处，大多在都城建康城附近，选址于土山丘陵的半麓。

隋代帝陵在隋朝都城大兴城（今西安市）以西的咸阳市武功县。唐长安城北部的关中北山山脉及其南麓，分布着唐十八陵，它们距唐长安城77—108千米。

北宋帝陵在都城开封城（东京城）西部的嵩山之北、洛河以南，今巩义市芝田镇一带。西夏，建都兴庆府（今银川市）。西夏王陵位于银川市西约25千米处贺兰山东麓的洪积扇上。

朱元璋定都南京，他的陵墓明孝陵修建于南京紫金山南麓独龙阜玩珠峰下。明成祖定都北京之后，明代13位皇帝的陵墓均安置在今北京市昌平区北10千米的天寿山南麓，南距北京城约50千米。

清东陵位于河北省遵化市马兰峪西的昌瑞山下，陵区北靠雾灵山，南临天台山和烟墩山，东自马兰峪，西至黄花山。清西陵位于河北省易县城西永宁山下。

都城与帝王陵墓二者之间距离越来越远，原因有二：一是都城附近没有足够空间容纳，必须向更为广阔地带发展；二是后代王朝帝王追求比前朝帝王墓地地势（高程）更高的思想。如西安地区是周秦汉唐四大王朝所在地，历史文献记载，西周王陵在都城丰镐遗址附近的"毕"；战国时代秦国王陵先在都城咸阳城之旁西北部，而后置于都城东南的芷阳附近高

明孝陵方城明楼

明孝陵方城明楼在方城之上，为重檐歇山顶，上覆黄色琉璃瓦，东西长39.45米，南北宽18.47米，南面开3个拱门，其余三面各开1个拱门，每扇门上面的门钉为9行，每行9颗，以彰显皇帝"九五之尊"的地位。方城明楼以北为直径400米左右的崇丘，即是宝顶，也称宝城，为朱元璋和马皇后的寝宫所在地。

地；秦始皇陵则筑于骊山山麓；西汉帝陵陵区主要在汉长安城北部的咸阳原之上；而唐代十八陵就东西排列修筑于北山之南麓，其高程超过西汉帝陵近一倍。

帝王陵墓的陵区分布如上所述，而具体到帝王陵墓个体在其陵区之中的选址，在中国古代传统文化中也有着严格的规制。不妨用民间的做法来说明。在一些村庄的家族祠堂中有家谱，家谱按照家族成员的辈分进行排列，这就是所谓的"昭穆"制度，即辈分高的居中、居上，按照辈分高低顺序依次排列。祠堂的家谱供奉如此，家中的家谱排列亦然。实际上家族、家庭墓地中几代人的排列也是这样。

帝王陵墓由于陵区庞大、使用时间久长，不可能一次性规划二三百年的不变"兆域图"。因此我们看到的只是祖孙三代人的昭穆排列，甚或两代人的昭穆排列。如西汉帝陵陵区之中，汉高祖刘邦陵墓长陵的西侧是其嫡长子惠帝刘盈的安陵，长陵东侧是其嫡孙汉景帝的阳陵。而在祖孙三代中，汉高祖刘邦的另一个儿子汉文帝刘恒则没有埋葬咸阳原西汉帝陵陵区，究其原因就是昭穆制度使然。因为刘邦的嫡长子已经占据西侧（昭位），而汉文帝又不能在刘邦长陵的东侧（穆位），因为那是汉高祖孙辈陵墓位置，故而汉文帝只好埋葬在咸阳原西汉帝陵陵区之外。

这种昭穆之制，增加了血缘关系的凝聚力。家和万事兴，家是社会的基本细胞。中国古代历史发展说明，家、家族的稳定是社会发展的重要基础，是文明传承的有力保障。

帝王陵墓构成要素

封 土

我们现在通常所说的坟墓有"墓"与"坟"两个方面内容，墓是地面之下安葬死者的设施，坟是墓之上的标识性设施。如果说葬（即墓葬）早在旧石器时代中期已经出现的话，那么坟的出现应该是很晚的了。上古时代墓上没有封土，所谓"古之葬者，厚衣之以薪，葬之中野，不封不树"（《周易·系辞》）。由于没有丘垄，甚至西汉时代的人们也不知道殷汤葬在什么地方。

周、秦时代的一些著名历史人物，像周文王、周武王、周公、秦穆公、樗里子等，西汉大学者刘向也只知葬地，却找不到墓冢。《礼记·檀弓》记载："国子高曰，葬也者，藏也。藏也者，欲人之弗得见也。"大概这是不起坟的原因之一。距今2500多年的孔子曾经对当时社会上修建坟的现象不满，发出了古代"墓而不坟"的感慨，责难古风不存！

墓葬封土的出现时代，考古资料揭示其应该比上述文献记载要早一些，有封土的墓葬早在商代已经出现。在河南省罗山县莽张乡天湖村考古发现的商代晚期墓葬（M41）为长方形竖穴土坑木椁墓，残留封土高约30厘米，推测原封土高约1.5米。在殷墟发现的妇好墓以及大司空村商代墓葬，均在墓圹的上部发现有和填土相连的夯土台基以及柱洞、砾石柱础等遗迹。

东周时期发现的最早的封土墓是春秋早期河南省光山县宝相寺的黄君孟及夫人合葬墓，封土高7—8米；河南省固始县侯古堆春秋晚期墓葬的坟丘高7米，直径55米。出现如此高大的坟丘，可能是受东南吴越地区"土墩墓"的影响，而那里修土墩墓则是因为当地的地下水位太高，无法向地面以下挖掘墓穴，只好在平地之上营建土墩或土台等，然后再于其上挖出墓穴。土墩墓多较早在东南沿海地区出现，然后传至黄河以南、长江以北等地，当地出现坟丘。

春秋战国之际的高大墓冢发现较多，如安徽淮南蔡家岗的蔡国大墓和湖北、湖南及河南等地的楚墓等。这与文献记载是一致的，《墨子·节丧》曰：

此存乎王公大人有丧者，曰棺椁必重，埋葬必厚，衣衾必多，文绣必繁，丘陇必巨。

淄博四王冢

> 四王冢位于山东临淄城东南，牛山之东，淄博市和潍坊市的交界处。东西排列着4座高大的墓冢，即田齐威、宣、湣、襄四个国君的陵墓，史称"四王冢"。其墓方基圆顶，均匀排列，耸立在山坡上，显得异常醒目。四墓自西向东为序。其一，高30米，周长140米；其二，高34米，周长157米；其三，高22米，周长190米；其四，高23米，周长130米。四墓总长541米。

这时的坟丘已经具有社会与政治意义，死者及其家属以此宣示其社会地位、政治影响等，获得社会的认可。就坟丘的发展来看，其初始阶段往往在社会上层提倡、流行。

现在仍保存着的国君陵墓封土，最早是战国时代的，如咸阳的秦惠文王公陵、安徽寿县的楚幽王墓、湖北随县的曾侯墓、河北邯郸的赵王陵、河北易县的燕王陵和山东临淄的齐王陵等。

秦始皇为自己建造的陵墓，封土非常高大，可以说在中国古代帝陵封土中登峰造极。西汉帝陵的封土，就是在前代基础上发展而来的。

皇帝、国王的陵墓实际上包括两部分，即封土与墓室，封土称为

"陵"，墓室称为"地宫"。古人将死者的埋葬地称为"墓"。"陵"的原意为高阜之地。把一些坟称作"陵"，首先是因其高大。古代社会，能够营筑高大坟墓者都是统治阶级及达官显贵，而且一般说来，地位越高，坟墓规模越大，自然国君坟墓最大。

战国秦汉以来，由于国君的坟墓越修越大，外观犹如高山，因而其坟墓又称"山"或"山陵"。《水经注·渭水》载：

秦名天子冢曰山，汉曰陵，故通曰山陵矣。

"山陵"泛指国君陵墓，因此"山陵"又成了国君的代名词。《战国策·秦策五》载：

王之春秋高，一日山陵崩，太子用事，君危于累卵，而不寿于朝生。

秦代帝陵称"山"，秦始皇陵因葬于"骊山"（今地图多称其名），又称"郦山"或"丽山"，《史记·秦始皇本纪》多称"郦山"，秦始皇陵附近出土与秦始皇陵相关文物的陶文多称"丽山"。西汉初期继承了这种称谓，如汉高祖陵墓长陵又名"长山"。后来，帝陵则称"陵"，很少再有称"山"者，但"山陵"连称却使用了很长时间。汉代以前，帝王陵墓一般没有专名，往往以帝王名称或陵墓所在地的山名为其陵名。还有的国君陵墓，因生前预建，又称"寿陵"，赵肃侯和秦孝文王的陵墓名称即属这种情况。但战国时代晚期，已经有少数国君的陵墓有了专名，如秦惠文王陵墓称"公陵"，秦悼武王陵墓称"永陵"。

从汉代开始，直到古代社会结束，皇帝陵墓都有专名。如汉代高祖、惠帝和文帝的陵墓，分别为长陵、安陵和霸陵，它们往往以地名为陵名。有的陵名从预建陵时就已经有了，如阳陵、茂陵等，有的则始称"初陵"，后来才有了正式陵名，如渭陵、延陵等。

汉高祖长陵

西汉以后，帝陵陵名则大多取用吉祥词语，以地名为陵名者越来越少，以至于历代帝王陵陵名雷同者甚多。需要指出，那些以吉祥词语命名的陵名，不少是沿用西汉帝陵陵名。这些陵名原本是源于地名，但后世统治者则引申出其吉祥意义而用之。如西汉的高祖长陵、惠帝安陵、武帝茂陵、成帝昌陵等，多为后代皇帝袭用。北魏孝文帝长陵和明成祖长陵，陵名显然袭用汉高祖长陵，但其含义并不一样，孝文帝和明成祖陵名可能寓"长久"之意，而它们二者在各自陵区中所处的地位，颇似汉高祖长陵在咸阳原上西汉帝陵陵区中的地位。又如北宋太祖的永昌陵（实为昌陵）和清代嘉庆帝的昌陵，均与汉成帝的废陵——昌陵的名称相同，取意却显然不同。至于后世帝陵常用的定陵、泰陵等陵名，其寓意更是一目了然。

考古资料已经证实，墓上筑造高大坟丘之前，在一些大型墓葬上往往有"享堂"一类建筑。享堂基址一般坐落在墓上，前者大于后者面积。安阳大司空村墓地的311号墓和312号墓、妇好墓，其上均有享堂的遗迹。至于商代王陵，从1001号大墓发掘情况来看，墓上亦建有享堂。

妇好雕像及复建的享堂

就目前所知，墓上建享堂这种情况，最迟在商代就出现了，一直延续到战国时期。在邯郸的赵王陵中，有的陵墓封土上有许多战国时代的瓦片等建筑材料，推测这是当时享堂之类建筑遗物。考古发掘探明，河北平山的中山国王陵的享堂规模已相当大。享堂的地基处理，由简单、低矮逐渐变得复杂、高大。到了后来，随着高台建筑的流行，享堂也采用了这种建筑形式。春秋、战国时代流行的高大墓冢，实际上是从高台建筑的享堂发展而来的。随着墓上高大土冢的兴修，在墓上就不常建享堂了。此后具有享堂性质的建筑不在墓上，而是移至坟墓之旁。

从战国时代开始出现并逐渐流行的帝王陵墓的大型封土建筑，显然受了当时盛行的高台宫殿建筑风格的影响。已经考古发现的高台宫殿建筑有秦咸阳宫第一号宫殿建筑遗址、燕下都南北排列在一条主轴线上的第一号至第四号高台建筑基址（武阳台、望景台、张公台、老姆台）、赵邯郸城西城的龙台、齐临淄城宫城的桓公台、号称"天下第一台"的楚灵王章华台等。陵墓是宫殿的缩影，封建王朝最高统治者营建高台宫殿建筑与构筑

章华台遗址

该遗址位于湖北潜江龙湾镇。遗址平面呈长方形，南北宽1000米，东西长2000米。东南部发现有十余座宫殿基址。其中以放鹰台为最大，长约300米，宽约100米，高约5米，由4个相连的夯土台基组成。

高大陵墓，显然都是为了显示自己拥有至高无上的权力，这在《礼记·礼器》中也有记述：

有以大为贵者：宫室之量，器皿之度，棺椁之厚，丘封之大，此以大为贵也。

《礼记·月令》记载："饬丧纪，辨衣裳，审棺椁之厚薄，茔、丘垄之大小、高卑、厚薄之度，贵贱之等级。"国君、帝王陵墓封土高大成为一种特权，并由此发展到墓葬封土的高低成为社会地位高低的标志。《汉旧仪》记载：

> 天子即位，明年，将作大匠营陵地，用地七顷，方中用地一顷，深十三丈，堂坛高三丈，坟高十二丈。

西汉一代帝陵的考古发现也证实了上述记载，西汉帝陵封土高为30—32米（除汉武帝茂陵封土高48米之外）。西汉时期的帝陵附近陪葬墓很多，但是至今没有发现一座皇帝以下各级官员的墓葬高度与帝陵相同者，他们均低于帝陵。不但墓葬封土高低根据死者生前地位有着明显等级区别，就是坟墓之上种植的树木也不相同，有着严格的规定。唐代帝陵的陪葬墓，关于不同级别官员与贵族封土高低也有着明文规定。唐代规定一品官陪葬帝陵时，其坟墓高一丈八尺；二品官以下，每低一品，其坟高减低二尺。显然，封土成为当时墓主人地位的标志，就此而言，封土要比墓主人在墓室中的随葬品更为引人关注！

国君们把葬身的陵墓视作身后宫殿。从建筑规模上来说，帝王陵墓的封土远远超过其高台宫殿建筑，这更可以看出他们多么重视自己的葬仪。

坟的出现是殡葬发展史上的一个重要节点，它标志着殡葬文化的政治性、标识性功能的突显与强化。殡葬已经从过去生者对逝者的怀念发展到对逝者生前的社会资源、政治资源的进一步开发、利用。坟是阶级社会的殡葬文化从"地下"的感情寄托、哀思表达的载体，发展到"地上"的服务于生者社会、政治需要的载体。古代社会的坟逐步变成社会等级的政治符号与标志。

墓室与墓道

帝王陵墓的营建原则是"陵墓若都邑"。帝王的葬身之处是其陵墓之墓室，墓室也就是帝王死后的宫室，因其营建于地下，所以称为"地宫"。

已经考古发现的高等级墓葬的墓室中，墓室顶部绘有"天象图"，俨然是一个"天下"的缩影，如司马迁《史记·秦始皇本纪》记载，秦始皇陵地宫之内"以水银为百川江河大海，机相灌输，上具天文，下具地理"。

除地宫内部外，地宫的墓道设施更体现出陵墓地宫与墓主人生前王宫、皇宫的酷似。殷墟西北岗商王陵开启墓室设四墓道，此后战国时代秦咸阳的秦王陵，秦代秦始皇陵，西汉十一陵等王陵、帝陵墓室均辟四墓道。更有甚者，西汉定陶王及其后妃的黄肠题凑也在其四面各置一象征性的墓门。帝王陵墓墓室开四墓道，黄肠题凑辟四门，无疑是把地宫作为王宫、皇宫对待。东汉帝陵开始辟一条墓道（南墓道），但是地面之上的帝陵陵园仍辟四门，唐宋帝陵亦然。

高等级墓葬中的墓道，还是墓主人生前级别、地位高低在阴间的标志。在东汉时代以前，四墓道的"亞"字形墓是帝王陵墓的特殊标志；有南北或东西两个墓道的"中"字形墓等级则低于"亞"字形墓，但是级别高于其他墓葬的级别；而一个墓道的"甲"字形墓则又低一级。一般墓多无墓道。而东汉以后，基本不见"亞"字形墓、"中"字形墓，帝王陵墓及达官显贵的墓葬只有一个墓道。陵墓的级别区分，已不是通过墓道多少来界定。

陵 园

帝王陵墓设置陵园约始于春秋时代。陕西凤翔雍城遗址附近发现的13座春秋时代秦公陵园均以人工挖制的隍壕为界。战国时代的秦东陵陵园继承了这一做法。陵园筑墙垣为界可能始于战国时代，较早出现于东方诸国，如河北邯郸的赵王陵、河南辉县固围村的魏王陵及陕西咸阳的秦王陵等均有版筑的陵园墙垣。秦始皇吸取关东诸国王陵陵园修筑墙垣的做法，为其寿陵修筑了墙体高大的陵园。这一制度，直至封建社会终结，历代帝王陵寝均未改变。

陵园的平面布局，春秋战国时代的陵园以长方形为主，也有少数陵园

甘肃礼县大堡子山秦公陵园遗址

大堡子山秦公陵园位于礼县城东12千米处的大堡子山。20世纪90年代初开始发掘4座规模宏大的秦公墓，出土文物全国独一无二，闻名海内外。其中国家一级文物达300余件。专家在对出土文物分析研究后初步认定这是秦仲、庄公或襄公陵墓，并确立了此陵园为秦第一陵园——西垂陵园。

为方形。从西汉开始，陵园平面布局大多取方形，唐、宋帝陵陵园承袭了这一制度。自明孝陵开始，在坟丘外建圆形宝城，在帝陵宝城南边建长方形陵园，二者南北相连，礼制建筑等置于其中。此制为明清帝陵所沿用。

门 阙

陵墓的门阙与陵园出现有着直接关系，因为陵墓的门阙实际上是陵园之门阙，只有陵墓出现陵园之后才可能有门阙。陵园象征都城、宫城，所以陵园的门阙又与城门、宫门颇有相似之处。目前考古发现时间最早的陵园门阙是战国时代秦咸阳城西北部的秦王陵陵园的门阙，但是这些门阙的具体形制还不清楚，只知道属于进出陵园的门道。

从严格意义上说，考古发现时代最早、形制最清楚的陵园门阙，以秦始皇陵园的内城东、西门阙最具代表性。秦始皇陵园内城东、西门阙，是

"三出阙"形制。帝陵陵园使用三出阙，成为延续时间很长的陵寝制度：汉承秦制，西汉帝陵继承这一规制，陵园四门均设阙，门阙均为三出阙；已经考古发掘的唐高宗与武则天合葬陵墓——乾陵，其陵园的门外就设置了三出阙。

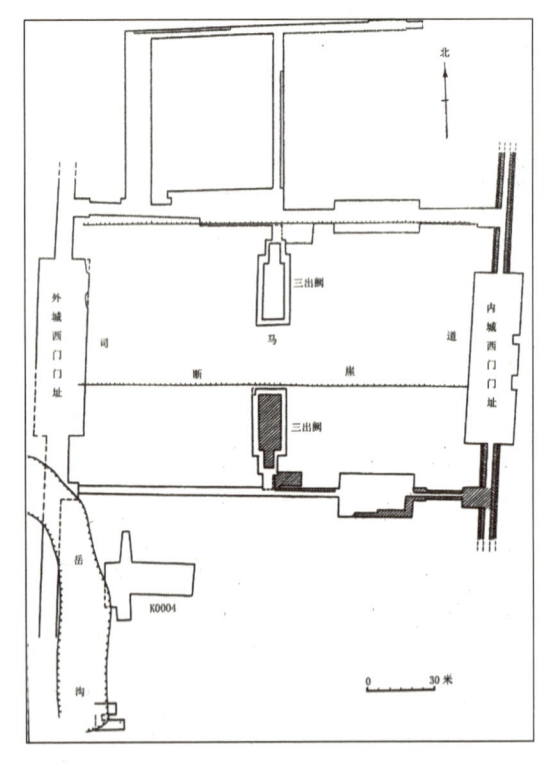

秦始皇陵园东、西门阙的三出阙遗址平面示意图

陵寝礼制建筑

古人认为人死后将进入另一世界，他们还像活着的人一样生活，供奉、祭祀活动的初衷大概由此而来。从考古资料来看，早在夏商时代，墓地就有了祭祀性建筑。如安阳殷墟妇好墓，这是商代高宗武丁的妻子妇好之陵墓，墓室上部构建有用于祭祀墓主人的建筑物。建筑平面为方形，边长约5米。杨鸿勋先生认为，这就是专门的陵寝礼制建筑。春秋战国时

中山王陵错金银铜版"兆域图"·战国

代的陵墓墓上建筑遗迹发现得更多，如陕西凤翔的秦公陵、河南辉县的魏王陵、河北平山的中山国王陵等，陵墓之上都发现了房屋建筑遗迹，而且中山国王陵中还出土了铜版"兆域图"，详细绘制出了陵墓之上享堂建筑形制。

从秦始皇陵开始，寝殿成为帝陵的主要祭祀性建筑，它实际上就是商周时代的享堂。秦始皇陵寝殿仍为方形。西汉时代帝陵寝殿建筑平面由方形变为长方形。这种平面形制的变化，似与仿照皇帝生前宫室有关。寝殿既为帝陵正殿，就要仿照皇宫大朝的前殿而建，汉代皇宫前殿建筑平面一般为长方形。

陵墓的陵寝建筑，战国时代以前一般筑于墓上，秦东陵和秦始皇陵已将其移于墓侧，但仍在陵园之内。约从汉景帝阳陵开始，这类建筑营建于帝陵和后陵陵园之外，但仍在大陵园之中。东汉帝陵陵寝建筑大多位于帝陵封土东侧或南侧，帝陵陵前增加了石殿之类建筑。

魏晋南北朝时期，北方因连年战乱，为避免盗掘，帝王陵墓流行薄葬，多"不封不树"，不立寝殿，不造园邑。北魏冯太后的永固陵前建祠庙性质的永固石室，开始恢复秦汉陵寝制度，并有所发展，神道置大型石雕。南朝帝陵多有享堂，陵园有大型石兽。

唐代诸帝陵一般于陵园之内、南门之北营筑献殿，亦称"寝殿"，这是陵园中的主要礼制建筑，是用于举行祭祀典礼的大殿。献殿一般在陵园以南西侧即陵区西南部修筑。"下宫"因其位于山陵之下而得名，这是陵区宫人、官吏等守陵人居住的地方，也是供奉陵墓主人灵魂日常起居饮食之处。

北宋帝陵礼制建筑基本承袭唐制。其上宫即汉之寝殿、唐之献殿。宋代下宫位于帝陵西北，这是依据当时的堪舆术选定的方位。南宋帝陵上宫和下宫布局一改前制，安排在同一轴线之上。

元代帝陵沿用蒙古族"潜埋"方式，陵墓附近没有礼制建筑。明代帝陵取消了唐宋帝陵的下宫建筑，扩大了祭殿（即秦汉之寝殿、唐宋之献殿或上宫）建筑，以祭殿为中心的一组院子满足了能举行大规模祭祀活动的要求。祭殿东西对称安排了配殿。祭殿院子北通以陵墓为中心的院子，南连设置神库、神厨和碑亭的院子。三座院子在一条南北轴线之上。

神道石刻

保存至今的中国古代帝陵，除地面上有高大的封土和一些陵寝建筑之外，最引人注目的莫过于源远流长、数量众多、造型精美的陵前石刻。据古代文献可知，坟墓前列置石雕，似乎早已有之。传说尧母庆都陵和尧陵之前均置石驼，周公墓前竖有石人，周宣王墓前列置有石鼓、石人、石犼、石虎、石羊、石马等。有的文献还记载秦始皇陵前有一对石麒麟。可惜上述记载，现均未能得到考古验证。

就目前掌握的考古资料来看，秦和西汉帝陵前未发现列置石刻。但是，自西汉中期开始，少数达官贵族的坟墓前列有石刻，其中最有代表性的是霍去病墓前石刻、张骞墓前石刻，以及山西安邑杜村、山东邹县城东邹庄的汉墓墓前石虎、石人等。

西汉中期的霍去病墓、张骞墓之前列置石刻有着深刻的历史原因。霍去病是征战西域的著名军事家，张骞是打通丝绸之路的著名外交活动家，他们的丰功伟绩是以西域为舞台创造出来的，西域文化对他们有着重大影响。西域地区的坟墓之前竖立石刻略早于中原地区。近年新疆北疆草原地区的阿勒泰、富蕴、青河等地考古调查、发掘的石人石棺墓文化遗迹，坟墓之前有石人立像或立石。这类石人石棺墓的时代可上溯到秦或秦汉之际。霍去病墓和张骞墓前的石刻很可能就是受了西域石人石棺墓文化的影响。当然，与北疆草原石人石棺墓前的石刻相比，霍去病墓前石刻反映的历史内容更为广泛、深刻。

草原石人

从古代陵墓前石刻的题材与组合方式来看，霍去病墓前石刻，对我国以后历代陵墓石刻的影响是深远的。如霍去病墓的石虎，实际上是魏晋时代陵墓前辟邪的前身，后者不过是虎（或狮）的变体。帝王陵墓和达官贵族墓前列置石虎，这一做法延续的时间很长。墓前列置石马，比其他列置石刻持续的时间都长，

霍去病墓马踏匈奴石雕

扩及的范围也更广。如唐太宗李世民昭陵的"六骏"，与霍去病墓前的石立马寓意相近。此外，以石人、石象等饰墓，亦为后代所沿袭。

帝陵之前列置石刻，从目前材料来看不早于东汉。《水经注》记载光武帝刘秀原陵之前列置了石象、石马。魏晋时代战争频繁，帝王一改厚葬

之风，地面不筑坟墓，陵前石刻也无从谈起。南北朝时期，帝王陵墓的封土渐又恢复，坟前的石刻又出现。洛阳北魏景陵冢前的石人像和南朝不少帝陵前的华表、麒麟、天禄就是这一时期帝王陵前石刻的代表。

唐代帝陵石刻群包括华表、天马、鸵鸟、石马、石人、石狮等，形成了一套完整制度，对以后历代帝陵石刻有着深远影响。宋、明、清诸帝陵的石刻群，种类虽有增加，但以华表、石狮、石人、石马、天马（或角端、麒麟）为主要内容的石刻群，仍为沿袭之物。宋、明、清帝陵石刻中置石象，实际是对东汉帝陵置石象的一种复古做法。宋代以瑞禽、角端取代了唐代的鸵鸟和天马，并增加了虎、羊。明清两代帝陵石像生中增加了骆驼，但无虎、羊。这些石刻被置于帝陵之前，是有其深刻原因的。

华　表

华表（或称"石望柱"，又简称"表"）最早是古代交通标志，多置于亭邮、桥梁、城门、宫殿之前，又可作为界标使用，但并不用于陵墓之前。战国时代燕昭王陵墓之前始立华表。东汉以前华表多为木制，东汉时代墓前华表改木为石。帝陵之前列置华表，自南朝已成定制，目前保存下来的也较多。自唐代帝陵起，终中国古代社会，除元代帝陵情况不明之外，历代帝陵均置华表。

再来看华表形状。汉代画像石留下了汉代华表的形象资料。从目前保存的晋骠骑将军韩寿墓石华表来看，柱身为圆形，有凸起的垂直瓜棱纹，上下各一道绳辫纹带，柱身上部有刻文的方面，柱顶为圆雕的石兽。南朝帝陵石华表造型虽与上述华表相近，但其上的石兽、莲花纹圆盖、直刳棱纹柱身等，反映出波斯和印

韩寿墓石华表

度文化的影响。

唐代陵墓华表造型较前代变化大，对后代影响也较深。唐高祖李渊献陵华表，柱头有石兽，柱础面上浮雕首尾相衔的螭龙纹，这些都承继了前代南朝帝陵华表的作风。但在献陵华表上已没有刻文方面和介础。唐高宗和武则天合葬的乾陵及以后诸唐陵华表形制相近，柱头由石兽变为宝珠，柱顶台盘之上和柱身与柱座相接处各浮雕仰、覆莲一周，柱身各棱面线刻蔓草花纹。这些变化反映了佛教文化对唐陵华表的影响。

河南巩义北宋诸陵华表沿袭唐陵形制，其柱身不只有阴文线刻，也有减地平雕。明清帝陵华表变化略大，柱身为六棱面，浮雕云气纹，柱头为圆柱形冠，浮雕云龙纹。在明清帝陵碑楼四角外有四个华表，其柱头有一蹲踞小石狮，柱身上部有云板，柱身浮雕龙纹，这些均与神道华表有所不同。

石 碑

石碑最早是木制的引棺下柩工具，陕西凤翔秦景公陵的墓圹南北曾发现当时挽棺所用的木柱，这是考古发现时代较早的"碑"。

现存最早的墓前石碑是公元前26年的麃孝禹刻石。东汉时代墓前立碑渐为流行。东晋恭帝陵石碑是现存时代最早的帝陵石碑。六朝石碑基本沿袭汉碑造型，由碑首、碑身、碑座组成。碑首饰交相蟠绕的双龙，碑额凿有一圆孔。碑身雕刻碑文。碑座为一巨龟，因为古人认为龟力巨大，故用为碑座。

唐代立碑之风甚盛，然而唐代帝陵中只有乾陵和定陵立碑。乾陵立二碑，分列神道两侧，左为无字碑，右为述圣记碑。定陵只有一通无字碑。北宋帝陵未见立碑者。明代十三陵于神道正

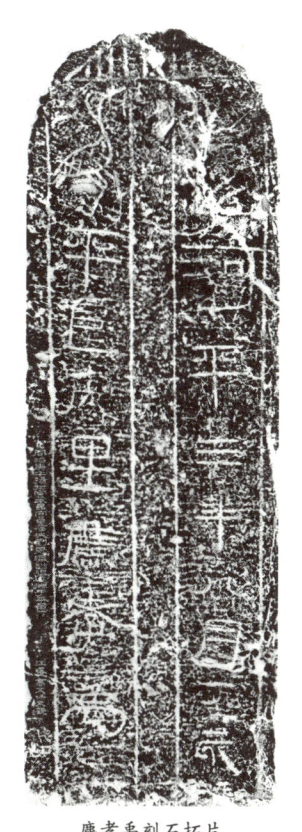

麃孝禹刻石拓片

乾陵述圣记碑　　　　　　　　乾陵无字碑

中、石刻群最南面筑一碑亭，亭中立一巨大石碑，明仁宗撰碑文。十三座帝陵之前又立无字碑一通。清代帝陵每陵置两通石碑，亦置神道正中，石碑在石像生南或北，无统一规定。

石　狮

陵墓石像生中石狮很常见。帝陵置石狮以北魏静陵最早。南朝人臣墓置石狮。唐初李虎、李爵被追封为帝，其陵墓均置石狮。自乾陵始，以后诸唐陵陵园四门外各置石狮一对。

唐代以后，历代帝陵均以石狮为门兽。狮子产于非洲和西亚，埃及的狮子在神话里还被用作圣地的守卫，举世闻名的斯芬克斯狮身人面像就是吉萨大金字塔的守卫和太阳神的化身；西亚的赫梯首都哈杜沙什城门两旁雕刻有风格古朴的狮子像。东汉时狮子作为贡品运到中国，时人视狮子为神兽。狮子几乎与佛教同时传入中国。狮子在佛教中被神化，人们赋予狮子神和佛的"外衣"。

唐代以前帝陵之上多置天禄、辟邪，石狮彻底取代天禄、辟邪在帝陵石刻中的地位，是从唐高宗和武则天的乾陵开始，并为以后历代帝陵石刻所沿袭。这大概应归于佛教文化在中国的进一步传播，之所以由乾陵开其端，是因为唐高宗和武则天是虔诚的佛教信徒。

石　虎

陵墓置石虎最早见于西汉霍去病墓和张骞墓。唐太宗昭陵以前，帝陵石刻中置石虎而不置石狮者，以西魏文帝陵最早。魏晋南北朝陵墓前的天禄、辟邪就是以虎为模特、经夸大加工，或兼以虎、狮特征而制作的神化动物。传说虎为"百兽之长"，能够吞食鬼魅，为了死者的安全，古人有以虎镇墓的习俗。帝陵用石虎为门兽，以唐高祖献陵的石虎最晚，此后北宋帝陵也有列置石虎的，但已不作为门兽了。

唐玄宗泰陵石狮

唐高祖献陵石虎

霍去病墓石虎

天 马

天马（翼马）仅见于唐陵石刻。天马头有角，两肋有翼。古代文献中关于天马的记载由来已久，汉代已把西域、中亚地区的良马称为"天马"。汉晋以来天马多被看作祥瑞的化身。唐陵置天马，以此嘉瑞表示明君盛世。

天马造型变化较明显，早期以乾陵天马为代表，两肋翼纹较繁复，腹下四腿内中空；中期以唐玄宗泰陵天马为代表，两肋翼纹为三长翅翎，腿下四腿内为实心，表面雕饰云气纹；晚期唐陵神道左右排列天马追求对称，天马马尾左列垂尾，右列缚尾，如唐德宗崇陵天马的鬃毛左披右剪。

唐玄宗泰陵天马

麒 麟

麒麟作为帝陵石刻较早出现，六朝帝陵石刻中均有麒麟，唐陵之中唯有唐睿宗桥陵以麒麟替代了天马。北宋和明清帝陵石刻普遍使用麒麟。麒麟是一种神化动物，它具备鹿的身躯、马的四足、牛的尾巴，头长一角。麟凤龟龙，谓之四灵，麒麟属于"仁兽"。

明十三陵麒麟

南朝陈文帝永宁陵石天禄　　　　　　南朝梁鄱阳忠烈王萧恢墓石辟邪

天禄、辟邪

天禄、辟邪是传说中的两种神兽。西汉时二神兽以虎为模特雕刻而成，东汉以后，它们兼具虎、狮二者特点。天禄、辟邪均两胁有翼，二者所不同者在于其头顶，天禄双角，辟邪无角。南朝帝陵石刻置麒麟和天禄。辟邪作为石刻置于南朝王侯墓前。

石犀牛

以犀牛为石像生仅见于唐高祖献陵。古人视犀牛为神异动物。周秦以来，我国境内的犀牛越来越少，邻近地区和国家常把这种被中国帝王视为嘉瑞的动物，作为重要贡品献到中国。汉唐时代，西域、南亚和东南亚地区的国家献犀牛于中国的记载屡见于史书。

历代统治者对犀牛十分重视，如商周时代制成铜犀牛作为重器；秦国李冰在四川都江堰雕刻了5个巨大的石犀牛，用以镇压为患的水妖；西汉薄太后陵区之中以生犀殉葬；汉长安城附近的皇家公园——上林苑将犀牛作为神兽饲养；唐太宗把外国使者进贡的犀牛献于皇室太庙。

唐高祖献陵石犀

石象

石象最早见于西汉霍去病墓前。文献记载，东汉光武帝原陵之前已经把石象列置于陵前。北宋及以后历代帝陵石刻中大多包括石象。象是吉祥与和平的象征，相传又有驱逐鬼怪的本领。石象列置于帝陵神道，大概也是出于上述两方面的原因。

明孝陵石象　　　　　　　　唐睿宗桥陵石鸵鸟

石鸵鸟

自上新世初期至更新世晚期，鸵鸟在我国北方分布很广，几乎遍布秦岭以北的黄土分布地区。随着地理环境的变化，鸵鸟在我国消失了。在中亚、西亚和非洲地区，鸵鸟仍然生息繁衍，因为它的强大生命力、疾走如飞的本领，当地人民将其视为珍禽。

汉唐时代，域外使者常把鸵鸟作为礼品献给朝廷，时人称鸵鸟为"大鸟"。皇帝对这种贡献活动十分重视，有的甚至专门命文人为其谱曲歌之。墓前置石鸵鸟，东汉时已有。唐高宗曾把吐火罗贡献的鸵鸟作为珍禽和贵重纪念物献于其父皇唐太宗昭陵，而武则天则把鸵鸟作为"圣君世""祥瑞出"的珍异，因此雕刻石鸵鸟置于乾陵就是不难理解的事情了。乾陵及以后诸唐陵神道石刻中均置石鸵鸟。北宋帝陵则以鸾鸟代替鸵鸟。明清两代帝陵石刻中既无鸵鸟，又无鸾鸟。

天马、犀牛、鸵鸟等石刻也反映了古代中央政权对外的友好交往，表明了圣君的"怀远之德"。

石　马

古人视马为"甲兵之本，国之大用"。远在商周时代，就以真车马为死者随葬，后来又以车马俑代之。

秦始皇陵的兵马俑坑和咸阳杨家湾汉墓的兵马俑，其数量、规模令人叹为观止！西汉霍去病墓前的立马、卧马和跃马是目前所知陵墓前最早的石马。东汉时，随着陵墓置石刻之风的流行，墓前置石马者也多起来了。

帝陵置石马，可能始于东汉光武帝原陵。魏晋南北朝以来，无论帝陵或人臣墓，一般未见置石马者。唐代帝陵除唐高祖献陵外，均置石马，其中"昭陵六骏"为旌表战功，其他唐陵所置石马则象征朝廷仪仗队伍中的仗马，仗马旁边的石人应为控马官。唐陵石刻设置仗马之制，为宋、明、清诸帝陵所沿袭，但历代帝陵石刻中的仗马数量、马饰和控马官有所不同。

石　羊

古人认为羊代表吉祥和长寿，又能驱盗镇邪。墓前置石羊，自东汉至明清历代相沿，十分普遍，但作为帝陵石像生，仅见于北宋帝陵。

唐睿宗桥陵石马

宋陵石羊

石骆驼

考古发现西汉昭帝平陵陪葬坑以骆驼随葬，此后在魏晋墓中出土随葬陶骆驼，而唐墓之中的三彩骆驼造型逼真、色彩鲜艳。骆驼是丝绸之路友好交往的象征。石骆驼作为帝陵石像生存在于明清帝陵神道中。

明十三陵石骆驼

石 人

我们一般将古人对死后的安排，看作其生前活动的缩影。远在商周时代的墓葬中就有人殉，也有用玉、石、陶、铜等制作的人俑随葬。人殉制度一直延续到明清时代。墓内殉人或随葬人的身份有墓主人的亲信臣妾，也有仪卫扈从等。陵墓前列置石人，应该是前述墓内殉人或随葬人俑的墓外地上新形式。

中古以来，石人作为石像生列置帝陵之前，应是征仪卫。陵墓前的石人与陵墓内属于帝王仪卫扈从身份的殉人或随葬人俑有着相近的关系。

唐睿宗桥陵石人

从目前较为可靠的资料来看，墓前置石人不会早于汉代。帝陵之前列置石人以北魏孝宣帝景陵和西魏文帝永陵的石人最早，二陵之前的石人均手持兵器。帝陵前列置石人成为定制，当始于唐高宗和武则天的乾陵。唐代以后，北宋、明、清诸帝陵亦置文、武石人，唯其数量少于唐陵。

蕃　像

过去认为陵墓列置石刻蕃像始于唐代，在唐陵中又仅见于昭陵和乾陵。就目前所知，我国古代陵墓石刻中列置蕃像者最早应为西汉霍去病墓，其"马踏匈奴"和"野人"石刻，前者身份为战败者，后者身份还待研究。霍去病墓石刻中的蕃像源于新疆北疆草原一带的石人石棺墓文化。这类墓，列置石人或立石表示战场的俘虏，用来装饰坟墓，让其服侍死者。霍去病墓的蕃像石刻，其意义与此相近。

西汉中期至唐初的700多年，就目前所知，其间陵墓石刻中置蕃像者甚少。由唐太宗昭陵开始，帝陵置蕃像已较普遍。这种葬仪一方面是传统形式的发展，另一方面又是区域文化交流进一步扩大、深入的反映。

见于文献记载的唐陵蕃像，只有昭陵的14尊蕃像和乾陵的64尊"王宾像"。关于上述蕃像的身份有着不同说法，我们认为其身份不能简单划一，他们之中有被征服者、归化者，也有友好国家、地区的使者。近年来，在其他五六个唐陵也发现了一些石刻蕃像。唐代，中央政权与西域交往频繁。如果说唐太宗昭陵蕃像包含"为先君所擒伏者"之意，那么这与

唐昭陵北司马院的十四国诸蕃君长石像旧址

石人石棺墓文化中的石人表示战俘应属同样意义的葬仪。唐陵蕃像石刻可能受波斯葬仪的影响。需要指出的是，唐代统治者又赋予它新的含意，即蕃像不只是被擒伏者，更重要的还是归化者和受宠者，后者有更积极的政治意义，促进了各国友好关系的发展，同时也巩固了多民族的统一国家。北宋帝陵石刻中虽仍有蕃像，但均属侍之类，其身份与唐陵石刻蕃像寓意已不相同。

陵墓石刻的分布位置，历代陵墓不尽相同。西汉霍去病墓石刻既在墓南有"马踏匈奴"等石刻，又在墓上分布有其他石刻。东汉墓的石刻分布，有在墓北者，也有在墓东者或墓南者。六朝陵墓的石刻分布位置也不统一。唐陵石刻分布一般为：陵园四门各置石狮1对（献陵为石虎），北门外置仗马3对，石刻主要分布在南门外神道东西侧。北宋、明、清帝陵基本沿袭了唐陵石刻分布位置，但陵园北门外均不再列置仗马。对陵墓石刻分布位置的调查与研究，不仅可以了解陵墓的方向，还为研究都城布局提供了间接资料，因为帝陵往往以皇帝的都城为模式修筑而成。

陪葬墓、陪葬坑

帝王陵墓之陪葬墓的出现，不晚于西周时代。历史文献记载，周文王创设了诸侯陪葬于王陵的制度。如西周王朝的开国元勋太公望虽然封于山东营丘，但死后却陪葬于陕西的文王陵墓附近。春秋时代，王陵的陪葬墓制度进一步发展。秦汉时代，帝陵的陪葬墓数量已十分惊人。西汉帝陵陪葬墓数量多、规模大，在帝陵陵区专辟茔地，墓上筑有高大封土，冢旁建有礼制建筑。

从汉代开始，帝陵陪葬墓的分布也形成一定章程。陪葬墓的位置，似与帝陵陵园正门有关。如秦汉帝陵陵园均以东门为正门，帝陵陪葬墓多在帝陵以东。及至唐代，帝陵陵园以南门为正门，陪葬墓多在帝陵以南。帝陵陵区之中陪葬墓这样布局是因陵区仿照京师和皇宫修筑。从西汉首都长安城及其皇宫未央宫的实际使用情况来看，二者均以东门为正门。唐代首都长安城则以南门为正门。皇帝举行朝仪，文武百官要于大朝正殿的正门之外左右分列。帝陵陪葬墓安排在陵园正门之外、司马道两边，颇似皇帝的朝仪场面。

一般而言，在帝陵陪葬墓中，离帝陵越近的陪葬墓，其墓主人地位越高，反之则地位越低。如汉高祖长陵的100多座陪葬墓中，以萧何、曹参地位最高，他们的墓葬也是距长陵最近的。又如唐太宗李世民昭陵的150多座陪葬墓中，从陪葬墓的分布位置来看，九嵕山上的陪葬墓离帝陵最近，墓主人为魏徵、新城公主、长乐公主、城阳公主等，都是地位高而显赫的臣子和公主。

能够入葬帝陵陵区的陪葬者，均属于统治集团内部的上层人物，但其政治身份不尽相同，他们有的是国家将相重臣，有的是皇亲国戚勋贵。就一个王朝而言，不同时期，帝陵陪葬者的政治身份也不一样，这从一个侧面反映了该王朝的政治历史变化。以汉唐两大王朝为例，汉高祖刘邦是西汉王朝的开国皇帝，开国元勋萧何、曹参、周勃、王陵等人均陪葬于高祖长陵。及至西汉晚期的元帝渭陵、成帝延陵、哀帝义陵的陪葬墓，墓主或

汉高祖长陵陪葬墓之萧何墓　　　　唐太宗昭陵陪葬墓之魏徵墓

为外戚,或为佞幸,也有妃嫔宫女,其中以外戚最多。李渊和李世民是唐初帝王,共创社稷的国家重臣魏徵、李勣、李靖、尉迟敬德、程咬金等均陪葬于昭陵。唐中宗定陵的陪葬者已主要为皇亲,此后终唐一代,诸帝陵陪葬墓墓主多属此情况。

唐高宗乾陵陪葬墓懿德太子墓《仪卫图》壁画

帝陵陪葬墓墓主政治身份的变化，反映了古代王朝的一些历史发展规律。王朝建立初期，开国元勋是统治阶级的中坚力量，因此他们死后能够陪葬于帝陵。王朝进入"守业"阶段后，开国元勋的后代不少人成为打击对象。最高统治者为了巩固自己的政治地位，采取联姻的办法，使政治与血缘两条纽带系在一起，这即是西汉中期武帝茂陵陪葬者政治身份的特点。汉代皇帝为了维护自己在皇族中的地位，在宫廷斗争中，往往依靠外戚，疏远皇亲。因此帝陵陪葬者中外戚占有突出的地位。西汉晚期，外戚势力越来越大，最后发展为王莽篡权。唐代最高统治者接受西汉王朝的惨痛历史教训，极力限制外戚势力，帝陵陪葬墓中皇亲大大多于外戚。这也是汉、唐帝陵陪葬墓墓主政治身份的重要不同之处。

陪葬墓的封土形制不尽相同。保存至今的西汉帝陵陪葬墓，封土大多为馒头形（其中有些封土已非原貌），少数为覆斗形，极个别的为山形。覆斗形封土是古代所崇尚的。已知山形封土在西汉帝陵陪葬墓中有3座：一为长陵陪葬墓的"三联冢"，另外两座是茂陵陪葬墓中的霍去病墓和卫青墓。将封土筑成某"山"之形，有其深刻的历史原因。文献记载，霍去病的坟墓是仿照祁连山修筑的。霍去病生前在祁连山与匈奴的战斗中立下赫赫战功，把其坟墓修成祁连山形状，犹如为他竖了一通光照千秋的丰碑。卫青的坟墓是仿照他战斗过地区的名山——庐山修建的，这是对卫青在抗击匈奴侵略战争中的丰功伟绩的纪念。

汉武帝茂陵陪葬墓之霍去病墓

西汉帝陵陪葬墓中的山形坟墓，对后代产生重要影响。如唐太宗昭陵陪葬墓中的李靖、李勣、李思摩（阿史那思摩）和阿史那社尔的坟墓，都

唐太宗昭陵陪葬墓之李勣墓

筑成山形。

如果说墓葬封土形状往往具有某种特定的寓意，那么封土规模则反映了当时的等级制度。古代统治者对不同政治地位的人的墓葬封土规模（主要指高低）有着明确而严格的规定，违背规定要受惩处。

帝陵陪葬墓中还有"附葬"。在西汉帝陵陪葬墓中，还发现了一排排或一组组的陪葬墓封土，其

杨家湾周勃家族墓地出土骑兵俑一对

分布颇有规律，它们应属于陪葬墓的附葬。所谓附葬就是子孙从其祖父所葬。如西汉初年的周勃陪葬于高祖长陵陵区，周勃之子周亚夫死于景帝时期，作为附葬，也葬于周勃冢旁。这种附葬制度，在唐代帝陵陪葬墓中得到了进一步发展，并被明文规定下来。

约在帝王陵墓开始设置陪葬墓的同时或稍早时候，帝王陵墓附近开始设置陪葬坑。远在商代，在殷墟商王陵附近就发现了不少以车马为主要内容的陪葬坑。到了春秋战国时代，王陵陪葬坑的规模越来越大，如春秋时

齐景公墓殉马坑

期的齐景公墓之殉马坑,长215米,殉马600多匹。秦始皇陵陪葬坑规模之大,数量、种类之多都达到了我国古代帝王陵墓陪葬坑的顶峰。汉代继承了这一传统。以后这个制度逐渐衰落,虽然继任的帝王仍为已故帝王陪葬大量金银财宝,但一般置于墓内,不再于墓外专辟陪葬坑埋葬。

(二) 帝王陵寝的考古发现

都城是国家缩影,"陵墓若都邑",帝王陵墓是了解国家历史文化发展变化的重要物化载体。明清王朝是中国古代社会历史文化集大成时期,明清帝陵也是集中国古代帝王陵寝制度发展之大成。

清代帝陵

清陵有12座，分为三个陵区。入关之前的陵区为盛京三陵，入关之后有清东陵和清西陵。

盛京三陵

盛京三陵也称"清初三陵"，包括清朝的祖陵永陵、清太祖努尔哈赤的福陵和清太宗皇太极的昭陵。

永陵原名兴京陵，是清皇族的祖陵，其中埋葬着努尔哈赤的远祖孟特穆、曾祖福满、祖父觉昌安、父亲塔克世、伯父礼敦、叔父塔察篇古等人。永陵位于今辽宁省新宾满族自治县城西20千米处的启远山南麓。陵园坐北朝南，园墙为红墙。

永陵陵园以南门为正门，称"前宫门"，门内东西排列着努尔哈赤的远祖、曾祖、祖父、父亲的4座碑亭，亭内各立1通石碑。碑亭之前东、西

清永陵四祖碑亭

侧分别为大班房与大厨房，碑亭之后东、西侧分别为果楼与膳房。碑亭之北为方城。方城正门为南门启远门，门东西两侧红墙之上饰琉璃镶嵌的五彩云龙袖壁。进入启远门，即为永陵正殿启远殿。启远殿后为宝城，再后为陵墓。永陵天地宫均为检骨迁葬墓或衣冠冢。

努尔哈赤原为明朝建州左卫指挥使，后来晋升为龙虎将军。天命元年（1616），努尔哈赤在统一女真各部落的基础上，建立了后金政权，割据辽东，天命十年（1625）迁都沈阳，死后葬于沈阳城西北角。天聪三年（1629），其子皇太极为其修建福陵，努尔哈赤与孝慈高皇后合葬于此陵。但直至顺治八年（1651），福陵工程才基本完成。

福陵位于沈阳东郊、浑河北岸的天柱山南麓，坐北朝南。园墙为红墙，南面中间辟正门，门外东西两侧对称列置石狮、华表、石牌坊和下马碑。下马碑上的碑文用满、蒙、汉、回、藏5种文字铭刻。正门之内神路两侧对称列置驼、马、狮、虎各1对石像生。神路北端与登山的108级砖阶相连。砖阶北对碑楼，楼内立康熙皇帝用满、汉两种文字撰写的"大清神功圣德碑"。碑楼北邻方城。方城四隅设有角楼，南门隆恩门为正门。隆恩

清福陵俯瞰图

清福陵隆恩殿

门为三重檐高大门楼。方城中央为隆恩殿，殿东西两侧是配殿。隆恩殿为福陵正殿，内供神牌，置暖阁，系祭祀之所。隆恩殿之后置石柱门、石五供（石刻的香炉1个、烛台2个、花瓶2个），其后明楼之内立"太祖高皇帝之陵"石碑。方城之北为月牙形宝城，其中圆形宝顶即陵墓封土，宝顶之下为福陵地宫。

昭陵是皇太极的陵墓。皇太极是努尔哈赤之子，天命十一年（1626）继位，天聪十年（1636）称帝，改后金国号为"大清"。崇德八年（1643）兴建昭陵，同年死于后宫，葬于昭陵。顺治八年昭陵竣工。昭陵位于沈阳城北，因此又称"北陵"。昭陵是盛京三陵中规模最大的帝陵，陵园面积450万平方米。昭陵平地起建，坐北朝南，为增加气势，陵园北边修筑了假山——隆业山。昭陵与福陵陵园布局形制相同。陵园南门外有下马碑、华表、石桥和石牌坊。南门之内神路两侧由南向北列置狮、獬豸、麒麟、马、骆驼和象等6对石像生。石像生北为大碑楼，内竖康熙皇帝所书"大清昭陵神功圣德碑"。碑楼后为方城，方城四隅置角楼。正门为南门隆恩门，其北为隆恩殿。隆恩殿东西有配殿，殿北为明楼及方城之后的宝城、宝顶。

清昭陵大红门

清昭陵隆恩殿远眺

清东陵

　　清东陵位于今河北省遵化市马兰峪西的昌瑞山下，陵区占地面积2500平方千米，是中国现存规模最庞大的帝陵群。清东陵有5座帝陵：顺治孝陵、康熙景陵、乾隆裕陵、咸丰定陵和同治惠陵，还有孝庄、孝惠、孝贞（慈安）、孝钦（慈禧）4座皇后陵，及景妃、景双妃、裕妃、定妃、惠妃5座妃嫔陵寝。此外还埋有其他福晋（满语"夫人"之意。清代制度规定，凡皇族中的亲王、郡王、世子的正室夫人，均称为"福晋"）、格格（清

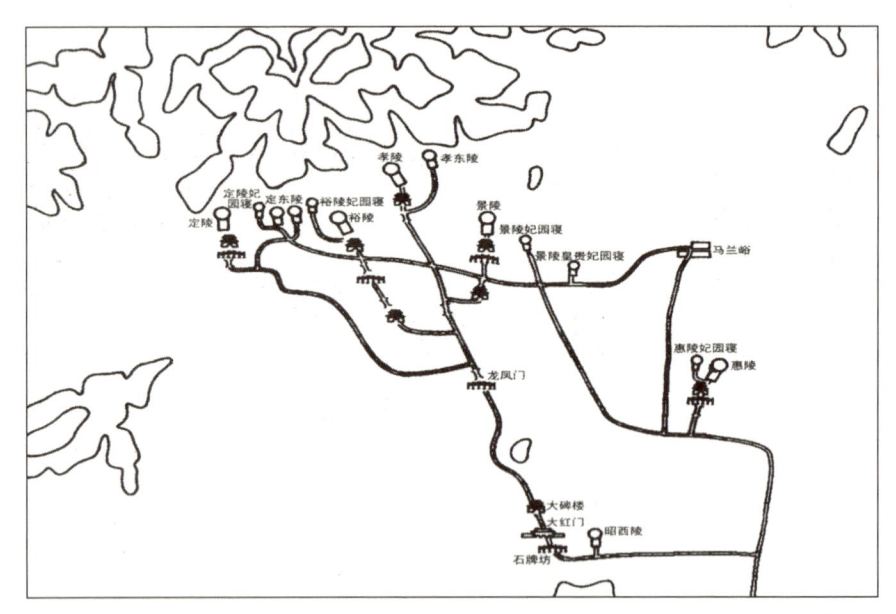

清东陵平面示意图

代皇族女儿）等。从1663年顺治入葬东陵，至1935年同治皇帝最后一位皇妃埋入东陵，历时272年，东陵之中共葬入157人。

东陵除了昭西陵之外，以孝陵为中心。孝陵位于昌瑞山主峰之下，其他皇帝陵寝分布在它两侧，东侧有康熙景陵、同治惠陵，西侧有乾隆裕陵、咸丰定陵。在皇帝陵寝附近有皇后、妃嫔的陵寝。孝陵以东的孝东陵是孝惠章皇后的陵寝，还有顺治皇帝的7位妃嫔、4位福晋、17位格格的陵墓。景陵以东有康熙皇帝的48位妃嫔、1位阿哥的景陵妃园寝和悫惠皇贵妃、惇怡皇贵妃的双妃园寝。裕陵以西有乾隆皇帝的36位后妃的裕陵妃园寝。定陵以东有咸丰皇帝的两位皇后慈安、慈禧的定东陵，15位妃嫔的定陵妃园寝。惠陵以西有同治皇帝的4位贵妃的惠陵妃园寝。

孝陵是顺治皇帝和孝康、孝献二皇后的合葬陵墓，在整个东陵陵区5座帝陵之中最具代表性。清东陵陵区南端树立有石牌坊，为五门六柱单檐庑殿顶石构建筑。石牌坊北为大红门，这是清东陵的总门，也是孝陵的正门，系砖石砌筑，单檐庑殿顶。门有三洞，门外东西两侧各立一下马碑，其上用汉、满、蒙三种文字刻"官员人等至此下马"的字样。大红门内东

清东陵中轴线

清东陵石牌坊

边有具服殿，这是皇帝谒陵时休息、更衣的地方。

大红门北为碑楼，楼内立"大清孝陵神功圣德碑"，碑文左为汉文，右为满文，记述了顺治皇帝的功绩。碑楼四角各立一华表，华表高12米。

碑楼以北、神道两侧列置18对石像生，由南向北依次为狮子、狻猊、骆驼、象、麒麟、马、武将、文臣等。神道石刻以北是龙凤门，门北为神道石桥，即三路三孔桥。桥北为神道碑亭，亭内石碑之上刻着给皇帝歌功颂德的文字。神道分左、中、右3条道，南端始自大红门，长约5千米。陵寝大门即隆恩门，为"一门三道"，东门称"君门"，为皇帝、皇后出入之门；西门称"臣门"，为侍卫大臣等随同帝后祭陵时出入之门；中门称"神门"，专供已故帝、后棺椁进入，大于东西两门。隆恩门北为陵寝祭祀的主殿隆恩殿，其后为陵寝门。门外（即门南）称"前朝"，门内（即门北）称"后寝"。再北为便桥，桥北即方城。方城之上建有明楼。明楼是陵寝中最高的建筑物，为九脊重檐歇山顶的方形碑亭，楼内金砖铺地，内立石碑。石碑朱砂涂饰，左、中、右分别为蒙、满、汉文字，文为"世祖章皇帝之陵"。方城北连宝城。宝城内有马道，马道里边有宇墙，宇墙围绕帝陵封土，即宝顶。宝顶之下即帝陵地宫。

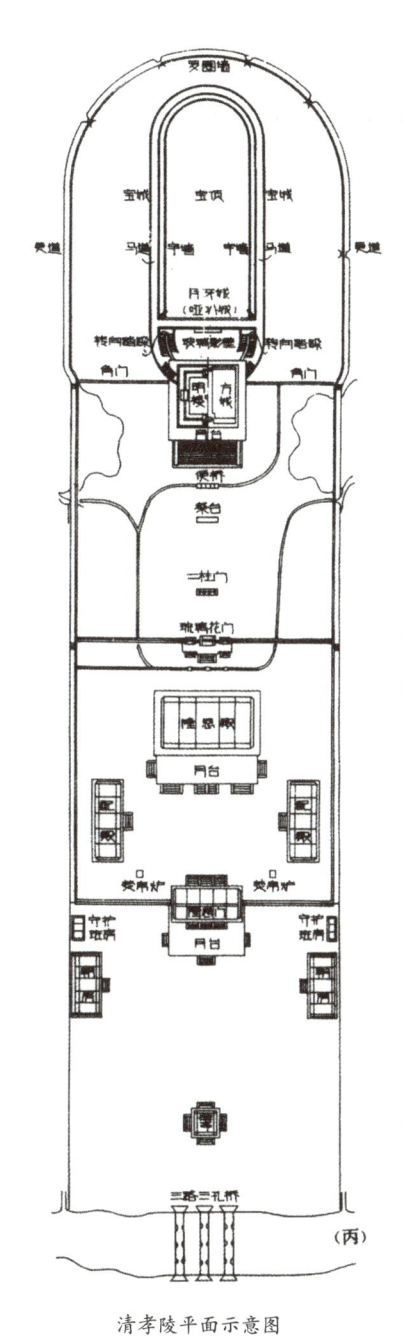

清孝陵隆恩殿

清孝陵神道

清孝陵平面示意图

清孝陵碑亭

孝东陵是孝惠章皇后的陵寝，这是清东陵内营筑的第一座皇后陵寝。陵寝神路左右埋葬了7位妃嫔，明楼两侧有次序地排列着4个福晋和17位格格的宝顶。孝东陵的29座后妃陵墓均在陵寝门内，根据后妃生前等级安排其死后陵墓位置，孝惠章皇后墓居中，其他28座后妃墓分列左右。

孝东陵隆恩殿

清帝陵布局结构与明帝陵基本相同。以清东陵和清西陵中大多数帝陵为例，其陵寝平面布局一般为坐北朝南，由南向北依次为五孔石桥，石牌坊，大红门，具服殿，碑亭（碑亭外四隅各立一华表），七孔石桥（或五孔石桥），华表1对，石像生若干对，龙凤门，三孔石桥，神道碑亭，东、西朝房，东、西守护班房，隆恩门，东、西燎炉，东、西配殿，隆恩殿，琉璃花门，二柱门，石祭台，方城明楼，哑叭院（月牙城），宝城。宝城之下为地宫。

清代帝陵地宫以清东陵中的定陵、惠陵，清西陵中的昌陵、崇陵的地宫布局最具代表性。这类地宫从南端隧道开始，由隧道券经哑叭院、月牙墙至闪当券，进地宫第一道门，过门洞入安放宝册的明堂。明堂以北为第二道门，入穿堂、进第三道门。穿过门洞进最后一道门，门内为金券。地宫之内南北共计4道石门。金券之内设宝床，其上安置金棺。

清代陵寝制度规定，先皇帝而死的皇后不另建皇后陵，要等皇帝死后才与皇帝合葬。皇帝死后下葬，陵寝地宫封闭。后皇帝而死的皇后不能与皇帝合葬同一陵墓，另在帝陵之旁营筑皇后陵寝。一般来说，皇帝妃嫔死后葬入帝陵附近的妃园寝中，但也有个别贵妃与皇帝合葬同一陵中的。

清代皇后陵寝仿照帝陵制度，唯规模小于后者，也不设石像生、龙凤门等。皇后陵寝建筑由南向北依次为石桥，东、西朝房，东、西守护班

清东陵裕陵地宫

房,隆恩门,东、西燎炉,东、西配殿,隆恩殿,琉璃花门,石祭台,方城明楼和宝城。

妃园寝比皇后陵寝规模更小,由于森严的等级制度,其建筑物名称都不一样。妃园寝由南向北依次为石桥,东、西厢,东、西守护房,大门,东、西燎炉,东、西庑,飨殿,琉璃花门,方城明楼和宝顶。

清陵陵寝建筑的重要特色是南北向中轴线贯穿每座陵寝,主体建筑隆恩殿、明楼、地宫都在中轴线上。陵寝建筑布局追求对称和均衡,在陵寝与自然环境的关系上处理得和谐、统一;建筑物布局高低错落、疏密得当;建筑色彩金碧辉煌。清陵中的石雕、砖雕和木雕,在陵区内无处不见。

清朝政府十分重视帝陵的管理,在清东陵和清西陵分别设立了"陵寝礼部衙门"和"陵寝工部衙门",主管陵区事务。帝陵陵寝祭祀活动很多,每年举行4次大型祭祀活动,每月例行3次小型祭祀活动。中央政府还在各帝陵设置专职官员和军队,负责管理和守卫。陵寝驻兵很多,清东陵周围设兵站350处,有骑兵492名,步兵2179名,其他士兵169名,战马506匹。

清西陵

清西陵位于今河北省易县城西永宁山下，陵区周长近100千米，占地面积225平方千米，规模小于清东陵。清西陵有皇帝陵寝4座，皇后陵寝5座，妃嫔园寝3座，亲王、公主的园寝6座，共埋葬着帝、后、王、公主等76人。

雍正泰陵位于清西陵陵区的中心，其西有嘉庆昌陵、道光慕陵，东有光绪崇陵。泰陵东北为乾隆生母孝圣宪皇后钮祜禄氏的陵寝——泰东陵；东部为泰陵妃园寝，其中埋葬了雍正的裕妃耿氏、齐妃李氏、谦妃刘氏、懋妃宋氏、宁妃武氏等人。泰陵是清西陵内的主陵，规模最大。泰陵最南

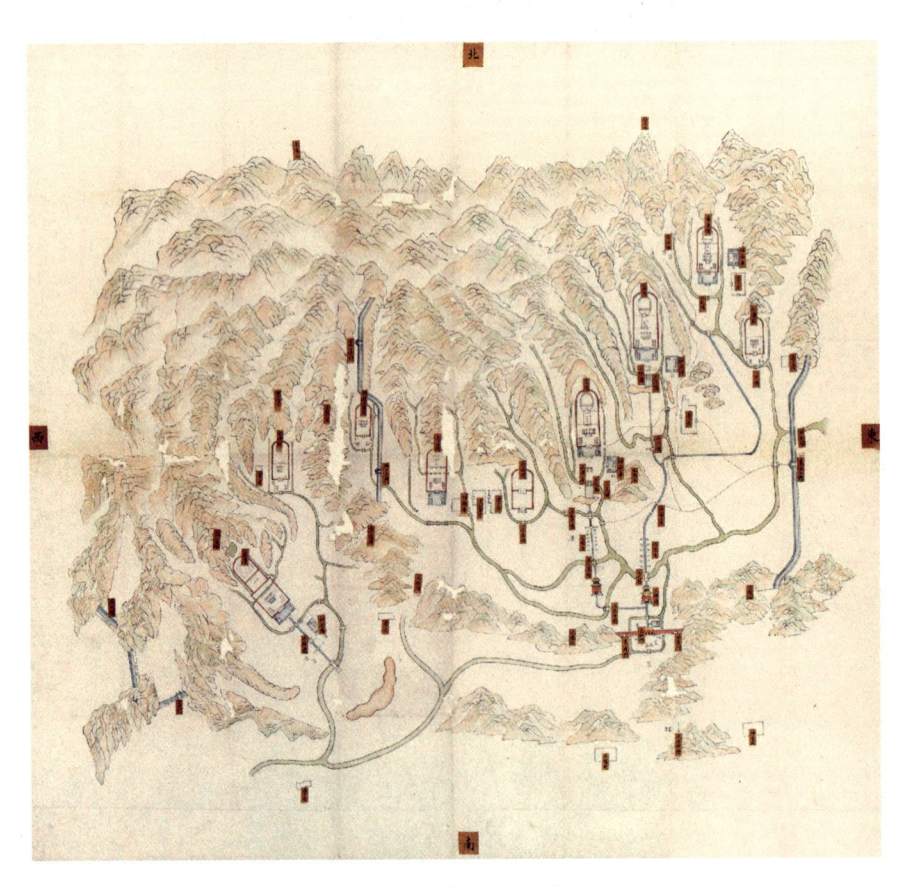

《西陵全图》·清·无款

清泰陵全景图

端为单路五孔石桥1座,由此向北依次有石牌坊3座、下马碑2通、石兽1对,再北为单檐四柱三洞。大红门东西两侧各有1座掖门。西陵神道长约2.5千米,大红门是主陵的大门,也是西陵陵区的大门。由大红门向北依次为三孔小桥、圣德神功碑亭,碑亭外四角各立1华表。碑亭北为七孔桥,桥北为东西对称分布的石像生,由南向北依次为华表、狮、象、马、文臣、武将各1对。再北为龙凤门、三孔桥、碑亭。碑亭北为月台,东西对称列置朝房和守护班房。月台北部为隆恩门,门内北对隆恩殿,东西对称分置焚帛炉和配殿。隆恩殿北依次为琉璃花

清泰陵大红门

清泰陵隆恩殿

清泰陵明楼和石五供

门、二柱门、白石祭台、方城明楼。方城北接宝城。宝城南部为月牙城，北部为宝顶，宝顶之下为地宫。

清代三大陵区尽管时代不同，分布区域不一，但是其基本陵寝制度是相同的。清王朝是女真人建立的，女真人的葬俗上至达官显贵，下到一般百姓流行火葬。而上述盛京三陵、清东陵、清西陵我们看到的帝王陵寝制度则完全不同，追溯其源，我们可以看到明代陵寝制度与清代帝陵的关系。

明代帝陵

洪武元年（1368），朱元璋推翻元朝统治，建立了明王朝。几乎同时，他在江苏泗州为其祖父修建了祖陵，又在老家安徽凤阳为父母修建了皇陵。朱元璋定都南京，他的陵墓修建于南京紫金山南麓。永乐十九年（1421），明王朝迁都北京，至末帝明思宗朱由检，共历14帝，除代宗朱祁钰以王礼埋葬在北京西郊金山之外，其他13位皇帝均葬于北京昌平天寿山南麓"明十三陵"。

江苏泗洪明祖陵

朱元璋祖父居于泗州，死后葬于泗州杨家墩。洪武十七年（1384），明太祖朱元璋为祖父修建陵墓——祖陵。祖陵位于今江苏省盱眙县明祖陵镇东南江淮平原上，东邻洪泽湖，淮河从祖陵东南流过。祖陵平面为长方形，坐北朝南，陵台居陵园之北。陵园营筑皇城、内城、外城三重城墙，四面辟门，四隅建角楼。灵星门以北20米为享殿，殿堂东西面阔33米，南北进深18米。享殿以北90米为祖陵地宫。皇城中还有神厨、宰牲亭和东西庑等。灵星门外为神道，南北长250米。神道石刻共21对，分列于神道两侧。祖陵石刻巨大，造型精美。由于祖陵的营建晚于皇陵，其石刻组合配置、雕刻技艺等方面都受到皇陵石刻的影响。

明祖陵神道石刻

21对石刻自北向南依次为太监、武将、文臣各2对，过金水桥又有文臣、石马、牵马者各1对，控马官、华表各2对，石狮6对，麒麟2对。

安徽凤阳明皇陵

朱元璋少年时父母双亡,当皇帝的第二年(1369),为自己父母修建陵墓,始称"英陵",后改称"皇陵"。皇陵位于今安徽省凤阳县城西南7千米处。皇陵的修建历时10年,1379年竣工。皇陵坐南朝北,陵台以北为神道,南北长256米。

神道北端为内城北门,北门外、金水桥前的东西两侧分别树立无字碑与皇陵碑。二碑巨大。皇陵碑为朱元璋亲撰。碑文属于自传体,他一改前人夸耀先世的传统做法,自述其出身卑微贫寒,不忘贫贱之本。

明皇陵皇陵碑

皇陵碑高6.87米,碑文1105字。

明皇陵神道石刻

神道两侧对称分布石像生32对,自南向北依次为内侍、武将和文臣各2对,石羊、石豹各4对,石马2对,控马官4对,华表2对,石虎、石狮各4对,麒麟2对。

南京明孝陵

明孝陵是朱元璋的陵墓。洪武十四年（1381），朱元璋始筑寿陵，征调修陵工匠多至数万，两年后帝陵竣工。洪武十五年（1382），帝陵施工正在全面进行之际，皇后马氏去世，朱元璋将马皇后葬入此陵之内。因马皇后谥号"孝慈"，此陵即名"孝陵"。

孝陵位于南京市东郊的紫金山南麓独龙阜玩珠峰下。朱元璋为选陵址费尽心机，他召集明朝开国元勋刘基、徐达、汤和等商议咨询，大家一致认定钟山（紫金山）作为陵址风水最佳。

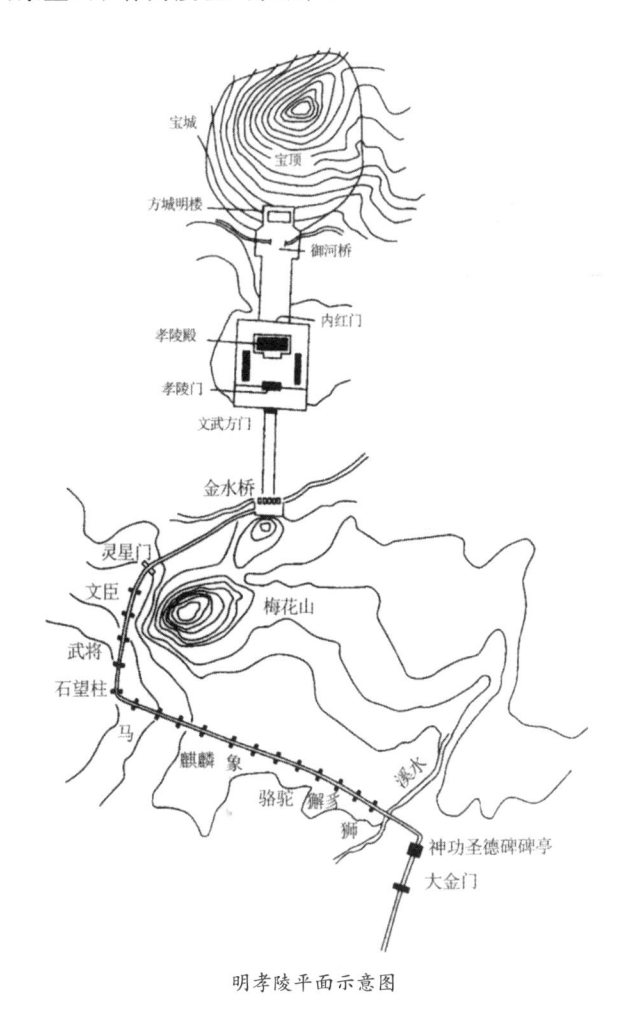

明孝陵平面示意图

明孝陵下马坊

明孝陵大金门

大明孝陵神功圣德碑

明孝陵南起下马坊，北至独龙阜半山腰的方城，东自孝陵卫，西到城墙边，陵园城墙周长22.5千米，相当于明王朝都城应天城周长的2/3，可见其规模之庞大。

孝陵平面布局可分为南、北两部分，南部以神道设施为主，北部为陵寝主体建筑。

自下马坊向北至灵星门为孝陵南部。下马坊是孝陵陵区的南起点，是明孝陵正式入口，文武百官谒陵至此必须下马步行。

下马坊是一间两柱式石造牌坊，面阔4.94米，高7.85米，坊额之上横刻"诸司官员下马"六个大字，"下马坊"之名当源于此。下马坊西北755米处为孝陵陵园的大门——大金门。大金门"一门三道"，中门道规模较大。大金门以北70米处为四方城，即孝陵碑亭，碑亭平面呈方形，边长26.86米，原为重檐歇山式顶，四面辟门。亭内石碑通高8.78米，螭首龟趺，是南京地区最大的明代石碑。碑额题"大明孝陵神功圣德碑"，碑文为朱棣撰写，记述其父朱元璋一生的功德事迹。从四方城向西北行，过御河桥约100米始达孝陵神道，神道左右列置石刻。神道石刻分为南北两段。神道石刻南段长618米，由东南向西北依次列置的石刻有石狮、獬豸、骆驼、象、麒麟和马6种，每种石兽2对，造型均为1对蹲坐、1对伫立。神道石刻北段长250米，由南向北依次排列华表1对、武将与文臣各2对。

石人之北18米为石制灵星门，门宽15.73米。灵星门也称"乌头门"，因为这种门的建筑形制起源于古代的"乌头染"。灵星门则以灵星得名，灵星为角星之宿，角星为天门之象，所以灵星门就是天门，即天子之门，是王制的象征，因而明清皇家宫室、坊庙、陵寝建筑群中多置有灵星门。由灵星门向东北275米为石造五孔御河桥，桥北200米是文武方门。文武方门正门三洞，正门东西侧各27.3米处有一侧门。进入文武方门为广地，东西宽144米，南北进深55米，广地之内左置宰牲亭，右置具服殿，还有御厨两所。

文武方门以北34.15米为孝陵殿殿前中门，即孝陵门。门宽22.3米，门内有左右廊庑30间、神帛炉2个。从文武方门至孝陵殿中央置御道，道宽1.5米，路面铺设巨石。

明孝陵灵星门

明孝陵享殿——孝陵殿

孝陵殿是孝陵陵寝地面建筑的主殿，面阔9间，进深5间，殿基东西长67.5米、南北宽28.5米，其建筑规模比北京明十三陵中的最大享殿——明成祖长陵享殿还要大得多。

孝陵殿北有方城，方城为巨大的石构建筑。方城正中设一拱门。进入拱门，向北达宝顶南墙，由东西慢道折而向上，登临明楼。明楼之后为宝顶，也称宝城，是一座圆形大坟丘，其底部直径达325—400米。宝顶之下为孝陵地宫。

朱元璋死后葬于孝陵，殉葬妃嫔38人。太平门紫金山北麓、中华门外雨花台一带，是孝陵的重要陪葬墓区，其中有不少明王朝开国元勋、栋梁之臣的墓葬，如中山王徐达墓、开平王常遇春墓、岐阳王李文忠墓等。

北京明十三陵

十三陵位于北京昌平区天寿山南麓，陵区面积40平方千米。

十三陵是明朝皇室的主要陵区，包括了明代13个皇帝的陵墓，分别是成祖朱棣长陵、仁宗朱高炽献陵、宣宗朱瞻基景陵、英宗朱祁镇裕陵、宪宗朱见深茂陵、孝宗朱祐樘泰陵、武宗朱厚照康陵、世宗朱厚熜永陵、穆宗朱载垕昭陵、神宗朱翊钧定陵、光宗朱常洛庆陵、熹宗朱由校德陵和思宗朱由检思陵。在13座帝陵之内还埋葬有皇后23人、贵妃1人、殉葬宫女数十人。十三陵陵区内还陪葬有7座妃子墓、1座太监墓。

朱棣称帝，迁都北京。永乐五年（1407），朱棣派礼部尚书赵羾和术士廖均卿、曾从政、王侃、马文素等在北京寻找皇家陵的"风水宝地"，直到永乐七年（1409）才确定以天寿山南麓为皇室兆域。十三陵始建于1409年，以后明朝历代皇帝修陵、建陵、祭陵活动始终不断。十三陵陵区属于统一规划、逐步实施、主从分明的大型皇室陵墓区。

十三陵陵区南端为一座高大的石牌坊，石牌坊以北约1000米是陵园总门户——大红门。大红门之内为总神道。神道南北长1060米，南端建有大碑亭。碑亭系重檐歇山顶，上覆黄色琉璃瓦，四面辟门。亭外四角各立一高大白石雕龙华表。碑楼之内立"大明长陵神功圣德碑"。石碑通高7.91米，系明仁宗朱高炽为其父成祖朱棣撰写的碑文。

碑亭以北800米之内神道两侧有石像生。石像生之北为牌楼式灵星门。灵星门"一门三道"，是明十三陵总神道北端的门户，皇帝、皇后入葬山陵必经此门，所以灵星门又名"龙凤门"。

明十三陵石牌坊 　　　　　　　明十三陵大红门

明十三陵碑亭及华表

碑亭平面为正方形，边长23.1米，亭高25.14米。碑亭四隅立有4根白石华表，其顶部均蹲有一只异兽，名为望天犼。华表和碑亭相互映衬，显得十分庄重浑厚。

《明十三陵图》·清·无款

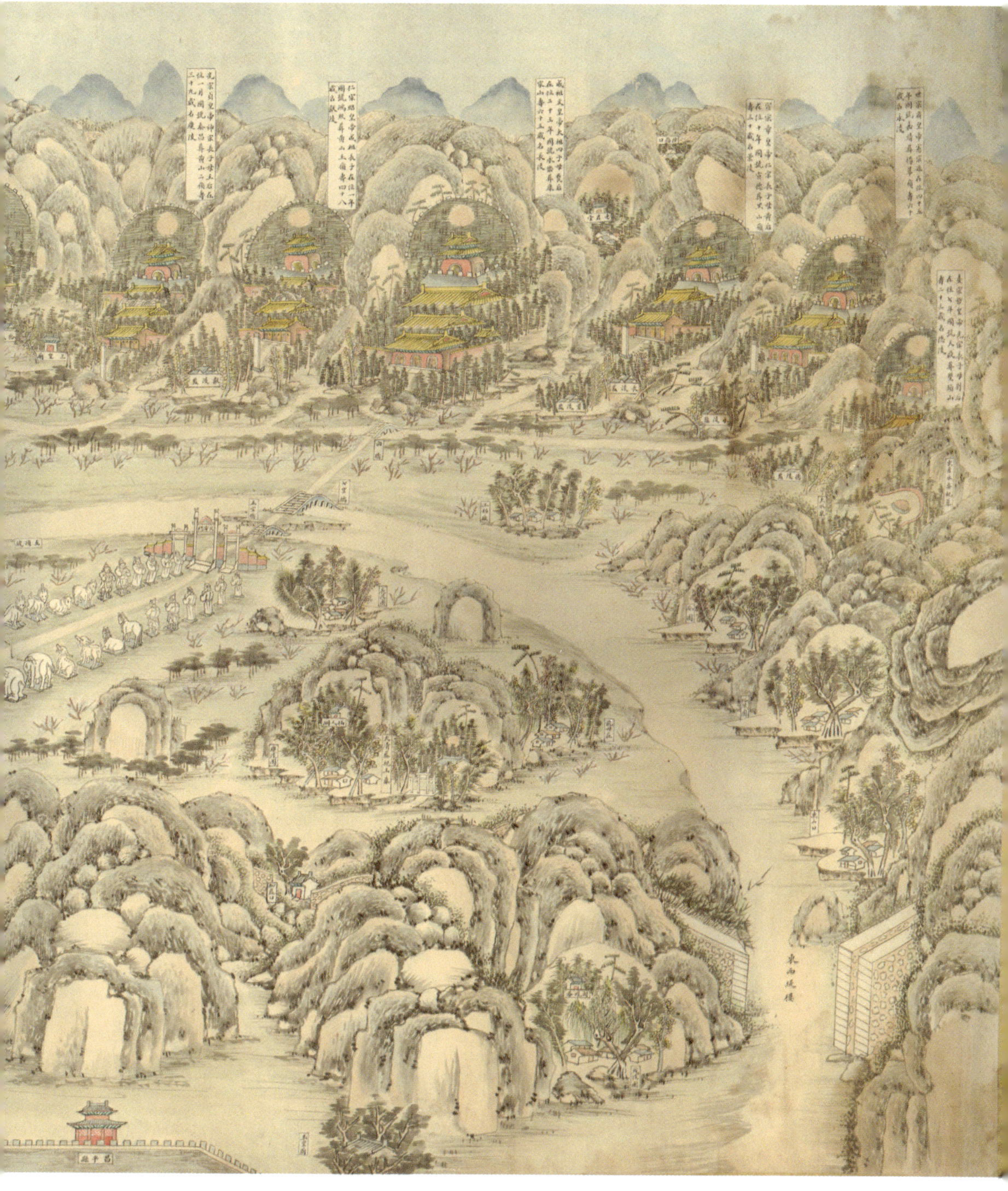
東西城樓
昌平縣

明十三陵神道石像生

> 这条神道位于碑亭北面，自两根六角形的石柱起，至龙凤门止的千米神道两旁，整齐地排列着24只石兽和12个石人，造型生动，雕刻精细，深为游人所喜爱。其数量之多，形体之大，雕琢之精，保存之好，是我国古代陵园中罕见的。石兽共分6种，每种4只，均呈两立两跪状。

十三陵神道与成祖长陵同时建成，长陵以后明代帝陵进入十三陵陵区，仅设支道与这条神道相通，各支道不再列置石像生，因而它也就成了陵区总神道。

十三陵以成祖长陵为首陵，从各陵排列与分布来看，明代初年的前四陵：成祖长陵、仁宗献陵、宣宗景陵和英宗裕陵的位置排列，遵照了古代的昭穆制度。即以长陵为中，仁宗朱高炽献陵在长陵西之昭位；宣宗朱瞻基景陵在长陵东之穆位；英宗朱祁镇在长陵西之穆位。按照以长陵为祖位、左昭右穆的次序，长陵东侧穆位的世宗永陵、熹宗德陵，长陵西侧昭位的孝宗泰陵、穆宗昭陵、光宗庆陵，也都是符合规制的。本应位于长陵以东穆位的宪宗茂陵、武宗康陵、神宗定陵、思宗思陵，均在长陵以西的昭位。上述陵址昭穆错位的原因有三：一是明代中晚期，十三陵陵区长陵祖位以东的穆位可选为陵址的风水宝地太小了；二是宪宗之前的代宗和武宗之前的睿宗均未入葬十三陵陵区；三是崇祯皇帝朱由检生前没有预建寿

十三陵长陵

明长陵祾恩殿

> 祾恩殿是嗣皇帝祭祀永乐帝后的场所，建筑在汉白玉雕刻成的三层台基上，金砖铺地。殿面阔9间，进深5间，象征着皇帝"九五"之位。所有木件全用金丝楠木为之，古色古香。直径1米多、高十几米的60根金丝楠木大柱，承托着2300平方米的重檐庑殿顶，雄伟壮观、举世无双。最粗的一根重檐金柱，高12.58米，底径达到1.124米，为世间罕见佳木。

陵，他死后明王朝已被李自成推翻，只好将崇祯帝合葬入其已故宠妃——田贵妃的墓中，后改为思陵。

十三陵各帝陵分别位于各座小山的南麓或东南麓，各帝陵自成陵园，虽然其规模大小不一，但形制基本相同。

各陵陵园周围筑墙，称为"宫墙"。宫墙红色，南面辟宫门，宫门之前竖立无字石碑。进入宫门有祾恩门，门阔3间或5间。祾恩门内为祾恩殿，这是地面陵寝建筑中的主殿。殿堂面阔7间或9间，皇帝、皇后和百官祭陵行礼都在此殿进行。祾恩殿后有牌楼门，门后为宝城。

宝城前部建有明楼，楼中立石碑，碑上刻皇帝庙号、谥号。明楼前面设置石五供。

辽、金、西夏帝陵

辽、金、西夏时期是中国古代盛唐之后的又一次民族大融合时期,是中华文明进一步深化与发展时期。辽、金、西夏王朝的帝王陵墓制度可以充分反映这一生动历史。

辽代帝陵

契丹人公元907年建立契丹国,公元938年(一说公元947年),改国号为辽,公元1125年为金、宋联合所灭。公元1124年耶律大石西奔建国,史称"西辽",公元1218年为蒙古所灭。

辽代皇陵主要葬于都城上京附近,即今内蒙古自治区巴林左旗和巴林右旗。辽太祖耶律亿(阿保机)之祖陵在巴林左旗林东镇,建于诸山之中,陵园周长约10千米。陵寝陵墓之前有石像生,陵墓附近有陵寝祭祀遗址。陵园东南1.5千米处设置有祖陵的陵邑——祖州城。陵邑之中有祭祀帝

祖州城遗址俯瞰

祖州石室

祖州石室位于祖州城内西北角的一处三级高台上，是祖州城内最具代表性的建筑。石室由7块巨大的花岗岩石板构成。石室长6.7米，宽4.8，高3.5米，坐西北朝东南，和祖州城的朝向一致。

陵的礼制建筑。

巴林右旗岗根苏木床金沟村有辽太宗与穆宗的怀陵，还有圣宗、兴宗、道宗的庆陵。此外，在辽宁北镇医巫闾山一带有世宗显陵、景宗乾陵。庆陵是由圣宗生前亲自选址。庆陵由3座皇陵组成，自西向东分别为：圣宗庆陵（东陵）、圣宗之子的永兴陵（中陵）、兴宗之子的永福陵（西陵）。庆陵3座地宫布局形制基本相近，地宫坐北朝南，由南向北的前室、中室与后室南北相连，前室与中室东西两侧各有一个耳室。

辽圣宗契丹文哀册及盖

辽陵的选址及营建规制（"依山为陵"）、陵园石像生配置、陵邑的安排等，均与契丹传统的墓葬不同，其主体接受了汉唐帝陵文化传统的影响。

金代帝陵

金代帝陵位于北京市房山区周口店镇西北5千米处的龙门口村北大房山山脊。金代皇陵主陵区就坐落于九龙山，占地约6.5万平方米，平面布局采用中国传统的建筑模式。由南向北依次为：陵区入口的石桥，由石桥进入神道、石踏道、东西台址、东西大殿、陵墙及地下陵寝等。

金太祖睿陵位于北京市房山区周口店镇龙门口村九龙山主峰下清代所修金太祖的大宝顶前约15米处。地宫内共瘗葬4具石椁，其中M6-3、M6-4为汉白玉玉雕凤纹龙纹石椁，东西向放置于地宫中部偏北处。该石椁由椁

金陵全貌

金太祖睿陵石椁

盖、椁身两部分组成，均为整石雕凿而成。椁盖为长方形盘顶式，中间雕刻双凤纹，四角雕刻卷云纹，盈顶四坡刻云纹。石椁内放置木棺1具，木棺外髹红漆，漆外饰银片鎏金錾刻凤鸟纹。棺内随葬品有金丝凤冠、雕凤鸟纹玉饰件以及金丝花饰等多件。

在金陵陵区考古调查、发掘了一些文物，出土遗物铜坐龙3件、铜簋1件。铜坐龙，模制，昂首飘发，前腿直立，后腿屈坐，尾上卷曲，通体刻龙纹鳞片及火焰纹，高18厘米。铜簋，宋仿西周礼器。

金陵出土的铜坐龙

建筑构件主要有坐龙、鸱吻、栏板、望柱、抱柱、柱础、龙头兽、龙头螭首、迦陵频伽、妙音鸟、筒瓦、板瓦、瓦当、滴水等。金陵遗址调查期间，曾出土重要的"萧何月下追韩信"三彩瓷枕以及鎏金银面具、残祝版哀册等。

金代皇室为女真人，历史文献记载，女真人原来葬俗简单，"死者埋之而无棺椁,贵者生焚所宠奴婢、所乘鞍马以殉之"(《大金国志》)。金代皇陵制度确立,始于海陵王。这与海陵王徙都燕京,营建金中都是一致的。此陵应该属于海陵王"慕华风"的产物。

西夏陵墓

西夏是我国西北地区少数民族之一的党项羌建立的地方割据政权,本名"大夏",宋人称"西夏",辖地包括今宁夏、陕北、甘肃西北部、青海东北部和内蒙古西部。建都兴庆府,即今宁夏银川。西夏统治者为党项属族拓跋氏后裔,他们的族人历任唐、宋时代边镇将领,因此西夏各种典章制度多仿宋制。西夏政权自天授礼法延祚元年(1038)李元昊称帝、建立夏国始,至成吉思汗二十二年(1227)为蒙古所灭,共190年,先后历10代皇帝,加上景宗李元昊祖父李继迁、父亲李德明被追谥为太祖、太宗,西夏皇帝共有12位。

西夏王陵陵台

西夏王陵全景

  历史文献记载的西夏帝陵有9座，9座陵的陵主分别是：1号，太祖李继迁裕陵；2号，太宗李德明嘉陵；3号，景宗李元昊泰陵；4号，毅宗李谅祚安陵；5号，惠宗李秉常献陵；6号，崇宗李乾顺显陵；7号，仁宗李仁孝寿陵；8号，桓宗李纯祐庄陵；9号，襄宗李安全康陵。杜玉冰认为西夏陵受唐宋阴阳堪舆之术的影响，实行昭穆葬法，呈左昭右穆形式。西夏王陵位于宁夏银川西约25千米处贺兰山东麓的洪积扇上，东西宽4千米、南北11千米，地势西高东低，海拔1140—1190米。陵区之内除9座王陵之外，还有193座陪葬墓。陵区由南向北分为4组。

  在陵区北端，有西夏祖庙建筑遗址。其面积约6万平方米，平面为长方形，周筑围墙，形成庙院。墙南部和西部各开1门，西门之外筑有瓮城。庙院内建筑分为3部分：南部为东西对称的2个四合院；中部为3个四合院，平面为"品"字形；北部为殿堂，是庙院的主体建筑。

西夏9座帝陵布局结构大体相近，其方向均为坐北朝南。帝陵陵台平面为八角形，外形如金字塔，高约20米，上下分为5层、7层或9层。每层出檐，上覆瓦陇，至今陵台附近尚存大量绿色琉璃瓦残片。陵台涂成赭红色，整个陵台原貌犹如一座红绿相映的宝塔。陵台南部为用于祭祀的献殿，陵台、献殿之外周围筑墙，形成内城。内城平面为方形或长方形，四隅各置1座角楼，四面墙的中央各辟1门。陵台在内城西北部，献殿在内城南门内偏西处。内城南部为月城，其中列置石像生。在内城和月城之外再筑一重城

西夏王陵出土的
迦陵频伽建筑构件

垣，形成外城。外城形制有两种：一种为封闭式；一种为开口式，即外城无南墙。内城的东、西、北三面紧邻外城的东、西、北城垣。外城南部有高大双阙，阙址东西相距70米，平面呈方形，边长9米，现存高7米。进入阙门，向北为左右对称分布的碑亭，其中竖有汉文和西夏文的石碑。再向北则至月城，又北为内城南门。在陵园最外一周的四角各筑1个夯土角台，用以标示帝陵兆域范围。

陪葬墓大多只有封土，其形状有圆丘形、圆锥形、圆柱形和圆墩形，封土夯筑。有的陪葬墓还有墓园设施。有的墓园之内还有数量不等的陪葬墓。陪葬墓一般分布在王陵南部或两侧，大多规模小、形制简单。

宋　陵

北宋建都河南开封，皇家陵园选址于首都西部的嵩山之北、洛河以南之地，形成面朝"中岳"的天子陵寝。皇家陵园以今巩义市芝田镇为中心，东西宽10千米，南北长15千米。宋陵陵区选址于此的原因，一是宋太祖赵匡胤曾计划迁都洛阳，而此地西邻洛阳；二是此地地形环境合宜。根据当时风水堪舆要求，宋陵陵址位于岗阜平原相交之处，恰好满足了北宋帝陵由鹊台至陵台逐渐斜降的要求。

北宋王朝前后有9位皇帝，除徽宗赵佶和钦宗赵桓被金兵所擒、死于漠北之外，其余7位皇帝，即太祖赵匡胤、太宗赵光义、真宗赵恒、仁宗赵祯、英宗赵曙、神宗赵顼和哲宗赵煦均葬于巩义市宋陵陵区。太祖赵匡胤之父赵弘殷被追尊为宣祖，亦葬于此陵区之中。此外，此陵区还有北宋的21位（或22位）皇后和百余名皇亲国戚、达官显贵的墓葬。

这些帝陵及其附葬、陪葬墓按分布方位可分成南、中、北、西4个区。南区位于西村乡北的常封村和滹沱村之间，在锦屏山、白云山、黑砚山之下，东邻青龙山、凤凰山、石人山。南区有3座帝陵，由东南向西北依次排列有宣祖赵弘殷永安陵、太祖赵匡胤永昌陵和太宗赵光义永熙陵，附葬皇

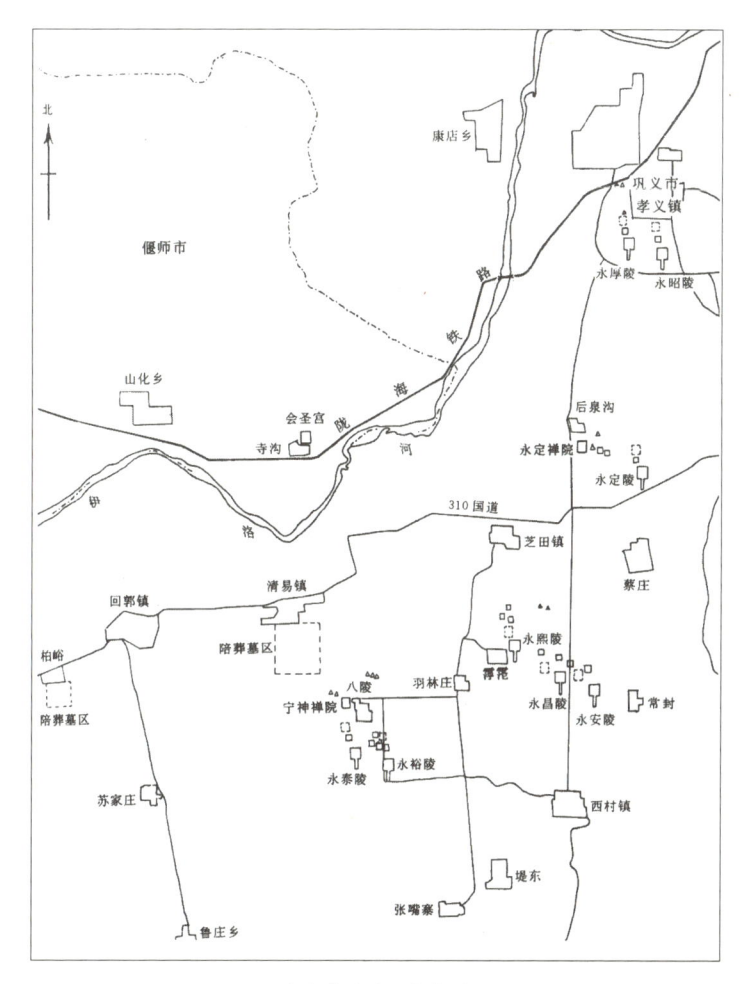

北宋帝陵平面分布图

宋永昌陵

宋永昭陵鹊门

永昭陵神道石像刻

永裕陵石雕画

后陵10座、宗室子孙墓140多座。中区在南区以北，位于蔡庄北的高岗之上，有1座帝陵——真宗赵恒永定陵，附葬后妃3人。北区位于巩义市区西南，有东西排列的2座帝陵，它们是仁宗赵祯永昭陵和英宗赵曙永厚陵。西区东邻南区，位于八陵村南，神宗赵顼永裕陵和哲宗赵煦永泰陵东西并列于此。就整个巩义市宋陵陵区的分布而言，南、中、北、西区是按时代的先后安排的。就每个陵区内的帝陵而言，是长辈居东，晚辈位西。

巩义市宋陵陵区中的所有皇帝、皇后陵墓均南与嵩山少室山峰相对。嵩山号称"五岳"之"中岳"，有三峰，东为太室山，中为峻极峰，西为少室山。少室山的主峰为玉寨山，这里也是嵩山的最高峰。"五岳"被封建社会统治者视为群神所居。北宋帝、后之陵与中岳相对，或可认为他们愿自己的地宫与居住在少室山的神明相通。

宋陵的帝、后陵墓一反中国古代传统居高临下的地势，它们朝向少室山，因此形成南高北低的地势。

北宋帝陵基本沿袭了汉唐帝陵制度。北宋帝陵陵园、地宫、封土、帝后同茔不同穴等均受汉代帝陵影响；而宋陵的下宫之设、司马道石像生等则受唐陵影响。北宋帝陵的选址则受堪舆术影响至深。北宋帝陵均为积土为冢，没有依山为陵的。帝陵封土为覆斗形，一般底边边长55—58米，高17米左右。永安陵封土规模小，底边长22.5米，高6.4米。皇后陵的封土亦为覆斗形，其规模比帝陵封土要小得多，封土底边长19—30米，高8.5—11.2米。神宗皇后的封土最小，底边长12—16.5米。宋陵封土之上种植了柏树。

北宋帝陵除永安陵之外，均取西汉帝陵"帝、后同茔不同穴"制度，帝陵与后陵各自有1座陵园。皇帝陵园与皇后陵园平面均为方形，四面中央均各辟1门，以南门为正门，陵园四角各置1角楼。皇帝与皇后陵园中，封土与南门之间建有献殿。帝陵陵园边长为227—231米，陵园南门与乳台（第二道门）、乳台与鹊台（第三道门）相距各约150米。

皇后陵园位于帝陵陵园西北，边长97—115米，陵园与乳台相距60—70米。有少数皇后陵园不设鹊台。皇后陵园乳台与鹊台距离不等，少者20米，多者80米。

宋陵的下宫位于帝陵陵园西北。下宫中住有宫人、卫兵和管理陵园的官吏，日常的供奉祭祀都在下宫中进行。有的宋陵附近建了佛寺，以为去世的皇帝祈祷。帝陵附近建寺院，隋文帝太陵已有此例，宋陵应是继承前代遗制。

宋陵石刻主要分布在陵园南门与乳台之间的神道东西两侧。帝陵神道石刻由南向北依次是华表1对、象及驯象人各1对、

宋陵石马及控马官

瑞禽1对、角端1对、石马2对、控马官4对、虎2对、羊2对、客使3对、武臣2对、文臣2对、门狮1对、镇陵将军1对。此外，陵园东、西、北神门外各有石狮1对，南门内和陵台南侧各有宫人1对。皇后陵园四门外各置石狮1对，陵园南门之内有宫人1对，南门外神道石刻由南向北依次有华表1对，石马与控马官各1对，石虎、石羊各2对，文臣、武士各1对。下宫南门外置石狮1对。

唐代帝陵、五代帝陵

唐代统治者一方面继承了前代陵寝制度，另一方面又参照长安城的格局，对帝陵大加修建。有唐一代，这些唐代帝陵的形制、规模、地面石刻的种类和数量，以及出土的文物不尽相同，它们的差异是唐代历史变化的一个缩影。唐代帝陵也是唐朝皇帝生前在长安城中活动的一面历史镜子，由此也可为人们映照出唐代长安的历史。

唐陵陵区的分布

渭北唐陵陵区在长安城北郊的北山山脉南麓，由西向东依次分布有高宗李治和女皇武则天的乾陵、僖宗李儇的靖陵、肃宗李亨的建陵，太宗李世民的昭陵、宣宗李忱的贞陵、德宗李适的崇陵、敬宗李湛的庄陵、武宗李炎的端陵、高祖李渊的献陵、懿宗李漼的简陵、代宗李豫的元陵、文宗李昂的章陵、中宗李显的定陵、顺宗李诵的丰陵、睿宗李旦的桥陵、宪宗李纯的景陵、穆宗李恒的光陵、玄宗李隆基的泰陵，它们号称"关中唐十八陵"。

唐十八陵地跨乾县、礼泉、泾阳、三原、富平和蒲城6县，东西绵延150千米。以长安为基点，陵区分别连接西北的乾陵和东北的泰陵，形成了一个102度的扇面形。扇面形地区的地势由南向北逐渐升高，可分为四层阶地：

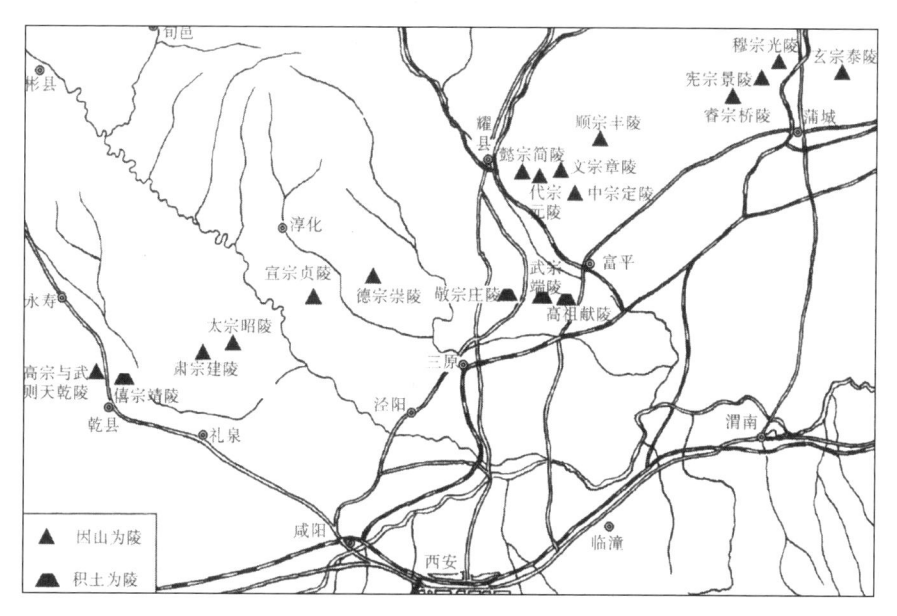

唐十八陵分布图

第一层阶地为京城长安，高程340—400米；第二层阶地为咸阳原，高程450米左右；第三层阶地是献陵、庄陵、端陵和靖陵所在的渭北高原之上，此阶地高程，除西部的靖陵所在地高程为800米之外，其余高程则为500米；第四层阶地分布着昭陵、乾陵等14座唐陵，即北山山脉南麓或山上，高程750—1200米。唐陵陵区这种地势，体现了唐朝皇帝作为最高统治者的至高无上思想。

渭北唐帝陵陵区位于北山之阳，所谓"背倚山峰，面临平原"。至于陵区在京师以北，这是沿袭了传统的葬仪。《旧唐书·吕才传》记载"古之葬者，并在国都之北"。父子陵墓相邻也是为了表现晚辈的孝敬之心。唐玄宗朝拜高祖献陵、太宗昭陵、高宗乾陵、中宗定陵和睿宗桥陵，发现桥陵附近的金粟山风水很好，决定百年之后葬于此地，理由是死后仍然能够"孝敬"他的父亲。

渭北唐陵陵区前后延用时间近300年，范围之广几达方圆300里。因而，唐朝最高统治者不可能一开始就对整个陵区做出全面的规划安排。但是就每座帝陵（或每组帝陵）而言，其具体位置的选定是经过反复研究的。如高祖李渊的献陵，位于三原县东20千米处的徐木原上。献陵以东7.5千米有汉太上皇陵。李渊晚年当了太上皇，他想把自己的葬地选择在栎阳，因此献陵修筑于汉太上皇陵西邻。献陵所在地高程高于汉太上皇陵50米。这犹如唐代帝陵陵区比西汉帝陵陵区地势普遍要高一样，它反映了唐王朝的最高统治者认为自己要高于前代帝王。有的皇帝的陵址，甚至由本人亲自选定。如昭陵和泰陵就是由太宗和玄宗选定的。太宗认为昭陵所在的九嵕山山势雄伟、"孤耸回绝"。玄宗则认为泰陵所在的金粟山有卧龙栖凤之势。

从整个帝陵陵区来看，高祖献陵东西居中。帝陵分布上大多父子相邻，如太宗昭陵与高宗乾陵（其间的靖陵、建陵为高宗以后所营筑）、睿宗桥陵与玄宗泰陵（其间的景陵、光陵为玄宗以后所营筑）、宪宗景陵与穆宗光陵就属这种情况。此外，也有兄弟相邻的，如敬宗庄陵和武宗端陵即为此例。

唐陵的形制

唐代帝陵根据营造形制的不同可以分为两种：积土为冢和因山为陵。积土为冢的唐代帝陵有献陵、庄陵、端陵和靖陵，均分布于西安以北的第三层阶地之上。积土为冢的帝陵封土形如覆斗，外观与西汉帝陵酷肖，唯其规模远逊于汉陵，仅仅与西汉的诸侯王陵墓封土大小相近。如积土为冢的庄陵、端陵封土规模相近，高约16米，底部平面近方形，边长仅58米。靖陵封土规模更小，封土高8.6米，底部平面为方形，边长40米。

唐庄陵封土

唐昭陵所在地九嵕山

> 九嵕山在陕西省礼泉县境内，突兀而起一座山峰，刺破青天，海拔高达1188米。它的周围，均匀地分布着九道山梁，把它高高拱举。古代把小的山梁称为嵕，因而得名。

积土为冢的帝陵的墓室结构，现在还不太清楚，根据已发掘的南唐二陵来看，唐代帝陵的墓室应前、中、后三室南北相连。石椁放在后墓室。石椁壁上线刻宫廷中的命妇像。帝陵之内放置哀册，而不使用石墓志。哀册由多枚刻字玉片组成，字内填金。

唐代大多数皇帝的陵墓是因山为陵，唐代皇帝的陵墓因山为陵始于太宗昭陵。李世民曾说，"因山为陵"是为了"务从俭约"，并且规定随葬品也不能用金宝珠玉。其实这不过是欺人之谈。因山为陵的真正目的应该是借山势的坚固确保陵墓的安全。声称帝陵之内不埋葬金玉，是为了使"奸盗息心"。因山为陵不但不能"俭约"，反而由于凿石为墓，工程艰巨，其劳民伤财之程度，远胜于积土为冢。

唐代因山为陵的帝陵，修筑在唐长安城北的北山山脉诸峰之上，陵墓的地宫开凿于山峰南面的半山腰上，墓道长60—70米，宽3.5—4米。墓道中以排列整齐有序的青石条填封，石条间以铁拴板套接，熔铅灌缝，坚固异常。乾陵、桥陵、定陵、泰陵、建陵、崇陵和简陵等唐陵墓道均发现这类情况。推测墓室墓门为石门，多至数重。墓室应由前、中、后三室组成。墓室之内墓壁有精美浮雕，可能也有绚丽壁画。这类唐陵的墓室没有进行过考古发掘，有关情况又不见于记载，内部布局结构有待今后考古工作去揭示。

唐陵的陵墓四周有夯筑的墙垣，它们以帝陵陵墓为中心，围成一周，形成陵园。唐陵陵园可分为两种类型。

积土为冢的唐陵，陵园平面近方形。如敬宗庄陵和僖宗靖陵二陵园规模相近，陵园边长480—490米；武宗端陵陵园边长540—593米。这类陵园四面中央各开1门，门道正对帝陵封土。

依山为陵的唐陵，陵园因山势走向而营建，因而平面不甚规整，但仍然是每面各开一门，南、东、西门道一般与陵墓地宫正方向相对，北门道与地宫方向对应得不太正，多因山势地形而致。东、西、南、北门分别称为青龙门、白虎门、朱雀门和玄武门。朱雀门是陵园的正门，玄武门是一座重要的门。

唐桥陵俯瞰图

唐泰陵司马道

陵园四角均筑角楼。陵墓一般在陵园中央偏北处。陵园南门内有献殿，殿堂平面为长方形。陵园的总方向为坐北朝南，陵墓选址也是北高南低，背山面原。陵园四门之外一般各有一对土阙，双阙与门之间安置石刻门兽。南门以南有乳台，再南有鹊台。乳台与陵园南门间为司马道（或称神道），其东西两边对称列置大型石雕，有蕃像、石碑、石人、仗马、石鸵鸟、翼马和华表。鹊台和乳台间有下宫。

唐陵的鹊台、乳台和陵园南门，实际是唐陵陵区的三重门，它们颇似长安城郭城的

唐桥陵华表

明德门、皇城的朱雀门和宫城的承天门。就大多数唐陵而言，陵园南门距第二道门阙（乳台）600米以上；第二道门阙（乳台）与第三道门阙（鹊台）一般相距2000米，少者1500米左右。唐陵南部的三重门，将唐陵陵区分为三部分：鹊台与乳台间为陵区南部，唐陵陪葬墓分布其间，这里颇似长安的郭城。众多陪葬墓，犹如分布在郭城里坊中的达官显贵的宅第。乳

台与南门间，颇似京师的皇城，司马道左右的石刻，可能象征百官衙署，以及皇帝的仪卫。南门内的陵园，似为天子生前的皇宫。就依山为陵的唐陵而言，陵区的三部分相对高度在50—100米间。

唐陵石刻

唐陵石刻主要布置在神道两侧和陵园四门之外，以神道石刻数量和种类最多。每种石刻均为左右对称分列。神道石刻东、西列间距一般为60米，个别25米，多者160米。陵园北门之外的东、西列石马间距一般为30米，个别25米，多者70米。

唐陵石刻形制硕大，雕琢精湛，它既继承发展了汉魏陵墓的石雕艺术传统，又吸收了西域、中亚和南亚地区的艺术因素。石刻中的天马、鸵鸟和石狮等，集中反映了唐代中外文化交流的一个侧面。"蕃酋"或"蕃民"石像则反映了唐王朝同其他国家的友好关系。

从唐陵石刻的组合与雕刻艺术来看，唐代帝陵石刻的发展可分为三个时期。

初唐期：高祖献陵和太宗昭陵石刻。这一时期帝陵石刻形制特大，如献陵的犀牛，独角，瞋目，合口，通体遍施鳞纹，所谓"皮有臻甲"，身长340厘米，身高207厘米，体态庞大，作走动姿态。这时的帝陵石刻组合尚未形成定制，但对以后影响很大。乾陵以后诸唐陵陵园四门之外各置石狮1对，显然是源于献陵陵园四门之外各置1对石虎的形式。唐陵陵园北门外置石马3对，与昭陵陵园北司马门设"六骏"石刻也有一定关系。昭陵设置"十四国诸蕃君长石像"，开创了唐陵石刻中置"蕃酋"或"蕃民"石像的先河。

盛唐期：高宗乾陵、中宗定陵和睿宗桥陵石刻。这一时期不但继承了前期石刻形制大的特点，而且石刻种类和数量大为增加，石刻群的组合已基本形成制度，石雕艺术十分精湛。

中、晚唐期：包括玄宗泰陵至僖宗靖陵的13座唐陵石刻。安史之乱结束了盛唐局面，唐王朝开始走下坡路，此期的帝陵石刻也变得卑小。盛唐时期的帝陵石狮一般高2.7—3米，而此期唐陵石狮高仅为1.5—1.7米。这时的唐陵石刻组合在形式上追求左右对称，如天马、石狮等按雄雌、牡牝分左右，石人以文武分左右。雕刻艺术上，线条粗简，有形而少神。

唐陵石刻是我国封建社会鼎盛时期的石雕艺术产物，堪称我国古代大型石雕艺术的瑰宝，它从不同角度反映了唐代的政治、经济和文化艺术的发展水平。

唐陵陪葬墓

唐陵中的陪葬墓以初唐的献陵和昭陵最多，盛唐的乾陵、定陵和桥陵次之，而中、晚唐时期的泰陵以下诸陵陪葬墓甚少，或没有陪葬墓。献陵陪葬墓多在帝陵北部和东北部，可能是受西汉帝陵陪葬墓制度的影响。从昭陵开始，陪葬墓一般在帝陵南部和东南部，这种变化有两种原因，一是受唐陵坐北朝南的布局所制约，二是受都城长安布局结构的影响。

乾陵陪葬墓章怀太子墓地宫 ▷

章怀太子墓位于乾陵东南约3千米处。章怀太子李贤，是唐高宗李治和武则天的次子。墓封土呈覆斗形，底部长、宽各43米，顶部长、宽各11米，高约18米。封土堆南约50米处尚有残存的一对土阙，高4.5米，底部长、宽各5米，土阙南面有并列的一对石羊。墓中壁画有50多幅，保存基本完好。其中《打马球图》《狩猎出行图》《迎宾图》《观鸟捕蝉图》等都很精彩。

唐陵陪葬墓封土的形状有覆斗形、圆锥形和山形。一般来看，覆斗形封土的墓主地位比圆锥形封土的要高。山形冢墓主大多为战功卓著者。不但封土形状反映出死者身份，坟墓的高低也表示了死者的不同等级地位。唐代规定一品官陪葬帝陵时，其坟墓高一丈八尺；二品官以下，每低一品，其坟高减低二尺。当然这只限于一般文武大臣，建立丰功伟绩的功臣和特殊的皇亲国戚自然不在此列，如李勣墓高七丈，长乐公主墓和阳城公主墓高五丈。

献陵、昭陵与乾陵

在唐代帝陵中，最具代表性与历史重要性的是积土为冢的高祖献陵、依山为陵的太宗昭陵、高宗和武则天合葬墓乾陵。

献　陵

高祖献陵是李渊的陵墓，是唐十八陵中时代最早的帝陵，位于三原县东20千米处的徐木乡永合村和富平县南庄南昌村一带。献陵以东7.5千米即汉太上皇陵。献陵筑于汉太上皇陵西邻，当与李渊晚年的太上皇地位有关，这是他"归志栎阳"的心愿。

唐太宗李世民为给他父亲修建陵墓，曾经颁布命令，要把献陵营建成与汉高祖长陵一样的规模，后来鉴于文武大臣们的反复规劝，才同意按照东汉光武帝原陵的规模去修筑，即封土高六丈（折合18.18米）。献陵封土形如覆斗。陵墓周围营筑陵园。帝陵在陵园中央略偏北。陵园四面墙垣正对陵墓各辟1门。陵园之内，陵墓之南有寝宫、献殿建筑。后寝宫移出陵园，放在陵西南五里，更名"下宫"。

在献陵陵园四门之外4.5米处，各置石虎1对，左右分列。石虎大小、形制相同，身躯浑圆，神态凝重，虎头硕大，颈粗短，背平阔，四腿伫立，垂尾，腹下透雕。这是中国古代帝王陵墓中唯一一座在四面各置1对石虎的陵园。

献 陵

献陵封土今高21米，底部东西长150米，南北宽120米。陵园东西长467米，南北宽470米。

陵园南门外的神道东西两侧还分列石犀牛、石华表各1对。献陵石犀牛是中外文化交流的见证。

献陵陪葬墓集中分布于陵东北，这与汉高祖长陵的陪葬墓分布位置比较类似。文献记载，献陵陪葬墓中有诸王16人、公主1人、功臣6人。现有陪葬墓52座，地面现存封土者26座，已发掘和墓前发现石碑者有李凤、李神通、李孝同、臧怀恪、樊兴等人的墓。陪葬墓区东西宽400米、南北长1500米。

昭 陵

唐太宗昭陵是李世民和文德皇后的合葬陵墓。昭陵位于礼泉县东北22.5千米的九嵕山上。昭陵开创唐代皇帝因山为陵的先河。

帝陵所在的陵园遗址东西长15.45千米，南北宽12.65千米，面积113.15平方千米。

九嵕山北面地势平缓，进昭陵陵园北司马门，为昭陵祭坛遗址，平面呈

《昭陵六骏图》卷·金·赵霖

　　长方形，南北长86米、东西宽53米，南高北低。著名的昭陵"十四国诸蕃君长石像"和"昭陵六骏"石刻就立在祭坛附近，这里至今还保存有部分蕃酋石像的石座及残石像。祭坛以南50米为北山门遗址，东西面阔12米，南北进深3米。山门有门道3个，中间的门道宽2米，两侧的各宽1.5米。山门内为庭院，其南为正殿。庭院正中为方亭，东西北三面为廊，东西廊各长20米，宽7米。

　　昭陵陵园南门在九嵕山南800米处的皇城村，门外左右对称各置一阙，二阙东西间距90米，阙基为夯筑，阙址底径20多米，残高约8米。门内为献殿。献殿平面呈方形，边长40米，殿内四壁壁画光彩夺目，建筑雄伟壮观。

唐昭陵全景图

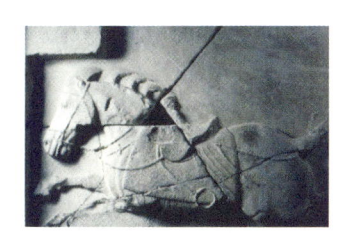

"昭陵六骏"之白蹄乌　　"昭陵六骏"之特勒骠　　"昭陵六骏"之飒露紫

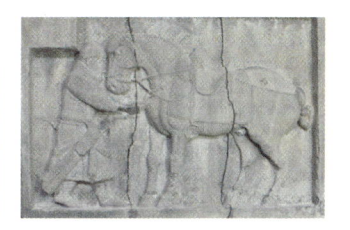

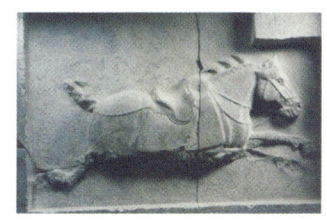

"昭陵六骏"之青骓　　"昭陵六骏"之什伐赤　　"昭陵六骏"之拳毛䯄

九嵕山西南1150米处的皇坪村分布有昭陵下宫建筑群遗址，遗址东西宽237米，南北长334米。

昭陵石刻是留给后人的珍贵历史文物，前面谈及的"十四国诸蕃君长石像"和"昭陵六骏"可谓其卓越代表。这些石刻的文化渊源可以上溯至汉代霍去病墓上石刻。

据文献记载，唐高宗为了纪念、宣扬其父李世民的丰功伟绩，令雕刻艺术家根据被征服的各地蕃君形象雕刻石像，并刻上其官名。石像高大魁梧，深目高鼻，挎弓佩刀，头着武冠，身穿战服，精神抖擞，器宇轩昂。他们被安置在享殿之前，长年拱立。近年在昭陵北司马门内北廊遗址先后发现了"十四国诸蕃君长石像"中的7个石像座，其上刻有名字，他们是：突厥都布可汗右卫大将军阿史那社尔、焉耆王龙突骑支、吐蕃赞普、高昌王左武卫将军麹智盛、薛延陀真珠毗伽可汗、于阗王伏阇信、帝那伏帝国王阿罗那顺。

昭陵陵园中设置"十四国诸蕃君长石像"，北司马门置"昭陵六骏"，开创了唐陵陵园石像生中置蕃像（"蕃酋"或"蕃臣"）和北神门外设置石马（3对）的先例。

昭陵陪葬墓数量居唐代帝陵之冠。目前已发现的昭陵陪葬墓有200多座。文献记载，昭陵陪葬墓中有皇妃7人、王11人、公主21人、三品以下文官35人、功臣大将军67人，此外还有一些附葬墓。从陪葬墓的分布位置来看，靠近昭陵地宫的山上陪葬墓的主人地位较高，如魏徵、新城公主、长乐公主、城阳公主等。

这些墓或依山为冢，或冢呈覆斗形。墓园有阙。如魏徵葬于九嵕山的凤凰山上，依山为墓，墓前置阙，唐太宗还亲自为他撰、书墓碑碑文。九嵕山下的陪葬墓，一般是根据死者安葬年代早晚分布，早者距九嵕山主峰近，晚者离九嵕山主峰远。山下陪葬墓现有102座，冢形可分山形和圆锥形两种，除李靖、李勣墓和文献记载的阿史那社尔、李思摩的墓冢为山形外，其余陪葬墓均为圆锥形。山形墓冢均有特殊意义，如初唐军事家李靖

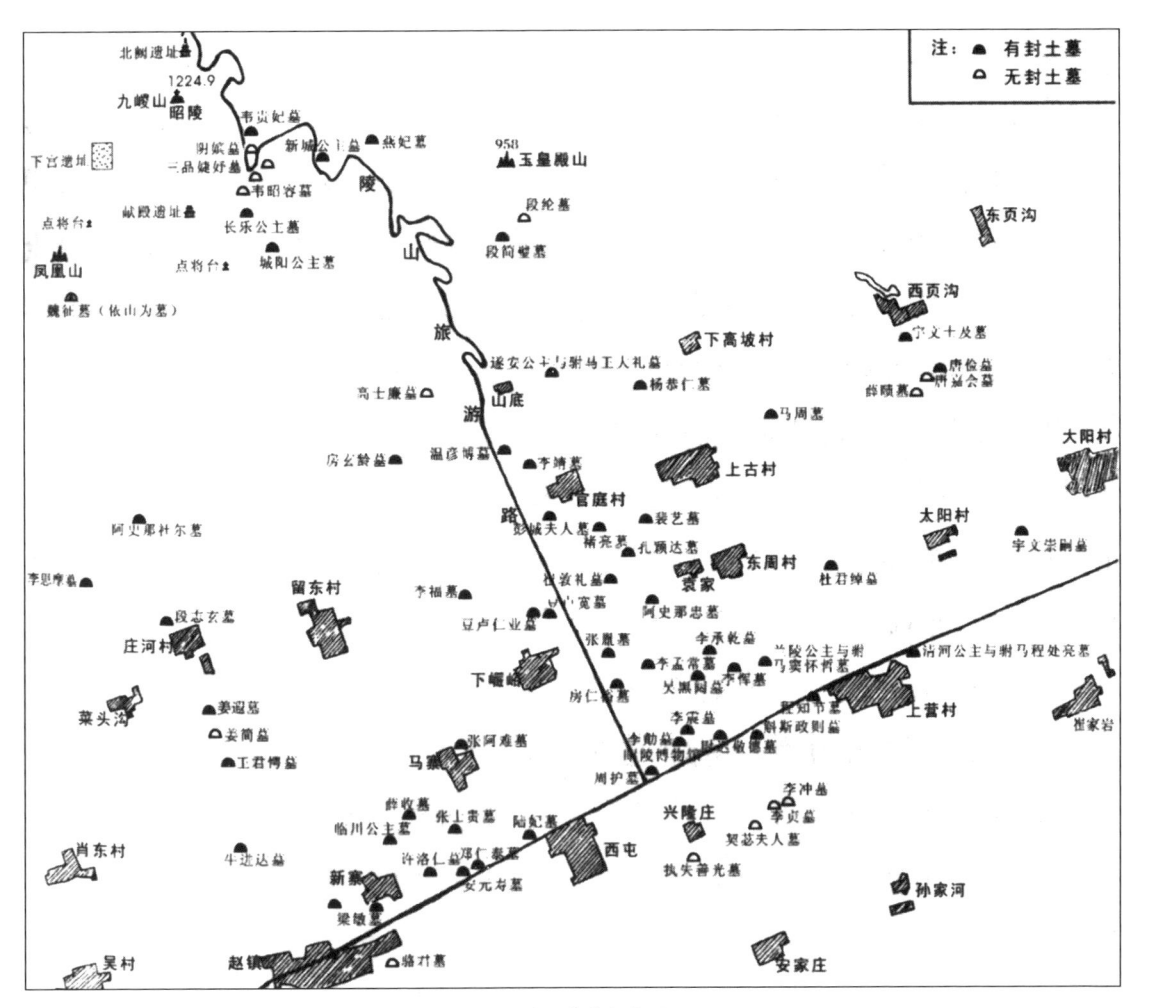

唐昭陵陪葬墓分布图

墓起冢如山峦起伏之状，象征阴山、碛石山。据文献记载，这是为了纪念他平定吐谷浑的丰功伟绩。

又如声名显赫的李勣其墓冢平面如倒"品"形，由3个各高近20米的锥形封土组成墓冢，据记载它们分别象征着阴山、铁山、乌德鞬山。在李勣墓前，有唐高宗为他撰、书碑文的高大石碑，碑高5.65米，碑首六螭盘结，螭首下垂，碑座为1.2米高的巨型石龟。

阿史那社尔墓起冢象征葱山，这应是唐王朝对他平定龟兹战争的纪念。值得一提的是，在昭陵陪葬墓的墓主人，除了阿史那社尔、李思摩之外，还有阿史那忠、契苾何力、执失思力等一大批少数民族将领，他们大多为多民族的唐帝国的统一和巩固立下了汗马功劳。

昭陵陪葬墓之阿史那社尔墓

昭陵陪葬墓之李思摩墓

昭陵陪葬墓之李靖墓

昭陵博物馆内收藏的陪葬墓碑

从已知墓主的墓冢来看，前期墓冢的高低大小是反映死者身份高低的一个重要方面，而后期陪葬墓冢逾制现象大量出现。

陪葬墓中有附葬者，一般是一个家族埋在一起，如唐俭和唐嘉会二墓、豆卢宽和豆卢仁二墓等。皇室嫡亲或皇帝妃嫔则葬在山上帝陵玄宫附近的南边或东南边。

陪葬墓的石刻既是昭陵石刻中的重要内容之一，又是反映陪葬墓主生前地位的一个方面。昭陵陪葬墓的封土形状和石刻组合关系密切。如覆斗形墓，墓前有石人1对（东西分列），其南面东列石羊3只、西列石虎3只，再南为石柱1对（东西分列），最南端为石碑1通。山形冢冢前均有石刻，冢前有石人1对（东西分列），再南东列石羊3只、西列石虎3只，南端为石碑1通。圆锥形冢冢前石刻组合一般为石羊、石虎和石柱。

太宗和高宗都写得一手好字，他们曾书写了著名的《魏徵碑》《李勣碑》。唐代上流社会流行为死者制作碑志之风，而碑志又以名家书写为荣。因而昭陵陪葬墓众多的碑、志，保存了初唐至盛唐绚丽多彩的书法真迹。

乾 陵

武则天与高宗合葬乾陵。乾陵是唐十八陵中最西边的一座帝陵，位于今乾县县城北4650米处的梁山。梁山海拔1047米，西侧为南北向沟壑，漠河河道从沟中穿过；东麓和北麓较平缓，南面山势较陡。乾陵地宫就开凿于梁山南麓半坡之上。

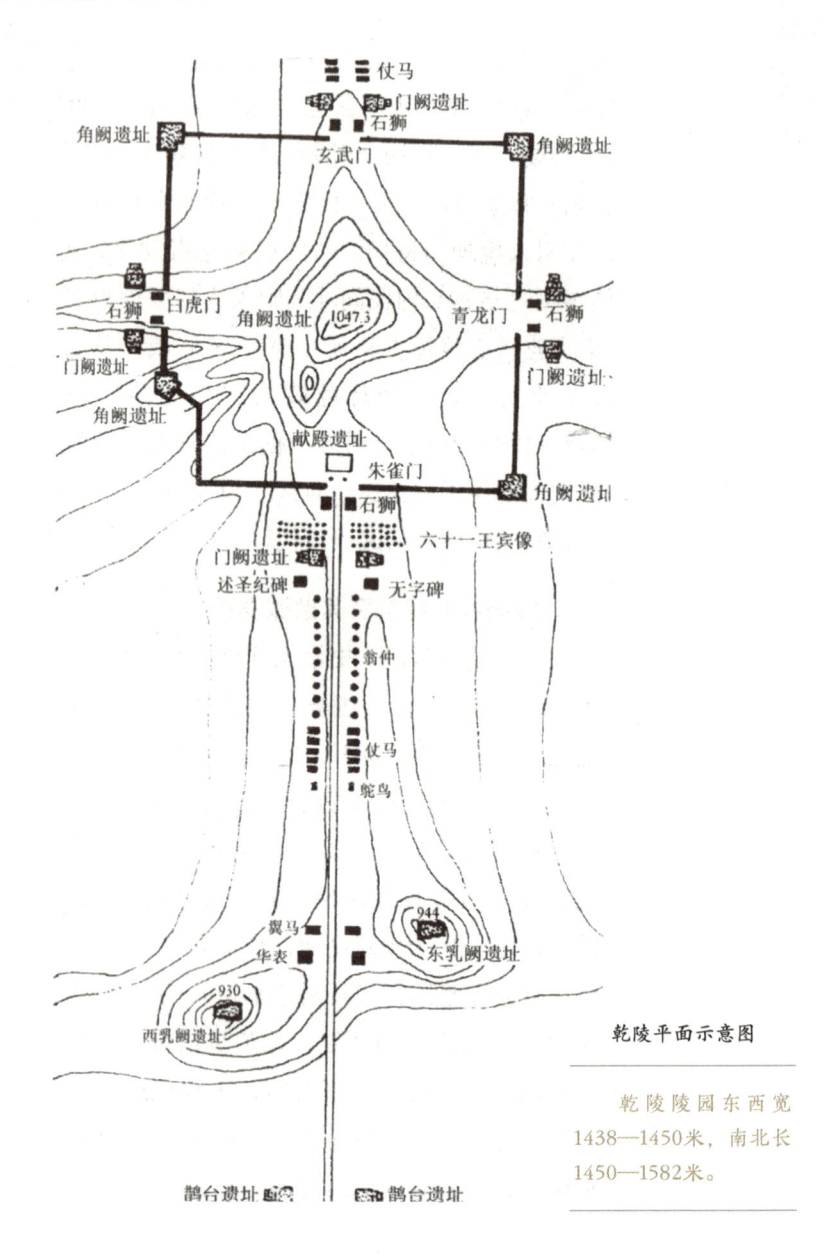

乾陵平面示意图

乾陵陵园东西宽1438—1450米，南北长1450—1582米。

乾陵全景

根据考古勘查，乾陵地宫位于梁山南边，在山体上开凿出一条长条形坑道作为墓道。墓道以石条填砌，从墓道口至墓门共有39层石条。石条多刻有文字，以千字文记位编号。平行石条间以铁拴板左右连接，上下层用铁棍穿插，用铁水灌注缝隙固定，使墓道内39层石条犹如一体。

墓道两边石壁绘有壁画。据记载，五代时关中唐陵多被温韬盗掘，唯盗掘乾陵之时，因风雨大作、雷电交加，未能打开地宫就仓皇撤离。从考古勘察情况来看，乾陵地宫周围未发现盗洞，墓道结构仍为唐代原样，推测乾陵很可能是关中唯一未被盗掘的唐陵。

乾陵墓道及封石

墓道南北长63.1米、宽3.9米，墓门处深17米。石条长1.25米，宽0.4—0.6米。

乾陵朱雀门阙楼遗址

　　乾陵陵园平面约呈方形。梁山主峰基本位于陵园中央。陵园周围筑墙，四面墙正对梁山主峰处各辟1门，门址宽27米，东西南北四门分别称为青龙门（东华门）、白虎门（西华门）、朱雀门和玄武门，朱雀门是陵园正门。陵园四门之外25—31米处各筑双阙，分列门道两侧，间距38—43.5米。朱雀门外双阙北距门址25米，间距41.5米。阙址平面为长方形，东西长26米，南北宽17.5米。陵园四角筑有角楼，其基址尚存。朱雀门内为献殿，殿址平面呈长方形。献殿与朱雀门之间东西两边有东西阁遗址。

　　乾陵是中国古代帝陵之中选址最具特色的一座。乾陵所在的梁山由三座山峰组成，主峰，即乾陵地宫所在的山峰。主峰以南1290—1550米又有二峰东西对峙，俗称"奶头山"。二峰东西间距380米，其上各筑1阙，阙址尚存，东阙址高19.3米，底部东西长18米、南北宽8.5米。此二阙即文献上的"乳台"，亦即乾陵的第二道门。乳台北距陵园朱雀门650米。在乳台之旁原来建筑了画像祠堂，其中有狄仁杰等当时的60位名臣画像。

　　乳台以南2350米处为乾陵最南边的门，即文献所称的鹊台。鹊台有东西二阙,间距100米。阙址尚存,底部平面为长方形,东阙址东西长34米,南北宽25米,现存高10米。

在乳台和鹊台之间的西部,今严家咀村东、陵前村南、邀架宫村北有大面积建筑遗址,似为乾陵下宫遗址。

乾陵石刻制作之精美、组合之完整、保存之良好、对后世影响之深远,在诸唐陵中是突出的。乾陵石刻主要分布在陵园朱雀门至乳台之间的神道两侧及陵园四门外。陵园四门之外各置石狮1对,左右分列。在北门之外,还应对称分布有石马和控马者石刻3对。

朱雀门外神道石刻由南向北依次为华表、天马、鸵鸟各1对,石马、控马者5对,石人10对,石碑2通,"蕃臣"石像64尊。石刻东西分列,对称分布。华表、天马、鸵鸟、石马和石人东西间距均为25米。

乾陵陵区周围40千米。在乾陵东南部的陵区之内还分布有17座陪葬墓,他们分别是章怀太子贤,懿德太子重润,泽王上金,许王素节,邠王守礼,义阳、新都、永泰、安兴四公主,特进王及善,刘审礼,中书令薛

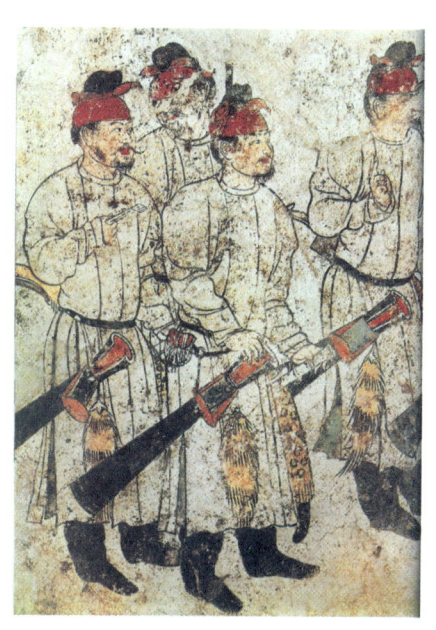

章怀太子墓《仪卫图》壁画　　　永泰公主墓《仕女图》壁画

懿德太子墓《阙楼图》壁画

元超，豆卢钦望，杨再思，刘仁轨，右卫将军李谨行，左武将军高侃的墓葬。其中永泰公主、懿德太子、章怀太子、薛元超和李谨行的5座陪葬墓已经考古发掘。5座陪葬墓虽然均被盗掘，但仍出土了4300件各种唐代文物，在墓壁发现了大面积的珍贵壁画，其中永泰公主、懿德太子和章怀太子3座陪葬墓的墓道两侧、墓室周边与顶部共约有200多幅壁画。

五代帝陵

前蜀永陵

王建，字光图，许州舞阳（今属河南）人，曾为唐朝将领。唐末藩镇割据，中原战乱，他随唐僖宗逃至四川，出任利州（今四川省广元市）刺使。昭宗时被封为蜀王。公元907年，唐王朝灭亡，王建称帝于成都，国号"大蜀"，史称"前蜀"。王建割据天府之国，社会安定，政策宽松，经济较为繁荣。国力的强盛，为前蜀开国皇帝王建陵墓的修建提供了物质条件。永陵规模较为可观，文献记载，当年陵区殿堂建筑群庞大，陵墓前有高大的石像生。

永陵于20世纪40年代经考古发掘。此墓封土呈圆锥形，底部直径约80米，高15米。封土基部周围以石条砌筑，为汉唐陵墓封土所仅见。永陵墓室不是深埋于地下，而是在地表浅处，墓室主要埋在封土之内，封土底部周围砌石的做法实际上是为了墓室的安全。

墓室南向，无墓道，以红砂石建筑，全长23.4米。14道双重石券拱构成前、中、后室。三室之间以木门相隔。前室相当于墓道，部分石券拱上的彩画仍然保存着。中室为墓室主体，为皇帝棺椁存放之处。棺床为大理石砌筑的须弥座。棺床两侧列置十二力士的半身圆雕像。力士神情沉稳，作扶抬棺床之状。棺床东、西、南面浮雕24名乐伎，南面为舞蹈人像2人，东、西面为奏乐者22人。舞蹈者身材丰盈，姿态各异。吹、拉、弹者俱全，各种乐器凡20种23件之多，可谓一支庞大的宫廷乐队。从乐器组合来看所奏应为燕乐。乐伎四周及棺床北面雕饰龙、凤、云纹和花卉等图案。后室设置御床，王建石雕像置其上。石像高96厘米，取坐姿，头戴折上

永陵棺床"二十四乐伎"浮雕

巾，身着长袍，腰系玉带。石像浓眉深目，隆准高颧，薄唇大耳，与文献所载王建相貌相似。永陵虽经早年遭盗掘，但墓内仍出土了不少重要文物，如玉大带、玉哀册、玉谥册、银钵、银盒、银猪等。

南唐二陵

五代南唐国包括今江苏、安徽、江西及福建的一部分，建都金陵（今南京）。南唐国皇帝李昪的钦陵和李璟的顺陵均在今江苏省南京市江宁区祖堂山南麓。钦陵、顺陵东西并列，相距50米。二陵选址背依大山，面对云台山主峰，它们均已进行了考古发掘，虽然这是地方性政权，但是其陵墓还是严格按照帝王陵墓规格修建的。

钦陵是皇帝李昪及皇后宋氏合葬墓，封土为圆锥形，底部直径30米，高约5米。陵墓南向，墓道长19米。墓室全长21.48米，宽10.45米，高5.3米，分为前、中、后室，三室两侧有陈设随葬品的侧室各5个，共计13室。前、中、后室与侧室之间以拱形过道连通，形成一个整体建筑，犹如一座布局严谨、宏伟壮观的地下宫殿。墓室为砖石仿木结构。

前室平面呈长方形，穹隆顶，长4.5米，宽3.85米，顶高4.3米，四壁正中各辟1拱门。中室平面近方形，长4.56米，宽4.45米，顶高5.3米，四壁正中亦各辟1拱形洞门。后室长6.03米，宽5.9米，南壁正中辟门，门扇以青石板制成，东、西壁各有3门。后室为穹隆顶，顶部绘有彩色的天象图，图上绘有东升的旭日，西落的明月，南斗、北斗与星宿。地面铺石板，上刻象征山岳起伏、江河行地的地理图。

后室中央置棺床，棺床两侧有8条浮雕舞龙，其间填以线刻的卷草和缠枝海石榴花纹。钦陵的皇帝棺床两侧的8条浮雕舞龙是目前已知帝王葬具之上出现时代最早的"龙"之一。作为中华五千年不断裂文明的物化载体的龙的形象，雕刻于皇帝棺床之旁，可见龙已成为"国家文化"的重要内容。更为重要的是，实际上设计者已经把棺中的驾崩皇帝作为1条龙了，加上棺床之旁的8条龙，成为"九龙"。在中国文化中，"九"为数字之极，在"九龙"之中，皇帝遗体在其中央，实际上是最为重要的龙。中古时代以后，皇

南唐二陵棺床

帝被认为是龙的化身，龙也就成为中国之精神象征。

顺陵是皇帝李璟及钟皇后的合葬陵墓。陵墓布局结构与钦陵相同。顺陵全长21.9米，宽10.12米，高5.42米。前、中、后室两侧各有4个侧室。墓室建筑主要为砖结构。

南唐二陵与前蜀永陵墓室均有前、中、后三室，实际上这是都城的"三大殿"之再现。

人们谈及唐代，往往称其为中国古代历史的"黄金时代"，或者说"大唐盛世"。前面我们所说的唐代帝陵，对中国历史上的宋辽金元明清的帝王陵寝制度产生重要影响。至于唐代帝王陵墓制度的源头，我们可以从魏晋南北朝及更为久远的秦汉帝王陵寝历史中探寻。

魏晋南北朝帝陵

魏晋南北朝时期是中国古代历史上的第二个民族大融合时期，也是中华五千年不断裂文明的大发展时期。从这一时期不同族属建立的不同王朝与地方政权所保存的社会主导文化就可以清楚地看到，魏晋南北朝时代从大分裂到大融合，中华文明得以大发展、大传承。魏晋南北朝的帝王陵寝文化则可以充分反映这一历史时期的中华五千年不断裂文明的特色，即中古时代的唐宋帝王陵墓文化，正是在继承南北朝帝王陵墓文化的基础之上，得到进一步发展。

魏晋时期是从"三国鼎立"时代发展而来。三国时代的长年战乱，使帝王陵墓文化受政治、经济与社会管理等诸多方面的影响而发生重大变化，主要体现在"薄葬"的流行，墓葬文化更注重社会效果，即越来越呈现出墓葬文化从地下发展至地上、墓地出现大型石像生及纪念性的碑石的趋势。在社会大动荡、文化大交流的时代，更为多元的文化渗透到帝王陵墓文化中。

魏晋帝陵

曹魏帝陵

曹操高陵可以说是东汉时代最后一座王陵，也可以说是曹魏时代第一座帝王陵墓。曹操，谯县（今安徽省亳州市）人。曹操是中国历史上著名的政治家、军事家和文学家。曹操作为著名历史人物在中国历史上也是争议最大的，或为"英雄"，或称"奸雄"。曹操经文学家、戏剧家之笔走向大众，成为家喻户晓的历史人物。

"说曹操曹操就到"这句成语在2009年末变成现实，1800年后"曹操"走出幽深的墓穴，"真假曹操"成为当时社会舆论的热点。曹操墓的发现被2010年12月17日的《人民日报》列为"2010文教热点"第一位。《人民日报》为

"魏武王常所用挌虎大戟"石牌

此撰文《曹操墓：何尝不是里程碑》，其中有一段精彩的评论："你不得不承认，中国人现在对各种真相有着一种近乎病态的饥渴，对于各种不诚信的怀疑达到了极致的程度，曹操墓何尝不是一个里程碑？如果能够将之转化为一个帮助公众恢复对社会基本信心的机会，如果考古学家真的能证明这次考古经得起铺天盖地的质疑，能够证明还有一门学问有着严格的学术规范，那真是不幸中的万幸！"

高陵墓室

东汉末年曹操被封为丞相、魏王，其子曹丕称帝后，被追尊为武帝。曹操主张薄葬，下令禁厚葬，为自己的寿陵选址在瘠薄土地之上，陵墓不筑封土。曹操死于洛阳，葬于邺城。据文献记载，曹操陵墓位于邺城西门豹祠西边的高地之上，名高陵。曹操的陵寝还是依照东汉帝陵的礼制，陵墓附近修建了祭祀殿堂。魏文帝曹丕当政时，进一步推行薄葬政策，拆毁了其父陵墓附近的祭祀性建筑。

曹操高陵已于2009年进行了抢救性考古发掘。曹操高陵位于河南省安阳市西北安丰乡西高穴村。墓葬平面为"甲"字形的多室砖室墓，由墓道、砖砌护墙、墓门、封门墙、甬道、墓室和侧室组成，全长约60米。高陵无封土，墓上发现建筑遗迹。出土文物有金器、银器、铜器、铁器、玉石器、陶器、瓷器等400余件，其中刻铭石牌、陶器、钱币、石圭、石璧较为重要。高陵坐西朝东，周筑陵园。

魏文帝曹丕，系曹操之子。黄初元年（220），他代汉称帝，定都洛阳，国号"魏"。魏文帝指出，战国、秦汉以来帝王陵墓竞相修筑高大封土并非上古的制度。他提出帝陵应该依山凿墓，墓上不筑封土，不立祭祀的寝殿，不造陵园，不建陵邑。他认为，帝王死后埋葬就是为了让人们不能看见，陵墓建于不毛之地，不引起人们重视，改朝换代之后人们也就不知帝陵的地点；陵墓之中要薄葬，不随葬金银珠玉等贵重物品，这样就不至于引起为谋财而盗掘陵墓的事情发生，使死者能够尸骨完整。魏文帝于公元222年营建寿陵，选址于洛阳首阳山，约在今河南省偃师市首阳山火车站附近，陵名为"首阳陵"。黄初七年（226）魏文帝去世，便葬于首阳陵。

魏明帝曹叡，系曹丕之子。景初三年（239）死于洛阳，葬于高平陵。文献记载此陵在洛阳的大石山。此山又名"万安山"，在今河南省偃师市境内，具体地望尚待进一步研究。

在洛阳市伊滨区西朱村，2015年考古发现魏明帝曹叡皇后郭氏陵墓（也有学者认为墓主人是魏明帝之女平原懿公主曹淑）。墓葬平面为"甲"字形，有7层台阶。墓葬土圹东西长52米，墓深12米。墓室土圹东西长18米，南北宽13.5米。墓中出土130多件"遣册"小石牌，与曹操墓的小石牌大小、形制与刻字内容相近，这为曹操墓出土的石牌提供了佐证，它说明这种石牌是当时帝王高等级墓葬使用的，也就是说出土石牌的墓葬应该是帝王级墓葬。

在该墓东侧400米处，考古勘探发现了一座更大的东西向大墓，墓道长约40米，宽约10米，此墓可能为魏明帝墓。

西晋帝陵

司马炎逼迫魏元帝曹奂禅让皇位，自立为皇帝，建立晋朝，史称"西晋"，仍然以洛阳为都城，故西晋帝陵均在洛阳东部。洛阳的5座西晋帝陵分别位于北邙山余脉乾脯山的两侧。自东向西，山南为文帝崇阳陵、武帝峻阳陵和惠帝太阳陵；山北为宣帝高原陵、景帝峻平陵。

西晋帝陵经过考古调查、勘探与发掘，已经基本究明其分布范围与帝陵形制。

文帝司马昭，司马懿之子，司马师之弟。司马昭曾为曹魏大将军，专断朝政，图谋代魏，魏帝高贵乡公曹髦曾说："司马昭之心，路人皆知。"公元263年，司马昭发兵灭蜀汉，自称晋公、晋王。司马炎代魏称帝，建立晋朝后，追尊司马懿为宣帝，司马师为景帝，司马昭为文帝。文帝崇阳陵位于

北邙山陵墓群

偃师市城关镇后杜楼村北1.5千米处的一座无名山丘南麓。墓室平面"凸"字形，单室、单墓道。墓道长46米，宽11米。墓室长4.5米，宽3.7米，高2.5米。在帝陵西和西北部还分布有4座陪葬墓，陪葬墓与帝陵相距约50米。所有陵墓均为坐北面南。崇阳陵陵区周围还残存有陵园墙迹及其他建筑遗迹。

崇阳陵以西为司马炎的峻阳陵，二者形制、规模相近。晋武帝司马炎为司马昭之子，泰始元年（265）代魏称帝，建立了晋王朝，公元280年灭吴，统一全国。武帝晚年政治衰败，生活荒淫。武帝峻阳陵位于偃师县南蔡庄村北2.5千米的北山坡之上，墓道长36米、宽10.5米，墓室长5.5米、宽3米、高2米。陪葬墓已发现22座，分布在峻阳陵以西40米处，自南向北分作4排，前排各墓间隔较大，后排各墓间隔较小。陪葬墓位置，一般依据墓主生前地位而定，居前排者位高，居后排者稍次。帝陵和陪葬墓均为坐北面南。陵区内，墓葬群主次分明，排列有序。帝陵位于陵区最东部略偏南，居于尊位。陵区未发现陵垣痕迹。

《晋书·宣帝纪》记载：西晋帝陵"于首阳山为土藏，不坟不树。……敛以时服，不设明器，后终者不得合葬"。这应该是东汉晚期以来的帝王陵墓推行的薄葬之继续。

六朝帝陵

两晋南北朝时期，东晋和南朝始终以中华文化正统自居，其帝王陵墓确实也可以反映其在传承中华文化上的情况。

东晋帝陵

东晋定都建康城（今南京市）。东晋11位皇帝的陵寝均在南京附近。南京钟山余脉富贵山南麓为一处东晋帝陵陵区，有东晋康帝、简文帝、孝武帝、安帝和恭帝的5座帝陵。南京鼓楼岗南麓，即九华山之阳，为另一处东晋帝陵陵区，有东晋元帝、明帝、成帝和哀帝的4座帝陵。二陵区又称"东陵"与"西陵"。这些帝陵均为依山而葬，都在山的右上方。东陵和西陵对称分布于宫城左右，均在都城之内。晋废帝吴陵位于江苏吴县，晋穆帝永平陵在今南京市和平门外幕府山西南麓。已发掘的东晋帝陵有晋穆帝永平陵和晋恭帝冲平陵。

晋穆帝司马聃，系晋康帝之子，2岁即帝位。皇太后抱帝临朝。其19岁去世，葬于永平陵。墓室平面为"凸"字形，为券顶砖室墓。此墓总长9.05米、宽8米，可分甬道、墓室和封门墙三部分。甬道平面为长方形，券顶，长2.9米，宽1.56米，高2.7米。甬道内设有二重木门。墓室平面为方形，券顶，长4.98米，宽4.24米，高4.03米。墓内随葬器物有瓷质日用器皿、玛瑙钵、玻璃器等高级器皿以及梳妆用具、装饰用品、陶质明器等。

晋恭帝司马德文，系晋安帝司马德宗之弟，原为琅玡王。公元418年晋安帝为刘裕所杀，司马德文即帝位。司马德文上台之时，晋皇室衰微已极。元熙二年（420）恭帝被杀，晋朝灭亡。恭帝以亡国之主被葬于冲平陵。冲平陵依山为墓，前临平原，系在山麓南部半山腰的山石上开凿一长35米、宽6.85—7.5米、深4.3—7米的墓坑，在其上砌造墓室和甬道。墓室平面为长方形，长7.06米，宽5.18米，高5.15米。四壁砖砌，墓顶为拱券形。甬道在墓室的前方，券顶长2.7米，宽1.68米。甬道内设木门两重。墓门以砖封堵。为使墓门牢固，又在墓前加砌两重封门墙。墓室前部正中开凿有渗井，其下与墓室、甬道底部开凿的纵贯南北的排水沟相连。排水沟长达百米。在距墓400米处有一石碣，其上有"晋恭皇帝之玄宫"铭文。

东晋帝陵形制基本相同：墓室为凿山为穴，墓室为单室、拱券顶。文献记载，东晋帝陵"不起坟"（《建康实录》）。陵墓一般由墓道、封门墙、甬道、墓室与排水沟组成。东晋帝陵与西晋帝陵比较，前者似乎与西晋帝陵的"不封不树"与"拜陵"制度有所不同，尤其是后者，这恰恰反映了东晋政治家以秉承正统昭示天下。与东汉晚期、魏晋时期薄葬之风盛行的情况不同，东晋王朝作为偏居东南的政权，就是力图通过帝王陵墓等大传统的坚守与传承，向社会昭示其政权的合法性。实际上魏晋以后的帝王陵墓文化的发展，也说明东晋皇室的做法是"走在前面"的。

南朝帝陵

南朝包括宋、齐、梁、陈4代，先后建都于建康。有遗迹可寻的南朝帝陵有：宋武帝刘裕初宁陵、齐高帝萧道成泰安陵、齐宣帝萧承之永安陵（或齐高帝泰安陵）、齐武帝萧赜景安陵、齐景帝萧道生修安陵、齐明帝萧鸾兴安陵、齐

修安陵天禄石雕

和帝萧宝融恭安陵、梁文帝萧顺之建陵、梁武帝萧衍修陵、梁简文帝萧纲庄陵、陈武帝陈霸先万安陵、陈文帝陈蒨永宁陵、陈宣帝陈顼显宁陵。其中已经考古发掘的有5座帝陵：齐景帝修安陵、齐宣帝永安陵（或齐高帝泰安陵）、齐和帝恭安陵、陈文帝永宁陵和陈宣帝显宁陵。现以齐景帝萧道生修安陵与陈宣帝陈顼显宁陵为例介绍如下：

南朝齐梁皇室均为萧姓，为西汉著名政治家萧何的后代，他们由北方南迁，侨居今江苏省丹阳市境内。齐梁二朝帝陵陵区入口的显著标识是两

个大型石雕，东为天禄，西为麒麟。陵区周长约60千米，埋葬齐梁二朝帝陵11座。在丹阳胡桥鹤仙坳、吴家村和建山金家村发掘的3座南齐帝陵，形制相近，规模相若。

齐景帝萧道生，齐高帝萧道成之兄，以帝王规格下葬，陵名"修安"。修安陵位于丹阳市东北17千米的鹤仙坳的山冈南麓，陵南510米有二石刻分列于神道左右。陵墓依山建造，先于山冈中部开凿出长18米、宽8米、深4米的墓坑，在墓坑中砖砌墓室，全墓用330种不同形制的10万块砖砌成。墓室平面为长方形，长9.4米，宽4.9米，原高4.35米，为穹隆状顶。墓室前壁开门，与甬道相连。甬道长2.9米，宽1.72米，高2.92米。甬道为拱券顶，其中设置两重石门。墓门外筑了两道封门墙，每道墙宽7.6米，高2.6米，厚0.6米。二墙之间为厚0.2米的石灰层，以防潮湿。墓室前部开凿渗水井，下连排水沟。排水沟通过甬道底部直通墓外，全长190米。仿照皇帝生前宫殿中的织锦壁衣，墓室内壁面上嵌有拼砌的大幅模制砖画。墓室四壁按方位分设青龙、白虎、朱雀、玄武四神图像；在左、右壁有竹林七贤图、仪卫图等；甬道两壁的画面均为狮子。修安陵早经严重盗掘，残存的遗物有陶、瓷日用器皿，陶屋等明器，铁刀、剑等武器，许多金饰和金质小动物，小型玉器，玛瑙、琉璃、水晶质的各类饰物、玩具，大型陶俑和石俑等。

陈文帝永宁陵和陈宣帝显宁陵均在南京。南朝末年的显宁陵位于南京西善桥油坊村。陵墓坐南朝北，封土高10米，周长141米。陵墓工程规模宏大。墓坑开凿于罐子山北麓，长45米，宽9—11米。墓坑中构筑的墓室长

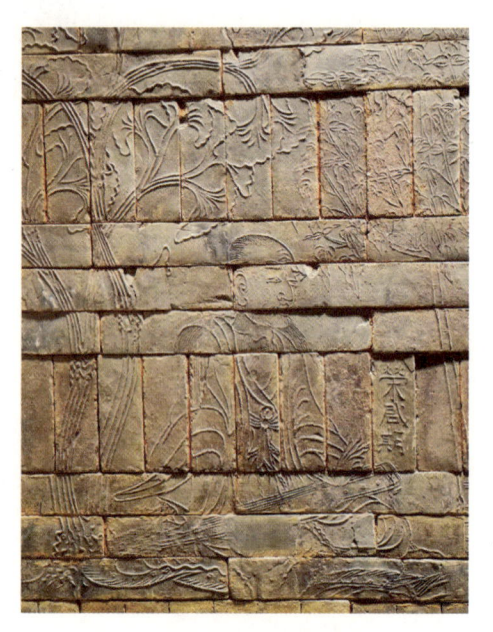

显宁陵中的荣启期砖画

10米，宽、高各6.7米。甬道为拱券顶，长3.5米，宽1.75米，高3米。甬道内设两重石门。墓内壁面以花纹图案砖嵌贴，砖上图案为卷草和莲花等花纹，两壁还有砖印壁画狮子图，这些都反映出佛教文化的影响。

由于东晋与南朝帝陵时代相近、自然环境相同，其特点亦相近。六朝帝王聚族而葬。根据堪舆术"背倚山峰，面临平原"之说，帝陵大多选择于土山丘陵的半麓，陵墓石刻均在平地。墓向以葬地形势而定，但多为南和东向。墓坑凿成长方形，再用砖砌成大型单室墓。墓室为拱券顶或穹窿顶，内壁砌以整齐排列的花纹图案砖或由整幅壁画砖拼成。墓门两重，石砌，门额呈半圆形，此外还营造有封门墙和挡土墙。为了防止墓室内积水，墓前均设有排水沟。陵前有用于守陵或祭祀的寝庙等建筑。南朝帝陵神道两侧分布有石兽1对（一天禄、一麒麟）、石柱1对。陵前石刻的排列，一般是石兽居首，石柱次之，石碑位后。

北朝帝陵

北朝时期的帝陵约有22座，已发掘的有北魏孝文帝寿宫万年堂、北魏宣武帝景陵和1座北齐帝陵。北魏帝陵一改魏晋帝陵薄葬之风，大作封土，神道列置高大石像生。

北魏帝陵

北魏帝陵分两处，一在山西大同，一在河南洛阳。

山西大同的北魏帝陵有孝文帝的万年堂和文明太皇太后冯氏的永固陵。严格地讲，冯氏永固陵并非帝陵，但由于她曾两度执政，永固陵又是在她生前所造，加之受北魏拓跋氏政权母系家族特殊权势的影响，永固陵的形制与帝陵无异，规模有过之而无不及；又因永固陵已经考古发掘，在此将其与万年堂、景陵同时做介绍。

冯太后，长乐信都（今河北省衡水市冀州区）人，北魏文成帝皇后，献文帝和孝文帝时曾临朝执政25年，死后葬于永固陵。永固陵位于今大同

永固陵航拍

万年堂遗址航拍

市北25千米的镇川乡西寺儿村梁山（古称方山）南麓，俗称"祁皇坟"。陵墓坐北朝南，现存封土高22.87米，底部呈方形，东西长124米，南北宽117米。墓室位居封土中央之下，属于砖砌多室墓，由墓道、前室、甬道和后室4部分组成。主室平面呈方形，宽6.4米，长6.83米，高7.3米，为四角攒尖顶；主室与前室由拱顶过道相连，过道两端各安置1道石门。前室为券顶，平面亦近方形，长4.2米，宽3.85米，高3.9米。墓道与前室相接，长5.9米，宽5.1米，高5米。全墓总长23.5米。永固陵之南600米建造有永固堂，属于祠庙一类建筑。据文献记载，永固堂为石构建筑，前列置石兽和石碑。永固堂之南约200米处有思远寺，现存周绕回廊的方形塔基建筑遗迹。灵泉宫、池位于思远寺之南的山下。

北魏孝文帝元宏的陵墓万年堂在永固陵北约1千米处。陵墓坐北向南，封土高13米，底部平面呈方形，边长60米。墓为砖筑，由墓道、前室、甬道和后室组成。后室平面近方形，四角攒尖顶。甬道连接前、后室，宽2.46米，高2.51米，残长10米，前、后室被破坏。万年堂实际是孝文帝的"虚宫"。

公元398年至495年的近百年中，北魏统治者的首都在平城（今大同）。平城一直是北魏的政治、文化中心。永固陵和万年堂集中反映了北魏早期帝后陵寝的形制特点。

孝文帝太和十八年迁都洛阳，在瀍河以西筑长陵，宣武帝葬景陵，孝明帝葬定陵，孝庄帝葬静陵，它们都在洛阳西北瀍河附近北邙山上，左右毗连，形成北魏皇室陵墓区。这个陵区的开创者是孝文帝。陵区之内长陵居中，景陵和定陵分别在长陵前方的左右。洛阳邙山瀍河两岸北魏陵区的陵墓分布特点为父子左右夹处、兄弟并排安置。

长陵位于河南省孟津县官庄村东，地处瀍河以西、邙山之南。冢高35米，底径45米。长陵西北103米处为魏文昭皇太后陵，其冢高23米，底径35米。长陵居于整个陵区的中心位置，在其西北、北、东和东南诸面的兆域之内分布着陪葬墓。

宣武帝元恪，系孝文帝次子，太和二十三年（499）文帝崩，元恪即帝位，延昌四年（515）死于洛阳，葬于景陵。景陵是洛阳北魏帝陵中唯一进行过考古发掘的陵墓。景陵封土高24米，底部平面呈圆形，直径105—110米。景陵为坐北面南的砖室墓，全长54.8米，由墓道、前甬道、后甬道和墓室4部分组成，平面呈"甲"字形。墓室以青条砖砌筑，平面近方形，东西长6.92米，南北宽6.73米，墓顶为四角攒尖式，高9.3米。神道西侧有一石翁仲，头残，残高2.89米，身着广袖袍服，双手执剑。这是目前所知中国古代帝王陵墓之前发现的时代最早的石翁仲。

北齐帝陵

河北湾漳发掘的北朝大墓，可能是北齐都邺时期的帝陵之一。此墓原有高大坟丘，墓南北长52米，坐北面南，由墓道、甬道和墓室等组成。墓道长37米，宽3.36—3.88米，墓道底部呈斜坡状，南端高0.36米，北端高8.86米；墓室平面呈方形，边长7.4—7.56米，高12.6米，为四角攒尖顶。墓室南壁正中辟有墓门，安装石门。东、西壁壁画画面构图基本对称，两壁绘有如真人大小的人物逾百，主要内容均为由53人组成的仪仗队列。甬道

高洋墓壁画复制品

墓门之上的墙壁正中绘一朱雀，高约5米。墓室顶部绘有天象图。墓道斜坡路面绘制了色彩艳丽的花草图案等，犹如地毯，彩画面积100余平方米。墓南曾发现一石翁仲，高约3米。

北周帝陵

北周建都长安，其帝陵在咸阳，经考古调查、发掘可以确认者只有周武帝宇文邕的孝陵。孝陵位于咸阳市渭城区底张镇陈马村，墓葬坐北朝南，由斜坡墓道、5个天井、5个过洞、4个壁龛，以及甬道、墓室组成。墓葬南北长68.4米，墓室之内东西并置两具棺椁。墓葬之中出土的墓志铭证实此墓为周武帝与其皇后合葬的孝陵。

从北周武帝孝陵的墓葬形制，我们发现唐代高等级墓葬形制，与其有着极为密切的传承关系。如以唐代"号墓为陵"的懿德太子墓为例，它与武帝孝陵形制可谓基本相同，只是懿德太子墓的规模更大一些。

③ 东汉帝陵

东汉王朝共有12座帝陵，除献帝禅陵位于河南省焦作市修武县境内，其余11座帝陵均位于河南省洛阳市境内。东汉陵区分为北邙山和洛南两个陵区，前者可称"北陵区"，后者可谓"南陵区"。北陵区位于今洛阳市孟津县境内，西起西山头，东至皇天岭，南起平乐乡，北至屋鸾沟，东西长8千米、南北宽7千米的范围内有光武帝原陵、安帝恭陵、顺帝宪陵、冲帝怀陵和灵帝文陵；南陵区位于今洛阳市伊滨区、偃师市境内，北起伊河南岸，南至宁村，东自陶化店村，西至寇店乡，东西宽9千米、南北宽15千米的范围内，南北"一"字状排列有明帝显节陵、章帝敬陵、和帝慎陵、殇帝康陵、质帝静陵及桓帝宣陵。

东汉帝陵为帝后同坟同穴合葬。陵墓封土为圆丘形，平面直径多在130米以上，陵墓由墓道、甬道、墓门、墓室等组成。墓葬为长斜坡墓道"甲"字形明券墓，墓道为南向，长50米，宽9米以上。墓道只有一条南

汉明帝显节陵

汉章帝敬陵

汉桓帝宣陵

汉质帝静陵

墓道，这是一个重大变化，改变了自商代晚期以来帝王陵墓设置东西南北四条墓道的传统，但是帝陵陵园仍然设置东西南北四门。从前面介绍的魏晋南北朝、唐宋元明清诸王朝帝陵陵园门阙设置与分布情况来看，陵园置四门之制与中国古代社会相始终。东汉帝陵墓室为方形"甲"字形回廊墓室，以砖、石或砖石混筑，有前后室，墓道或甬道的旁侧或有耳室。前室是主要的祭祀场所，后室置放棺椁，形成前堂后寝的特征。

东汉初年的帝陵陵园尚夯筑墙垣，如光武帝原陵陵园设有垣墙，到了显节陵，陵园垣墙消失，代以行马（木栅栏），到桓帝宣陵、灵帝文陵时，甚至行马也不见了。神道南北向。

东汉陵园采用内外陵园制度。内陵园是以帝后合葬墓为中心，周边有周垣或道路环绕。外陵园以大面积夯土建筑基址为主，集中分布在内陵园的东北侧。

外陵园一般由三组建筑

东汉石辟邪

单元组成。东部紧邻石殿分布的大型夯土台基应为寝殿；寝殿东部或北部的院落建筑则为园省；寝殿与园省北部的院落遗址，可能为园寺吏舍。内外陵园的建筑遗址，除主体建筑外，还有大量的廊房、天井、给水排水设施等附属建筑遗迹。陪葬墓大多位于陵区的东北部。

"陵墓若都邑"在东汉帝陵得到充分体现。西汉都城长安城（汉元帝之前）朝向是坐西朝东，都城之宫城实行未央宫与长乐宫的东、西宫城制度，反映在西汉帝陵规制之上则是陵园与陵墓主墓道方向坐西朝东，皇帝与皇后同茔不同穴。而东汉帝陵陵园及陵墓主墓道方向坐北朝南，皇帝与皇后同穴而葬，陵墓朝向与东汉雒阳城的都城朝向坐北朝南是一致的。都城虽然有南宫与北宫，但是东汉早期皇宫为南宫，以后为北宫，所以皇后与皇帝形成"同穴"而葬。

西汉帝陵

西汉王朝，自高祖刘邦至平帝刘衎共11个皇帝，他们的陵墓分别位于长安城北的咸阳原和长安城东南的白鹿原与杜东原上。这两大陵区的所在地"地高土厚"，堪为"风水宝地"，都是适宜修筑帝王陵墓的地方。

渭河北岸咸阳原上的是西汉皇室的主要陵区，那里自西向东依次分布着武帝茂陵、昭帝平陵、成帝延陵、平帝康陵、元帝渭陵、哀帝义陵、惠帝安陵、高祖长陵和景帝阳陵。长安城东南白鹿原和杜东原上的是另一处西汉皇室陵区，那里有文帝霸陵和宣帝杜陵。

此外，西汉一代，墓主人并非皇帝与皇后但儿子为皇帝，故以皇帝、皇后及后妃礼仪安葬的、在都城附近的陵墓还有：汉太上皇陵、薄太后

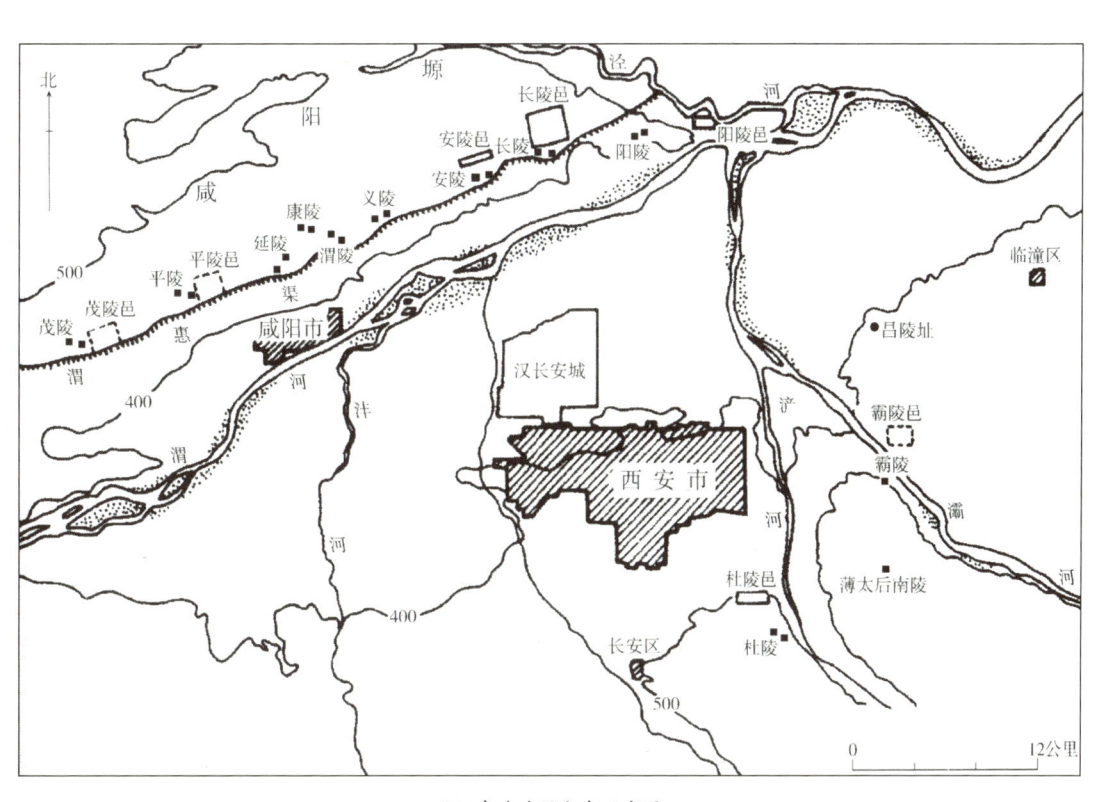

西汉帝陵陵区分布示意图

南陵、钩弋夫人的云陵和史皇孙的奉明园。在这些陵墓中，薄太后南陵属于西汉帝陵的东南陵区，史皇孙的奉明园在长安城东南，似亦可划入东南陵区。但太上皇陵和云陵却不在西汉帝陵陵区范围之内。

钩弋夫人云陵

西汉11座帝陵，除文帝霸陵依山为陵外，其余10座帝陵都是平地起冢，冢高如山。

秦汉时代帝王陵墓高大坟冢的兴起，是战国以来高台宫殿建筑流行的结果。帝陵坟丘是他们生前居住的高台宫殿建筑的象征。西汉帝陵坟丘，一般高约30米，底部为方形，边长一般约170米。汉陵中规模最大的茂陵，坟丘高达48米，底边长230米。

汉代帝陵的地宫称"方中"。《皇览》记载："汉家之葬，方中百步，穿筑为方城。其中开四门，四通。"

汉武帝茂陵

陵墓在陵园中央，4条羡道与陵园司马门相对。帝陵4条羡道出了陵园司马门与神道相连。神道宽达百米。汉陵中的4条神道，可能以东神道为主要道路。

汉陵设置4条墓道，也是承袭前代制度。目前已知，殷墟中的商王陵墓室四面各有1条墓道。墓道的数量，在古代有严格的规定，不是任何人的坟墓都可以随便设置多少墓道的。

汉陵明中为地宫之中的墓室，其中葬具，主要有梓宫、便房和黄肠题凑。

天子的棺称梓宫。便房仿照皇帝生前的居住和飨宴之所而建，位于梓宫前面。黄肠题凑在战国时代已经使用。山东省菏泽市定陶区考古发现的

西汉黄肠题凑模型

大葆台汉墓黄肠题凑　　定陶汉墓墓室

西汉时代"定陶王王后"陵墓的黄肠题凑是目前保存最完整、级别最高的"皇帝级"葬具。其黄肠题凑为木构建筑，由前、中、后三墓室和侧室、门道、回廊、外藏室、题凑墙组成，各侧室均南北、东西对称分布，皆有敞开的木质墓门。中室为主室，平面呈方形，内置梓木漆棺一具。最外围为黄肠木构筑的题凑墙。黄肠木为柏木，椁木为楠木，棺木为梓木。

西汉皇帝和皇后陵墓同茔不同穴，从地面上看，往往是两冢并立，而且坟冢形制相近，只是皇后陵规模小于皇帝陵。而且越到西汉晚期，这种现象越显著，直至东汉时代皇帝与皇后的同茔不同穴规制被彻底取消，代之而来的是皇帝与皇后同穴埋葬。

西汉皇帝和皇后陵墓四周围筑夯土墙垣，形成陵园。陵园基本上是仿造都城汉长安城及皇宫修筑的。由于汉长安城及皇宫的修筑和使用有个历史变化过程，因而西汉一代诸陵陵园的形制也有相应的变化。

西汉初年，高帝以长乐宫为皇宫，未央宫正在修筑。惠帝即位，移居未央宫，吕后仍居长乐宫，长乐宫并未失掉它的重要性。长乐宫在东，称东宫；未央宫在西，称西宫。宫城的这种布局和称谓，对皇帝和皇后陵园的相对位置也有直接影响。这反映在帝陵陵园形制上，即长陵和安陵中，

"同茔不同穴"的汉高祖陵（西陵）与吕后陵（东陵）

皇帝和皇后两座陵墓安排在同一陵园之内。而从霸陵开始，终西汉一代，皇帝和皇后的陵墓各自设置一座陵园。帝陵和皇后陵的二陵园相邻，间距在450—700米之间。帝陵陵园一般边长410—430米，墙基宽8—10米；皇后陵陵园一般边长330米，个别较大者边长400米，墙基宽3—5米。皇后陵园一般在皇帝陵园之东，因而称为"东园"。在皇帝陵园与皇后陵园之外又有一个大陵园，将帝陵陵园与皇后陵园包括其中。有的帝陵大陵园之内还埋藏有其"夫人"或其他妃嫔的墓葬。

如果说皇帝和皇后陵园在布局上受到未央宫和长乐宫的影响，那么陵园本身的形制所受皇宫的影响就更为明显了。未央宫和长乐宫的主体建筑是前殿。以保存较好的未央宫为例，前殿是个巨大的台基，位于宫城中央。未央宫平面近方形，宫的四面对着前殿各辟1宫门，即司马门。而西汉帝陵和皇后陵一般居于陵园正中，陵园平面为方形，陵园每面墙中央各辟1门。人们可以由此清楚地看出，帝陵陵区、陵园是仿造都城及其皇宫而筑的。

西汉帝陵陵园附近有寝园和庙园。

"寝园"之名始于西汉。寝园是以寝殿为中心，包括便殿的一组建筑群，其周围筑墙。西汉帝陵和皇后陵各自置寝园，甚至皇帝的父母、祖父母或兄弟的墓葬附近也修筑了寝园。

西汉初期，帝陵的寝殿置于帝陵陵园之内。大约从汉文帝霸陵开始，寝殿从陵园中移出，并建成寝园，一般置于帝陵陵园东南部。

寝殿是寝园中的主体建筑，也是皇帝或皇后陵墓的正殿，它的建筑平面布局结构仿照皇宫中的大朝正殿。皇后陵与帝陵寝殿形制相似，只是规模小一些，建筑材料也比较简单。寝殿的主要功能是举行重要祭祀活动。

以宣帝杜陵寝园为例，其范围东西长178米，南北宽125米。寝园四周筑有围墙。寝园之内，西边为寝殿，东边为便殿。寝殿为一大型宫殿建筑，寝殿中部构筑了夯土台基。台基四周有2米宽的回廊，廊道地面铺设素面方砖。回廊外有一周卵石铺设的散水。寝殿南北各有3座门，东西各有

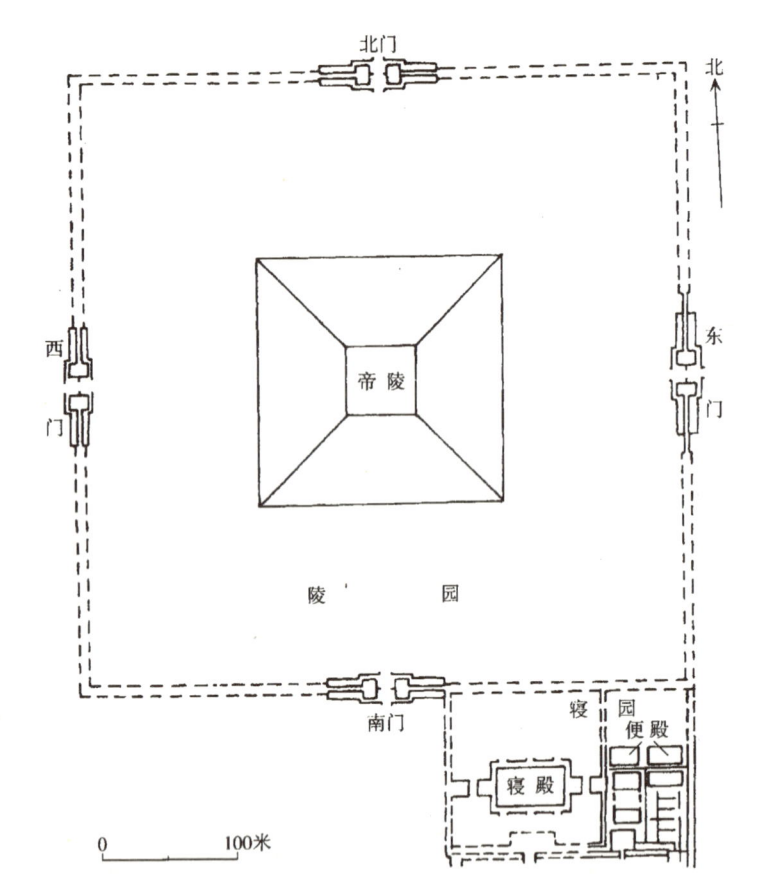

汉杜陵帝陵陵园与寝园平面示意图

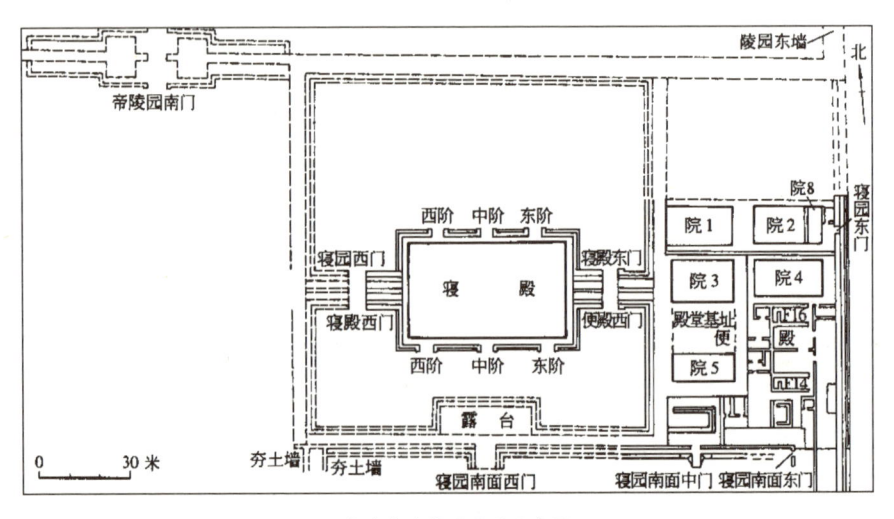

汉杜陵帝陵寝园平面示意图

1座门。便殿在寝殿旁边，主要功能是存放皇帝、皇后生前用过的衣物以及为皇帝和皇后举行葬仪时所用的器物，进行一般祭祀活动，于举行重大祭祀活动前后供参与者休息闲宴。便殿也是寝园中主要官员办公的地方，建筑有殿堂、办公用房、一组组小房屋组成的居室和若干独立的庭院。殿堂是用于祭祀的。成套小房屋的布局不尽相同，可以反映出它们使用功能上是有差异的。有的房屋中还有窖穴，其中出土遗物有可供肉食的动物骨头、粮食，以及货币和其他贵重漆器上的鎏金铜饰件等。不难看出，这些东西是用于陵事祭祀活动的。至于成套的房屋，以及小院落和廊道环绕的大院落，可能为人们的休息闲宴之处。

汉杜陵帝陵便殿遗址

西汉帝陵，一般在陵园附近设有庙，专门为陵事活动而筑造，所以又称陵庙，如高祖长陵的原庙、景帝阳陵的德阳庙、武帝茂陵的龙渊庙、昭帝平陵的徘徊庙、宣帝杜陵的乐游庙、元帝渭陵的长寿庙、成帝延陵的阳

汉阳陵德阳庙遗址

池庙等，此外还有汉惠帝、太上皇、卫思后、史皇孙等陵墓附近的陵庙。西汉时代实行预作寿陵制度，作为陵的组成部分之陵庙，也应该于皇帝生前营筑。不过因为是皇帝生前所筑，所以讳言庙，称为"宫"，如景帝庙号"德阳宫"、武帝庙号"龙渊宫"等。皇后的陵墓也有陵庙，如孝元王皇后的陵庙称"长寿宫"。

陵庙四周有围墙，墙垣之内就是庙园。大多数汉陵的庙园在帝陵东部。

庙园中的陵庙一般为一方形夯土台基的大型建筑物。考古发现的汉景帝阳陵的德阳庙遗址，在景帝阳陵东南约300米处，平面为方形，边长约260米。外围有壕沟，四面中部各置1门道。围沟之内四角各有座曲尺形廊房建筑。遗址中部为主体建筑，系一平面方形夯土台基，边长53.7米，每面各置3门，四面共有12座门。门道踏步置四神纹空心砖，是建筑的铺地砖。墙壁等按照东西南北方位，分别涂有青、白、红、黑四种颜色。该遗址出土了成组的玉圭、玉璧等遗物。这是目前唯一已考古发掘的西汉帝陵陵庙遗址。

西汉皇帝不仅要把生前的物质享受带到陵墓中去，而且还要把政治上"天下唯我独尊"的地位带到茔域中去。汉陵陪葬墓就说明了这点。

西汉诸陵的现存陪葬墓中，以长陵和杜陵的陪葬墓最多，各有六七十座。此外，安陵、阳陵、茂陵、渭陵、延陵和义陵附近也有较多陪葬墓。大多数陪葬墓位于帝陵之东，这好像是仿效长安城未央宫东阙外权贵们朝谒时的礼仪。也有一些陪葬墓在帝陵之北。如前所述，未央宫北门是皇宫的重要通道，"上书奏事谒见之徒"都要由此出入。

不难看出，帝陵陵园东门或北门外的陪葬墓，正是那些死者生前活动的写照。活着的时候，他们是皇帝的臣仆，经常传入未央宫东宫门与北宫门，听候皇帝传唤与指示；死后进入另一个世界，他们又把这种主仆关系带到阴间。从另一个角度来说，能够葬于帝陵陵区，这是他们的生前夙愿，也是死者家属借以炫耀其家世的资本。从这个意义上讲，陪葬墓的

汉延陵陪葬墓

卫青墓、霍去病墓、金日䃅墓

这种安排，又是皇帝在政治上笼络势力的一种手段。像长陵陪葬墓中有萧何、曹参、王陵、周勃等人的墓葬，茂陵陪葬墓中有卫青、霍去病、霍光、金日䃅等人的墓葬，这些陪葬墓墓主生前的政治地位、与皇室的关系，也说明了陪葬墓在帝陵陵区的地位。

西汉大多数帝陵都有陪葬墓，但墓主生前身份，在西汉一代不同历史时期，有着不同的变化。西汉初年，陪葬长陵的人大多是开国元勋、文武重臣；陪葬安陵的人主要是具有皇亲国戚和达官显贵双重身份的人，如鲁元公主和张敖等；到了西汉晚期，帝陵的陪葬者则以皇亲国戚和宦者为主了。

帝陵和陪葬墓二者自然有着明显的不同，众多陪葬墓之间也有着严格的等级界限。如墓冢高低，根据死者政治身份，有严格等级规定：列侯的坟高三丈，关内侯以下至庶人各有差别。历经两千余年风吹雨打的现存汉陵陪葬墓坟冢，仍可看出其大小并不一样。

汉陵陪葬墓坟冢形状也不尽相同，有圆锥形、覆斗形和山形等。其中以圆锥形最多，覆斗形次之，山形最少。山形坟冢比较特殊，仅见于长陵陪葬墓中的"三联冢"、茂陵陪葬墓中的卫青墓和霍去病墓。

山形冢一般是为纪念死者战功而修筑的，如卫青和霍去病的坟冢就分别象征着他们征战沙场、立下丰功伟绩之地庐山和祁连山。这个做法被后代所沿袭。唐太宗昭陵陪葬墓中的"上三冢"——李靖墓和"下三冢"——李勣墓就是山形冢。

大型陪葬墓周围往往还分布着许多建筑，如平原君墓、敬夫人墓、许广汉墓、张禹墓、霍光墓等，其附近都有园邑或祠室等建筑，有的建筑规模还相当可观。

我们发现，仅从现存坟冢的西汉帝陵陪葬墓来看，它们的分布是有一定规律的，有的南北为列，有的东西成行，有的聚集而葬，有的结对成双。按西汉时有族葬和附葬的风俗，夫妻要合葬（同茔不同穴），上述现象正说明了这点。

帝王陵墓附近设置陵邑的做法始于秦始皇陵。秦始皇主要是为秦始皇陵修筑工程而设置陵邑。西汉皇帝在帝陵附近设置陵邑，一是为了供奉陵园；二是为了迁移关东大族、诸功臣、高赀富人、豪杰兼并之家，强干弱枝，拉拢势力，巩固统治，繁荣京畿地区的经济和文化。

汉代在咸阳原上的长陵、安陵、阳陵、茂陵、平陵设置了陵邑，所以历史上又称咸阳原为"五陵原"。此外，文帝和宣帝还在长安城东南的霸陵和杜陵分别设置了陵邑。

陵邑大多分布在帝陵北部、东部。长陵邑、安陵邑、平陵邑、杜陵邑在帝陵以北，霸陵邑可能在帝陵东北，阳陵邑在帝陵东部，茂陵邑在帝陵东北部。帝陵陵邑的分布位置，受到了都城长安布局的影响。汉长安城内，宫殿占去了全城2/3的面积，主要分布在城南部和中部。城内居民主要住在城北部和东北部，达官显贵以住在北第和东第为荣。北第在未央宫北阙附近，霍光、董贤等都在此兴建过第宅。这里就是班固所说的"北阙甲第"。汉代长安城东边的东第也属于甲第。《史记·司马相如列传》记载："位为通侯，居列东第。"帝陵的陵邑，犹如都城的甲第。陵邑置于帝陵北部或东部，酷似甲第建于皇宫之北或京城之东。

西汉帝陵陵邑制度沿袭秦始皇在其陵墓建设中开创的帝陵置陵邑制度，但是西汉时代使之系统化、制度化，并从仅仅服务于帝陵，发展为国家政治建设的重要组成部分。西汉时代陵邑制度又对后代产生长期影响，如辽代帝陵的陵邑制度即可上溯至秦汉陵邑。

秦始皇陵

秦始皇陵是中国第一个皇帝的陵墓，位于陕西省西安市东35千米处，坐落在西安市临潼区宴寨乡。陵墓南倚骊山，北临渭水，史称"郦山"。秦始皇陵陵区范围东西与南北边长各约7.5千米，占地约56平方千米，其规模堪称中国古代帝陵之冠，1961年被国务院公布为第一批全国重点文物保护单位，1987年被联合国教科文卫组织列入世界文化遗产名录。秦始皇陵陵区包括陵园、陵墓、陵寝建筑、陵邑、陪葬坑、陪葬墓、殉葬墓、修陵人墓及与秦始皇陵相关的防洪堤遗址等。

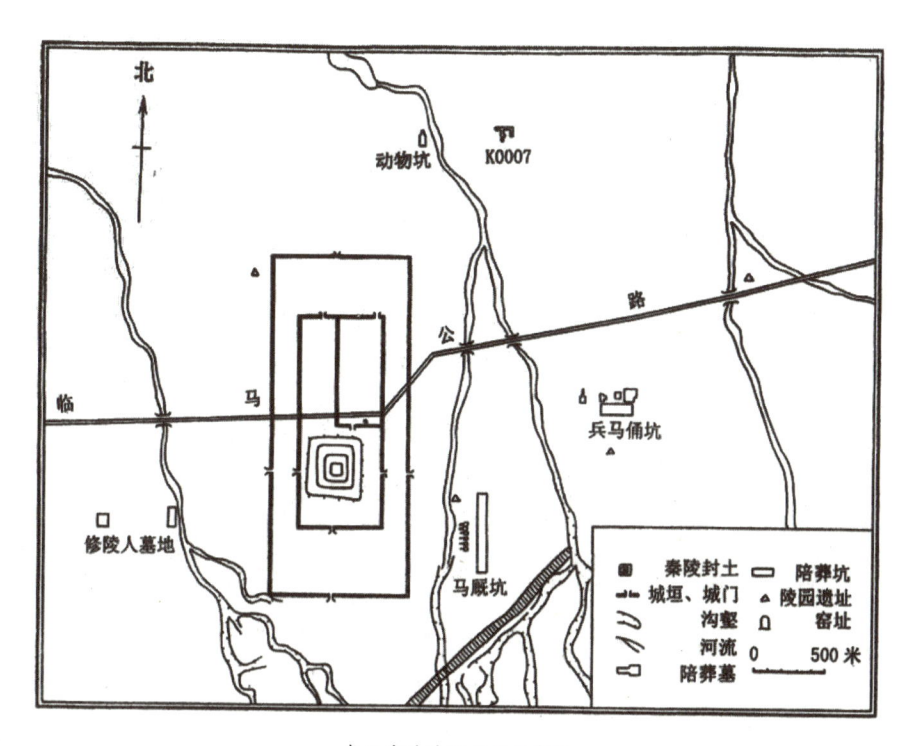

秦始皇陵陵区平面示意图

内城呈南北向长方形，东西宽580米，南北长1355米，周长3870米。
内城北区由东、西两部分组成。北区东部四面围有墙垣，东西宽330米，南北长670米。北区西部东西宽250米，南北长670米。
外城亦为南北向的长方形，东西宽976米，南北长2185米。

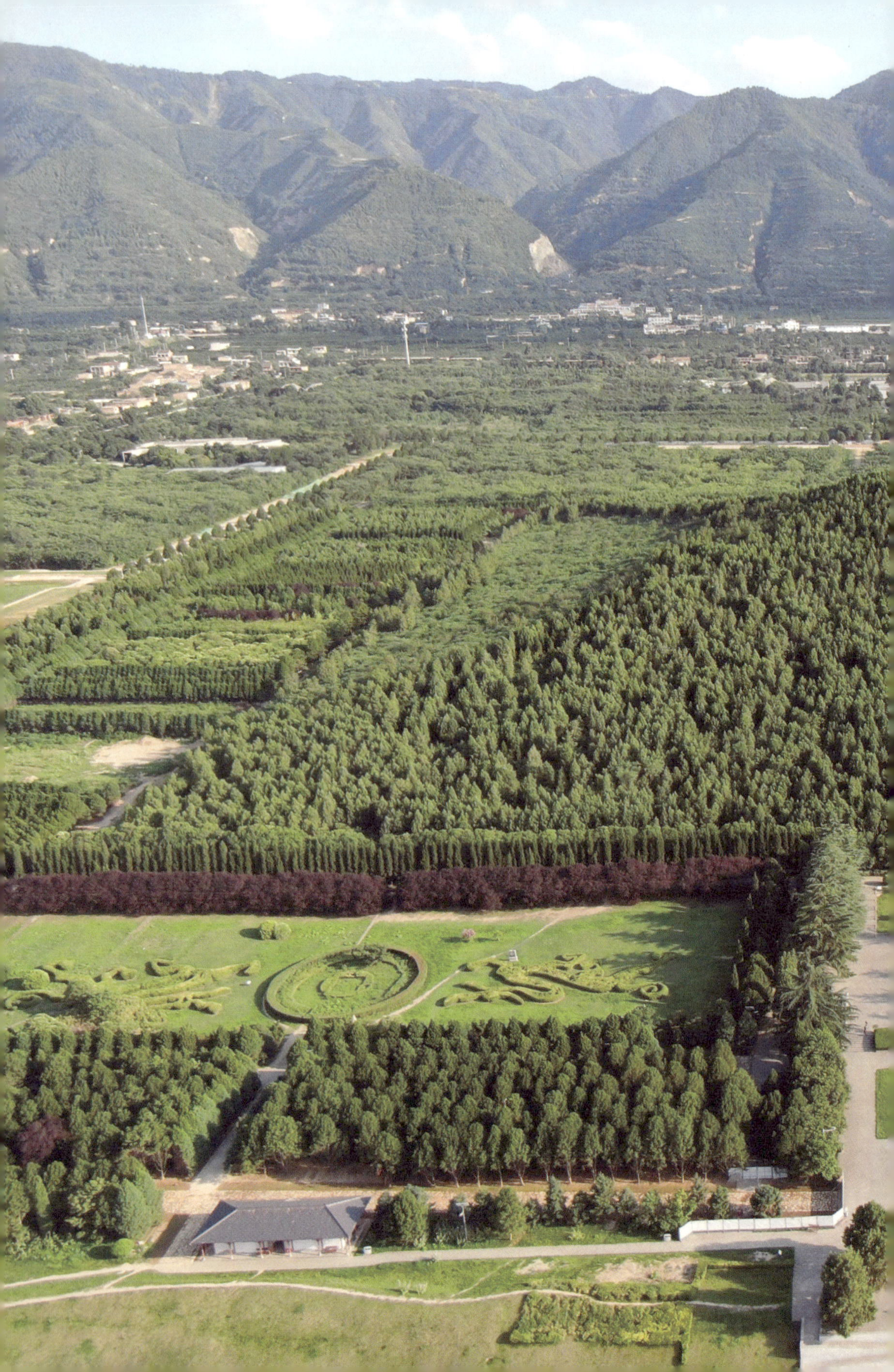

秦始皇陵航拍图

秦始皇陵四周夯筑围墙，形成陵园，陵园由内外城两重城组成。内城四面辟门。秦始皇陵位于内城南部东西居中位置。

秦始皇陵封土为覆斗形。现存封土底部平面为方形，边长约350米。封土高35.5—77米不等。20世纪初的秦始皇陵封土考古调查资料显示，封土底部南北长515米，东西宽485米。秦始皇陵地宫四面中部辟门，对应陵墓四面的墓道。

内城之外又围筑夯土墙一周，形成陵园外城。内城居外城中央。外城亦辟4门。内、外城的东、西、南三面城门相对。

西汉帝陵陵园平面形制，基本承袭了秦始皇陵陵园内城南区的特点。秦始皇陵陵园与春秋时代以来传统的秦陵陵园筑造方式不同，它们主要表现在以下几方面：第一，陵园以墙垣围筑，不再以隍壕围之。第二，陵园内、外城的东、西、南门又分别与帝陵地宫的东、西、南墓道相对，其上述规整布局为先秦时代王陵陵园所未见。第三，秦始皇陵封土位于秦始皇陵陵园内外城的东西居中位置，就秦始皇陵陵园内城而言，帝陵封土占据内城南半部，并居陵园内城南半部的中央位置，这开启了以后帝陵在陵园中央位置的先河。

内、外城东门之间有东西向道路相连，约在内、外城东门东西居中位置，有二阙南北对称分布于东西向道路两侧。二阙形制、大小基本相同，平面均呈"凸"字形。北阙南北长45.9米，东西宽4.6—14.6米。南阙南北长46.9米，东西宽3.2—15.3米，二阙均为外面（即东侧）"三出阙"、里面（即西侧）"二出阙"。秦始皇陵陵园内、外城的西门与东门形制基本相同。秦始皇陵陵园内、外城东西门之间发现的阙，是迄今考古发现最早的帝王陵园门阙。秦始皇陵陵园的门阙虽然设置于内、外城东、西门之间，但是实际上应是秦始皇陵陵园内城东、西门阙。陵园门阙仅置于内城东、西门外，其他门外不见门阙设施，这可能是早期帝王陵墓陵园门阙特点，与其后的西汉时代帝陵陵园门阙制度有所不同。秦始皇陵陵园内城东、西门外置门阙，当然与帝陵陵园布局形制有关。而帝陵陵园布局形制又受都城、宫城布局形制的影响。考古发现西汉王朝都城长安城的东城门——宣平门、霸城门门外有阙址；文献记载长乐宫东、西宫门之外置阙（即长乐宫东阙与西阙）。

在秦始皇陵陵园内城南区北部、内城北区西部等地，考古发现大量高等级建筑遗址，发掘者认为应该是秦始皇陵的寝园、寝殿、便殿、寺丽舍、食官等陵寝官署建筑遗址。此外，在新丰县故城秦始皇陵以北4千米，即今临潼区代王乡刘家寨、沙河村一带，考古发现秦始皇陵的陵邑遗址（丽邑）。丽邑是中国古代帝王陵墓中的第一座陵邑，故《后汉书·东平宪王苍传》记载："园邑之兴，始自强秦。"秦始皇三十五年决定徙民三万家于丽邑，一方面使之"以奉园陵"，另一方面又可以加强中央对地方的控制，所谓"强干弱支"。秦始皇开创的帝陵置陵邑、徙民于陵邑的做法，为西汉王朝所继承，并使之成为当时的一项重要制度，陵邑也在那时的国家社会政治、经济生活中发挥了十分重要的作用。

秦始皇陵陵区范围内考古发现陪葬坑180座，其中陵园内有76座，陵园外有104座。这些陪葬坑形制不同、内涵有别、分布各异，有著名的兵马俑坑、铜车马坑，还有马厩坑、珍禽异兽坑、木车马坑、文官俑坑、出土石铠甲的陪葬坑、百戏俑坑、跽坐俑坑、杂技俑坑等。

秦始皇陵陵园内、外城之间的陪葬坑，主要是内、外城东、西门南部的陪葬坑。内、外城西门以南的陪葬坑有珍禽异兽坑、马厩坑和跽坐俑坑，其中珍禽异兽坑与陵园之外东北部的动物坑的不同之处在于，如果说后者似为都城苑囿之一部分的话，前者可能象征宫城之中苑囿内的珍禽异兽。西门南部的马厩坑均以真马陪葬，陵园之外东南部上焦村马厩坑亦为真马陪葬，前者可能象征宫城马厩，后者似为都城马厩。内、外城东门以南的陪葬坑有出土石铠甲的陪葬坑、杂技俑坑，其中出土石铠甲的陪葬坑规模巨大，大量石铠甲可能象征当时秦国皇宫中的卫戍部队。如果这一推断不误，那么秦始皇陵陵园之外的兵马俑坑之兵马俑更可能是为秦始皇送葬的部队了。

秦始皇兵马俑一号俑坑

石铠甲　　　　　　　　百戏俑

秦始皇陵铜车马

内城之中，在地宫北部与西部均发现了多与出行有关的车马坑。在地宫南部发现的文官俑坑，发掘者认为其应为廷尉机构的象征，我们以为更有可能属于宫城之中的皇室官吏。

作为秦始皇陵园之外的陪葬坑，在中国古代帝王陵墓发展史上，在其规模、数量、种类等方面，均已达到陪葬坑的顶峰，甚或可以说已"空前绝后"。"陵墓若都邑"的理念在这里得到最为充分的体现。这一制度直接影响着西汉中期以前的帝陵外藏椁制度建设，汉景帝阳陵、汉武帝茂陵、汉昭帝平陵、汉宣帝杜陵、薄太后南陵等陪葬坑的考古发现，是其最好的证明。

③ 东周（春秋战国时代）王陵

洛阳王城东周王陵

公元前770年，平王东迁，建都洛阳，始为东周。东周王朝共25代国王，死后均葬于洛阳。

洛阳东周王陵分为周山、王城和金村3个陵区。

周山位于东周王城西南约5千米处，因东周王陵位于此山而得名。相传这里有敬王、悼王、定王和灵王的陵墓。周山地区现有土冢4座，其中3座陵墓的封土底部直径51—75米，高26—34米；还有一座封土规模较大，底部直径115米，高50米。

王城陵区位居东周王城东北，今小屯村至洛阳手表厂一带。这里曾勘探出"甲"字形东周墓4座，有的墓中曾出土有"天子"文字的石圭。2001年在洛阳市第27中学内，考古发现了一座东周"亞"字形大墓，墓道长30米，墓室长6.6米，宽5米，出土铜鼎之上有"王作宝尊彝"铭文。2002年在洛阳中州路附近考古发现"六马驾车"东周车马坑，在此车马坑西南边勘探出一座大墓。上述两座东周墓葬很可能是东周王陵。

"六驾马车"东周车马坑

金村陵区位于汉魏故城遗址北端,已发现一大墓,长19米,宽14米,深12米,墓道长60米,可能为周景王陵。汉魏故城遗址东北有周威烈王陵。金村陵区发现"甲"字形大墓18座,分两行排列。这些陵墓规模很大,如V号墓,墓口为方形,边长12.19米,墓深12米,墓道长76.2米。墓内出土有"国君"铭文的铜盘。

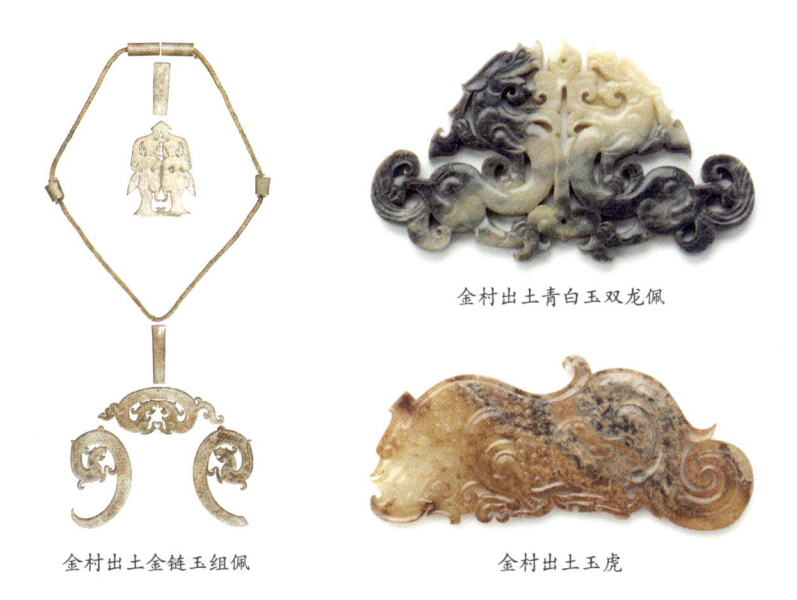

金村出土青白玉双龙佩

金村出土金链玉组佩

金村出土玉虎

雍城秦公陵

秦自公元前677—前383年建都雍城（今陕西省宝鸡市凤翔县），历时294年，其间有20位秦国国君葬于今凤翔县尹家务乡至宝鸡市陈仓区阳平镇的三时原上。国君陵区与首都雍城隔雍水南北相望。陵区西、南、北边均发现有壕沟围绕，沟宽2—7米，深2—6米。陵区之内共发现13座陵园，占地2000万平方米。每座陵园又各以壕沟围绕。陵园壕沟宽3—4米，深约3米。每座陵园方向均为坐西朝东。三时原的秦陵陵区是目前考古发现的最大的一处先秦时代诸侯国陵区。

这13座陵园可分为三种类型：

第一种是有两重壕沟的陵园。内重壕沟环围主墓，外重壕沟之内既包容了主墓，也括进了附葬墓及陪葬坑。

第二种陵园是仅由一道壕沟将主墓和附葬墓、附葬车马坑围于其间。

第三种陵园是在几座各有一道壕沟的陵园之外围以大壕沟，形成了所谓组合型陵园。

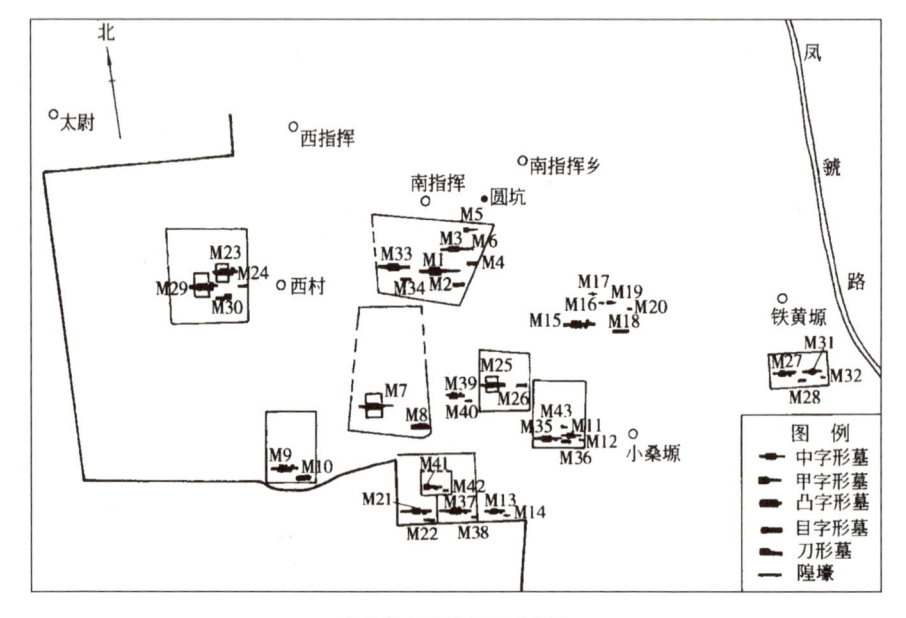

雍城秦公陵园平面示意图

在秦公陵区的13座陵园内共发现44座大墓。它们均无封土。这些大墓的平面形状有"中"字形、"甲"字形、"凸"字形、"刀"字形、"月"字形和圆形6种类型。其中的"中"字形墓有18座,墓室一般为长方形,东西各开1条墓道,东墓道为主墓道。在这些墓上有享堂一类建筑遗迹。这些"中"字形大墓,很可能是秦国国君的陵墓。

从20世纪70年代中期开始,考古工作者对秦公陵区一号陵园的主墓(秦公一号大墓)进行了历时10余年的考古发掘,这是目前已发掘的先

秦公一号大墓

墓室为长方形,东西长59.4米、南北宽38米、深24米。大墓全长300米,总面积5334平方米。

秦墓葬中最大的一座国君陵墓。一号陵园中有3座"中"字形大墓和1座"甲"字形附葬墓及4座附葬车马坑。陵园壕沟东西长585—825米，南北宽450—517米，陵园面积34098平方米。

秦公一号大墓平面为"中"字形，坐西向东。墓室上部原来有享堂建筑的遗迹与遗物。椁室由主椁室和副椁室两部分组成，主椁室居中，为国君的地宫，平面为长方形。主椁室西南为副椁室，为国君放置随葬品的地方。主、副椁室中各有一套柏木椁具，这可看作是我国最早的黄肠题凑。

在大墓的墓室和墓坑填土中发现牲人和殉人186人，当时入葬时应该是按照严格的等级要求，有着一定的排列秩序，殉葬于国君的陵墓。

秦公一号大墓出土的刻字石磬最有价值，这在以往发现的石磬中是极为少见的。石磬上的刻字为大篆，字体圆润古拙，刚柔相济，与秦《石鼓文》刻字风格相似。通过对30余件石磬和石磬残块上的180多个刻字的研究，可知秦公一号大墓应为秦景公的陵墓。秦景公陵墓的发掘，对研究先秦葬制和秦国早期历史有着重要意义。

秦咸阳城与芷阳城的秦王陵

秦咸阳城的秦王陵

咸阳秦王陵与王后陵"同茔不同穴"，王陵、王后陵有4墓道，陵园以围沟为界。

位于西汉成帝延陵东北的惠文王公陵（Ⅰ号陵），陵园内有"亞"字形墓葬2座，南北排列。墓葬四面中部均各设有墓道1条。墓室平面呈方形，封土上部与底部平面均为方形。

Ⅱ号陵在Ⅰ号陵东北3800米处的周陵中学附近。陵园围沟内中部南北向排列两座大型封土，墓葬均为四墓道。

咸阳秦王陵

东陵（芷阳陵区）

战国时代中期，秦孝公迁都咸阳，秦王室在芷阳城东建造了王室陵区。因陵区位于咸阳以东（或相对雍城先秦秦陵区而言在东边），故名"东陵"。东陵区位于今陕西省西安市临潼区斜口街道东南，西邻芷阳城，与都城咸阳隔渭水相望。经考古勘察，这里已发现4座秦王陵园。4座陵园的平面均为长方形，陵园周置壕沟，坐西朝东，陵墓之上有夯筑封土，土之上没有建筑。陵寝建筑置于陵墓之旁、陵园之内，陪葬坑、陪葬墓在陵园之中。第一号陵园东西长4千米、南北宽1.8千米，占地面积7.2平方千米。陵园内有南北排列的2座"亞"字形大墓，二墓形制、大小基本相同。墓室近方形，边长57—58米，墓深约26米，均为4条墓道，东墓道最大，应为主墓道。秦东陵陵区可能安置着昭襄王与唐太后、孝文王与华阳太后、庄襄王与帝太后的合葬陵墓，以及悼太子、宣太后的陵墓。

魏王陵

公元前362年，魏惠王迁都大梁（今河南省开封市），至公元前225年被秦灭亡，共历6位国王。1950—1951年，考古工作者在距河南省辉县城东3千米处发现坐北朝南、中部为天然岗坡整治而成的长方形平台，长150米，宽135米。平台之上并列3座大墓，中墓最大，应为王陵；两边略小，为王妃之陵。三墓之上原来均有享堂建筑，其基址范围略大于墓圹。王陵的享堂基址平面呈方形，边长27.5米。根据遗留的柱础推测，享堂为面阔7间、四角攒尖顶的方形瓦顶建筑；后妃陵墓之上的享堂略小，基址边长18—19米，为面阔5间、四角攒尖顶的方形瓦顶建筑。

3座大墓的墓圹及其南北两端的墓道各长150米以上，墓深15米以上。陵墓平面为"中"字形。椁室平面近方形，长9米，宽8.4米，高2米，椁室内放置套棺并积炭。椁室两侧和靠近墓道处以巨石筑墙，墙内填细沙，最后填土夯实。

赵王陵

公元前386年赵敬侯自晋阳（今山西省太原市）迁都邯郸（今河北省邯郸市），至公元前228年被秦国灭亡，其间历8位国王，其陵墓主要应分布在赵国首都邯郸城西北部，即今邯郸市西北的丘陵地带，现在分别隶属于三陵乡、工程乡和两岗乡。

赵王陵陵区现有5组王陵，分布在5座山上。每组王陵有一个陵台，筑于山头之上，台面平坦，台的四周边缘夯筑加固。陵台周边为斜坡，有的坡面之上还铺砌了护坡石。陵台平面为长方形，南北长，东西窄。封土筑于陵台之上。陵台东边筑有东西向斜坡大路。一号陵台南北长288米，东西宽194米。封土在陵台中部略偏南处，底径47—57米，高约15米。陵台东边古路与封土基本东西对直，路宽61米，现存部分长246米。

邯郸赵王陵封土堆

5座陵台之上共有7个大封土堆。有人认为5座陵台即5位赵国国王的陵墓，一座陵台有二墓者应为国王与王后的合葬；也有人认为5座陵台之上的7个大封土堆，可能是赵国迁都邯郸后的七代国君敬侯、成侯、惠文王、孝成王、悼襄王、赵肃侯、武灵王的陵墓。

中山国王陵

战国时期的中山国都城遗址位于今河北省平山县三汲乡。中山国是狄人建立的国家。公元前388年，中山桓公在此建都，历时80余年，共历5位国王，其中3位葬在其都城内外：两处在西城北部；一处在城西的西陵山下，有两座大墓东西并列，西边大墓为中山王厝的陵墓，东边陵墓的主人应是其王后。中山王厝墓封土平面近方形，东西长92米，南北长110米，高15米。封土之上有享堂基址。陵墓平面为"中"字形，墓室平面为方形，边长29米。椁室建于墓室后部，木椁居中。椁室内出土的铜版"兆域图"，是研究战国时代王陵布局形制的珍贵实物资料。

中山王方壶

中山王墓出土双翼神兽

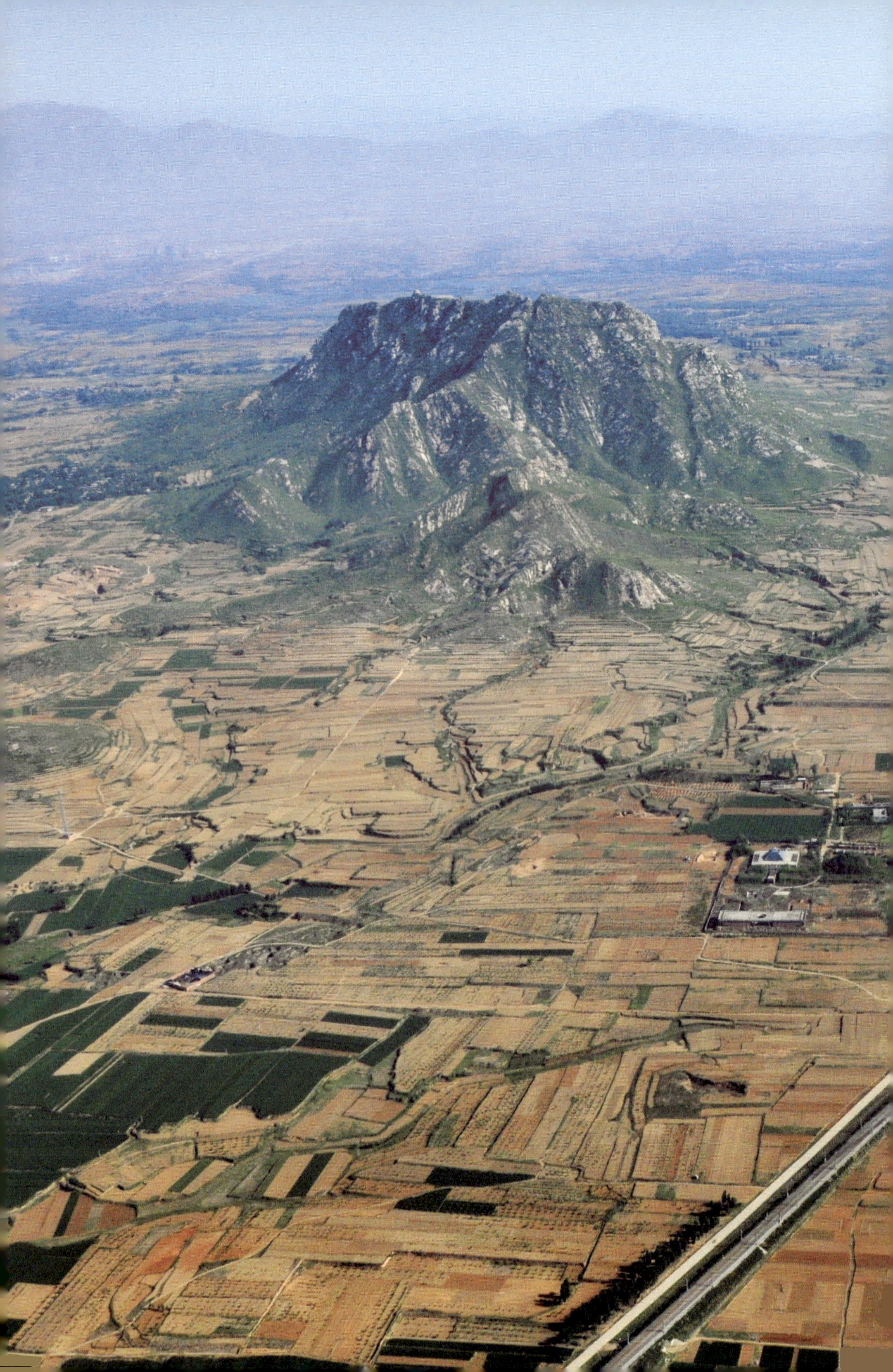

中山王陵遗址所在地航拍图

西周王陵

《史记·周本纪》记载，西周文王、武王、成王、康王等国王的墓葬在丰京、镐京附近的"毕"地。中古时代的人们指认西周文、武、成、康诸王陵均在咸阳原，其实那里的墓葬多为秦王陵或汉代墓葬。西周灭商之后，周武王明确指出应该在洛阳建立都城，1963年陕西省宝鸡市出土的西周青铜器"何尊"，其铭文已经清楚记载了这一历史。至少可以说，西周时代，当时已经有了"东西两京"。若此，则西周王陵有可能在洛阳，这还需要开展更多田野考古工作去探索。

殷墟王陵

商代后期建都于今河南省安阳市西北郊的洹河两岸，其都城的王宫、宗庙在洹水南岸的小屯村附近，王陵区位于洹水北岸的侯家庄、武官村一

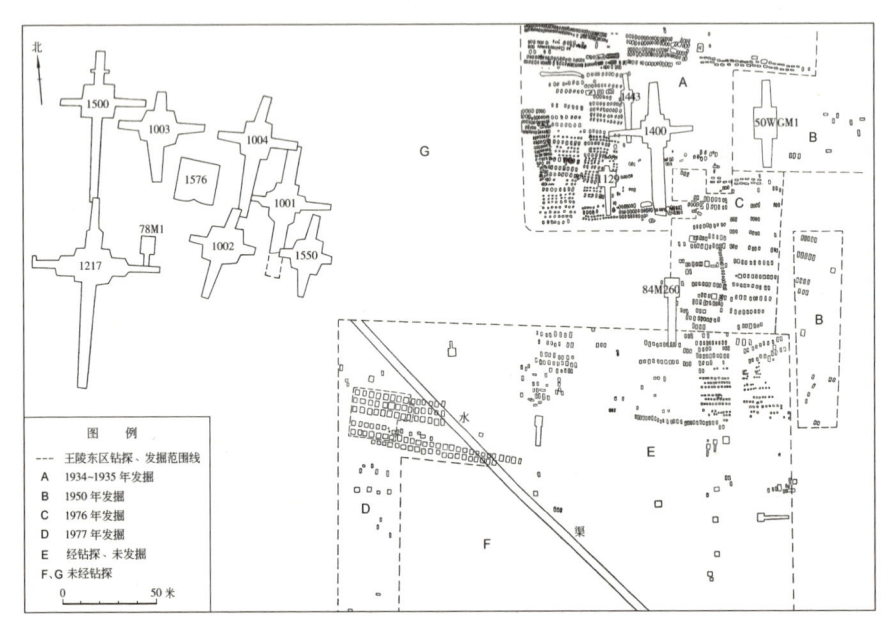

殷墟西北岗王陵区平面示意图

带，即殷墟西北岗王陵区。殷墟的宫殿区与王陵区南北相距约2.5千米。王陵区范围东西长约450米，南北宽约250米。这里已发现大墓及较大墓13座、祭祀坑2500多个，已发掘大墓12座、祭祀坑1400多个。

王陵区分为东、西两区。西区主要有8座大墓；东区以祭祀坑为主，主要分布于东区南部和北部的中段，此外有1座大墓、4座较大墓。13座大墓或较大墓的地上均无封土，陵墓均为坐北朝南，墓室口大底小呈方斗型，墓平面呈"亞"字形、"中"字形或"甲"字形。

这些大墓、较大墓排列有序，分布密集，虽有个别陵墓墓道之间有打破关系，但墓室绝无叠压现象，这充分说明王陵区13座陵墓的位置是按照相应规划安排的。13座墓中，有"亞"字形墓8座，每座墓有4条墓道，被视为规格最高的陵墓，在以后相当长的一段时间里，帝王陵均取此形制。"中"字形墓3座，南北各有一条墓道。"甲"字形墓1座，只有南墓道。

殷墟王陵的突出特点是盛行人牲人殉制度。殷墟王陵区的祭祀坑主要分布在东区，排列集中而有规律。这些祭祀坑根据坑口大小、方向、深度、埋葬内容、骨架姿势和数量及坑间距离等分成若干组。每组祭祀坑有一排坑或几排坑不等，祭祀坑数量不一，多者有数十个坑。同一组坑应属

殷墟王陵遗址祭祀坑

于同一祭祀活动。祭祀坑根据埋葬内容，可分为人坑、动物坑和器物坑。

人坑有长方形竖穴坑和方形坑，一般1—39人葬于一坑。这些人或全躯埋葬，或身首分离埋葬，其中以无头的躯体葬坑数量最多。动物坑中主要有象、马、犬、猪、羊、猴、鸟等动物，其中以马坑数量最多。器物坑中多为青铜礼器。

商王陵没有封土，即墓而不坟。但是墓上可能有享堂一类建筑。在殷墟妇好墓等高等级墓葬之上曾发现享堂一类遗址。

王陵墓葬结构为"亞"字形，即墓室四面各辟1墓道，墓室的4门与各自墓道连接。商王陵设东西南北四墓道制度，一直延续至西汉帝陵，此后虽然东汉至明清帝陵已不使用"亞"字形的帝陵墓室四面各辟1条墓道制度，但是其陵园则四面各辟1门。陵墓修4条墓道与陵园辟4门，犹如宫城辟4门之制。帝王陵墓的地宫是"中"的体现，陵墓"四墓道"与陵园"四门"则体现了"和"。

妇好墓被学术界认为是武丁的王后之墓，这座墓是只有1条墓道的"甲"字形墓，据此可以说王后墓形制不属于"亞"字形墓。墓道是商代高等级墓葬的重要标识，"亞"字形墓为王陵，其次为"中"字形墓，再次为"甲"字形墓。竖穴土坑墓应为更低一级的墓葬。

后母辛鼎

妇好鸮尊

后母戊大方鼎

三 "陵墓若都邑"解

古代王朝建立之后的国家大事有二：一是营建都城，二是营建帝陵。古人认为，都城与帝陵构成各个王朝最高统治者阳间与阴间的二元世界，帝王陵墓可以说是帝王所谓阴间之都城，因此早在两千多年前就提出"陵墓若都邑"的说法。中国古代历史上的"事死如生"是古人的不变理念。我们把帝陵作为都城的有机组成部分，也就是缘于这一传统文化理念。

中华民族的先民把生老病死视为人生历史的全过程，生死又被视为其中最重要的节点，而死比生更为社会所重视，因为死是人生的终点，生则仅仅是人生的起点。人类的生与死是完全不同的两个人生时空，在华夏与中华民族历史文化中却被赋予意义相近而形式相反的两个世界概念，即阳间与阴间的二元世界。所谓阳间世界就是人们现实生活着的世界，阴间世界则是人去世后去往的虚拟世界，灵魂之生存空间。人们生前在阳间世界的一切，死后延续到了阴间世界，因此，"事死如生"成为中国古代殡葬文化上的一个极为突出的特点。

皇帝、国王生前在都城、宫城、大朝正殿统治着国家，死后其陵墓也要仿照其生前的宫室等进行建设并开展祭祀活动。从安阳殷墟西北岗的商代王陵"亞"字形墓（墓葬四面各有一条墓道），到秦始皇陵墓室之中"以水银为百川江河大海，机相灌输，上具天文，下具地理"的埋葬内容，以及反映秦始皇生前政治、文化、军事等诸多方面的秦始皇陵园与陵区之中的兵马俑坑等180多座陪葬坑，再到汉武帝茂陵、唐太宗昭陵与唐高宗乾

唐高宗乾陵蕃臣像

陵等，无不是那个时代历史的缩影。汉武帝茂陵的方形陵园、覆斗形陵墓封土的"方上"与"方中"的墓室，体现了崇"方"尚"中"理念。霍去病墓、卫青墓、金日磾墓等茂陵陪葬墓反映了汉武帝及周围政治家、军事家等的丰功伟绩。唐太宗昭陵一百多座陪葬墓折射出大唐贞观之治盛世的政治气象。唐高宗乾陵三重阙象征大唐都城的宫城、皇城、郭城的三重正门。乾陵石像生中的原64尊（现存61尊）蕃像反映了中外友好的丝绸之路盛况等。

基于上述所说的古代墓葬所凝聚的历史文化内涵，可以说阴间世界是阳间世界的一面历史镜子。殡葬史在某种程度上可视为社会历史的缩影，古代墓葬浓缩着华夏与中华民族的相关重要历史文化信息，成为礼仪之邦的礼制物化载体，构成中华民族五千年生生不息的礼制文明史，蕴含着中华民族历史文化的核心基因。

第四章

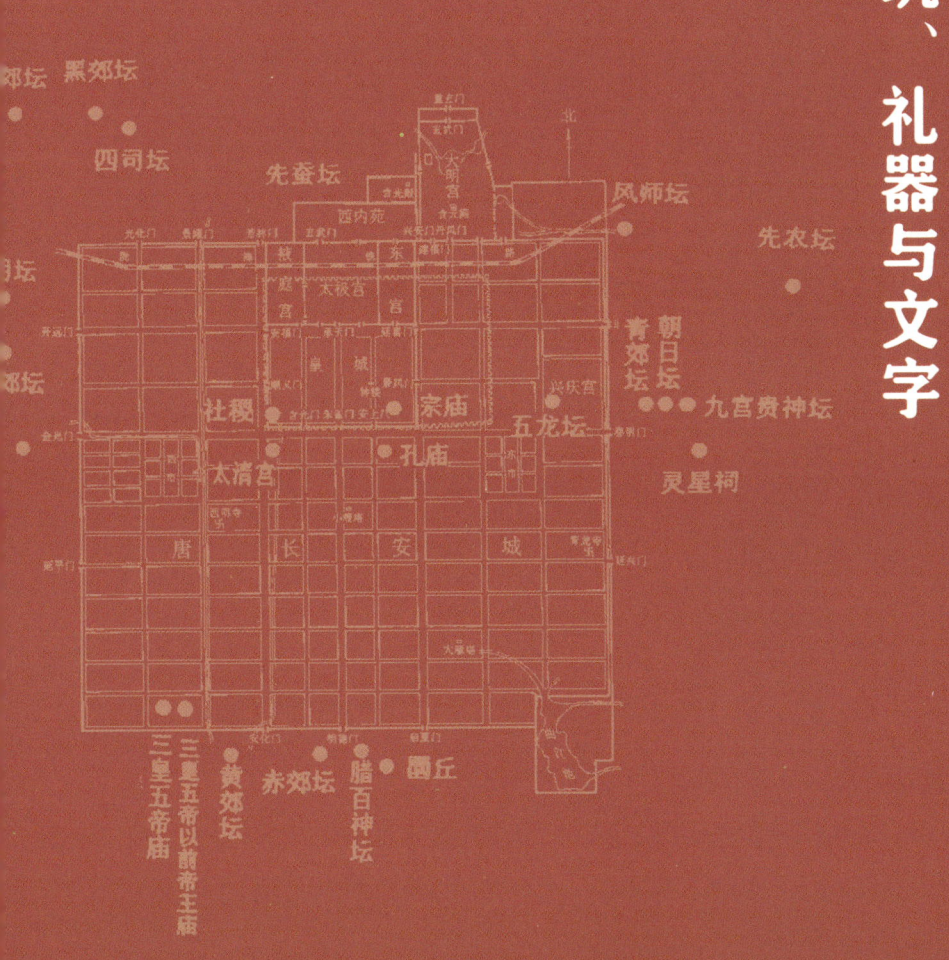

礼制建筑、礼器与文字

不断裂的文明史

——对中国国家认同的五千年考古学解读

一 礼制建筑的发展与延续

宗庙与社稷：
从"右宫左庙"到"左祖右社"的沿袭与发展

宫殿是统治者行使国家管理权力的建筑，是地缘政治的体现；宗庙是祭祀祖先的地方，是国家统治者、管理者依据血缘关系，取得对国家统治、管理合法性的圣地。宗庙有着比宫殿更为悠久的历史，在文明形成、国家出现之前，宗庙已在前国家形态中发挥着作用，而且随着文明化进程的推进，"家天下"到来，宗庙的作用越来越突出。

早期国家区别都城与其他城邑的标志性建筑，就是宗庙。《史记·五帝本纪》载舜"一年而所居成聚，二年成邑，三年成都"。关于"都"，文献记载：

明清太庙大殿

凡邑有宗庙先君之主曰都，无曰邑。邑曰筑，都曰城。

可见都城与其他一般城邑的区别就在于有无宗庙，正因为如此，文献记载，在早期都城建设中，"宗庙为先"。早期王国的国王通过都城宗庙，体现着自己（国家统治者、管理者）控制国家权力的合理性、合法性。宗庙作为物化的血缘关系之体现，对国家统治者的权力继承、分配起着决定性的作用。宗庙的主要政治功能是面向以血缘关系为基础的统治集团内部的。宫殿是国家权力运行的平台，是统治者面向国家、面向百姓的平台，相对宗庙而言，它是面向外部的、国家地缘政治的物化体现。

出于上述原因，早期国家的统治者、管理者对都城的宗庙与宫殿都是十分重视的，宗庙和宫殿成为都城之中的核心建筑。二者的作用十分重要，但是它们重要性的不同，主要是表现在二者功能不同，宗庙是血缘政治平台，宫殿是地缘政治平台。

人类社会形态从"野蛮"跨入"文明"、从"史前"进入"国家"，随着早期国家的发展，宫殿作为国家的载体，影响越来越大。考古发现的早期王国的都城遗址中，涉及宗庙与宫殿关系者，主要有夏代中晚期的河南偃师二里头遗址与商代早期的偃师商城遗址等。

河南偃师二里头遗址中勘探和发掘的宫城之内的宫殿建筑遗址，以二里头文化三期的一号和二号建筑遗址最为重要，它们分别位于宫城西部和东部。学者一般认为，二里头遗址的一、二号建筑遗址可能分别为宫殿与宗庙建筑遗址。

偃师商城的宫城位于偃师商城小城（早期偃师商城）中央，已究明宫城东西两组建筑群的平面布局形制不同，其中西组为宫殿建筑，东组应为宗庙建筑。宫城北部的大规模祭祀遗迹可能即宫城宗庙祭祀的遗存。

此外，在位于陕西省凤翔县的春秋时代秦国都城雍城遗址中，考古工作者在遗址中南部的宫殿区"宫城"之内，考古发掘了马家庄一号与三号

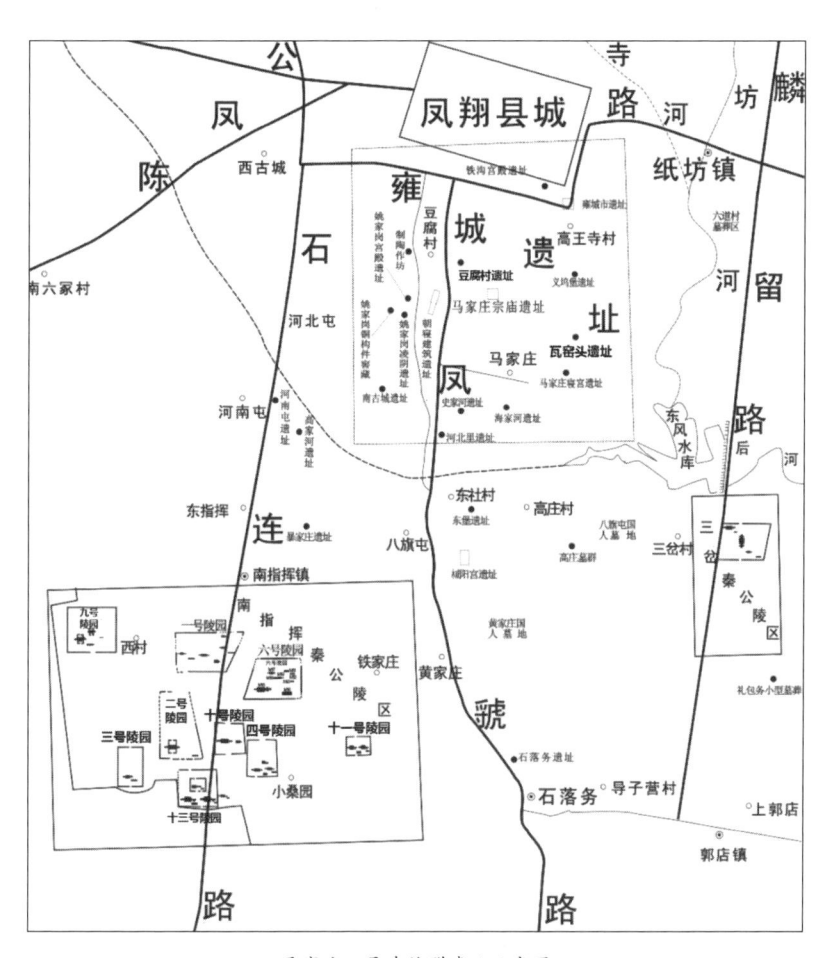

马家庄一号建筑群遗址示意图

建筑遗址。发掘者认为东部的马家庄一号建筑遗址应为雍城宗庙建筑遗址，西部的三号建筑遗址为宫殿建筑遗址。

上述先秦时代都城的宫殿与宗庙均在宫城之中，形成"左庙"与"右宫"并列格局。至于各种各样的"神"在宫城之中没有它们的一席之地，这就是中华古代文明与西方古代文明的最大不同。这种宫庙结合格局也为中华五千年不断裂文明的"家国"体系奠定了深刻的思想基础。

战国时代秦国和秦朝都城是咸阳城，王室和皇室宫殿群在咸阳城的宫城之中，已经考古发掘了多座宫殿建筑遗址。历史文献记载王室、皇室的宗庙则被分别安排在咸阳的宫城之外。置于咸阳城附近的宗庙在咸阳城渭河对岸的渭南地区，《史记·秦始皇本纪》载："诸庙及章台、上林皆在渭南。"

西汉时代都城的宗庙与宫殿分布格局，在秦咸阳城基础之上发生了巨大变化，宗庙与宫殿在宫城之中"平起平坐"的时代已经随着王国时代结束、帝国时代全面形成而终结，而代表国家的宫殿跃居国家政治的首位，作为"家"的代表之宗庙屈居第二位。中华民族由此从"家国"进入"国家"时代，"家"与"国"两个字空间位置的颠倒，是中华文明的历史巨变，这一历史巨变保证了此后两千多年中华文明的持续发展，强化了国家认同、国家凝聚的至高无上，使国家大一统思想成为中华民族的核心政治观、核心价值观。此后中国历史虽然历经多个王朝，为多个民族管理，但是上述政治观、价值观的核心理念不但没有改变，反而越来越强！

西汉晚期出现宗庙与社稷是密切相关的两组礼制建筑，它们东西对称分布在大朝正殿附近的东南部与西南部。关于东汉都城的社稷，《后汉书·祭祀志》记载："建武二年，立太社稷于雒阳，在宗庙之右。"可见东汉时期都城的"左祖右社"规制已形成。

文献记载西晋初期的宗庙，建于铜驼街中部东侧的曹魏宗庙旧址之上，它们位于宫城之外、郭城之内。晋武帝太康十年（289）又建新的宗庙于宣阳门内。东晋、南朝建康城的宗庙在宫城之外，都城宣阳门与朱雀门之内。北魏平城建都之初，在平城西部修建皇宫——西宫，在西宫南部筑宗庙和社稷。北魏平城的太庙、太社置于宫城之外与郭城之内，但同时道武帝还在宫城之中立神元、思帝、平文、昭成、献明五帝庙，这可能是鲜卑拓跋部统治者复古之反映。北魏洛阳城的宗庙在宫城阊阖门外、内城之中青阳门与西明门大街北侧，铜驼街东西两侧。宗庙的这种布局一直为以后历代所延续。隋大兴城、唐长安城的宗庙在都城宫城之外、皇城的含光门之内。隋唐洛阳城的宗庙在宫城之外、皇城之内的东南角。北宋都城的宗庙在内城之中，宣德门与州桥之间的御街东部。元世祖在元大都皇城东部、齐化门之内建宗庙。明清都城之宗庙位于皇城之内、宫城前东侧。

宗庙在都城之中空间位置的变化，"左庙"与"右宫"格局的变化，导致大朝正殿"居中""居前""居高"，与此同时，在宫城之外、都城之中出现了"左祖右社"。

"社"是中国古代的土地神。古代中国以农立国，古人认为农业与土地息息相关，因此对"社"的崇拜十分普遍。上自京师，下至乡里，到处都有。古代社会等级观念严格，"社"也分成三六九等，如王有"王社"，侯有"侯社"，县有"县社"（或"公社"），一般乡村则有"里社"。由于"社"的等级不同，其规模也不一样。

西汉王朝在京师长安南郊营建的社位于宗庙建筑群之西，即今西安市未央区三桥街道曹家堡，现已在西安冶金机械厂厂区之中。它与汉宗庙建筑群遗址对称分布于由汉长安城西安门南出的南北路两边。

《汉书·高祖本纪》记载：汉王二年（前205），刘邦进入关中，"令除秦社稷，更立汉社稷"。汉长安城的社稷可能就是西汉初年在秦代社稷基础之上改建修筑而成，西汉中期又进行了扩建，这就是文献记载的"官社"。西汉末年王莽当政时，可能这座建筑被废弃，然后又在其南边修筑了新的社稷，这应是元始五年（5）由王莽主持为汉皇室建造的"官稷"遗址。

《后汉书·光武帝纪》注引《续汉志》记载：东汉王朝"立社稷于洛阳，在宗庙之右，皆方坛，……无屋，有墙门而已"。这与已发现汉平帝元始五年所建汉长安城社稷形制相同。社稷之中种植"谷树"（即楮树）来为社稷神的祭祀。

中国古代社稷遗址保存下来的很少，这有两方面的原因。第一，社稷祭祀对象往往以"树"为之，树不宜长久留存是显而易见的。第二，中国古代以农立国、以农为本，而社稷成为农之代表、国之象征，立国先立社稷，这使社稷与宗庙并列为"国之所重"。国亡则社稷废，社稷成为改朝换代时主要破坏的对象，因此能够保存下来的都城之社稷遗址实属罕见。汉长安城社稷遗址是中国古代都城遗址中唯一经考古发现的社稷遗址。

关于社稷活动，文献虽多有记载，但其形制多不清楚。汉长安城社稷遗址的考古发现，为我们提供了了解中国早期社稷的珍贵资料。从已发现的考古资料来看，东汉洛阳的皇室社稷与西汉长安的情况基本相同。而汉代社稷主要继承了先秦社稷形制，同样它们也影响着以后历代都城社稷的建设。

③ 明堂、辟雍、灵台、太学（国子学、国子监）

汉长安城明堂（辟雍）是目前中国考古学发现时代最早的明堂（辟雍）遗址。在此之后，又发掘了汉魏洛阳城明堂、辟雍遗址和唐洛阳城明堂遗址。北魏平城明堂（辟雍、灵台）遗址正在发掘中。综观上述四处明堂遗址我们可以发现，汉长安城明堂（辟雍）建筑对后代有着重要而深远的影响。

汉魏洛阳城的明堂、辟雍分别营筑，二者均在城南，位于平城门（东汉洛阳城）、宣阳门（北魏洛阳城）东南。

北魏平城明堂、辟雍和灵台三者一体，这组建筑群遗址位于平城城

北魏平城明堂（辟雍、灵台）遗址

唐洛阳明堂复原建筑

南近郊。建筑群外夯筑围墙，平面为圆形，其内有圜水沟，直径289—294米，沟宽18—23米。圜水沟之内又有5座夯土建筑基址。中心建筑规模最大，夯土基址平面为方形，边长42米。《水经注·濕水》记载，平城"明堂东上圆下方，四周十二户九堂，而不为重隅也。……加灵台于其上，下则引水为辟雍"。

武则天在唐代东都洛阳城宫城之内的中轴线上，毁乾元殿，于其地建造了明堂。明堂遗址东西长约87.5米，南北残宽约72米。经发掘了解到，明堂主体建筑的夯土基址平面呈八边形，东西残长54.7米，南北残宽45.7米。基址中心有一巨型柱坑，坑底由四块青石构成巨型石础，直径4.17米。基址中心有口径9.8米、底径6.16米、深4.06米的巨形柱坑，中心柱坑内有被烧毁的炭灰。台基夯土自中心圆坑至殿基边沿分为五圈，各圈夯土的宽度、深度和质量都不相同。

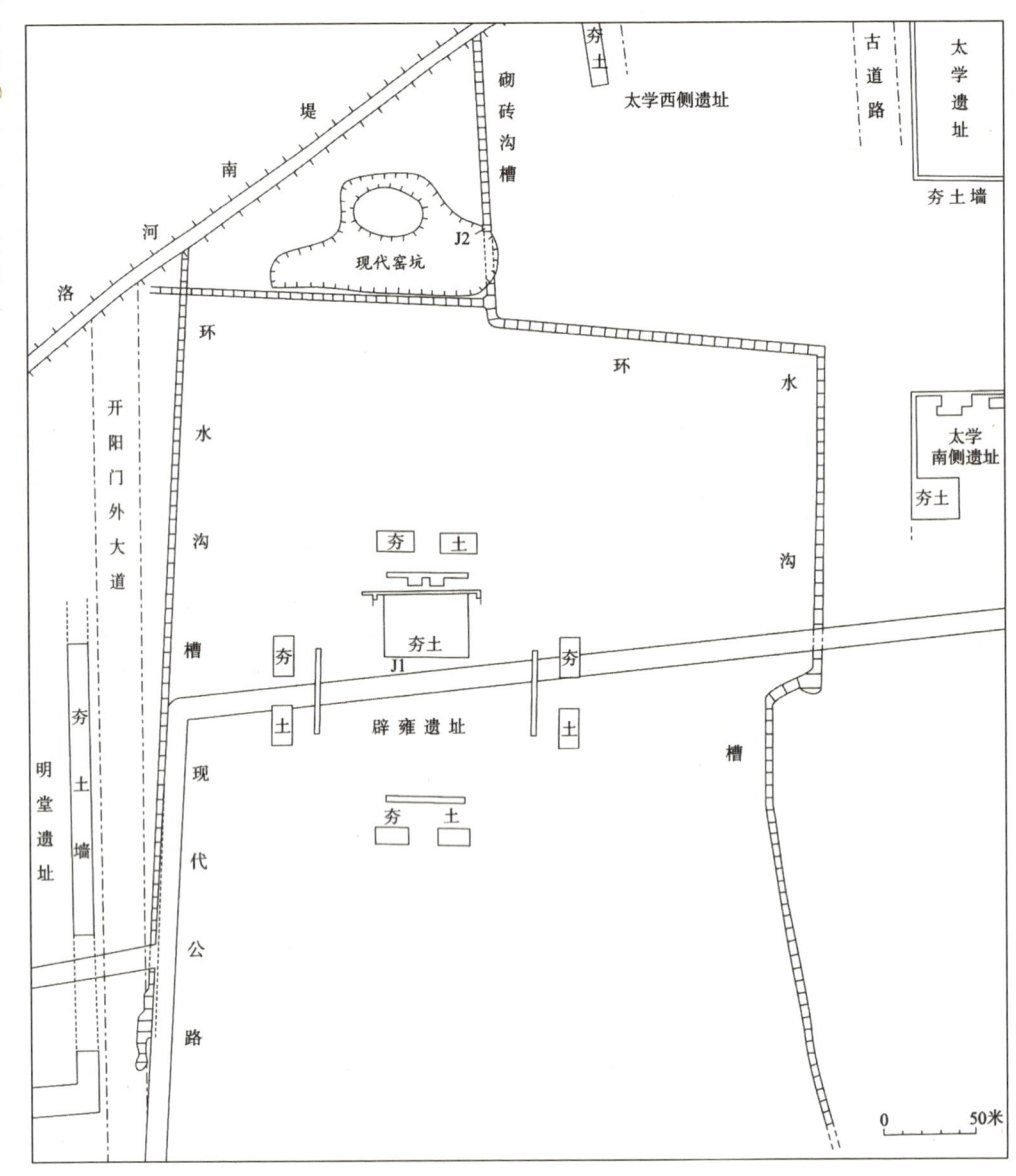

汉魏洛阳城辟雍遗址勘探总平面示意图

  辟雍，遗址东西长与南北宽各165米，面积为27225平方米。北部有东西相连水沟，但是东西水沟的南部不清。水沟之内中部为辟雍主体建筑，其基址平面为长方形，东西长42米，南北宽28米。
  双阙与门相距12米，双阙相距14米。南门双阙各东西长20米，南北宽11米。南门宽43米，中部门道宽14米，门道两旁各有1门房，即文献记载的"塾"。

从考古资料来看，西汉以后的历代明堂形制一般为"上圆下方"，这是根据"上圆象天，下方法地"而来。除武则天刻意复古、别出心裁之外，汉魏洛阳城和北魏平城的明堂、辟雍均遵古制，都安排建于都城之南，即"在国之阳"。而北魏平城和唐洛阳城明堂，像汉长安城的明堂一样，将辟雍纳于其中。

关于灵台，历史记载西周都城丰镐附近有灵台。汉长安城的灵台在其南郊礼制建筑群的西部。洛阳的东汉灵台是古代都城之中唯一考古发现并进行全面发掘的，这里就是天文学家张衡工作过的地方。

文献记载，周代都城之中已经设置太学。都城之中有明确位置记载的太学始于汉长安城。经过考古发掘的太学遗址，以东汉、魏晋太学遗址的时代最早。

汉长安城的太学与明堂-辟雍相邻。《长安志》卷三引《关中记》载："汉太学、明堂皆在长安城南，安门之东，杜门之西。"《两京新记》更具体记载太学在辟雍西边。有的学者认为先秦时代辟雍就是教育场所。汉代礼制建筑有了进一步分工，太学作为国家最高学府、专门的教育机构而存在，但仍被视为礼制建筑，故置于长安城南郊。根据《汉书》记载，武帝"兴太学"，太学规模逐渐扩大，学生增多，由武帝时的几十人，至成帝时已增至3000人，到西汉末年，太学学生多达10800人，学生宿舍有"万区"之多。

天坛、地坛

"天地"在中国历史文化中有着特殊的意义。中国古代先民把天地视同父母，这应该是古人最朴素的唯物主义思想。对天地的祭祀成为上至国王、皇帝，下到庶民百姓的重要精神信仰。尤其是历代王朝的统治者以国家的名义，在都城构建了祭祀天地的平台，即古代中国"天地观"的物化载体——天坛（又称圜丘、南郊坛）与地坛（又称方丘、北郊坛）。

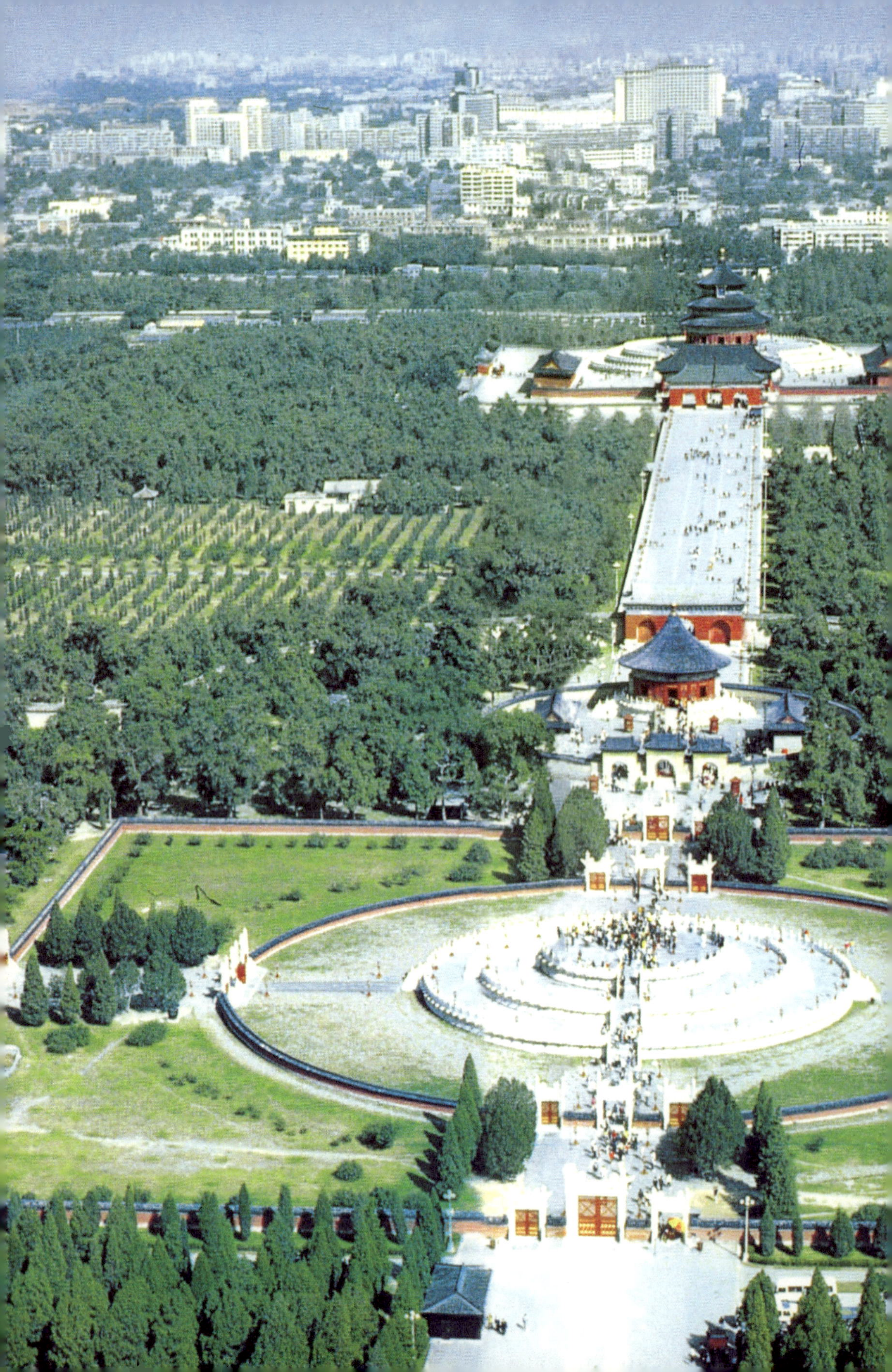

天坛全景俯瞰图

天　坛

天坛是皇帝祭天的礼制建筑，作为世界文化遗产的北京天坛是目前保存最好的中国古代天坛，修建于明代永乐十八年。那时的天坛与地坛还是在一起的。嘉靖九年（1530），则分别修建了天坛与地坛。满族人建立了清王朝，继承明代天坛的祭天活动，在天坛的露天圆台之上举行。祭天对于中华文明而言，是个十分重大的事情，因为在中华五千年不断裂文明中，"天地"对中国先民来说，对政治、文化到经济生活都是十分重要的。

明清北京城的天坛有着久远历史。元代初年，忽必烈就在元大都郭城之南的丽正门（郭城正门）东南七里设坛台祭祀天地。成宗大德九年，又在元大都南郊（今永定门外）营建圜丘。因为圜丘位于都城之南，所以又称"南郊坛"，圜丘、南郊坛是天坛的古老名字。金中都在郭城南城门丰宜门（郭城正门）之外营筑了南郊坛，这是直接继承了宋代都城东京城的做法。东京城南城门南熏门（郭城正门）之外有南郊坛，与南郊坛相对的，东京城北还有北郊坛，位于东京城外城之北。

明代、元代初年的明南京城、明北京城设"天地坛"对天与地共同祭祀，这种礼制的源头可以追溯至武则天在唐洛阳城开创的南郊"合祀天地"。至于南郊祭天、北郊祭地，则有着久远历史，从现在考古发现来看，至少可以上溯至西汉时代。

地　坛

地坛是相对天坛而存在的。明清北京城的地坛是现在保留下来中国古代最完整、时代最晚的地坛，始建于明嘉靖九年，明、清两代的15位皇帝在此祭地，长达381年。地坛的主体建筑是方泽坛，其平面为方形，周围水渠环绕，形成"泽中方丘"，昭示着"天圆地方"的理念。地坛外围有两

天坛圜丘

地坛方泽坛

重正方形坛墙环绕，内坛墙四面中间各辟1门，北门为方泽坛正门，正门"一门三道"。

元大都祭天与祭地，均在今北京永定门外的都城南郊圜丘进行共同祭祀。金中都的祭地则在都城北城门通玄门之外北郊方丘进行。宋代东京城之外南北分别设置南郊坛与北郊坛，北郊坛在北城门封丘门之外。唐长安城的方丘，在北城门之外。南北朝时期，一般圜丘、方丘分别安排在都城南北，如北朝的北周长安城、北齐邺城、北魏洛阳城、东晋和南朝都城建康城的南北分别有南郊坛与北郊坛供祭祀天地。东汉雒阳城有着完备的南郊坛祭天、北郊坛祭地制度，实际上是承袭了西汉晚期汉成帝在汉长安城外南北分别设置南郊与北郊祭坛的做法。

③ 帝王庙

中古时代以后，中国古代都城出现的帝王庙（国家的"宗庙"），与传统的都城礼制建筑中的宗庙不同，也与各种类型的祭祀天地日月的建筑及其他宗教性建筑不同。帝王庙是祭祀传说时代帝王、前朝帝王及有文治武功之名臣的建筑。

历史文献记载，对传说时代"帝王"的祭祀，先秦时代已经有了。祭祀的帝王实际上是传说时代的圣君，对其祭祀不在当时的都城之中，如秦灵公于上畤、下畤对黄帝、炎帝进行祭祀。还有在其传说的中心活动地区或其传说的陵墓所在地进行祭祀的，如秦始皇祭祀虞舜于九嶷山，祭祀大禹于会稽，实际上均属于"墓祭"。

都城附近往往还有一些祭祀自然神的畤，如东周时代，秦国在都城之外设畤祭祀白、青、黄、赤四帝。汉初，刘邦增立北畤，祠黑帝，合为"五畤"（《史记·封禅书》）。汉文帝在汉长安城东北修建"渭阳五庙"，祭祀代表东、西、南、北、中"五方"的"五帝"。

北魏王朝皇帝不但对黄帝、帝尧、帝舜等进行祭祀，还对周王朝的政治人物进行祭祀。祭祀活动仍然在与传说圣君活动相关的地方。特别需要指出的是北魏王朝统治者是鲜卑人，他们对"三皇五帝"及周代圣君、名臣的祭祀，体现出其对华夏历史与文化的认同。

隋代帝王祭祀的进一步发展，反映在从夏商周到汉代的开国帝王均在扩展祭祀之列，此外还有更多名臣也被纳入祭祀对象。这时的祭祀活动，在祭祀对象的都城故地或其陵墓附近举行。

唐代初年延续了隋代祭祀传说时代圣君与夏商周及汉代开国帝王做法，祭祀地点也没有变化。唐玄宗时期，帝王祭祀发生了重大变化：其一，在都城之内修建了祭祀传说时代圣君（"上古之君"与"三皇五帝"）的庙；其二，祭祀对象增加，但是这类祭祀活动大多安排在那些帝王的都城所在地。唐玄宗在长安城为祭祀"上古之君"和"三皇五帝"修建的帝王庙，还不是严格意义上的帝王庙，那还是对共同祖先的祭祀。

降及宋代，对先代圣君、历代帝王的祭祀，主要在各自陵墓进行。

元代的祭祀对象主要为先代圣君及少数帝王等，祭祀地点多在被祭祀者生前重要活动地区。

明代是中国古代都城帝王庙的真正出现时期。此前唐玄宗在都城修建的帝王庙实际上祭祀的是传说时代圣君，他们是被作为国家与民族的共同祖先进行祭祀的。朱元璋在明南京城与明中都分别营建了历代帝王庙。《明史·礼志四》记载，洪武六年（1373）：

> 帝以五帝、三王及汉、唐、宋创业之君，俱宜于京师立庙致祭，遂建历代帝王庙于钦天山之阳。仿太庙同堂异室之制，为正殿五室：中一室三皇，东一室五帝，西一室夏禹、商汤、周文王，又东一室周武王、汉光武、唐太宗，又西一室汉高祖、唐高祖、宋太祖、元世祖。每岁春秋仲月上旬甲日致祭。

明南京城历代帝王庙中祭祀18位历史人物，不只包括传说时代圣君，更为重要的是还有明代之前中国历史上主要王朝夏、商、周、汉、唐、宋、元王朝的开国君主。将元王朝皇帝置于帝王庙中，标志着明王朝认为元王朝是中国历史的一部分。明代把以前的帝王庙发展为"历代帝王庙"，"历代"至关重要，这是跨越朝代的国家历史。尤为重要的是，洪武二十一年（1388），朱元璋又增加37位夏、商、周、汉、唐、宋、元王朝的名臣从祀于历代帝王庙，这些名臣之中有汉族，也有少数民族。这时的帝王庙成了真正政治意义上的国家宗庙。之所以这样说，是因为朱元璋把三皇五帝与夏、商、周、汉、唐、宋、元作为一个不同时期连续性王朝的国家整体来看待的。

永乐徙都北京之后，明世宗嘉靖九年：

令建历代帝王庙于都城西，岁以仲春秋致祭。后并罢南京庙祭。……十一年夏，庙成，名曰景德崇圣之殿。殿五室，东西两庑，殿后祭器库，前为景德门。门外神库、神厨、宰牲亭、钟楼。

所建历代帝王庙祭祀的先代圣君、帝王与明南京城历代帝王庙中基本相同。

清代北京城历代帝王庙沿袭了明代北京城历代帝王庙，位于今西城区阜成门内大街171号。庙院平面长方形，坐北朝南。南门为正门，东西两侧各辟1旁门。南门之内，北对景德门，又北对帝王庙主殿——景德崇圣殿，殿前置月台。清王朝的历代帝王庙比以前帝王庙享祀的帝王数量有了大量增加，尤其是更多建立王朝的少数民族帝王进入历代帝王庙祭祀对象之中。

顺治二年，历代帝王庙中增加了辽、金、元三代帝王及其名臣，还有明代的国君与功臣。乾隆四十九年（1784），依据国家观念、正统理念，提出中国历史上的历代王朝的历代帝王均应具有"庙享"地位，最后历代帝王庙享祀帝王达到188位。

清代的历代帝王庙的祭祀对象包括了中国古代历史上几乎所有王朝与绝

明清历代帝王庙景德崇圣殿

明清历代帝王庙祭器库 　　　　明清历代帝王庙碑亭

大多数帝王，其祭祀内容发展到全面、系统、完整的国家祭祀，历代帝王庙真正成为国家的庙。历代帝王庙成为多民族统一国家完整历史的缩影。

清代北京城历代帝王庙的另一个重要历史意义是，不论在这条历史长河中哪个王朝、哪个民族作为国家统治者，历代帝王庙都视其为多民族统一国家的有机组成部分、中华民族历史不可缺少的一部分。

当然，在中国多民族统一国家发展史上，这种对共同祖先（圣君）的认同早已有之。不少古代周边部族，如南北朝时代的北魏鲜卑人，他们把"三皇五帝"作为祖先祭祀；再如中国中古时代以后的北方、东北方的契丹、女真、蒙古等部族建立的多民族统一国家——辽、金、元、清王朝，其统治者代表国家对中华民族圣君与历代王朝帝王进行祭祀，特别是在国家的政治中心、文化中心的都城建立历代帝王庙，对传说时代"三皇五帝"进行祭祀、对历代王朝的历代帝王进行祭祀，这实际上是对共同先祖、共同国家历史的祭祀，是对中华民族历史的祭祀。这说明了历代帝王庙祭祀充分体现了中华五千年不断裂文明，印证中国五千年生生不息的历史。这在世界各国历史上是独一无二的。这种中华五千年不断裂文明是基于中国历史上多民族对共同国家——"中国"的认同、对以汉族为主体形成的中华民族的认同、对多元一体的中华民族历史文化的认同发展而来的。

（二）礼器

长期以来，世界考古学界认为人类在蒙昧、野蛮走向"文明"的历史发展进程中，城市、金属器和文字的发明与存在，是人类进入文明的标识物，这也就是学术上所说的文明形成的三要素。中国学者经过近一个世纪孜孜不倦的求索，提出中华文明形成的四要素：都邑（城市）、金属器、文字和礼器。其中礼器是中华五千年不断裂文明研究中十分重要的物化载体。中国历史上的礼器很多，那么哪些礼器对中华文明的延续不断至关重要呢？我认为青铜鼎和玉圭无疑是两种代表性的礼器。

③ 青铜礼器

青铜器概览

中国古代青铜器，是我们的祖先对人类物质文明的巨大贡献，虽然从目前的考古资料来看，中国青铜器的出现晚于世界上某些地方，但是就青铜器的使用规模、铸造工艺、造型艺术及品种而言，世界上没有一个地方的青铜器可以与中国古代青铜器相比拟。这也是中国古代青铜器在世界艺术史上占有独特地位并引起重视的原因之一。中国青铜器开始出现于马家窑文化时期，以商周时期的器物最为精美，这是中国青铜文明的核心时代。中国的青铜器种类繁多，大体可以分为食器、酒器、水器、乐器和兵器五大类。

食　器

名称	器型、用途	示　例
鼎	鼎有三足的圆鼎和四足的方鼎两类，又可分有盖的和无盖的两种。鼎是古人烹煮盛贮肉类的器具，是古代最重要的青铜器之一。	宫伯方鼎·西周
鬲	铜鬲最初是依照新石器时代已有的陶鬲制成的。其形状一般为侈口（口沿外倾），有三个中空的足，便于炊煮加热。	宫齐鬲·西周
甗	全器分上、下两部分，上部为甑，置食物；下部为鬲，置水。甑与鬲之间有一竹制分隔物，叫作箅，上有通蒸汽的孔洞。	蝉纹甗·西周

续表

名称	器型、用途	示 例
簋	古代盛食物的容器，也是重要的礼器，在祭祀和宴飨时，它和鼎配合使用，敞口，束颈，鼓腹，双耳。	静簋·西周
簠	长方形，口外侈，四短足。有盖，盖、器大小相同，合上成为一器，打开则为相同的两器，在古器物学上又称为"却立"或"却置"。	夔龙纹簠·东周
盨	盛黍、稷、稻、粱用。椭圆形，敛口，二耳，圈足，有盖。	作宝盨·西周
敦	盛黍、稷、稻、粱用。三短足，圆腹，二环耳，有盖。也有球形的敦。	蟠虺纹敦·春秋
豆	用于盛放黍、稷。豆的造型类似高足盘，上部呈圆盘状，盘下有柄，柄下有圈足。有盖。	四虎豆·春秋
铺	豆属。其上为一平的直壁浅盘。铺与豆的区别在于它没有细长的把柄，在盘下连铸一较宽的高圈足。	镂空龙纹铺·西周

酒 器

名称	器型、用途	示 例
爵	饮酒器，相当于后世的酒杯。前有倾酒用的流，后有尾，旁有鋬，口有两柱，下有三个尖高足。	父乙爵·商

续表

名称	器型、用途	示例
角	饮酒器。形似爵，前后都有尾，无两柱。有的有盖。	祖癸角·西周
斝	温酒器。形状像爵，有三足、两柱、一鋬。	涡纹斝·商
觚	饮酒器。长身，侈口，口和底均呈喇叭状。觚的形制为一具圈足的喇叭形容器，觚身下腹部常有一段凸起，于近圈足处用两段扉棱作为装饰。	司吏觚·商
觯	饮酒器。圆腹，侈口，圈足，形似小瓶，大多数有盖。	父甲觯·西周
觥	盛酒或饮酒器。椭圆形腹或方形腹，圈足或四足，有流和鋬，盖做成兽头或象头形。	凤纹觥·商
尊	盛酒器。形似觚，中部较粗，口径较小。多为圆腹，也有方形的。	次作父辛尊·商
卣	盛酒器。一般形状为椭圆口，深腹，圈足，有盖和提梁，腹或圆或椭或方，也有的作圆筒形、鸱鸮形或虎食人形。	伯庸父卣·西周
盉	盛酒器，或古人调和酒水的器具。一般是深圆口，有盖，前有流，后有鋬，下有三足或四足，盖与鋬之间有链相连接。	父乙盉·西周

续表

名称	器型、用途	示　例
方彝	盛酒器。造型特征是长方形器身，带盖，直口，直腹，圈足。器盖上小底大，做成斜坡式屋顶形，圈足上往往每边都有一个缺口。	旗方彝·商
罍	盛酒器。有方形和圆形两种形式。方形罍宽肩，两耳，有盖；圆形罍大腹，圈足，两耳。两种形状的罍一般在一侧的下部都有一个穿系用的鼻。	饕餮纹罍·商
壶	盛酒器。《诗经》上说"清酒百壶"，《孟子》上说"箪食壶浆"。壶有圆形、方形、扁形和瓠形等多种形状。	般壶·商

水　器

名称	器型、用途	示　例
盘	用于盛水或承接水。多是圆形，浅腹，有圈足或三足，有的还有流。	齐侯盘·东周
匜	古代盥洗时浇水的用具。形椭圆，三足或四足，前有流，后有鋬，有的带盖。	齐侯匜·东周
瓿	盛水器，亦用于盛酱。器型似尊，但较尊矮小。圆体，敛口，广肩，大腹，圈足，带盖，有带耳与不带耳两种，亦有方形瓿。	龙纹瓿·东周

续表

名称	器型、用途	示 例
盂	盛水或盛饭的器皿。侈口，深腹，圈足，有附耳，很像有附耳的簋，但比簋大。	蝉纹盂·西周
鉴	水器，形如现代的盆。有四种用途：容水、盛冰、沐浴、鉴容照面。鉴的制作在春秋战国时期最为盛行，当时钟、鼎、壶、鉴四器并称。	智君子鉴·春秋

乐 器

名称	器型、用途	示 例
铃	古代铜制响器和乐器。形体似钟而小，腔内有铜舌，摇之发声。《周礼·春官》："大祭祀鸣铃以应鸡人。"古代除了用它作乐器外，车上、旗上、犬马上都系铃。	几何纹铃·商
铙	打击乐器。其最初为军中传播号令之用。流行于商代晚期，周初沿用。	兽面纹铙·商
钟	打击乐器。面较大而薄，多为弧形，根部凹进，边部稍作翘起，当口朝下，编悬。	子犯和钟·春秋
镈	打击乐器。镈体趋向浑圆，形制与编钟相似，但口部平齐，特悬（即可单独悬挂在墙上）。	蟠虺纹镈·春秋

续表

名称	器型、用途	示例
钲	打击乐器。形似钟而狭长，有长柄可执，口向上以物击之而鸣，在行军时敲打。	青铜钲·战国
句鑃	打击乐器，形状与编钟有些相似，其形似钲，有柄可执，口朝上，以槌击之而鸣。	句鑃·春秋
鼓	鼓的用途多见于两周典籍。《诗经·小雅·甫田》有"琴瑟击鼓，以御田祖"，这是击鼓为乐，迎田祖以祈年。又《周礼·地官·鼓人》言："掌教六鼓四金之音声，以节声乐，以和军旅，以正田役。"	兽面纹鼓·商

兵　器

名称	器型、用途	示例
戈	戈是商周时代常用的兵器之一，在青铜兵器中，戈是出现较早的，在二里头文化时期就已出现，且一直延续使用至战国、秦，其间形制虽有所变化，但其几个基本部位仍大致相同。	青铜嵌绿松石戈·商
矛	矛是古代用来刺杀敌人的进攻性武器，是战争中常用兵器。长柄，有刃，用以刺敌。	青铜矛·东周
铍	铍流行于战国初期，南北方都有，尤以赵、秦发现最多。这些发现说明了在当时的战争中，铍作为武器的杀伤力是不可忽视的。	青铜铍·秦

续表

名称	器型、用途	示例
殳	先秦时代一种著名的古代车战兵器，历代典籍多有记载，是我国古代一种打击型兵器，不但用来防身自卫，还是装备军队的重要实战兵器。一般认为殳是由原始社会中狩猎用的竹木棍棒发展而成。	司吏殳·商
戟	戈和矛的合体，也就是在戈的头部再装矛尖。是具有勾啄和刺击双重功能的格斗兵器，杀伤力比戈和矛都要强。	青铜戟·秦
钺	钺是一种长柄、首部具有弧刃的劈兵，作用类似于战斧。从出土的青铜钺实物看，此种兵器主要流行于商至西周时期。	亚丑钺·商
刀	商代与西周早期的刀，按形体大小，可分为大、中、小三类，大型刀通长在30厘米以上，中型刀通长20余厘米，小型刀通长10余厘米。	青铜刀·商
剑	剑是短兵的代表，可手持和佩带。自春秋直到秦、汉，均用之以装备部队。	越王勾践剑·春秋
弩	弩是由弓发展而成的兵器，以战国时期楚国的弩为例，可知弩由铜质弩机、木臂、弓三部分构成。弩机安于木臂后部，包括牙、望山、悬刀、机塞、枢轴五种构件。	错金银铜弩机·西汉
镞	镞是安装在箭杆前端的锋刃部分，用弓弦弹发射远。青铜镞在二里头文化时期即已出现，其形制随着时代的发展而有所变化。	青铜箭镞·周
盔	盔甲，是人类在武力冲突中保护身体的器具，也叫甲胄、铠甲。其中盔与胄都是保护头部的防具；铠与甲是保护身体的防具，主要是保护胸腹的重要脏器。	青铜胄·商

从香炉上溯到鼎：生命力最强的礼器

"鼎"在中国人的心目中是十分神圣的。鼎是中华民族精神文化的象征，是国民对中国悠久历史文化认同的物化载体。诚如历史学家所指出的，中国在国际交往与国家重大政治活动中，把鼎作为国家文化的象征。1995年10月21日，为庆祝联合国50华诞，中国向联合国赠送一尊巨大的青铜"世纪宝鼎"；2001年为庆祝西藏和平解放50周年，中央政府向西藏自治区赠送一尊"民族团结宝鼎"，矗立于拉萨人民会堂广场，象征民族团结和西藏各项事业鼎盛发展。这些举措都寓义深远。①

世纪宝鼎

民族团结宝鼎

鼎有着8000多年的历史。鼎作为重要的礼器，也有久远历史。鼎在先秦时代是重要的礼器，它成为那个时代政治地位的象征，"九鼎""七鼎""五鼎""三鼎"构成的周代"列鼎"制度，分别标志着天子、诸侯、大夫和士的身份。鼎的政治色彩一目了然。《史记·封禅书》记载：

黄帝作宝鼎三，象天、地、人。

《左传·宣公三年》记载，王孙满所谓"成王定鼎于郏鄏"，郏鄏即王城。楚庄王向周定王使者"问鼎之大小轻重焉"。这些都是以鼎作为

---

① 张新斌、刘五一主编：《黄帝与中华姓氏》，郑州：河南人民出版社，2013年，第95—109页。

周王朝政权之同义语。《左传·宣公三年》亦载:"桀有昏德,鼎迁于商。……商纣暴虐,鼎迁于周。"即夏朝灭,九鼎迁于商;商朝灭,九鼎又迁于周。

有的学者认为,随着青铜时代的结束、铁器时代的到来,鼎失去了过去的辉煌。其实这是一种误解,因为先秦时代的重要礼器很多,诸如青铜器中的鼎、簋、甗、觚、爵、卣、罍、尊、盉、壶、方彝、钟等,玉礼器中的琮、璧、圭、璜、璋等,很难说什么礼器"一尊独大"。

进入秦汉王朝开启的帝国时代,先秦时代的许多礼器已不再辉煌如旧,而唯独鼎在传统青铜礼器中凸起,成为国家的重器。鼎被认为是国家大吉大利之象征。《史记·秦始皇本纪》记载,秦始皇二十八年从东巡郡县、渤海,返回路"过彭城,斋戒祷祠,欲出周鼎泗水。使千人没水求之,弗得"。《汉书·武帝纪》载,公元前116年,"得鼎汾水上",于是改元"元鼎",为此于同年"夏五月,赦天下,大酺五日"。

虽然鼎已经很古老了,但是它在中古时代以后经过华丽转身,以香炉形象作为祭祀祖先的重要"礼器"而继续保持着它的高贵身份。香炉作为供具放在供桌的中部,它与被祭祀的主要对象相对。北京明十三陵的各帝陵宝城前部有明楼,明楼之前中间位置设置了石五供(石供桌)。"五供"为香炉1件、烛台与花瓶各2件,香炉安放在烛台与花瓶之间,处于居中位置,其空间位置重要性一目了然!可见,由鼎发展而来的香炉在中国人心中有特殊的地位。

铜鼎·二里头文化 　　陶方鼎·二里头文化 　　兽面乳丁纹方鼎·商

太保簋·西周 　　　　　　作册大方鼎·西周 　　　　　　毛公鼎·西周晚期

波曲纹列鼎·西周

柉禁·西周

　　美国纽约大都会艺术博物馆藏。陕西省宝鸡市斗鸡台出土。禁身为一长方形台座，两侧有上下各4共8个长方形孔，两端有上下各2共4个长方形孔，其间隔梁和边框饰瘦长型尖角龙纹。台面平整，遗留有置放二卣一尊的痕迹。两侧的卣形制相近，通体两侧均有较宽的扉棱，其中盖两侧呈牟角状，主体纹饰为凤纹和直条纹，带方座的通高47厘米，无方座的高46.4厘米。居中的尊，侈口，直腹，圈足，四面有扉棱，主体纹饰为兽面纹，高34.8厘米。这三件较大的酒器，都铸铭文"鼎"字。又有一勺，据云出土时在卣中。另有斝、盉、觚、爵、角各1件，觯4件和匕6件。

鼎在中国的语言、文字中留下唯其独尊的至高形象。"问鼎中原""定鼎中原""一言九鼎"等成语在中国家喻户晓，这里的鼎是国家的象征。这也说明鼎与中华五千年不断裂文明一直在中华民族历史发展的长河中形影不离、结伴前行。

玉礼器

玉器概览

中国玉作为中华民族的先民从各种石头中筛选出来的"石之美者"，具有温润莹泽的美感。根据考古学家和历史学家考证：中国玉器诞生于原始社会新石器时代早期。玉器盛行上下约3000年。我国是世界上用玉最早且绵延时间最长的国家，素有"玉石之国"的美誉。中华民族以"爱玉"和"尊玉"而著称于世，玉文化历史在中国绵延8000多年。玉器在中国人的心目中具有崇高的地位，与社会政治、礼仪、宗教、审美等广泛联系，是中华文明的载体和基石。礼器是古代礼制活动中使用的器物，玉礼器主要用于祭祀活动，但并非指礼仪中所用的一切玉器，而专指玉璜、玉琮、玉璧、玉圭、玉璋、玉琥这六种，是被《周礼》一书称为"六器礼天地四方"的玉器。

玉 璧

玉璧，礼天的器物，是一种圆板形、片状、中部有孔的玉器。《尔雅·释器》载："肉（周围的边）倍好（中间的孔）谓之璧，好倍肉谓之瑗，肉好若一谓之环。"根据中央孔径的大小把这种片状圆形玉器分为玉璧、玉瑗、玉环三种。考古发现，玉璧最早产生于距今五六千年前的新石器时代，一直到清朝，都有不同形制和纹饰的玉璧出现。玉璧的应用范围也极为广泛，可用于佩戴，亦能作为随葬品，既是权力等级的标志，同时又是社会交往中的馈赠品或信物。

刻符玉璧·良渚文化 　　谷纹玉璧·东周 　　青玉螭龙出廓璧·东汉

玉 璜

玉璜，所谓"半璧为璜"，即玉璜为一半玉璧的形状，始见于新石器时代中晚期的崧泽文化。《周礼》一书称"以玉作六器，以礼天地四方：以苍璧礼天，以黄琮礼地，以青圭礼东方，以赤璋礼南方，以白琥礼西方，以玄璜礼北方"。

玉 琮

玉琮是一种内圆外方筒型玉器，是古人用于祭祀神祇的一种礼器。距今约5100年至新石器中晚期，玉琮在江浙一带的良渚文化、广东石峡文化、山西陶寺文化中大量出现，尤以良渚文化的玉琮最发达，出土与传世的数量很多。论用途，一向以为其是"以黄琮礼地"的礼器。

谷纹玉璜·东周 　　青玉琮·良渚文化

玉　圭

古代帝王、诸侯朝聘、祭祀、丧葬时所用的玉制礼器，为瑞信之物。长条形，上尖下方，也作"珪"。形制大小因爵位及用途不同而异。《周礼·春官典瑞》有大圭、镇圭、桓圭、信圭、躬圭、谷璧、蒲璧、四圭、裸圭之别。周代墓中常有发现。《说文解字》中称的"剡上为圭"指的是上部尖锐下端平直的片状玉器。真正标准的尖首形圭始见于商代而盛行于春秋战国时代。玉圭是上古重要的礼器，被广泛用作"朝觐礼见"标明等级身份的瑞玉及祭祀盟誓的祭器。

玉圭·商

玉　璋

玉璋和玉圭相似，呈扁平长方体状，一端斜刃（也有叉形刃），另一端有穿孔。玉璋的形状，东汉许慎在《说文解字》中说："半圭为璋。"也就是说，玉璋是玉圭从上端尖锋处垂直切下一半者，这种形制与出土遗物及古籍和古碑刻纹图中所称为"璋"者也是符合的。

玉　琥

据文献记载，琥是以白虎的身份来礼西方；以虎符的身份来发兵。商代妇好墓出土的圆雕和浮雕玉琥各4件，都有孔，称为虎形玉佩，属于装饰品类，并不作为发兵或祷旱之用，也不是礼仪中使用的瑞玉。因此有人认为，表面刻虎纹的玉器应依器命名，前加"虎纹"二字；对于虎形玉器，有孔的可称虎形玉佩，无孔的可称为玉琥。

玉璋·二里头文化

玉琥·战国

玉礼器中的玉圭

考古发现与历史文献记载均说明了玉器之于中华文明的重要性，作为礼器的玉器与国家政治、文化等密切相关。而在玉礼器中，又以玉圭作为中华五千年不断裂文明的物化载体最为突出，生命力最强。

历史文献记载，"五帝时代"的虞舜因夏禹治水之功而赐其玉圭，这奠定了夏禹创建夏王朝的政治基础。有的学者认为夏代的政治信物——玉璋实际上就是玄圭。《说文解字》记载：

剡上为圭，半圭为璋。

郑玄也说：

圭锐象春物初生，半圭曰璋。

文献中，圭、璋是贵重玉器的代称。《礼记·礼器》记载"圭璋特"，孔颖达疏：

圭璋玉中之贵也，特谓不用他物比之也，诸侯朝王以圭，朝后执璋表德，特达不加物也。

与二里头遗址出土玉璋、石璋相同或相近的遗物在中国广大区域也有发现，其区域范围南至广东、福建，北到长城地带，西起黄河上游地区与长江上游地区。上述地区发现的夏代玉圭、石圭应该说有相当多

青玉璋·龙山文化

玉鸟纹神面纹圭·龙山文化

是从二里头遗址扩散出去的。这些玉圭、石圭作为政治信物的扩散与接受，应该说体现出了其他地区对夏王朝的政治认同与文化认同。把玉璋、石璋作为政治信物赐予周边地区贵族，而夏禹接受虞舜赐予的却是玉圭。

玉圭作为文明社会的政治身份标识，备受统治者及社会上层的重视。夏商周时代，朝廷已经把各种形制、大小、纹饰的玉圭颁发给不同的官员，作为其爵位与身份的徽标。

秦汉王朝结束了两千多年的王国时代，开创了中国历史上的帝国时代，玉圭作为中华五千年不断裂文明的物化载体，得到更为突出的重视。

1975年在山东烟台芝罘岛阳主庙遗址出土两组玉器，每组都为："圭一件，璧一件，觿两件。"《史记·封禅书》记载，秦始皇曾东游海上，"行礼祠名山大川及八神，求仙人羡门之属"，"八神"中"五曰阳主，祠之罘"，"皆各用一牢具祠，而巫祝所损益，圭币杂异焉"。这批成组的玉器可能是秦始皇登芝罘岛祭祀阳主时所瘗埋的。

汉代，圭主要用于祭祀和丧葬。六种"瑞玉"在汉代只有璧和圭二者可能仍继续作为在礼仪上使用的玉器。如果从考古发现与历史文献来看，没有哪种"礼玉"比玉圭更为在长时段历史发展中持续显赫。

西汉时期天子祀上帝、宗庙、大河、天地皆用圭。《史记·孝文本纪》载，以圭币以事上帝宗庙。《史记·封禅书》载，祭"其河、湫、汉水加玉各二；及诸祠，各增广坛场，圭币俎豆以差加之"，《后汉书·显

鹰纹圭·夏

玉圭·汉

宗孝明帝纪》载："朕以暗陋，奉承大业，亲执圭璧，恭祀天地。"《礼记·郊特牲》载："灌以圭璋，用玉气也。"

考古发现，西汉帝陵陵寝中多有以玉圭、玉璧进行祭祀的遗存，如在汉太上皇陵建筑遗址与汉太上皇陵之间，"曾出土过为数不少的墨绿色玉圭，据推测这些是当时祭祀用品"。在汉景帝阳陵的陵庙遗址（编号为阳陵第二号建筑遗址）中出土了成组的玉圭与玉璧礼器。20世纪80年代，茂陵博物馆在汉武帝茂陵陵园西南部，发现茂陵陪葬坑出土的玉圭。在汉昭帝平陵与汉孝昭上官皇后陵之间"分别发现了东西向排列的成组玉器，每组间距约2米。每组玉器均由玉璧和玉圭组合而成。玉璧直径4.5厘米；玉圭长6.2厘米，宽2.3厘米。每组有一枚玉璧，置于中央，四周均围绕七八个玉圭，圭尖向内，朝向玉璧。这无疑是为当时祭祀活动瘗埋的"。此外在汉成帝延陵"陵园南门附近曾出土过整齐的玉圭和玉璧"。

汉代以后，玉圭仍然是用于国家重大活动的重要礼器。有人认为汉代以后"礼器已不再作为随葬之用"，其实不然，唐惠昭太子陵出土了玉圭。在唐长安城大明宫含元殿遗址东侧，考古发现了皇室燎祭时使用的礼器圭璧。

降及明代，帝陵之中仍然以玉圭为重要礼器随葬。1956年，在北京市定陵——明万历皇帝朱翊钧与皇后合葬墓中曾出土了8件玉圭，纹饰不同而器形相似，其中一件为镇圭，圭上阴刻四组山形纹，并在阴线上填以金线，四山即四镇名山。1980年发掘的明益王二妃棺内各有仿制的玉谷圭1枚。

汉代以后，作为玉礼器的玉圭，也被道教利用，作为法物。

玉圭的华丽转身是笏版与牌位。

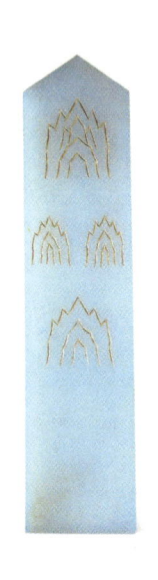

定陵出土的玉圭·明

有的学者已经提出:"据《礼记》记载,诸侯朝见天子时或大夫访问他国时,以及举行射礼时,都必须手持细长的板状物'笏'。依持有者身份的不同,它的形状、大小和材质都有差别,分别用美玉、象牙和带有不同装饰的竹制成。'笏'的形状和使用它的一套程序,与'玉圭'极为相似,很可能是由玉圭转化而成的。"[1]中古时代及其以后,在帝王陵墓神道之上的石像生,其中的文官石像,其胸前双手所持的"笏版"应该就是玉圭的转型。至于在祠堂、宗庙供奉的祭祀祖宗的圭形牌位,就其形状与文化内涵而言,也应该与玉圭密切相关。

(三) 文 字

文字与文明形成

从人类历史发展来看,世界各地文明的形成一般多与文字出现相伴而行、息息相关。作为世界四大文明古国的古巴比伦、古埃及、古印度、中国也是世界上出现了最古老的四大文字系统的地区。

公元前5200年左右,两河流域苏美尔人所发明的楔形文字,是世界上最早的文字。两河流域也是人类最早的文明地——美索不达米亚平原。埃及文字是世界上最古老的文字之一,法老王那默尔的铠甲关节板上的最早期象形刻记,开启了古埃及文明。4000年前古印度的哈拉本文字(印章文字),昭示着南亚次大陆文明的形成。而5000—4000年前的中国古文字的

---

[1] 许宏:《最早的中国》,北京:科学出版社,2009年,第117-118页。

出现，标志着中华五千年文明在东亚大陆出现。由此可见，文字之于文明的重要性。

中国的文字与中华文明有着共同特点，即中国文字的不断裂发展。苏美尔楔形文字、古埃及象形文字、古印度哈拉本文字等，现在均已进入"历史博物馆"。美洲玛雅人在公元前后创造的象形文字（玛雅文字），盛行于5世纪中叶，是美洲唯一留下的古文字。但是在16世纪的大航海时代，殖民者入侵中美洲，直接导致了玛雅文字的覆灭。玛雅文字成为少数迄今为止尚未被全部破译的古代文字之一。现在世界上早已没有任何国家、任何民族使用上述文字，它们只是世界上极少数古文字学家研究的对象。而汉字却是从其出现至今一直延续不断的中国人使用的文字。

③ 五千年一脉相承的"汉字"

近几十年来中国各地田野考古发现了大量与古代文字相关的资料，如河南舞阳贾湖新石器时代中期遗址出土的龟甲文字、江苏吴县澄湖良渚文化遗址出土陶罐上的陶文契刻、山东邹平丁公龙山文化遗址发现的陶文、河南汝州洪山庙遗址发现的墨书及契刻陶文、山西襄汾陶寺遗址发现的朱书文字。上述考古发现使中国文字至少比传统所说的殷墟甲骨文的出现时

贾湖刻符龟甲　　　　　　　　良渚文化刻符陶罐

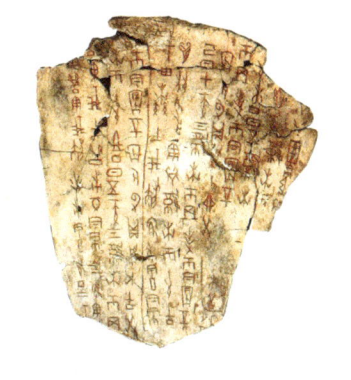

邹平丁公龙山文化遗址陶文　　　　　　　　甲骨文

代提前了两千年左右。中华五千年文明与中国古文字"结伴而行"。

　　而四五千年前的古文字发现说明,它们与已经成熟的甲骨文是一脉相承的中国古文字,由甲骨文再到金文、大篆、小篆、隶书、楷书的汉字(中国古文字)字形发展变化,则可以看出作为不同阶段的汉字一代又一代向我们走来。现在世界上除了中国之外,几乎没有其他任何一个国家的中学生可以读写自己国家两千年前的历史文献、文学作品,而当代中国的中学生就能够做到,这当然取决于汉字五千年来的一脉相承,汉字的五千年不断裂是中华五千年不断裂文明的重要保证。

季嬴霝德盉铭文·商　　　　　　　　毛公鼎铭文·西周晚期

郭店楚简《缁衣》·战国

铜量铭文·秦

马王堆帛书《天文气象杂占》（局部）·西汉

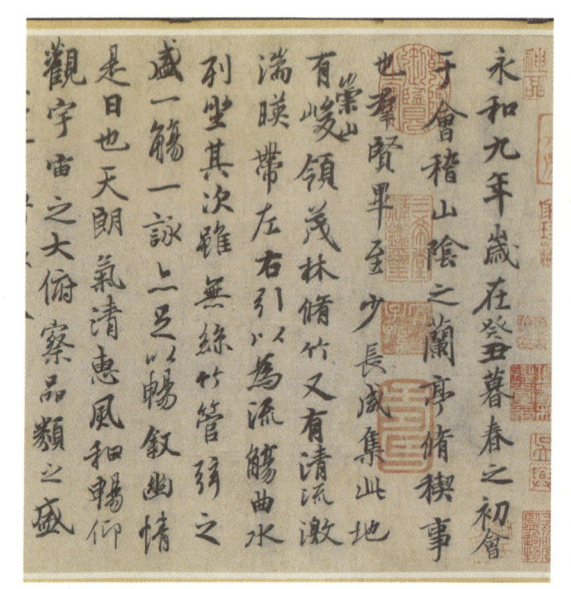

冯承素摹《兰亭序》（神龙本画心）·唐

张猛龙碑（拓片）·北魏

❸ 汉字历史文献的一脉相承

文字作为人类的书面语言，有着一种重要的社会功能：记载人类的历史，它们成为我们通常所说的历史文献。中国的历史文献绝大多数是用汉字撰写的。中国是世界上历史文献最为丰富、系统、完整的国家，汉字在传承中华文明之中发挥着极其重要的作用。在遥远的古代，我们的祖先从国家层面就设立了史官，仓颉就是黄帝的史官，更为重要的还是，文献记

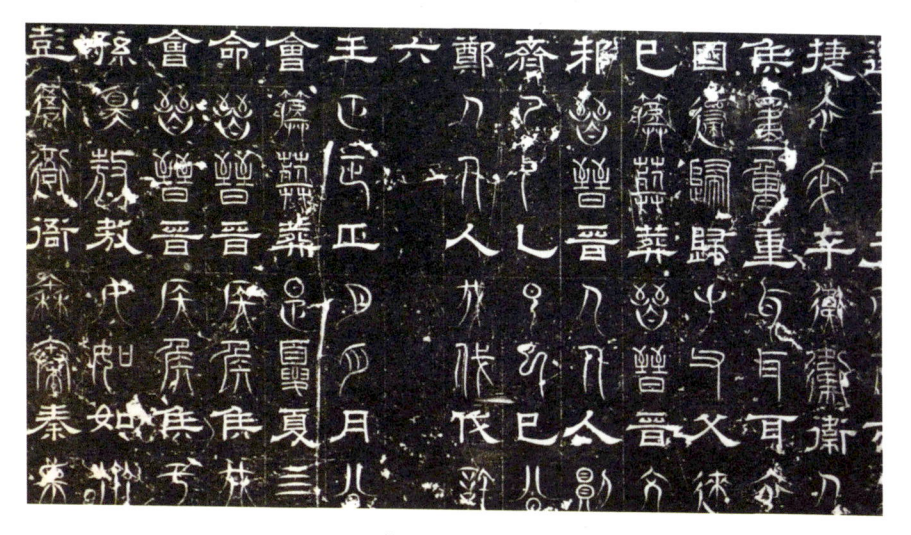

"三体石经"拓片

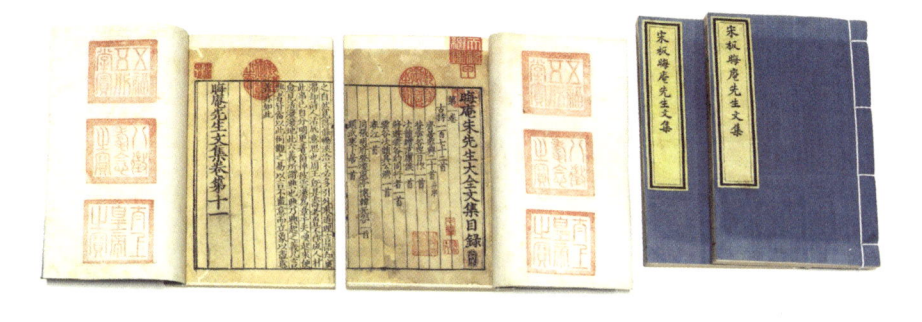

南宋·福建刻本《晦庵先生文集》

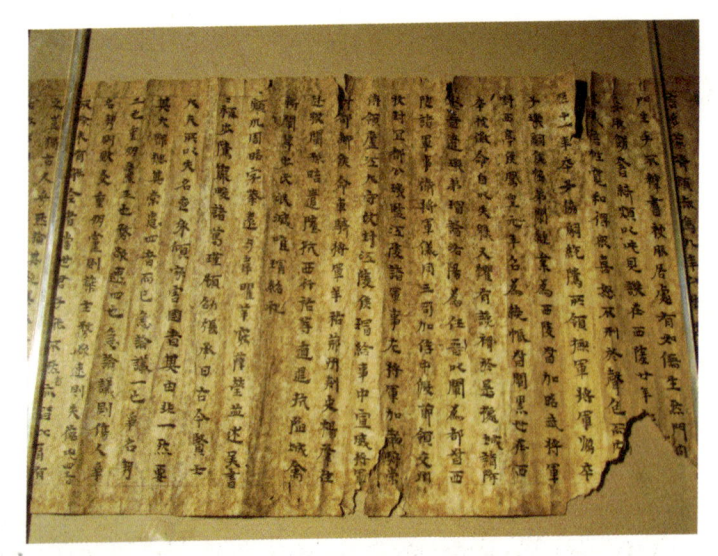

敦煌藏经洞《三国志》残卷·东晋

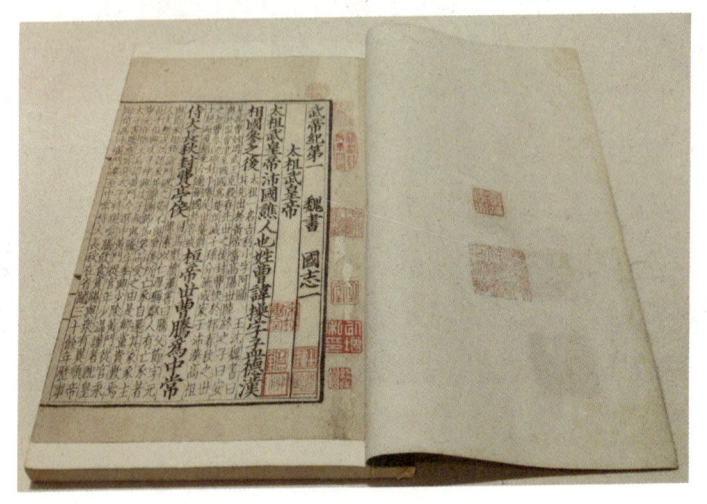

宋刻本《三国志》书影

载仓颉又是文字的发明者，仓颉的这种史官与文字发明者的双重身份，恰恰可以说明文字与历史文献的密不可分。由汉字形成的中国古代历史文献，一代又一代地传承着，从先秦的《尚书》《诗经》《周易》《左传》、"诸子百家"到"二十四史"等，它们记载了中华五千年不断裂文明发展史。

③ 汉字维系着多民族统一国家与中华五千年不断裂文明的永续发展

秦始皇统一文字是有意识地进一步人为统一的举措。秦始皇的"书同文",废除了大量区域性的异体字,使文字更进一步整齐简易化了。这是在文化上的一项大功绩。

学者刘光裕先生认为:

> 汉字具有超越方言和古今语言差别的功能。安子介说:"中国由黑龙江到云南,汉字全通。""中华文化连绵五千年,是用汉字记载的。""西方字母的形式,根据历史说也是由象形而来,后来变成拼音,结果欧洲分成大小十数个国家,各国文字不同,相互联结的纽带断了。如果中国早年也走这条路,早已出现江苏国、广东国了。我国方言这样多,汉字的读音无法在'语音学'上统一,汉字对汉族产生了不可估量的凝聚作用。"这些话,对汉字超载方言和古今语言差别而发挥其交流工具的作用,以及这个作用对汉民族的形成和中国的统一所产生的巨大凝聚力,已经讲清楚了。在今后,汉字与以前一样仍有这方面的作用和意义。[①]

可见,汉字具有超越方言和古今语言差别的功能,这对汉民族的形成和中国的统一具有重要的作用。

[①] 刘光裕:《"汉字需要再认识"——谈安子介的汉字研究》,《文史哲》1995年第1期。

第五章 「中和」理念与国家认同

不断裂的文明史

对中国国家认同的五千年考古学解读

中华五千年不断裂文明存在的主要原因，是其有着一个生命力极强的历史文化基因发挥着作用。历史文化基因是什么？它是借用了遗传学的学术用语"基因"而来的。《不列颠百科全书》的"基因"定义是："世代相传的遗传信息的载体。"基因支配着生命的基本构造和性能，储存着生命孕育、生长、凋亡过程的全部信息，通过复制、转录、表达，完成生命繁衍、细胞分裂和蛋白质合成等重要生理过程。与生物世界的基因相似，人类、国家、族群、氏族、家族历史发展中形成的延续着自身文化的核心因素成为各自的历史文化基因，它具有长时段生命力。

　　中华历史文化基因是中国、中华民族经过数千年发展形成的，它是属于中国、中华民族的。我们通常所说的中国、中华民族的"五千年不断裂文明"，就有我们的历史文化基因所起的关键性作用。在这个历史文化基因之中，形而上的是"中和"哲学与"国家认同"政治学，形而下的物化载体是集国家文化之大成的都城、陵墓等。

（一）"中和"理念之物化载体：都城与陵墓

考古学视域之下的中华历史文化基因研究，主要是以国家形成的要素作为切入点。国家的核心要素是管理国家的平台——都城及其相关政治文化遗存所反映的国家政治文化的"中和"理念。

古代都城是国家政治统治中心、军事指挥中心、文化礼仪活动中心、经济管理中心，是古代中国的缩影，其考古学物化载体主要有作为中央政府平台的宫殿、官署、武库、宗庙、社稷及其出土遗物等。据此，我们通过古代都城及其遗存折射理念的考古研究，究明中华历史文化基因的"中和"思想与国家认同的传承。

中国古代都城考古发现与研究揭示出的"中"之理念，也见于中华历史文化的早期文献记载，如《荀子·大略》云："欲近四旁，莫如中央，故王者必居天下之中。"《吕氏春秋》则总结历史提出："古之王者，择天下之中而立国。"

"中"与"和"密切相关，二者并称合用，最早出现在《中庸》，其载：

> 中也者，天下之大本也。和也者，天下之达道也。致中和，天地位焉，万物育焉。

司马光认为："中和者，大则天地，中则帝王，下则匹夫，细则昆虫草木，皆不可须臾离者也。"

中华历史文化的"中和"理念，集中体现在中国古代都城的选址与布局形制两个方面。

古代都城选址与建设是国家大事，而都城选址与建设原则必须遵循中华历史文化的"中和"理念，这就是中国古代"择中建都"的原则。清华简《保训篇》记载了虞舜择中建都于历山，继之商汤六世祖上甲微"求中"于嵩山，从此形成中华文化以此为"天地之中"。这里为平原，又居"天地之中"，故称"中原"，夏商至唐宋诸王朝建都于此，"得中原者得天下"一语由此而来。

"中国"的国家名称，源于"中和"之"中"。1963年陕西宝鸡发现的西周早期青铜器何尊的铭文记载：

隹（惟）王初（迁）宅于成周，复禀斌（武）王豊（礼），福自天。……（文）王受兹大命，隹（惟）（武）王既克大邑商，则廷告于天曰："余其宅兹中或……"

铭文"宅兹中或"之"中"即天地之中的"中"，"或"即"国"。《周礼·考工记》记载"国中九经九纬"之"国"即都城。《诗经·大雅·民劳》："惠此中国，以绥四方。"《毛传》解释说："中国，京师也；四方，诸夏也。"《史记·五帝本纪》："夫而后之中国践天子位焉。"《集解》引刘熙曰："帝王所都为中，故曰中国。"中国古代的"国"就是都城，古人择中建都，因此都城也称为"中国"。古代文献记载，"中国"就是"京师"，清王朝晚期的"京师大学堂"就是"首都"的大学。

考古发现的夏代早期"禹都阳城"的登封王城岗遗址、夏代中晚期的新密新砦遗址与偃师二里头遗址，商代的郑州商城遗址、偃师商城遗址等均在中原；周代都城成周、王城均在洛阳，东汉、魏晋、北魏与隋唐亦都于此；定都中原的最后一个王朝——宋王朝之后，金元明清徙都北京之始，海陵王就认为"燕京乃天地之中"，这也就是说"天地之中"具体地点可以不同，但是其理念不能改变。历代王朝之所以必须择中建都，就是

"中和"理念的要求。

都城营建于"天下（即国家）之中"是相对于东西南北"四方"而言的，四方即"东夷、西戎、南蛮、北狄"。择中建都之"中"体现国家相对东西南北的至高至尊，同时"中"相对"四方"又反映了国家对四方的不偏不倚之公允、公正，从而达到国家之"和"，这种"和"是国家一统的基础。

都城布局形制方面，"中和"理念的进一步深化表现在都城四面辟门、都城之宫城居中与宫城四面辟门。

都城的"择中建都"，都城之宫城的"择中建宫"，宫城之大朝正殿的"择中建庙（宫庙）"，都城、宫城之城门、宫门"一门三道"或"一门五道"，驰道与都城之中道路为"一路三股"或"一道三涂"，这些均是突出"中"。宫城之大朝正殿居中、居高、居前则突出了作为国家代表的中央政府的至高、至尊。大朝正殿是国家的政令中心，都城中轴线的基点。都城中轴线是由大朝正殿、宫城与都城正门三点连一线形成，都城之"中"的理念由此达于极致。

考古发现汉唐长安城、汉魏隋唐洛阳城、宋开封城、金中都、元大都与明清北京城，其都城及宫城四面均辟门，这是"中和"之"和"理念的佐证。"中和"理念是中华五千年不断裂文明与国家大一统的根本思想理念保障。

以上古代都城及宫城布局形制所呈现的"中和"理念，之所以称为中华历史文化基因，就是因为它在五千年历史发展中被中华大地的各个民族所认同，考古发现与古代文献记载均佐证了这一历史。鲜卑人从大兴安岭南下，先后在盛乐（今内蒙古林格尔县）、平城（今山西大同）建立北魏王朝。其进一步发展，徙都"天地之中"洛阳，继承汉长安城、汉魏洛阳城布局形制，营建北魏洛阳城，使都城的"中和"观念更为深化，开创了中国古代都城的三城制，完善了都城中轴线，弘扬了先秦、汉魏都城的宫门门阙形制。考古发现的北魏洛阳城宫城正门——阊阖门遗址布局形制对后代产生深远影响。中古时代以后，北方族群女真人、蒙古人群入主内地，建立了金、元、清王朝，他们承袭了几千年形成的"中和"传统中华历史文化基因，深化了国家认同理念。

古代"陵墓若都邑"，陵墓居陵园中央，陵墓主墓道与陵园正门及神道形成陵墓中轴线，把"中"的理念由"阳间"带到"阴间"。现在考古发现最早的王陵是殷墟王陵，那时"墓而不坟"，但是王陵墓室四面各辟一条墓道，形成所谓"亞"字形墓室。帝王陵墓东西南北四墓道的形制，一直延续至西汉帝陵。没有陵园时，以四墓道象征东西南北四方，陵园出现以后的陵园四面各辟一门，犹如宫城辟四门之制。如果说帝王陵墓的地宫是"中"的体现，那么陵墓四墓道与陵园四门则体现了"和"。

都城对应国家空间、宫城对应都城空间、大朝正殿对应宫城空间等，它们将国家作为"中"的集中体现。四门象征的四方，也就是"多元一体"之"多元"，将作为"多元"的四方"和"于"一体"，构成了"多元"的小家与"一体"的大家、"多元"的个体与"一体"的"国"之关系，"多元"归宿于"一体"成为中华民族优秀历史文化传统，构成中华五千年文明的核心文化。

（二）
家国一体与国家认同

🅢 家国一体

中国人有着"家国"理念的悠久历史文化基因，所谓"家国"就是家与国的大道理是相通的。可以说国是"大家"，家是"小国"，这也就是家与国同理之原因。在家之孝与对国之忠是中国历史上十分重要的社会学、政治学命题，也是中华五千年不断裂文明中的重要思想理念。

中国人历来认为家与国同理，这个理可以从"中"得到充分反映，它几乎能够从我们日常生活的方方面面体现出来。如家人或朋友在一起吃饭，主人或长辈要坐在餐桌中间位置，然后再以主位为中心，在其两侧分别安排客人；家庭要拍全家福合影，摄影师要将全家辈分最高的老者（或当家的）安排在前排中间，其他成年人按照辈分高低依次左右、前后排列。

再来看一些民居。一般四合院的方向为坐北朝南，正房是院落主体建筑，其位于院落北部中间、东西居中的位置，其东西两侧为厢房。院子正门为南门。正房为家长或家庭辈分最高的老人使用，厢房为家中的晚辈居住。家与家居（院落）的这种布局，一方面反映了中国人尊老、敬长的文化传统，另一方面也说明了作为社会单元的家庭之中的当家人，在家庭中的权威、核心地位。

上述民居建筑布局，不只是在内地民居中流行，就是在少数民族地区也不鲜见。当时一些周边地区的族群也在使用四合院居住形式，如吉林满族、宁夏回族民居中的四合院。从时间上说，近现代的四合院如此，古代的四合院也是这样。北京四合院是四合院式民居的典型代表。其特点是坐北朝南，有南北向中轴线，对称安置房屋与院落，院子的正门设在南院墙中部，正对正房，院子两侧为厢房。

除了大量四合院式民居之外，还有高等级达官显贵的居住院落，它们的建筑布局形制虽然仍然可以说是四合院，但是这些院子更与都城之宫城布局形制接近。如北京恭王府院落就是这方面的典型，其院落东西分为东、中、西三部分，中部前面是正门、正殿、后殿及东西两侧的配殿，后面是宫苑。

宋代宅院由正门（南门）与北部的正房（或称厅堂）形成南北向轴线，正房之后为花园。正房与正门之间形成庭院，其东西两侧为厢房。有的宅院由多重院子组成，尽管达官显贵的宅院"庭院深深深几许"，但是宅院的中轴线不变，辅助建筑（东西厢房）在中轴线东西两侧的规制不变。

唐代住宅的形制有所不同。从山西长治唐王休素墓出土明器住宅规制来看，这应该属于当时的中型民居，有三进院子。第一进院子，住宅最南为宅院正门（南门），门内置一影壁，影壁北对正房，正房与正门东西两侧为厢房。第二进院子的主体房屋在正房之北，院子东西两侧为厢房。第三进院子只有北部房屋，属于后院。

两汉南北朝时期宅院布局一般是分前堂与后室，它们与宫城之中的"前朝后寝"意义相近。在前堂与后室两侧为房，也就是后代的厢房。河南内黄三杨庄的西汉聚落遗址中的宅院遗址，是当时人们实际使用的居住宅院。以第三处宅院为例：这是一座两进院子的建筑，坐北朝南，第一进院子有南门，院子南部有厢房；第二进院子北部为正房。

住宅在古代中国不仅仅是建筑，它还有着更为深层的社会与政治意义。《唐六典》记载："凡宫室之制，自天子至于士庶，各有等差。"然而，宅邸从士庶到王室与皇室，又都遵守着一个共同的规制，即"中"与"和"的理念。"中"在物质文化层面表现为主体建筑居于建筑群的中心位置，附属建筑则在主体建筑的两侧或后面。从以上自明清至汉唐的历代一般士庶宅院布局规制，可以看出其正门与正房（堂屋）均位居宅院的"中"位或"中轴线"之上，也就是尊位。

家宴与家宅的空间安排，体现了中华五千年不断裂文明的"中"与"和"的辩证统一思想，比如"中"可以通过宅的主体建筑——堂（正房）与厢房空间关系体现出来：宅院坐北朝南，北为上，堂居上位，堂与宅院正门南北相对，形成宅院的中轴线，堂的东西两侧分别为厢房，这是家中辈分低的成员居住的，宅是家的生活空间活动平台，它体现了中国古代家庭之内的长幼有序。维持这种社会秩序的基点是孝。

"国"是由千千万万个"家"组成的，宅是家的空间平台，"国"的平台缩影就是都城。中国古代"择中建都""择中建宫""大朝正殿居中"等规划设计原则,与家之宅的设计规制理念基本是一致的,它体现了代表国家的都城、宫城、大朝正殿至高无上,反映了"中"对东西南北四方的"和",以及东西南北对"中"之忠的理念,这也就是在家之孝、对国之忠的"家国"之理念。在中国文化中,有所谓"国破家亡"之说,祖国为母亲之喻。

当然作为现代中国而言,在家之孝就是孝敬父母,对国之忠就是爱国。我们把"家"与"国"联系、对比,可以发现二者核心理念是相通的。这种家国理念成为中华五千年不断裂文明的重要内涵。家国情怀成为中华民族优秀历史文化传统。

国家认同

国家认同是对国家公民、社会群体(包括不同民族、不同宗教)的基本要求,在世界各国的历史与现实中都是一样的。中国作为有着五千年不断裂文明的古国,在国家认同方面有着更为悠久的历史传统。

国家认同高于其他任何认同,这一认同实质上是对国家的政治认同。我们看到作为国家政治平台的宫殿建筑,空间位置、建筑形制理念为官署、民居、宗教建筑所仿效与尊崇。中国历史上的各种宗教建筑,如佛教、道教等主体建筑形制及其格局均仿照宫殿规制修建,并以此为荣,如保存至今的普陀山、五台山、峨眉山佛教圣地的寺院布局、宗教活动大殿等均为建筑史学家所说的官式建筑或汉式建筑。

中华历史文化不是中国的区域文化,也不同于特定时代、王朝及其他政体的文化,如楚文化、吴文化、商文化、宋文化等;更不属于具体哪个族属文化,如西戎文化、百越文化、鲜卑文化等。中华历史文化是多元的"一体"文化,这一文化的本质是国家文化。国家通过对国家文化的认同,保证了国家统一与国家历史文化延续。国家文化认同是所有文化认同中最核心、最重要、最根本的。

从"五帝时代"到夏商周、秦汉、魏晋南北朝、唐宋元明清,这些不同时代、不同王朝、不同政治实体、不同族属的国家统治者、管理者,坚守着相同的国家文化理念,这就是我们所说的国家认同。这种基于国家认同的国家文化就是中华历史文化基因。这种基因不因国家之内的人群、族群与时间不同而改变,故中华历史文化才能形成世界历史上独一无二的"五千年不断裂文明"。

后记

2016年，四川省文物考古研究院与四川省图书馆合作举办了"巴蜀论坛·西南文博名家讲座"，时任院长高大伦邀我作一讲座，但是由于当时各种各样工作在身，一直没能早日成行。讲座拖到了年底，成为"巴蜀论坛"的收官讲座。11月13日下午，在四川省图书馆，我作了"五千年不断裂文明史的考古学解读"讲座，当时四川人民出版社也来人参加。学术报告刚刚结束，时任四川人民出版社副总编辑的周颖同志等约我一起吃晚饭，其间谈及当天下午我的学术报告，他们认为这个学术报告不论从学术研究角度，还是从社会现实来说都是很有意义的，希望将此讲座内容作为图书出版。面对四川人民出版社的同志这样的盛情，我深受感动，答应了此书的编写。

2016年末，我在四川成都"巴蜀论坛·西南文博名家讲座"作"五千年不断裂文明史的考古学解读"讲座之后，很快接到不少报刊、大学、博物馆、图书馆等单位的约稿与邀请；2017年2月23日《人民日报》刊登了我的《国家认同是中华民族基因》；同年3月18日、3月25日、4月8日，我先后应邀在上海博物馆、首都图书馆、西北大学等单位作了与"中华五千年不断裂文明"相关的学术报告。此后不久，2017年7月19日，接章涛同志电子邮件称"《不断裂的文明史：对中国国家认同的五千年考古学解读》选题，上半年被列为四川省2017年重点出版物，今又被中宣部、国家新闻出版广电总局列为迎接党的十九大精品出版项目"。在此前后，本书策划编辑章涛、责任编辑陈欣和邹近，在启动项目之初就做了大量工作，包括提纲、章节的设计。当我2018年11月把全部书稿及一些线图、照片发给他们之后，从文字编校到线图与图版遴选（尤其是大量新的图片的增加）、排版等，他们都做了大量工作，付出了大量心血，使我倍受感动。他们是我在半个多世纪科研工作中，遇到的最令我感动的出版社"编辑"！在《不断裂的文明史：对中国国家认同的五千年考古学解读》出版之际，让我说一声：章涛、陈欣、邹近，谢谢你们了！

最后，我还要提到我的孙女梓琦，她在我撰写此书过程中，协助我查阅资料、收集图像与校对，做了大量烦琐而细致的工作。

刘庆柱

2020年1月

于北京西坝河太阳宫社区

感谢图片提供

刘庆柱　刘春迎　何清古　孙新民

李向阳　郝勤建　申威隆

中国社会科学院考古研究所

陕西省文物局

陕西省考古研究院

河南省文物考古研究院

山东省文物考古研究院

河北省文物研究所

江苏省考古研究所

中国台北故宫博物院

宝鸡市博物馆

中国圆明园学会

美国纽约大都会艺术博物馆

美国弗瑞尔美术馆

英国不列颠博物馆

法国国家图书馆

红动中国

汇图网